21世纪房地产系列精品教材

房地产开发

（第2版）

代春泉◎编著

Real Estate Development

清华大学出版社
北京

内容简介

本书以房地产项目开发过程为主线，系统介绍了房地产开发的基本理论、运作实务和操作技巧，并深入探究了房地产行业的发展规律，创新性地提出项目拓展、多项目异地管控模式、营销逻辑树、销售控制、房地产开发外部效用等前沿知识。

本书共分为十章，第一至九章从房地产开发基础理论入手，分析了房地产市场运行规律、项目拓展模式、可行性研究及项目策划、项目组织及管理、资金运营及税务筹划、营销推广、物业管理等房地产开发的整个过程；第十章从房地产长效机制的基本概念入手，阐述了房地产长效机制建立的意义、国内外实践，并对其发展路径进行了探析。

本书既可供普通高等院校房地产、工程管理、土地管理、城市经济、城市规划等专业的本科生使用，也可作为相关专业研究生的教材，同时可供房地产领域实际从业人员、金融机构和相关政府部门的管理人员等作为自学或参考书使用。

图书在版编目（CIP）数据

房地产开发 / 代春泉编著. —2 版. —北京：清华大学出版社，2019
（21 世纪房地产系列精品教材）
ISBN 978-7-302-52070-2

I. ①房… II. ①代… II. ①房地产开发-高等学校-教材 IV. ①F293.3

中国版本图书馆CIP数据核字（2019）第009617号

责任编辑： 杜春杰
封面设计： 刘　超
版式设计： 王凤杰
责任校对： 黄　萌
责任印制： 丛怀宇

出版发行： 清华大学出版社
网　　址： http://www.tup.com.cn，http://www.wqbook.com
地　　址： 北京清华大学学研大厦 A 座　　**邮　　编：** 100084
社 总 机： 010-62770175　　**邮　　购：** 010-62786544
投稿与读者服务： 010-62776969，c-service@tup.tsinghua.edu.cn
质 量 反 馈： 010-62772015，zhiliang@tup.tsinghua.edu.cn
印 装 者： 清华大学印刷厂
经　　销： 全国新华书店
开　　本： 185mm × 230mm　　**印　　张：** 26.75　　**字　　数：** 547 千字
版　　次： 2011 年 3 月第 1 版　2019 年 6 月第 2 版　　**印　　次：** 2019 年 6 月第 1 次印刷
定　　价： 59.80 元

产品编号：063985-01

丛书编委会

（以汉语拼音为序）

丛书顾问寄语

研究规律和国情比臆测价格和猜赌政策更重要。严肃学者与江湖术士的区别就在于前者致力于对客观规律和基本国情的归纳与总结。

——陈　淮

作为国民经济支柱产业的房地产业，其对应的学科建设亟待加强，这也是本丛书编辑、出版的意义所在。

——顾云昌

房地产经营管理是一门新的学科，尚不够成熟。推动这一学科的建设成为摆在经济管理学者面前的任务，董藩等一批青年学者在这方面已经做了不少工作。这套丛书的出版，是他们的又一次努力，值得肯定。

——胡乃武

房地产与政治、经济、社会、民生等紧密相联，出版房地产专业教材是系统培养专业人才的长远之计，这项工作虽然是基础性的，但做好它，意义重大。

——聂梅生

董藩教授及其团队一直在学习、研究和传播房地产知识，为中国房地产学科的建立和专业人才的培养做出了积极贡献。

——秦　虹

计划经济的历史中没有房地产这个专业，福利分房制则让开发与市场脱节。这十多年的市场化建设尚未成熟，急需普及基本知识。学院派的教师们努力地编辑与总结经验，希望能为市场建设尽微薄之力。这套较为完整的丛书，会对管理与从事这一行业的人，提供必要的帮助。

——任志强

房地产实践的发展需要专业理论的指导，也需要专业人才的加入。而这两点，都有赖于专业教育的发展。认识董藩教授已近20年，深知他称得上是中国房地产学科的搭建者和带头人。

——王健林

梳理专业知识，服务学科建设；解读经济规律，促进行业发展。

——谢家瑾

房地产业是国民经济的主导产业和支柱产业，但房地产教育却还处于初级状态。要发展房地产专业教育，教材建设是最基础的工作。希望本套教材的出版对此有明显的推进作用。

——郑超愚

深化认识，夯实根基，是实施科学管理，促进房地产业平稳、健康发展的基础。相信这套丛书的出版，对业内和相关人士认识房地产市场规律、掌握房地产基础知识将起到积极的推动作用。

——朱中一

丛书序言

——大力推进房地产专业教育和知识普及工作

1998年以来，中国房地产业快速发展，已成为国民经济的主导产业和支柱产业，取得了令世人瞩目的成就，尤其是在改善广大城镇居民住房条件、改变城镇面貌、促进经济增长、扩大就业四个方面，更是发挥了其他行业所无法替代的作用。这一切，仅从中国城镇人均居住面积的变化便不难看出：新中国成立初期4.5m^2，但到了1978年，反而下降到了3.6m^2；1990年为7.1m^2，到了1998年也只有9.3m^2。现在我们的居住条件已经达到人均近40m^{2}了。

然而，随着房地产业的发展，一系列问题和矛盾也出现了。诸如房价问题，住房保障和宏观调控问题、政府对房地产市场的干预以及市场机制运行阻力增加等，这些问题和矛盾倘若得不到有效解决，势必给房地产业的可持续发展埋下隐患。

这些问题的出现，均与大众和决策层对房地产市场认识的偏差甚至错误联系在一起，而这些认识上的欠缺，又与房地产教育的短缺、房地产理论的落后、房地产专业知识普及的乏力是密切相连的。这种境况的出现，既有必然的逻辑，又有偶然事件的诱使。而要改变这种现实，必须抓好房地产教育、房地产理论研究工作，同时大力推进房地产专业知识的普及工作。房地产教材的编写，就是一项实实在在的工作内容。为搭建起中国的房地产学科，十几年来，我与我的合作者一直在积极探索。

早在2000—2001年，在东北财经大学出版社编辑谭焕忠先生的鼓励和运作下，我就主编了“最新房地产经营管理丛书”，在这方面做了积极尝试，受到房地产业内和财经教育界的关注。后来我们又对这套丛书进行了修订、完善，个别分册还出版了第三版和第四版，成为普通高等教育“十一五”国家级规划教材。但是，随着时间的推移，这些教材又有了更新的必要。为此，从2009年开始，我们与清华大学出版社合作，邀请国内多所知名高校的房地产专家、学者，重新编著了一套“21世纪房地产经营管理系列教材”，包括《房地产经济学》《房地产开发》《房地产投资分析》《房地产市场营销》《房地产金融》《房地产开发企业会计》《房地产估价》《房地产法律与制度》《房地产管理信息系统》《物业管理》《住房保障制度》《房地产合同管理》等。

从整套教材来看，不仅有介绍房地产行业基本知识的《房地产经济学》，还将房地产行业和项目所涉及的主要业务知识分册进行了讲解。浏览一下这套丛书各分册的书名就会发现，其中暗含着“投资分析—开发—监理—营销—物业管理—估价”这样的纵向逻辑脉络，主要阶段基本知识的讲解全部囊括其中；同时，又顺着横向逻辑关系，对与房地产有关的金融、会计、法规知识按照教材体系做了详细整理。读完该套教材后，读者对房地产行业的理论、业务知识、分析方法、法律规定便有了基本了解。身边准备这么一套房地产专业书籍，遇到相关问题也基本都能从中找到答案。非常重要的一点是，我们充分考虑到房地产行业的实践性，十分注重理论联系实际。当读者阅读过我们的教材之后，会深刻体会到该套教材的这一显著特征。

在前面多年房地产教学、科研和教材编写基础上的该套教材，与以往的教材相比，无论是基础知识的梳理、内容的安排，不同分册间知识的衔接，还是文字的表述、写作的规范性，都又有了明显进步。所以，该套教材出版后再次引起房地产、工程管理和物业管理专业领域和房地产业界的普遍关注，十分畅销。

随着时间的推移，该套“21世纪房地产经营管理系列教材”又到了该修订的时间。清华大学出版社根据各方意见，对该套丛书做了筛选，出版社杜春杰老师与相关作者进行了沟通。大家按照安排，在保持原貌基础上，对本教材中涉及的过时的表述、案例、政策、数据、参考文献等都做了必要的更新，力求向精品化教材的方向发展，丛书的名称也因此更改为“21世纪房地产系列精品教材”。

无论是在第一版的编写中，还是在这次修订中，我们都得到了胡乃武、王健林、任志强等学界前辈、同行专家和行业领袖的大力支持。我要特别感谢王健林和任志强两位著名企业家对我的团队和北京师范大学房地产研究中心的长期支持与鼓励。同时，我们还参阅了很多教材、著作、论文和新闻稿件，在每本书的注释或参考文献中都有专门列示，也要感谢这些作者。清华大学出版社的杜春杰编辑为本套丛书的出版和这次修订付出了巨大心血。在此，我们对相关顾问和编辑表示深深的谢意。

由于水平、能力等原因，修订后的这套教材仍可能存在一些错误或不足之处，有些我们有所感知，有些还未认识到。欢迎大家继续批评指正，以便下次修订时加以完善。

董　藩

2016年1月于北京

第2版前言

自《房地产开发》问世，特别是党的十八大以来，我国经济实力和国际影响力迅猛增长，房地产业也随着国家新型城镇化战略而在调整中前行，城市面貌大有改观，人均居住面积由2010年年底不足30平方米发展到2018年年底的40多平方米。城市综合体、商品住宅群等项目的开发建设使“旧城换新颜”的同时，也为民众提供了更好更舒适的生产生活空间，带动了相关产业的升级发展。

习近平总书记在党的十九大报告中高屋建瓴地指出，中国特色社会主义进入新时代，我国社会主要矛盾已经转化为人民日益增长的美好生活需要和不平衡不充分的发展之间的矛盾。近十年来房地产项目如雨后春笋般涌现，房价也节节攀升，部分民众对我国房地产发展模式提出怀疑。因此，“房住不炒”“因城施策”等长效发展机制逐步提出，我国房地产业也由“黄金十年”步入“白银十年”，由量的增长进入质的提升的新阶段。

《房地产开发（第2版）》就是在这种背景下，紧扣新时代发展脉搏，构建全新知识框架，综合兄弟院校、企业内训等专家学者提出的建议，将理论和实践密切联系起来，努力解决理论的前瞻性、系统性与项目开发的现实性、差异性之间的矛盾，实现房地产开发中“取势”“明道”“优术”“树人”的战略战术的融合。提炼并遵循房地产开发的“金科玉律”：良好的产业环境，充分的政策理解；强劲的政府支持，有利的金融支撑；科学的项目选址，超前的开发理念；准确的市场定位，适度的开发规模；谨慎的项目评估，优秀的规划设计；严格的项目管控，完善的配套设施；务实的营销策略，人本的物业服务；高效的项目团队，卓越的项目成果。

基于以上认识，本书在吸取第1版教材精华的基础上，以房地产开发项目为依托，以最新法律法规为依据，认真剖析当下房地产项目开发中的矛盾和问题，系统总结和阐述了房地产开发的基础知识、基本理论、开发实务和操作技巧。本书分为十章，第一章从房地产开发基础知识入手，介绍了房地产及房地产业的相关概念，阐述了房地产与新型城镇化的关系，并提出了城市价值对房地产价格的影响。第二章在介绍房地产市场概念的基础上，阐述房地产供给和需求理论，新增“过滤供给”模型，深入剖析了当下房地产市场的结构性矛盾，并对房地产泡沫从理论和实践层面进行论述，以期探索出“天行有常”的房地产

项目开发规律。第三章从 PEST 分析的房地产市场调查概念和程序入手，系统阐述了土地使用权的获取、区位环境分析，并对 SWOT 模型进行了理论和实践应用的阐述。第四章结合具体房地产开发项目，系统分析了房地产项目可行性研究的内容、程序，并就财务测算和不确定分析进行了综合阐述。第五章从房地产策划的概念切入，在房地产市场分析的基础上，结合 STP 分析模型，遵循市场细分、市场定位、目标客户群定位、产品定位的逻辑，系统讲解了房地产策划的流程及关键环节，并结合具体案例进行了深入剖析。第六章简要介绍了房地产项目开发的组织模式、管控流程、合同体系、项目移交及收尾等工作，这部分工作大多可以通过“外包”实现。第七章从房地产资金筹集着手，在投资分析的基础上，结合最新的房地产税收法规及政策，提出了税务筹划的思路，并结合具体案例进行了分析。第八章结合近十年来“互联网 +”的跨界发展，从营销理论入手，系统分析房地产项目的销售策略、媒介组合，并对价格定位和调整提出了策略建议。第九章简要介绍了房地产物业管理的概念，提出了智慧社区建设的思路，并主张物业管理早期介入的房地产项目开发理念。第十章从房地产长效机制的概念入手，阐述了房地产长效机制的内涵，总结了房地产长效机制在我国的提出和发展，国内外发展良好的房地产市场的制度建设进行了剖析，提出了构建中国特色的房地产长效机制的构想。

本书内容逻辑清晰，一气呵成，从理论阐述到实践总结，从当下项目开发到未来机制构建，均提出了实用且适用的知识体系，为高校相关专业的本科生、研究生，相关企事业单位的专家、学者及政府相关人员提供了很好的教材或参考参照依据。

本书由代春泉创作并统稿，写作过程中，承蒙过很多人的关爱，衷心地感谢他们。感谢董藩教授高瞻远瞩的引领，感谢清华大学出版社的编辑及相关人员的巨大付出，感谢同事、同行、专家、学生学员提出的建议，感谢所有给予鼓励和建议的朋友。当然，在本书写作过程中参考了大量文献资料，除书后所附参考文献外，还借鉴了其他专家和学者的研究成果，在此无法一一列出，一并向著作权人表示最诚挚的感谢。

学海浩瀚，尽管使出了洪荒之力，但书中仍难免存在疏漏或不妥之处，欢迎同行专家和读者批评指正。

路漫漫其修远兮，吾将上下而求索！

远，无惧；

索，才是人生不忘初心，逐梦前行的不懈动力！

代春泉

2019 年 5 月于青岛

第1版前言

在信息爆炸的今天，教材的意义何在？互联网的发展使得信息的交流如此便捷，我们不仅能搜寻到过去只有在图书馆和书店才有的纸质文档，而且最新版的外文资料也基本上能从网上找到。面对公开和广泛的信息资源，教材该如何发挥作用呢？阿尔温·托夫勒在《科学和变化》中说："当代西方文明中得到最高发展的技巧之一就是拆零，即把局部分解成尽可能小的一些部分。我们非常擅长此技，以至于我们竟然忘记把这些细部重新组装到一起。"现代科学知识体系的这种思维方式注重研究事物本身局部的、静止的状态，过分注重科目分工的精细，而缺乏对事物之间必然联系的思考，缺乏归纳、综合的研究方法。由此，本教材着力改变这一状况，给读者一种归纳、综合的研究方法，给读者一个深入探索大量专题的起点，在经典和创新之间寻找历史与现实的关联、理论和实践的结合。从这个意义上讲，作为研究者和讲授者，教师应该用一颗敏锐的心，时时感受并关注本学科和周围世界的变化，进行既瞻前（未来）顾后（历史）又左顾（国内）右盼（国际）的思考。

结合作者大量的房地产策划实践，提炼出一个成功的房地产开发项目应该"取势""明道""优术"，应当遵从下面的"金科玉律"：良好的产业环境，充分的政策理解；强劲的政府支持，有利的金融支撑；科学的项目选址，超前的开发理念；准确的市场定位，适度的开发规模；谨慎的项目评估，优秀的规划设计；严格的成本控制，完善的配套设施；务实的营销策略，人性的物业服务；有效的管理团队，卓越的项目成果。

基于以上认识，本书以房地产开发项目为对象，以最新的法律法规为依据，剖析了房地产行业发展中存在的矛盾和问题，归纳和提炼出成功项目的运作模式，以房地产项目开发过程为主线，系统介绍了房地产开发的基本理论、运作实务和操作技巧。本书分为十章，第一至九章从房地产开发基础理论入手，分析了房地产市场运行规律、项目拓展模式、可行性研究及规划设计、项目策划与产品定位、项目组织与管理、资金运营及税务筹划、营销推广、物业管理等房地产开发的整个过程，第十章针对我国轨道交通迅猛发展的实际，对房地产开发的外部效应进行了剖析，提出了轨道建设与站点周边房地产项目联合开发的建议。本书深入探究行业发展规律，创新性地提出了项目拓展、多项目异地管控模式、营销逻辑树、销售控制、房地产开发外部效用等前沿知识，以期对房地产理论研究专家和项目一线管理人员都有很好的启示和帮助。

本书全文由山东科技大学代春泉、临沂市建设局徐青执笔编著。在本书写作过程中，承蒙很多人的关爱，衷心地感谢他们。感谢北京师范大学董藩教授的无私帮助，感谢清华大学出版社杜春杰编辑的巨大付出，感谢山东科技大学张茜茜女士和王磊博士的鼎力支持，感谢代云硕、代一涵和代小森给我的快乐，感谢所有给我鼓励和批评的朋友。当然，本书在写作过程中参考了大量文献资料，除书后所附参考文献外，还借鉴了其他专家和学者的研究成果，在此不一一列出，一并向著作权人表示最诚挚的感谢。

代春泉

2011年1月

目 录

第一章　房地产开发基础

学习目标

通过对本章的学习，应掌握如下内容。

- 房地产开发的含义及特点；
- 房地产开发商及其利益相关者；
- 房地产开发的主要程序；
- 房地产开发及城镇化；
- 城市价值对房地产价格的影响。

导言

房地产开发商像影视导演，要把有着各自理想和目标的优秀演员组织起来，协调每个演员的角色分工，通过各角色的通力合作，制作出受观众喜爱的优秀影视作品。在房地产开发中，开发商同样需要整合目标各异的利益相关者，协调各类冲突，开发出既受社会欢迎，又能满足企业发展战略的房屋建筑及相关产品。

本章讨论了房地产开发的含义、特点、开发流程、开发模式，论述了房地产开发与城镇化的互动关系，并对城市价值与房价的关系进行了探讨。

第一节　房地产开发概述

古今中外，房地产始终是国家财富和居民家庭财产的重要组成部分，是财富承载的重要主体，房地产提供的不仅仅是一个物质空间，而且还是使用者获取各种社会联系的“通行证”。因此，深刻领会房地产开发所涉及的基础知识显得十分必要。

一、房地产及房地产业

房地产（Real Estate 或 Real Property）是指可开发的土地及其地上定着物、建筑物，包括物质实体和依托于物质实体上的权益。

房地产业是指以土地和建筑物为经营对象，从事房地产开发、建设、经营、管理以及维修、装饰和服务的集多种经济活动为一体的综合性产业。房地产业是一个巨大的产业体系。具体来说，房地产业包括土地开发、房屋建设、房屋维修与管理、土地使用权的有偿出让与转让、房屋所有权的买卖、房地产租赁、房地产抵押、房地产中介咨询以及对经济活动进行控制和管理的行为。可以看出房地产业涉及资金融通、开发建设、产品流通、消费服务、调控管理等领域的多类经济组织的活动。这些组织和部门之间相互联系、相互依存、相互制约，从而形成一个有机的产业整体。

房地产业在自身发展的同时也给整个国民经济带来很大的影响，在国民经济中起着不可替代的作用，具有如下特点。

1. 基础性

房地产业是国民经济的基础产业。主要表现在以下方面：它为国民经济各行各业的发展提供最基本的物质条件——生产空间；它为劳动力提供生存和发展最必须的条件——生活及服务空间；它为经济发展和城市建设提供大量的财税支持——税费征缴。

2. 关联性、先导性

房地产业与建筑、建材、冶金、化工、纺织、机械等50多个物质生产部门紧密相关，并且向交通运输业、邮电业、金融和服务业整合发展。

在一定时期，房地产业能够显示其对经济宏观运行情况的敏感性和超前性，是经济发展状况的“晴雨表”，具有先导性。

3. 高投资、高收益、高风险

由于房地产投资具有较高的回报率，往往会吸引大量资金涌入房地产业。但是由于供给的滞后性所带来的投资的盲目性，如果规划或调控不合理，容易导致房地产泡沫，一旦泡沫破灭，就会给投资者甚至整个社会经济造成重大损失，甚或导致金融危机。

4. 地域性

由于房地产位置的固定性，决定了房地产从生产、流通到消费的全过程都具有显著的地域性。具体表现在房地产市场的地域性、房地产价格的地域性、房地产业政策的地域性等方面。

5. 政策性及法律法规的影响性

房地产业的均衡发展不仅是经济问题，更是政治问题和社会问题，是重大的民生问题。

房地产业单纯靠市场调节是不够的，必须有政府的宏观调控。安居方可乐业，实现社会各阶层的住房需求，是各级政府部门的调控目标和施政重点所在。

二、房地产开发的含义

开发原指为了充分利用荒地、矿山等自然资源，利用人力和物力对其进行改造的活动。房地产开发是以城市土地资源为对象，在依法取得国有土地使用权或规划批准的集体土地上进行基础设施和房屋建设，为人们的生产生活提供空间的行为过程。

房地产开发是以房屋和土地为主要内容的综合开发，包括地产开发和房产开发。地产是土地及其包括供水、供热、供电、供气、排水等地下管线以及地面道路等基础设施的总称。房产是定着在土地上的各种房屋，它们具有各自的使用性质和功能。房产和地产密不可分。一方面，房屋必须定着于土地上；另一方面，地下各项设施的建设都是为房屋主体服务的，是房屋主体功能发挥不可缺少的部分。因此，房地产开发必须综合考虑各类房屋使用功能的配套及房屋与基础设施的协调，并具有一定的规划超前性，实行综合开发，实现更好的效益。

“一座城市就像一所大型住宅，而一所住宅也像一座城市，二者都像生物，其机体的每一部分都是相互关联、协调一致的。”这是意大利文艺复兴时期一位伟大的建筑大师对房地产的概括性表述。同期另一位大师吉奥尔吉奥·马尔蒂尼更生动地描述房地产“就是一个结构最完美和最优美的人体，它应该具有人体的比例、量度和形式”。房地产开发就是“房地产有机体”的塑造和再造，这与传统的房地产的开发——将房地产仅作为一种钢筋混凝土的“物品”来建造有着本质的区别。

综上所述，房地产开发是房地产开发企业按照城市规划的要求，在市场调研的基础上，通过产品策划、规划设计、组织管理、资金运营，建设适于社会经济发展、满足用户需求、具有一定的规划超前性并与环境协调的房屋建筑、配套设施及空间环境，从而实现企业经营目标和社会发展目标的行为过程。

三、房地产开发的特点

房地产开发是房地产业最基本、最重要的物质生产活动，是增量房地产的生产过程，在城市建设中扮演着重要角色。房地产开发具有以下特性。

1. 位置的固定性或不可移动性

房地产开发最重要的一个特性是位置的固定性或不可移动性。它不仅受地区经济的局限，还受周边环境的影响。房地产开发的位置固定性决定了房地产市场的地域性。

房地产位置的不可移动性要求房地产所处的区位必须对开发商、置业投资者和房屋使用者都具有吸引力，能使开发商通过开发投资获取适当利润，使置业投资者获取合理、稳定的经常性收益，使房屋使用者方便居住或便于开展经营活动以赚取正常的经营利润，并具备支付租金或偿还贷款的能力。

房地产开发价值的高低在很大程度上取决于其所处地区物业的整体升值潜力，而不仅考量当前净租金水平的高低。由于房地产不能移动，一个地区土地短缺不能由另一个土地富余的地区来补偿；一个地区的住房紧张不能由另一个住房有剩余的地区来解决。不同地区的房地产市场，价格也存在较大的差异性。房地产价格的差异不仅表现在不同城市之间，而且也表现在同一城市的不同地段之间、同一地段的不同单元之间。

由于房地产的不可移动性，投资者在进行投资决策时，对拟开发地块周边环境的未来规划、区域定位、城市融合发展趋势的把握至关重要。如京津冀一体化发展、通州作为北京市副中心的定位、雄安新区的开发等对区域或周边项目产生重大且深远影响。

2. 耐久性或长期使用性

房地产同时具有经济寿命和自然寿命。经济寿命是指在正常市场和运营状态下，房地产产生的收益大于其运营成本，即净收益大于零的持续时间；自然寿命是指房地产从地上建筑物建成投入使用开始，直至建筑物由于主要结构构件和设备的自然老化或损坏，不能继续保证安全使用的持续时间。

自然寿命一般要比经济寿命长得多，较长的自然寿命可以令投资者从一宗置业投资中获取几个经济寿命。因为如果对建筑物进行一些更新改造、改变建筑物的使用性质或改变物业所面对的租客类型，投资者就可以用比重新购置另外一宗房地产少得多的投资继续获取可观的收益。应该指出的是，税法中规定的有关固定资产投资回收或折旧年限的条款，往往是根据国家的税收政策来确定的，并不一定与房地产的经济寿命或自然寿命相同。

3. 适应性或附加收益性

房地产本身并不能产生收益，也就是说房地产的收益是在使用过程中产生的。适应性是指为了适应市场环境的变化，投资者调整房地产使用功能的方便程度。由于这个原因，房地产开发时要充分考虑置业投资者的利益，使置业投资者能够及时调整房地产的使用功能，使之既适合房地产市场的需求特征，又能增加置业投资者的收益。例如，写字楼办公人员需要工作中的短时间休息，可以通过增设小型咖啡馆或其他公共空间来满足这种需求；青年公寓内的住户希望获得洗衣服务，可以通过增加自助洗衣房、出租洗衣设备等来解决。

仅考虑房地产的投资特性时，一般认为购买自行车的店铺比购买生产自行车的厂房的投资风险小，这是因为前者比后者具有更强的适应性。因此，按照住户或租户的意见及时

调整房地产的使用功能十分重要，这样可以极大地提高对住户或租户的吸引力。

4. 异质性或不一致性

市场上不可能有两宗完全相同的房地产，房地产市场上的产品难以做到标准化，房地产开发也是在某一个细分市场上的开发。土地由于受区位和周围环境的影响不可能完全相同；两栋建筑物也不可能完全一样，即使是在同一条街道两侧，同时建设的两栋具有相同设计形式的建筑物，也会由于其内部附属设备、临街状况、物业管理情况等的差异而有所不同，而这种差异往往最终反映在两宗物业的租金水平和出租率等方面。

从心理学角度分析，业主和租户也不希望自己所拥有或承租的物业与附近的另一物业雷同。因为建筑物凭借其所具有的特色甚至可成为某一城市或区域的标志性建筑，不仅对建筑师具有里程碑意义，对业主或租户扩大自身的知名度、增强其在公众中的形象和信誉都有重要作用。从这个意义上看，每一宗物业在房地产市场中的地位和价值都不可能与其他物业完全相同。

5. 弱流动性或较差变现性

弱流动性是房地产的又一特性。一方面，由于物业的异质性，受使用者特定偏好的影响，置业投资者或租客通常需要反复搜寻，以便找到令自己满意的房子；另一方面，对同一物业而言，买卖双方的心理预期价格会存在差异，因此只有通过一段时间的搜寻和价格谈判，买卖双方才能就价格等因素达成一致。

由于房地产市场信息的不完备性，加上房地产价值量大所导致的买卖双方交易行为的谨慎，以及房地产位置的固定、房地产市场中交易分散等特点，进一步延长了搜寻和交易谈判时间。因此，房地产的流动性差在一定程度上决定了房地产的变现能力差。

6. 政策影响性

政策影响性是指房地产开发容易受到政府政策的影响。由于房地产事关民生，各国政府均对房地产市场倍加关注，经常会有新的政策措施出台，以调整房地产商品在生产、交易、使用过程中的法律关系和经济利益关系。而房地产不可移动等特点的存在，使得房地产很难避免这些政策调整所带来的影响。

政府在土地供给、住房、金融、财政税收等方面的政策变化，均会对房地产的市场价值产生影响，进而对房地产投资的经济效果产生影响。

7. 专业管理依赖性

专业管理依赖性是指房地产投资离不开专业化的管理咨询服务。房地产开发需要专业的、综合的管理，它需要投资者在获取土地使用权、规划设计、项目融资、工程管理、市场营销等方面具有管理经验和能力，需要社会调查专员、策划师、规划师、设计师、会计师、律师等提供专业服务，以确保项目风险的控制和开发目标的实现。

8. 外溢性或相互影响性

萨缪尔森对“外溢性”的定义是“当生产或消费对其他人产生附带的成本或效益时，外部经济效应就发生了”。也就是说，成本或效益被加于其他人身上，而施加这种影响的人并没有为此付出代价。

房地产开发具有典型的外溢性特征。政府在道路、公园、博物馆等公共设施方面的投资，能显著地提高附近房地产的价值。某房地产项目周边建设垃圾焚烧场、治安环境恶化等也会大大削弱房地产项目的开发价值。

四、房地产开发的类型

房地产开发综合性强，按不同的分类标准，有不同的类别。

（一）按开发程度划分

根据房地产开发的程度，可以将房地产开发划分为以下三种类别。

1. 土地开发

（1）生地。生地是指可能为房地产开发与经营活动所利用，但不具有城市基础设施、尚未开发的农地和荒地。

城镇化的过程就是不断将农村集体用地转变成建设用地的过程。开发模式不同，对土地进行集约开发还是粗放式利用会产生很大差别。

（2）毛地。毛地是指具有一定基础设施配套，但地上建筑物或构筑物需要拆迁而尚未拆迁的城镇土地。城镇化过程中的旧城区改造就是对毛地的更新使用，这是其功能不断完善、使用强度变化的结果。

（3）熟地。熟地是指具有完善的基础设施，具备“三通一平”（临时路通、临时水通、临时电通和场地平整）、“五通一平”（通水、通电、通路、通信、通气、平整土地）或“七通一平”（通水、通电、通路、通邮、通信、通暖气、通天然气或煤气、平整土地）的建设条件，能直接在其上进行房屋建设的土地。

城市运营过程中，政府推行的土地储备制度就是将零散的、不具备开发条件的土地由政府统一收购，进行相应基础设施和周边配套投资，使其具备基本开发条件后择机进行市场交易，是政府增加调控力度和财政收入的重要创新制度。

2. 在建工程

在建工程是指已经开始工程建设但尚未竣工投入使用的建设项目，是房地产开发建设过程中的一种中间形态。受原有投资者融资能力、管理能力、投资策略、政策调整以及市场环境因素变化的影响，房地产市场上总存在一些针对在建工程的交易行为，如将在建工

程转让、抵押、拍卖等。

3. 建成后物业

所谓建成后物业，即通常所说的已通过竣工验收、可投入正常使用的建筑物、构筑物及其附属设施。按照建筑物的用途不同，可分为下列几种形式。

（1）居住物业。居住物业一般是指供人们生活居住的建筑，包括普通住宅、公寓、别墅等。这类物业的购买者或者以满足自用为目的，或者作为投资的标的。

（2）商业物业。商业物业有时也称收益性物业或投资性物业，包括酒店、写字楼、零售商业用房、出租商住楼等。这类物业的购买者大都以投资为目的，靠物业出租经营的收入回收投资并赚取投资收益，也有一部分是出于自用或自营的目的。由于入住商业物业内的经营者的效益在很大程度上取决于其与社会接近的程度，所以区位对于这类物业有着特殊的重要性。

（3）工业物业。工业物业通常是为人类的生产活动提供入住空间的建筑，包括工业厂房、高新技术产业用房、研究与发展用房（又称工业写字楼）、仓储用房等。

（4）特殊物业。高尔夫球场、加油站、飞机场、车站、码头、高速公路、桥梁、隧道等物业，通常称为特殊物业。这类物业的投资多属于长期投资，投资者靠日常经营活动收益和（或）政府补贴来回收投资、保证运营。

（二）按开发的综合程度划分

根据房地产开发的综合程度，可将房地产开发划分为单项开发和综合开发两种类别。

1. 单项开发

单项开发是指分散建造的单项工程或单位工程的开发建设，如单独建设一座商场、一条道路、一座桥梁、一栋房屋等。单项开发虽然规模小，没有连带的配套设施的开发，但必须严格按照城市建设总体规划进行，服从总体规划布局。

2. 综合开发

综合开发是指区域或城镇土地和房屋的规划、设计、开发、建设和运营的高度一体化，其最本质的特点集中表现在“综合开发、配套建设”上。综合开发过程中，不仅要对建筑地块或房屋建筑进行有目的的建设，而且要对被开发地区的一些必要的公用设施、公共建筑进行统一规划，协调建设。尤其是住宅开发，更要以人为本，以综合布局的理念对居住、服务、文教卫生、福利娱乐等用房进行合理规划、有序开发，并注意生态环境的营造。缺乏“综合性”和“配套性”的开发活动不符合现代城镇建设要求，随着时代的变化也很容易被淘汰，相应的房地产产品也会严重贬值。

（三）按开发方式划分

根据房地产开发方式，可将房地产开发划分为新区开发和旧城改造两种类别。

1. **新区开发**

新区开发的目的是加强和完善城镇功能，繁荣和发展城镇经济，推动城镇社会进步。各类新区就内涵而言，可划分为单一功能型新区和综合功能型新区两类。单一功能型新区是指新区内部承担的城市功能的类型单一化，如城市金融改革试验区、创客社区、城镇居住区等。综合功能型新区是指新区内部承担着城市发展的多种功能，而且这些功能在规模与作用上大致相当，难以区分出主次关系，如高新技术产业开发区、城市自贸区等。事实上，现实中的任何新区都是多种城市功能的融合区。只不过有的新区的某种城镇功能特别突出，而有的新区则是多种城镇功能较为均衡，前者是单一功能型新区，后者为综合功能型新区。

2. **旧城改造**

旧城改造是为了使旧城区恢复其城市发展的活力，发挥其应有的作用，以达到改善生活质量与环境、振兴城市经济、推动社会进步的目的。旧城改造主要包括旧城区人口疏散、经济社会结构调整、设施更新、环境改善、建筑形体空间的再创造以及人文感知空间塑造等内容。

就旧城改造的内涵而言，有形态型与功能型之分。所谓形态型旧城改造，是指旧城改造的重点在于对旧城区内建筑形体以及总体布局形态等外在性因素的更新和改善，比如正在全面展开的民生工程——棚户区改造。所谓功能型旧城改造，是指以更新和改善城市旧城区的固有功能为重点，在旧城区培植新的城市功能生长点。由于旧城区的形态改造不可避免要引起或多或少的城市功能重组，进而就会间接地产生或大或小的功能型旧城改造的后果。与之类似，功能型旧城改造在推动城市功能升级的同时，也必然要以形态型改造为重要手段，因而旧城改造是形态型与功能型改造的综合过程。

五、房地产开发的主要指标

为了衡量房地产开发方案的技术可行性和经济合理性，经常需要考虑下列指标。

1. **建筑面积**

建筑面积是指建筑物外墙勒角以上外围所围成空间的各层水平投影面积之和。建筑面积包括房屋的可用面积、墙柱体面积、楼梯走道面积、其他公摊面积等。

2. **占地面积**

占地面积是考核建设项目总平面设计技术经济效果的指标，可以从两个方面理解。

（1）对于建筑物而言，占地面积是指整个区域内建筑物所占有或使用的土地水平投影面积，一般按底层建筑面积计算。

（2）指地块总面积（又称规划总用地面积）。在最初进行报批立项时，经常用到“占地面积”这个概念，它指红线内面积总和，具体包括规划建设用地面积（规划净用地面积）、代征面积，此处占地面积乘以容积率等于建筑面积。

3. 容积率

容积率是指一个小区的总建筑面积与总用地面积的比率，是衡量建设用地使用强度的重要指标。对于开发商来说，容积率决定地价在房屋成本中占的比例，而对于用户来说，容积率涉及使用舒适度。

4. 建筑密度

建筑密度即建筑覆盖率，是项目用地范围内所有基底面积之和与规划建设用地面积（规划净用地面积）之比，反映了一定用地范围内的空地率和建筑密集程度。

5. 日照间距

日照间距是指前后两排房屋之间，为保证后排房屋在规定的时日获得所需日照量而保持的一定间隔距离。规范规定以房屋长边正南向正午太阳照到后排房屋底层窗台为依据来进行计算。

由图 1-1 可知，$\tan h=(H-H_1)/D$，由此得日照间距应为

$$D=(H-H_1)/\tan h$$

式中：h——太阳高度角；

H——前幢房屋檐口至地面高度；

H_1——后幢房屋窗台至地面高度。

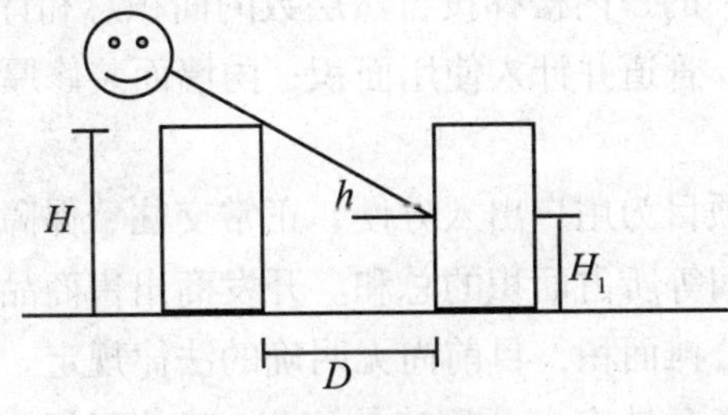

图 1-1　日照间距

实际应用中，常将 D 换算成其与 H 的比值，即日照间距系数，以便根据不同建筑高度计算出相同地区、相同条件下的建筑日照间距。

例如，居室所需日照时数增加时，其间距就相应加大，或者当建筑朝向不是正南时，其间距也有所变化。在坡地上布置房屋，在同样的日照要求下，由于地形坡度和坡向的不同，日照间距也会随之改变。

6. 平均建设周期

平均建设周期是指房地产项目从工程开工至全部工程完工所持续的时间。在数值上，平均建设周期等于计算期间内房屋施工面积与新竣工面积之比。

7. 绿地率和绿化覆盖率

绿地率指居住区用地范围内各类绿地的总和与居住区用地的比率（%）。

绿化覆盖率指小区内绿化垂直投影面积之和与小区用地的比率（%）。

在计算绿地率时，对绿地的要求非常严格。绿地率所指的"居住区用地范围内各类绿地"主要包括公共绿地、宅旁绿地等。其中，公共绿地又包括居住区公园、小游园、组团绿地及其他的一些块状、带状公共绿地。即使是零散的块状、带状公共绿地也要求宽度不小于 8 m，面积不小于 400 m^2，该用地范围内的绿化面积不少于总面积的 70%（含水面），至少要有 1/3 的绿地面积能常年受到直接日照，并要求增设部分休闲娱乐设施。而宅旁绿地等庭院绿化的用地面积，在设计计算时也要求距建筑外墙 1.5 m 和道路边线 1 m 以内的用地，不得计入绿化用地。此外，还有几种情况也不能计入绿地率的绿化面积，如地下车库、化粪池。这些设施的地表覆土一般达不到 3 m 的深度，在上面种植大型乔木，成活率较低，所以计算绿地率时不能计入"居住区用地范围内各类绿地"中。在房地产开发过程中，政府关注的就是绿地率这一指标。但绿化覆盖率计算并不严格，甚至树的影子、露天停车场中可以种草的砖块都可以算入绿化覆盖率。所以在实践中，绿化覆盖率可以达到 60% 以上，而不少房地产商宣传的"绿化率"实际是绿化覆盖率。

8. 使用面积

使用面积是指房屋各层平面中可直接供用户使用的净面积之和。计算使用面积时有一些特殊规定：跃层式房屋中的户内楼梯按自然层数的面积总和计入使用面积；不包含在结构面积内的烟囱、通风道、管道井计入使用面积；内墙面装修厚度计入使用面积。

9. 公摊面积

公摊面积是指房地产项目为用户出入方便、正常交往、保障生活所设置的楼内公共走廊、楼梯、电梯间、水箱间等所占面积的总和。开发商出售商品房时计算的建筑面积存在公共面积分摊问题，关于公摊面积，目前尚无明确的法律规定。但在实践中，低层建筑公摊很小，多层建筑公摊率（公摊率 = 公用建筑面积 / 建筑面积）一般在 5%~12%，而高层建筑的公摊很大，一般在 20% 以上。

10. 有效面积系数

有效面积系数是指建筑物内可出售或出租的建筑面积与总建筑面积的比值。

11. 城市红线

城市红线包括建筑红线、道路红线、用地红线。建筑红线又称建筑控制线，有关法规

或详细规划确定的建筑物、构筑物的基底位置不得超出的界线。用地红线也称征地红线，是指规划管理部门按照城市总体规划和节约用地的原则，核定或审批建设用地的位置和范围线。道路红线指规划的城市道路（含居住区级道路）用地的边界线。而对红线的管理就体现在对容积率、建筑密度的指标的控制上。

城 市 七 线

城市规划中的七线包括城市红线、城市绿线、城市蓝线、城市紫线、城市黑线、城市橙线和城市黄线。

城市绿线是指城市各类绿地范围控制线，凡是城市公共绿地、防护绿地、风景园林、道路绿地、湿地以及古树名木等都应划定城市绿地界线，且必须按照《城市用地分类与规划建设用地标准》《公园设计规范》等标准进行绿地建设。

城市蓝线是指河道规划控制线，蓝线控制范围应当考虑防堤、防洪、环保、景观、排灌等需求，包括为保护城市水体而必须进行控制的区域。

城市紫线是指国家历史文化名城内的历史文化街区和省、自治区、直辖市人民政府公布的历史文化街区的保护范围界线，以及历史文化街区外经县级以上人民政府公布保护的历史建筑的保护范围界线。

城市黑线即市政公用设施规划控制黑线：规划用于界定市政公用设施用地范围的控制线。黑线导控的核心是控制各类市政公用设施、地面输送管廊的用地范围，以保证各类设施的正常运行。

城市橙线是指为了降低城市中重大危险设施的风险水平，对其周边区域的土地利用和建设活动进行引导或限制的安全防护范围的界线。划定对象包括核电站、油气及其他化学危险品仓储区、超高压管道、化工园区及其他安委会认定须进行重点安全防护的重大危险设施。

城市黄线是指对城市发展全局有影响的、城市规划中确定的、必须控制的城市基础设施用地的控制界线。

六、房地产开发商及其角色定位

近十几年来，随着城镇化进程的快速推动和房价的过快上涨，部分城市无序规划甚或出现“鬼城”，加之部分房屋开发质量定位过低或把关不严导致投诉案件频发、房地产开发商在公众中的受尊敬程度降低、公众形象不高。

房地产开发商从项目公司到大型跨国集团有许多类型，总体上看，房地产开发商具有以下特点。

1. 开发商是整合商

开发商具有多重使命。开发一个成功的项目，开发商要进行要素资源的整合，要调动社会主体的积极性，要融合各行业专家的思想，要优化资源组合和生产过程，如图1-2所示。

图1-2　开发商的多元整合

2. 开发商是运营商

开发商要确定运营的对象与尺度，实现低层运营向高层运营的转换，需要从以下几个方面进行。产品运营是指从“生产出优质的产品服务，然后把它们卖给需要的客户”到“针对性地根据特定客户群体的需求，策划、设计和生产出产品，并提供相应的更深层次的服务”，形成企业的核心竞争力；项目运营是指对整个项目开发全周期的运营管理，包括前期策划、规划设计、采购管理、施工监管、销售控制、项目收尾、物业管理等不同阶段；产业运营是指以产业为导向，通过政策支持，培育和引进特定类别项目并进行相应配套建设，形成具有一定聚集度的产业功能区；企业运营是指开发企业通过战略定位、品牌建设和快速扩张，在企业鼎盛阶段进行出售，获取现金流；城市运营主要是指城市的综合开发，是高层次的城市规划和开发商项目建设实现的统一；政治运营是指国家或区域政府从更高战略、更广视野、更高标准进行区域发展定位，通过产业协调、人才引进、项目建设等实现国家或区域核心竞争力的提升，如雄安新区的战略定位，会加速京津冀一体化进程，会平衡国家产业发展格局，会大大提升中国国际竞争力。

3. 开发商是价值缔造者

开发商进行项目开发的目的是实现价值的增值。开发商在论证项目投资时，需要确定符合企业发展实际的价值内涵，实现企业价值、客户价值和社会价值的平衡和统一，既满足企业的需求，又符合社会发展的需要，实现综合效益最大化目标。

4. 开发商是才智创造者

开发商要综合各类专家思想，运用多种智慧谋划未来。开发商需要逐步构建学习型组织，强化员工的培训与管理，使房地产项目跟随时代发展步伐，引领时代潮流。

综合来看，开发商是项目建设的司令部，是各参与主体的主要组织者，是开发项目的重要推动者，是集开拓者、推销商、谈判家、经理人、领导者、风险家和投资者于一体的

多种角色的复合型专家，其才智、经验和胆识是开发项目成功的关键。开发商的综合运营如图 1-3 所示。

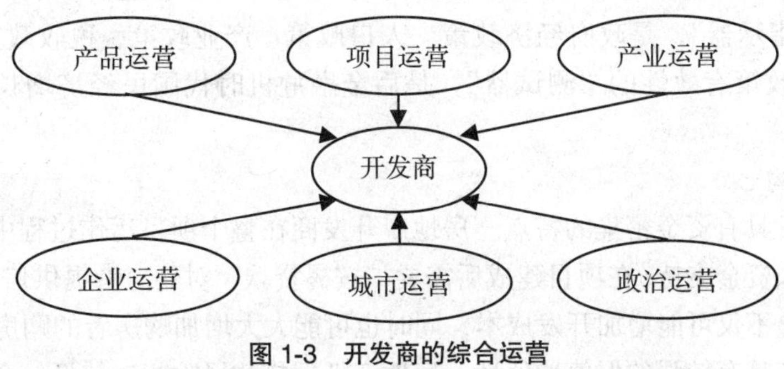

图 1-3 开发商的综合运营

七、房地产开发的利益相关者

房地产开发项目的大型化和复杂化使得任何一个开发商都难以独立完成项目，他必须与各类专家、机构合作，组成开发团队，在开发商的引导和协调下，实现整个项目的预期目标。在项目推进过程中，开发商要动态调整自己的管理队伍，观察在变化的项目环境条件下，开发团队中的每一个合作伙伴是否能有效地工作，在变化的开发过程中，是否具备及时预测和决策的能力。

在房地产开发过程中，每个阶段的每项工作都是由一系列不同的参与者组成，他们目标各异，但通过项目利益组织在一起。

1. 开发用地的供给者

开发用地的供给者包括土地所有者或当前的土地使用者。土地供给不管是主动的还是被动的，土地供给者为了获取更多的土地价值，可能通过出让、转让或合作等模式进行项目开发。根据我国法律规定，城市土地的所有权归国家所有，国有土地的所有权和使用权分离，国有土地使用权可以有偿、有期限、可流转，在土地出让、转让和再开发过程中，在规划用途范围内，各供给者会最大限度地追逐既得利益。某一地块上土地使用者众多，开发商要逐一与他们进行谈判补偿安置方案，如果双方没有完全达成一致，不仅会大大影响开发周期，而且会大大增加房地产开发的前期费用。

2. 政府

政府在参与房地产项目开发过程中，是土地的原始供给者、政策制定者，行使监督管理的职能，可能会参与具体的项目开发。开发商从开发项目构思开始，就与规划部门、土地管理部门进行沟通，了解土地用途，打探规划信息。获得土地使用权后，会不断地与土地部门、规划部门、建设部门、房地产管理部门、市政部门等沟通交流，政府的行为对开

发项目的成败有直接的影响。

房地产业在国民经济中有着明显的先导性，常常作为社会经济发展的“晴雨表”和宏观调控的“指示器”，是政府经济政策、人口政策、产业政策、税收政策、金融政策、区域发展规划政策有效性的“测试器”，是后金融危机时代国民经济增长的“新经济增长点”。

3．金融机构

房地产开发具有资金密集的特点。房地产开发商在整个项目运作过程中，需要“开发建设贷款”提供资金支持，在项目建成后需要“按揭贷款”对购房者提供信贷支持。因此，利率政策的调整不仅可能增加开发成本，同时也可能大大增加购房者的购房成本。

由于房地产具有较强的保值增值性，房地产抵押贷款风险相对较低，金融机构在房地产项目信贷领域的竞争十分激烈。随着我国金融体制改革的不断深入，房地产金融服务将进一步向规范化、集约化、标准化、人性化方向发展。

4．承包商

房地产开发商通过合同方式将项目发包给承包商进行建设，向供货商进行要素采购，并承担相关承包商之间的协调管理工作。

开发商要根据自己的管理能力和经验，选择合理的合同模式。对管理经验丰富的开发商，可以通过平行承发包等方式，加强开发项目的控制。对管理能力不强的开发商，可以通过总承包模式，把大部分管理工作委托给总承包商。只要加强合同管理，开发过程中的风险和不确定性因素就比较容易控制。

5．专家顾问

房地产开发过程非常复杂，开发商难以应对项目开发、交易过程中的所有问题，因此，为了交易的安全性和快捷性，开发商或购房者需要聘请专家提供高质量的咨询服务。这些专家顾问包括但不限于招标代理机构、建筑师、咨询工程师、规划师、造价师、房地产估价师、会计师、税务师、营销代理机构、律师、物业管理师等，他们提供的优质服务是开发项目成功的重要保证。

6．客户群

房地产开发商要实现开发利益，最终取决于将房子出售或出租，找到合适的买家或承租人。消费者要得到“物有所值”或“物超所值”的房子，以满足其需求或效用。对自用型购买者来说，要得到居住或生产空间，实现使用价值。对投资型购房者来说，要获得投资收益，看重其价值。对某个客户来说，也可能在使用价值和价值增值中找到平衡。

第二节　房地产开发的主要程序

巨型化、复杂化房地产项目的开发使得单一开发商难以应对项目开发中的所有工作，需要越来越多的专业人士和机构协同工作，共同应对项目开发中的困难。但是不论开发商多么精明或开发队伍多么庞大，房地产开发都要按一定的程序进行。

一般来说，房地产开发可以分为项目构思与决策、项目拓展与定位、项目建设实施、租售及服务四个阶段，如图 1-4 所示。

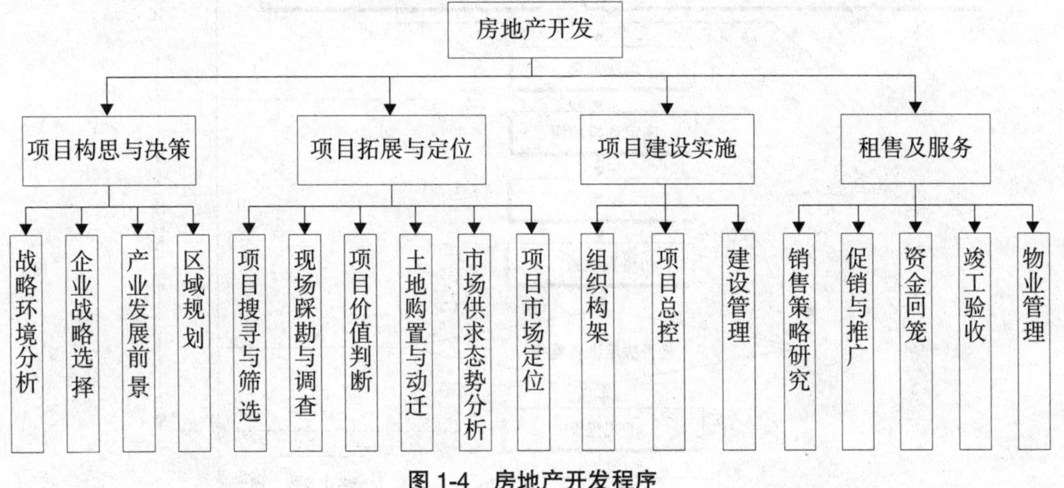

图 1-4　房地产开发程序

一、项目构思与决策阶段

项目构思是指对未来项目的目标、功能、范围以及项目涉及的各要素轮廓的设想与初步界定。房地产项目构思是房地产前期策划的主要内容之一，是以客观的市场调研和市场定位为基础，以独特的概念设计为核心，综合运用各种构思方式，按一定的程序对未来的房地产开发项目进行创造性规划。可分为投资机会搜寻、投资机会筛选、投资方案细化、土地竞投决策几个步骤，如图 1-5 所示。

投资机会搜寻是指开发商通过对一个或多个城市或区域房地产市场进行调研，综合对房地产市场的供求关系、需求强度、竞争环境、成本利润等的认识和判断，确定可以进入的、有发展潜力的市场以及可以投资的机会。

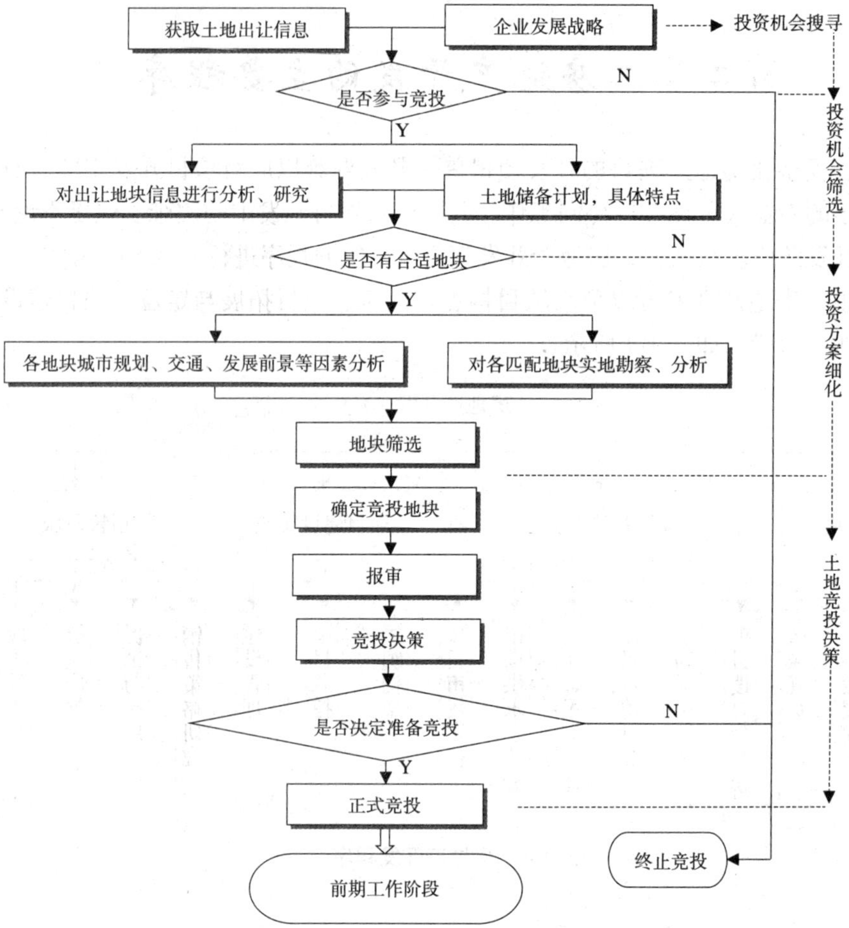

获取土地出让信息
企业发展战略
投资机会搜寻
是否参与竞投
N
Y
投资机会筛选
对出让地块信息进行分析、研究
土地储备计划，具体特点
是否有合适地块
N
Y
投资方案细化
各地块城市规划、交通、发展前景等因素分析
对各匹配地块实地勘察、分析
地块筛选
确定竞投地块
报审
竞投决策
土地竞投决策
是否决定准备竞投
N
Y
正式竞投
终止竞投
前期工作阶段

图 1-5　项目构思与决策阶段工作流程

投资机会筛选是指开发商面对多个投资机会，对每一个机会都要根据自己的经验和投资能力，判断其可行性。在机会筛选过程中，开发商必须与开发场地的选择相结合，逐步分析其客观条件，并且通过与土地所有者或使用者、合作伙伴、咨询策划专家等接触，提出初步方案，如认为可行，就可以签订购买土地使用权或相关合作的意向书。

投资方案细化是在分析供求关系、竞争状况、目标市场及其可支付价格水平的基础上，对某个或某几个方案进行进一步细化分析，并进行较为详尽的经营收入与费用的测算。本工作要在尚未签署任何方案之前进行。

土地竞投决策是在投资方案细化的基础上，在宗地规划指标的约束下，综合分析地块开发的技术可行性和经济合理性，做出是否参与获取土地的决策行为。

从房地产开发企业的实践看，人们对开发项目进行财务评估已经非常成熟，但市场研究却不到位。没有调查就没有发言权，市场研究的轻率必然影响开发项目的成败。当然，在对开发方案进行技术经济论证过程中，由于各种因素的限制，方案需要做某些修订。因此，项目构思及可行性研究不是简单地对投资项目做出接受或拒绝的结论，而是对方案不断进行修正、完善和重新评价的动态过程。

二、项目拓展与定位阶段

房地产开发项目拓展与定位阶段是具体落实开发方案，为开发项目实施做准备的阶段，主要进行立项、买地、筹资、拆迁、报批、委托设计等工作，并进行专家论证，为工程施工做好充分准备。

项目拓展与定位工作开展过程中，开发商必须时刻抑制自己过于乐观的态度，应用“健康的怀疑”态度对待其所获得的专业咨询意见，使自己不过高期望租售价格，也不过低估计开发风险，其工作流程如图 1-6 所示。

1. 开发项目立项

房地产开发项目应该根据城市规划、年度建设用地计划和市场需求，经政府管理部门批准立项，立项时要提交可行性研究报告和项目建议书。项目建议书的主要内容包括：项目提出的必要性和依据；项目的规模、建设地点和初步方案；建设条件分析；投资估算；资金筹措落实；项目进度安排；综合效益分析；等等。房地产开发项目确定后，再向城市规划主管部门申请定点，由城市规划管理部门申请核发建设用地规划许可证。

2. 申请建设用地规划许可证

房地产开发项目确定后，开发商必须向城市规划主管部门选址定点申请，并提交项目的立项批文、企业的资信证明、营业执照、法人代表委托书等文件或证件。

规划管理部门根据城市规划的要求，参照开发企业的申请，考虑房地产开发项目的性质、规模，初步选定项目用地的具体位置和界限，并提出规划设计条件。

规划设计条件是开发项目总图规划设计的依据，开发企业应委托规划设计院按规划设计条件编制规划设计总图。然后报城市规划主管部门审核规划设计总图，核定用地面积，确定用地红线范围，核发建设用地规划许可证。

3. 申请土地开发使用权

土地规划立足现在，着眼未来。城市规划主管部门对土地管理只是土地使用方式的管理，土地的使用权属管理则由土地主管部门负责。开发商购置土地应向土地主管部门提出申请。我国法律规定，城镇土地属于国家所有，房地产开发项目必须在国有土地上进行，开发商购置的仅仅是土地使用权。

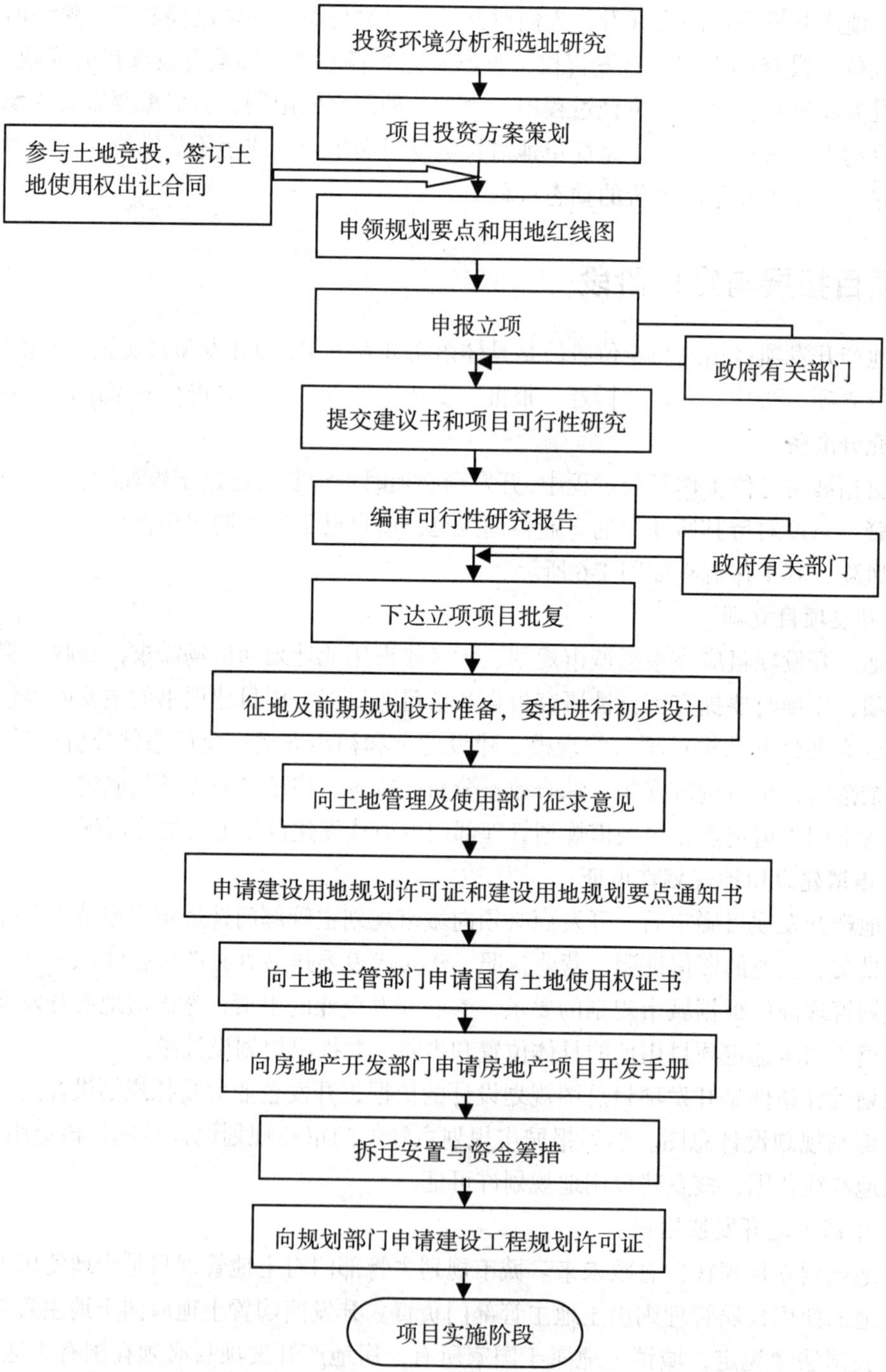

投资环境分析和选址研究

↓

项目投资方案策划

↓ ⇐ 参与土地竞投，签订土地使用权出让合同

申领规划要点和用地红线图

↓

申报立项 ⇄ 政府有关部门

↓

提交建议书和项目可行性研究

↓

编审可行性研究报告 ⇄ 政府有关部门

↓

下达立项项目批复

↓

征地及前期规划设计准备，委托进行初步设计

↓

向土地管理及使用部门征求意见

↓

申请建设用地规划许可证和建设用地规划要点通知书

↓

向土地主管部门申请国有土地使用权证书

↓

向房地产开发部门申请房地产项目开发手册

↓

拆迁安置与资金筹措

↓

向规划部门申请建设工程规划许可证

↓

项目实施阶段

图 1-6 项目拓展与定位阶段工作流程

房地产开发项目用地的土地使用权出让或划拨前，政府相关主管部门应对项目的性质、规模、开发期限、规划设计、基础设施和公共设施的建设、基础设施建成后的产权界定、拆迁补偿安置等提出要求，并出具书面意见，内容作为土地使用权出让或划拨的依据。

获取土地使用权的方式有划拨、协议出让、招标出让、拍卖出让和挂牌出让等方式，出让方式不同，出让程序也有较大差别。

4. 申请房地产开发项目手册

开发商提出的土地使用权出让申请经政府及其土地主管部门批准后，双方签订土地使用权出让合同，并在一定期限内到房地产开发主管部门备案，领取房地产开发项目手册。

房地产开发项目手册是为加强对房地产开发项目的动态管理而制订的。在房地产开发项目的实施过程中，开发商要把项目实施情况填入房地产开发项目手册，并定期报送房地产开发主管部门备案，接受主管部门的动态监管。

5. 拆迁安置

房屋拆迁安置的当事人分别为拆迁人和被拆迁人。拆迁安置是一项政策性很强的工作，其依据有国务院、住房与城乡建设部颁发的条例和规定，以及各地方政府结合本地的实际情况制定的房屋拆迁管理办法。拆迁人应根据国家和地方政府的相关规定，在给予被拆迁人合理补偿和安置的基础上，做好拆迁安置的相关工作。

6. 筹集开发资金

房地产企业属于资金密集型企业，房地产开发需要大量的资金，仅仅靠自有资金是远远不够的。在房地产开发过程中，从缴纳土地出让金开始，如何向金融机构申请贷款、发行投资债券、寻找合作投资伙伴、制订合理预售计划、加快资金回笼等成了开发企业持续发展的关键。

房地产开发资金的筹集在项目构思和决策阶段就要考虑，要认真落实筹资策略，制订资金安全性好、成本可控的筹资计划。在项目开发的整个过程中，要加强资金的运营管理，保证资金量的持续和稳定。

7. 项目规划设计与报建

房地产项目必须通过规划设计成果反映出来，合理的规划设计不仅反映投资者的意图，而且决定了投资项目的价值，最大限度地影响着投资项目未来的增值。

项目报建是在原规划设计方案的基础上，由开发商委托设计单位提出各单体建筑的设计方案，并对其布局进行定位。用于报建的设计方案经城市规划管理部门、消防处、抗震办、人防部门、环卫部门、供水供电管理部门审查通过后，可进一步编制项目的施工图和技术文件，再报送城市政府相关部门审批。审批完结后，领取城市规划管理部门颁发的建设工程规划许可证。

开发商获取建设工程规划许可证后，便可以办理开工手续，进入项目建设实施阶段。

三、项目建设实施阶段

项目建设实施阶段是将开发过程中所涉及的原材料聚集在一定的空间和时间上，进行开发项目的施工建设。项目开工意味着在选定的开发地点，以在特定时间段上分摊的特定成本，进行特定建筑物的建设。

项目建设实施阶段的工作流程如图1-7所示。

1. 办理工程开工手续

开发企业申请建设工程规划许可证后，根据建筑法及相关法律的规定，持国有土地使用权证书、建设用地规划许可证、建设工程规划许可证、拆迁进度安排、资金证明文件、水电供应及排污审批文件，以及落实的施工企业、监理企业等，申请领取施工许可证或国务院主管部门的开工许可，申请批准后，建设工程即可开工。

2. 项目管理及控制

施工阶段是设备、材料投入最集中，矛盾发生最突出的阶段。开发商的主要任务是如何加强合同管理，如何使工程成本支出不突破预算，如何使工程进度如期进行，如何使工程质量符合设计要求，确保工程建设按预期进度计划实施。

建设阶段存在成本增加和工期拖延的可能性，因此，开发商必须密切注意项目建设过程的进展，加强现场巡视，定期与驻地工程师会谈，控制整个建设过程的全局。

3. 项目竣工验收

项目完成后，要对项目进行验收。项目验收分为预验收和综合验收。

预验收是指在综合验收前，开发商与监理公司对工程质量进行全面检查，包括隐蔽工程验收资料、关键部位施工记录、按图施工情况等，并根据检查结果，明确需要返工的工程及其修理期限。

综合验收是在预验收的基础上，经开发商组织申请，由建筑质量监督部门等参加的竣工验收。对于某些规模较大的开发项目，其中的单项工程竣工后，可分别进行竣工验收，开具竣工验收书，在综合验收时作为附件。工程项目经过竣工验收后，方可交付使用。

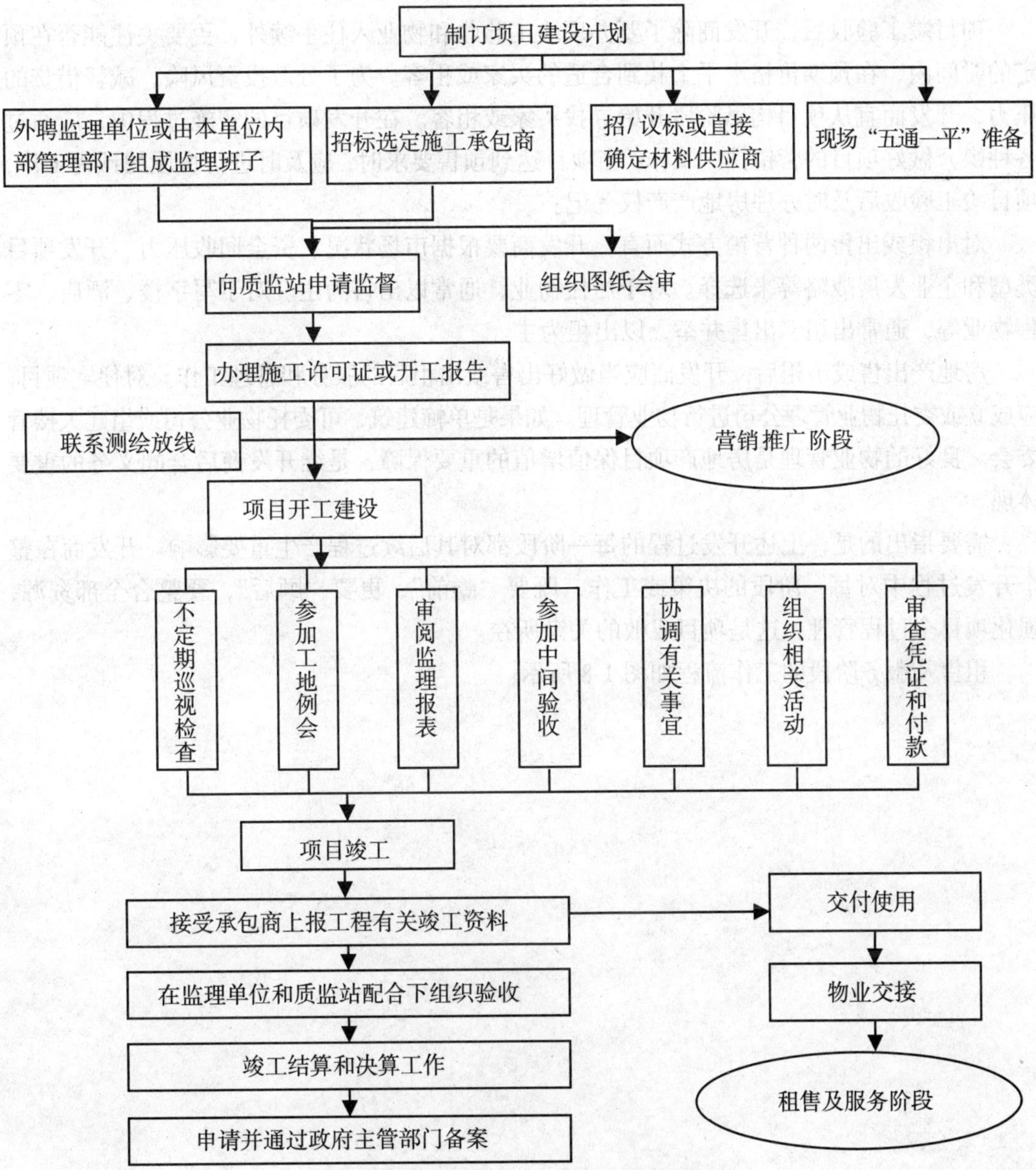

制订项目建设计划

外聘监理单位或由本单位内部管理部门组成监理班子

招标选定施工承包商

招/议标或直接确定材料供应商

现场“五通一平”准备

向质监站申请监督

组织图纸会审

办理施工许可证或开工报告

联系测绘放线

营销推广阶段

项目开工建设

不定期巡视检查

参加工地例会

审阅监理报表

参加中间验收

协调有关事宜

组织相关活动

审查凭证和付款

项目竣工

接受承包商上报工程有关竣工资料

交付使用

在监理单位和质监站配合下组织验收

物业交接

竣工结算和决算工作

租售及服务阶段

申请并通过政府主管部门备案

图 1-7　项目建设实施阶段的工作流程

四、租售及服务阶段

项目竣工验收后，开发商除了要办理竣工验收和物业入住手续外，更要关注能否在预定的时间内，在预期价格水平上找到合适的买家或租客。为了分散投资风险，减轻借贷的压力，开发商宜从项目构思阶段开始寻找买家或租客。在开发项目的实施过程中，应通过各种媒介做好项目的营销推广工作，当项目达到预售要求时，应及时进行房屋的预售工作，项目竣工验收后及时办理房地产产权登记。

对出租或出售两种营销方式而言，开发商要根据市场状况、资金回收压力、开发项目类型和企业发展战略等来选择。对于居住物业，通常以出售为主。对于写字楼、酒店、零售物业等，通常出租、出售并举，以出租为主。

房地产出售或出租后，开发商应当做好出售或出租后的服务和管理工作。对住宅项目，应成立或委托物业管理公司进行物业管理。如果是单幢建筑，可委托物业公司或组建大楼管委会。良好的物业管理是房地产项目保值增值的重要保障，是继开发商后合同义务的重要体现。

需要指出的是，上述开发过程的每一阶段都对其后续过程产生重要影响。开发商在整个开发过程中对每一阶段的决策或工作，既要“瞻前”，更要“顾后”，要整合全部资源，强化项目全过程管理，这是项目成败的关键所在。

租售及服务阶段的工作流程如图 1-8 所示。

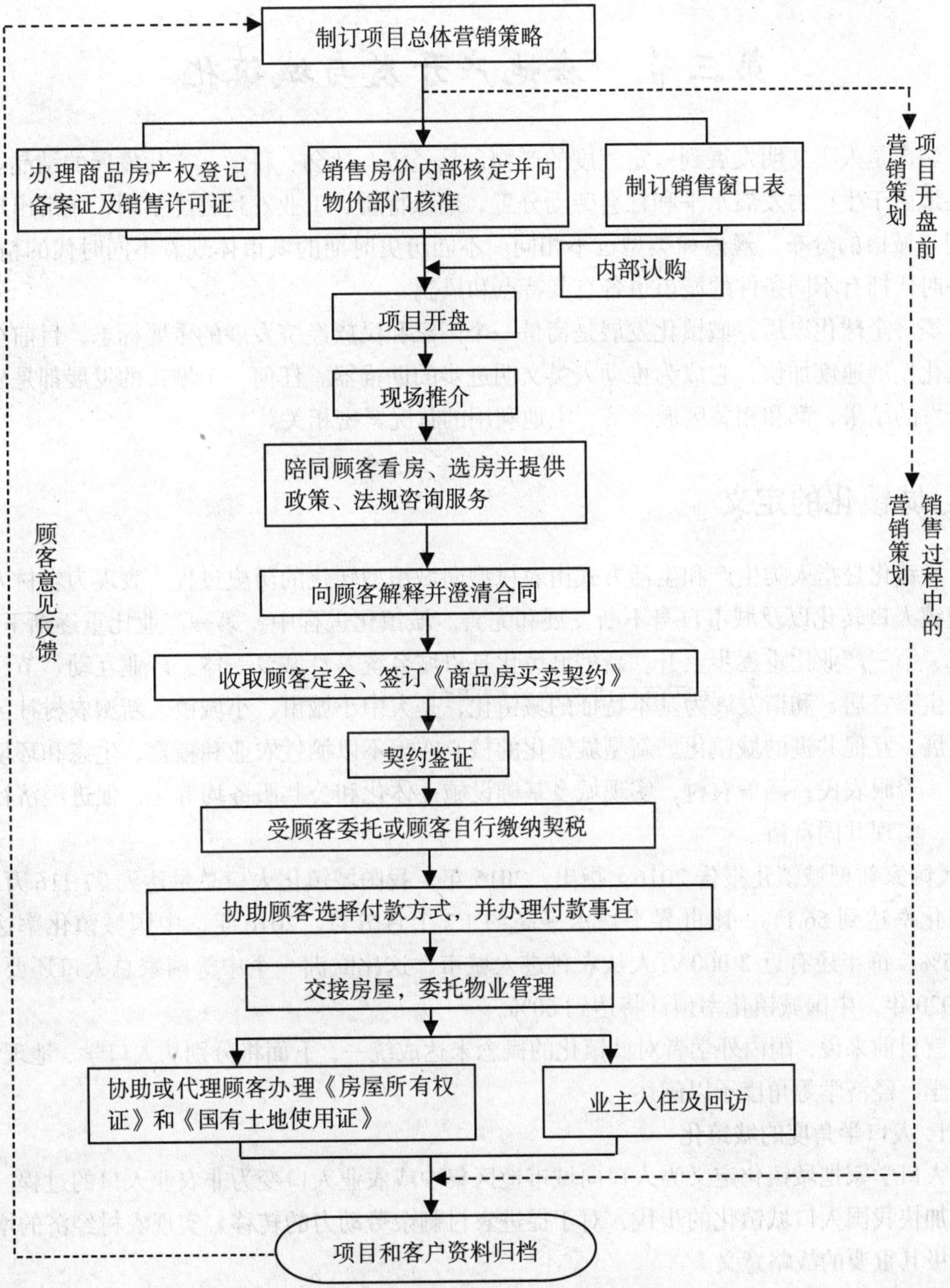

制订项目总体营销策略

办理商品房产权登记备案证及销售许可证

销售房价内部核定并向物价部门核准

制订销售窗口表

内部认购

项目开盘

现场推介

陪同顾客看房、选房并提供政策、法规咨询服务

向顾客解释并澄清合同

收取顾客定金、签订《商品房买卖契约》

契约鉴证

受顾客委托或顾客自行缴纳契税

协助顾客选择付款方式，并办理付款事宜

交接房屋，委托物业管理

协助或代理顾客办理《房屋所有权证》和《国有土地使用证》

业主入住及回访

项目和客户资料归档

顾客意见反馈

项目开盘前营销策划

销售过程中的营销策划

图 1-8 租售及服务阶段的工作流程

第三节　房地产开发与城镇化

城市是人类文明发展到一定程度的产物，是经济、社会、科学、文化发展的结晶。世界各地由于生产力发展水平和社会劳动分工、地缘特质、工业发达程度不同，城市出现的时期与城市的分布、规模和类型也不相同。不同历史时期的城市体现着不同时代的精神。同一时代拥有不同条件的城市也各有其特点和风貌。

经济全球化以后，城镇化发展是衡量一个国家和民族经济发展的重要标志，目前全球城镇化发展速度加快，它成为推动人类文明进步的助推器。任何一个城市的发展都是房地产开发的结果，都和相关区域经济、土地利用的状况紧密相关。

一、城镇化的定义

城镇化是指人类生产和生活方式由农村型向城镇型转化的历史过程，表现为农村人口向城镇人口转化以及城市自身不断发展和完善。城镇化进程中，第一产业比重逐渐下降，第二、第三产业比重逐步上升。新型城镇化是以城乡统筹、城乡一体、产业互动、节约集约、生态宜居、和谐发展为基本特征的城镇化，是大中小城市、小城镇、新型农村社区协调发展、互促共进的城镇化。新型城镇化的核心在于不以牺牲农业和粮食、生态和环境为代价，着眼农民，涵盖农村，实现城乡基础设施一体化和公共服务均等化，促进经济社会发展，实现共同富裕。

《国家新型城镇化报告2016》指出，2015年，我国城镇化人口总量达到77 116万人，城镇化率达到56.1%，比世界平均水平高约1.2个百分点。2016年，中国城镇化率达到57.35%，每年还有近2 000万人从农村进入城市，这比欧洲一个中等国家总人口还要多。到2020年，中国城镇化率预计将达到60%。

就目前来说，国内外学者对城镇化的概念未达成统一，下面将分别从人口学、地理学、社会学、经济学等角度予以阐述。

1. 人口学角度的城镇化

人口学家把城镇化定义为人口向城市地区集中或农业人口变为非农业人口的过程。因此，加快我国人口城镇化的步伐，对于促进农村剩余劳动力的转移、实现农村经济的增长有着极其重要的战略意义。

2. 地理学角度的城镇化

地理学所研究的城镇化是一个地区的人口在城镇和城市相对集中的过程。城镇化也意

味着城镇用地扩展，城市文化、城市生活方式和价值观在农村地域的扩散过程。

3. 社会学角度的城镇化

从社会学的角度来说，城镇化就是农村生活方式转化为城市生活方式的过程。发展不是目的，只是一种手段，其根本目的还是提高人民的生活水平，改善人们的生活质量，促进人的技能和素质的提高，提高人类社会的整体发展水平，实现人与人、人与自然的关系和谐发展。

4. 经济学角度的城镇化

经济学上从工业化的角度来定义城镇化，认为城镇化就是农村经济转化为城镇化大生产的过程。在现在看来城镇化是工业化的必然结果。一方面，工业化会加快农业生产的机械化水平、提高农业生产率，同时工业扩张为农村剩余劳动力提供了大量的就业机会；另一方面，农村的落后不利于城市地区的发展，从而影响整个国民经济的发展。而加快农村地区工业化大生产，对于农村区域经济和整个国民经济的发展都有着积极意义。

不同的学科从不同的角度对城镇化的含义做出了解释。通过比较，我们可以发现对城镇化的规定其内涵是一致的：城镇化是一个国家或地区的人口由农村向城市转移、农村地区逐步演变成城市地区、城市人口不断增长的过程；在此过程中，城市基础设施和公共服务设施不断完善，同时城市文化和城市价值观念成为主体，并不断向农村扩散，最终形成农村和城市的一体化发展。城镇化就是生产力进步所引起的人们的生产方式、生活方式以及价值观念的转变过程。

城镇化体现四个方面特征：第一是人口和非农活动向城市的转型、集中、强化和分异；第二是城市景观的地域推进；第三是城市的经济、社会、技术变革的扩散；第四是城市文化、城市生活方式、城市价值观念的扩散。

世界城镇化发展的规律表明，城镇化推进过程可以划分为三个阶段：初期阶段是城镇化水平在 30% 以下，这个阶段是一个缓慢的过程；中期阶段是城镇化水平在 30%~70%，这是一个加速的阶段。一个国家或地区的城镇化水平达到 30% 时，城镇化进程将进入快速发展阶段，这是一个不可逆转的客观规律。中国目前就处在这样一个加速的阶段。后期阶段就是基本上稳定，城镇化水平在 70%~90%，如图 1-9 所示。

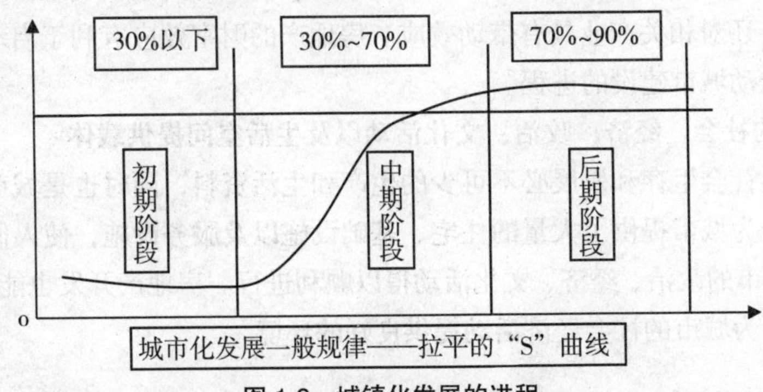

图 1-9 城镇化发展的进程

通常用于衡量城镇化水平的指标有：①人口变动指标，如城市人口占总人口比例、城市非农业人口比例、非农劳动力占劳动力的比例等；②经济变动指标，如国内生产总值、城市人均国内生产总值、城市产业结构、城市 GDP 占全国 GDP 的比重、经济集聚度、城市辐射能力、城市基础设施完善程度等；③社会变动指标，如城市人均可支配收入、城市人均居住面积、住房成套率、人均公共绿地面积、城市适龄青年大学入学率、城市公共教育经费占 GDP 的比重、科技研发经费占 GDP 的比重、恩格尔系数、社会保障覆盖率、城市文明程度、城市生态环境指标等。

截至 2017 年年底，我国的城镇化水平已达到 58.52%。未来城镇化发展的目标是：2020 年常住人口城镇率达到 60% 左右，户籍人口城镇化率达到 45% 左右，努力实现 1 亿左右农业转移人口和其他常住人口在城镇落户。只有这样才能实现城乡统筹，才能实现我国经济社会的协调发展。

二、房地产开发对新型城镇建设的作用

持续健康稳定发展的房地产业将大大推进城镇化的进程，依靠房地产开发带动的投资不仅带动经济增长，也会增加就业。我国是一个低消费率高储蓄率的国家，但较高的房价吸收了居民储蓄，转化为直接投资、间接投资以及政府的收入，从而刺激了经济增长，弥补了消费不足的负面作用。

1. 推动城乡规划的实施与完善

房地产开发必须在城乡规划的指导下完成，新型城镇化的实现也必须通过房地产开发来运行。通过旧城改造等活动，有利于按照城乡规划的要求配套建设，提高城市及其周边的基础设施水平；有利于建成布局合理、功能完善、环境优美的城市，增强城市的综合功能；也有利于按照城乡规划的要求实现社会、经济的发展目标。这样，房地产开发的过程就成为城乡规划实施与完善的过程。房地产和财富有着天生的紧密联系，房地产不仅是居民的重要财富，还对相关产业具有带动效应。房地产的财富效应有利于启动内需，促进经济增长，从而推动城市建设的进程。

2. 为人们的社会、经济、政治、文化活动以及生活空间提供载体

房屋是人类社会生存和发展必不可少的生产和生活资料，同时也是城市正常运行的载体。房地产开发为城市提供了大量的住宅、基础设施以及服务设施，使人们的生产、生活得到保障，使城市的政治、经济、文化活动得以顺利进行。房地产开发也能改善城市环境，促进城市更新，为城市的社会经济活动提供良好的环境。

3. **有利于减少投资成本**

房地产综合开发集中实行统一的征用土地、拆迁安置、规划设计以及施工管理，减少了综合管理费用，通过招投标，严格控制了工程造价，降低了工程成本，克服了过去预算大于概算、决算大于预算的不正常现象。

房地产开发以土地有偿使用为前提，开发企业从提高开发项目的经济效益出发，最大限度地发挥土地的使用效益，避免了采取行政划拨用地方式所出现的多征少用、征而不用等严重浪费土地的现象。

实行房地产综合开发，统筹施工，组织大的平行流水、立体交叉作业，加快建设速度。对于国家来讲，极大地减少了建筑工业化的推行难度；同时，房地产开发企业与施工企业的经济关系以经济合同作保证，施工企业必须在合同规定的工期内完成项目，提前交工有奖，拖延工期受罚，这样刺激了施工企业缩短工期。就业主方而言，开发企业统一开发建设，代替了大大小小的多个建设主体；就施工单位而言，由于大面积的承包施工，施工区域相对稳定，人员与机械设备的流动性相对减少，有利于施工单位提高劳动生产率，降低工程成本。

4. **为城市大型基础设施建设提供融资途径**

城市大型基础设施的建设可以改善城市面貌和投资环境，促进城市区域土地增值和城市社会经济的发展。大型基础设施的资金融通往往又成为制约基础设施建设的瓶颈。实行房地产开发后，房地产投资与大型基础设施建设相结合，通过大型基础设施对邻近土地的外部效应，增加周围地块的收益。政府通过出让大型基础设施周围地块的土地和增加税收的方式，为大型基础设施建设提供了融资途径。

5. **为城市政府财政提供资金来源**

房地产开发过程中，开发企业直接参与城市建设，使得城市环境面貌得到较大改善。在房地产开发过程中，城市政府将土地的使用权有偿出让给开发企业，从中可以收取土地使用权出让金，征收各种税费，这些构成了各级政府财政收入的重要来源，从而为城市建设和维护提供了资金保障，形成了城市建设的良性循环。

三、房地产开发与新型城镇化进程的耦合

房地产反映一个国家或者地区的经济情况，房地产在某一个区域的发展以及与该区域发展的关系，我们一定要对其有一个深入的研究，总结出互动发展的规律。

（一）房地产开发对城镇化进程的影响

1. **房地产开发是城镇化的物质载体**

当农业人口转变为城镇人口后，大量的农民需要就业；原有农业人口所依附生存的农

村土地为城镇化提供广阔的环境空间和土地资源。在其上建造各类满足居住、商用、办公、工业生产等需求的房屋和设施，以实现使用价值和价值的生产、经营、管理活动的这一过程，打造了颇具活力的房地产开发市场。而房地产开发作为城镇化的重要元素，不仅是人们在城市中生活和进行各种活动的空间、场所，也是城市现代文明的标志，它以物质的形态承载这个时代的文化和特征走向未来，因此，房地产开发实际上是整个城镇化的物质载体，它的快速发展将推动城镇化进程。

2. 房地产开发对城镇化的不利影响

经验表明，人均 GDP 在 1 000~3 000 美元时，房地产业处在一个快速发展期，我们国家正处在这个发展阶段。当前，我国房地产市场运行呈现出房地产开发投资增速有所加快、房地产开发结构有所改善、市场需求仍然比较旺盛等特点。但从当前形势看，我国房地产开发仍存在供需矛盾明显、供应结构不合理以及整体房价过高等问题。房地产业的发展相对于城镇化的高速发展来说，仍是较慢的，呈现出总体滞后的趋势。

房地产业发展滞后会阻碍城镇化进程，使城镇化速度得不到应有的增长，城镇化建设进展缓慢，城市对农村剩余劳动力的吸纳能力得不到提高。

（二）城镇化进程对房地产开发的影响

1. 城镇化建设促进房地产开发

城镇化推进是房地产开发的核心动力之一，房地产开发是城镇化进程的主要表现。我国城镇化对房地产经济的影响，在户籍政策放开以前基本是温和性的，农村户口的居民基本不会抛弃户口到城市购房，购房的主力是升学、军人转业、农转非这三种类型。但他们的需求又多以行政分房为主，这种现象直到住房制度改革以后，才逐步得以改变。1996 年住房制度改革以来，我国绝大部分城市居民基本上通过公房改革拥有了自己的住房，再购房主要以投资性或改善住房条件为主，所以中国的城镇化其实是农民的城镇化，房地产的持续发展与农民进城或者说城镇化是密不可分的。

十八大提出的新型城镇化目标，已成为中国经济发展和房地产业发展的关注热点。新型城镇化突出的是“新”：即城乡统筹、城乡一体、产城互动、节约集约、生态宜居、和谐发展，是大中小城市、小城镇、新型农村社区协调发展，互促共进的城镇化。新型城镇化的推进必然涉及户籍制度和土地制度的改革，从而不可避免地与房地产业发生联系。

首先，城镇化下，房地产市场的总体容量将会提高。土地改革也将带来大量的土地资源，更多农村人口进入城市，住房需求增加，住宅建设量也将会提升。另外，开发商在城市均拥有一定数量的土地储备以及房地产投资，城镇化下必定带来土地以及房地产物业价值的提升。其次，地方政府在促进城镇化进程中，需要对道路、轨道、城市建设等投入大量的资金，这些都需要当地房地产市场支撑。当地政府维护楼市健康向上的积极性将提升，这也更有利于开发商在城市进行开发运营。最后，城镇化将加速改善型需求的持续释放，对开发商更加有利。

2. 城镇化进程对房地产业开发也有制约作用

城镇化是工业化的产物，工业化推动城镇化，是城镇化的根本动力。当城市发展进入工业化后期阶段时，以劳动密集型、技术密集型为特征的第三产业（包括房地产）逐步进入自我发展、自我完善的高级阶段，并成为进一步推动城镇化的主要力量。以聚集为特征的城市提供了相对密集的人口、企业群和收入相对较高的人群，这诱导了第三产业的发展，从而为城市提供更多的就业岗位、促进城市软硬设施的完善，吸引更多的人口和生产要素进一步向城市聚集。

截至2017年年底，我国的城镇化水平较低。由于我国长期以来实行“严格控制大城市规模，合理发展中小城市，积极发展小城镇”的城镇化指导方针，城镇化水平严重滞后于工业化，制约了经济的进一步发展。截至2017年年底，我国的工业化水平在50%左右，这意味着工业化进程进入中期阶段，而我国的城镇化水平不足50%，低于工业化水平。即使和发展中国家相比，我国城镇化水平也是偏低的，截至2017年年底，发达国家城镇化水平为75%，世界（南美洲除外）的城镇化平均水平为50%。这种滞后使主要依托城镇的第三产业（包括房地产业）的发展受到很大制约，产业结构调整较慢。另外，只有当城市达到一定规模时才会产生聚集效应，带来城市规模效益。

（三）房地产开发与城镇化的协同发展

房地产开发和城乡规划必须符合城市空间结构的变迁走向，综合考虑经济、社会、文化等因素，协同政府、物业等相关机构做好住宅区周围的规划和基础设施建设，针对不同客户群的需求差异进行合理开发，体现对社会各阶层利益的综合考虑。

1. 房地产开发必须遵循城镇化规律

房地产开发是紧随城镇化进程而推进的，目前我国城镇化进程已经进入快速发展期。随着工业化进程步伐的加快，经济发展动力逐步由农业向工业和服务业转移，我国城市规模不断扩大，城镇化水平不断提高，城镇化进程继续加快，城市经济发展实力明显增强。在这种形势下，房地产开发要积极跟进，促进城镇化稳步推进。在这个过程中房地产商要积极参与，推动政府城乡规划的实施。城乡规划是发展的蓝图，实现规划目标需要所有参与建设的房地产商多一些社会责任感；作为房地产商要有使命感，在实现经济利益的同时，要兼顾公众利益和社会利益。

2. 房地产开发中政府的引导和调控

从可持续发展的角度看，一个国家或地区房地产发展水平，特别是居住水平，总是要与其经济水平和城镇化水平的发展阶段相一致，否则就会引起各种经济关系和市场的失衡。

这就需要政府合理定位自己的角色，应当利用政策杠杆，特别是税收、法制等措施，对房地产开发进行引导和规范，使其与经济社会发展相协调。

相反，政府引导不当，则极其容易出现虚假城市化、滞后城市化等一系列问题，从而引发经济增长停滞、工业化停滞、社会动荡等一系列问题。

3. 加强城乡发展整体规划

政府要制订合理的城镇化整体规划方案，保证所提供的房地产开发建设用地能够具有较强的适应性，从而使房地产开发发挥项目的应有价值；政府应不断完善城市的基础设施，为房地产开发提供高水准、低成本的基础设施服务，同时配套设施建设可以给居住者提供更好的城市生活水准和良好的文化生活氛围，提高房地产开发项目的市场价格，使房地产开发项目有更广阔的利润空间；城镇化进程中还要注重产业发展，从而提高城市居民的生活水平和综合素质，提高房地产各细分市场的服务水平。

4. 市场化与城镇化

把市场经济中的经营意识、管理机制和运作方式嫁接到城市建设和管理中来，有效地集聚、重组和运营城市的土地资源等国有资产，实现城市资产的优化配置。市场化运作、产业化带动、企业化管理、社会化服务是城市创新发展机制的主要内涵，是城镇化发展的强大动力。

过度市场化的住房供给体制以及畸形的需求推力，使城市住房问题日益凸现。城市建设和住宅建设有其公共政策的属性，房价的不断飙升严重影响着普通市民的生活质量，公平缺失，威胁到城镇广大中低收入居民生存。城市的土地是有限的，为降低房价而增加土地供应量会影响城市长远发展的竞争力，因为城市房价是由城市价值决定的。

虚假城镇化与滞后城镇化

虚假城镇化是指一个国家或地区在发展过程中，城镇化水平远远超过经济发展水平和工业化水平，同时高城镇化水平伴随着落后的基础设施，又称“过度城镇化”。其实质是城镇化水平和经济发展水平不匹配。而拉丁美洲在这个问题上无疑具有典型性。

20 世纪 40 年代，各个拉美国家摆脱了各宗主国控制后，纷纷进入了快速发展时期，1929 年，拉美城市人口比重约 21%，1949 年约为 40%，而 1950—1980 年，城镇化更是疯狂发展。至 1980 年已经到了 64%，1990 年到了 70%，而联合国预计，至 2025 年，拉美城镇人口将达到总人口的 85% 上下。

但是，在城镇化的过程中，拉美国家却面临相当多的问题：首先，城镇化的速度大大超过工业化的速度，城镇化主要是依靠传统的第三产业来推动，甚至是无工业化的城市化，大量农村人口涌入少数大中城市，城市人口过度增长，城市建设的步伐赶不上人口城镇化速度，城市不能为居民提供就业机会和必要的生活条件，农村人口迁移之后没有实现相应的职业转换，造成严重的“城市病”。其次，工业发展陷入停滞，经济活力丧失，并且城市中出现了大量的贫民窟。究其原因，主要是经济结构单一,二元经济下的农村推力和城市拉力的不平衡，而政府又没有采取有效的宏观调控措施。相当数量的发展中国家城镇化是这种形式。

与虚假城镇化相对的是滞后城镇化，滞后城镇化指的是城镇化水平严重滞后于经济发展水平和工业发展水平的模式。滞后的原因主要是政府为了避免城乡对立和“城市病”的发生，采取种种措施来限制城镇化的发展，结果不仅使城市的集聚效益和规模效益得不到很好的发挥，而且还引发了诸如工业乡土化、农业副业化、离农人口“两栖化”和城镇发展无序化等“农村病”现象。这是一种违背工业化和现代化发展规律的城镇化模式，可能会严重制约规模经济的发展，减缓经济发展速度，如今的印度、印尼就是这种模式。

四、城市价值对城市房价的影响

城市是房地产活动的场所与载体。城市的价值与城市房地产的价值有着密切的关系，认清两者的关系，有助于在城市发展过程中统筹规划，合理地引导房地产开发活动的进行，从而达到顺应市场规律、因地制宜、增强城市房地产市场的活力，进而增强城市竞争力的目标。

1. 城市价值和房地产价值的概念

城市的发展目标是多元的，包括经济、社会、文化和政治等多方面的目标；城市的价值是由城市的经济、政治、文化、历史、地理等多方面因素所决定的。因此，城市价值可以描述为：根据一个城市的环境和区位优势，聚集利用和优化配置更多的资源，为所在地区和人们创造更多的经济价值和社会文化价值等的能力。

同样，房地产价值可以描述为：房地产产品在市场竞争中所表现出的一种外在的市场力量，通过对人的消费和生活品质追求的导向获取利润所表现出来的能力。

房地产包括房产和地产两个部分。所以，房地产价值也由这两个部分的价值构成。具体的房地产价值可以表现为不变资本价值和可变资本价值。

2. 城市价值与房地产价值的关系

（1）城市价值是房地产价值的外生影响因素。当今的城市是一个非常复杂的开放系统，而房地产正是城市系统中一个重要的有机组成部分。在城市内部，房地产行业与城市的关系是个体与环境的关系，环境因主体而存，主体因环境而变。城市价值是房地产价值

的决定性因素，是促进房地产价值提高的根本保障。房地产价值的确立和提高依赖于城市价值的各构成因素的大力支撑，没有这些因素的促进，房地产价值就难以实现和提高。所以，城市价值是房地产价值的外生影响因素。房地产价值是由城市价值和功能成本共同组成的，如图1-10所示。

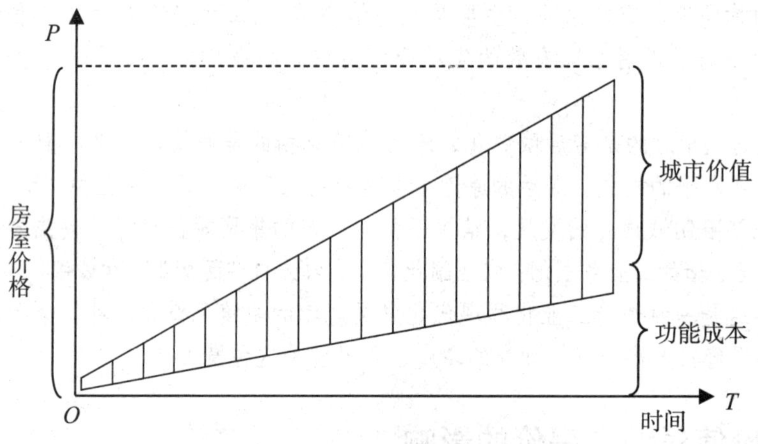

图1-10　城市房价内涵变化

在城市发展初期，城市价值比较小，房价接近于房屋建造成本，随着城市价值的快速提升，房价远远大于房屋的建造成本。由此可见，当前的房价并不是由建造成本决定的，而是由城市价值决定的。不同类型的城市的房价是不同的，如图1-11所示。

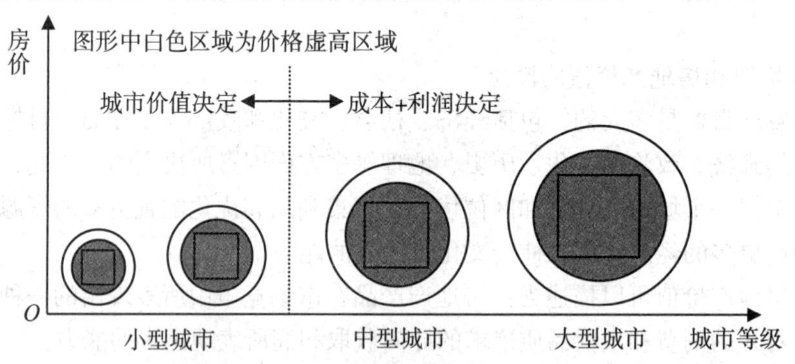

图1-11　不同类型城市的房价

■表示房屋成本及利润　●表示城市价值　■+●表示房价

城市房价的高低主要由这座城市的价值所决定，而房屋建造成本对房价的影响程度已经退居次席。随着时代的变迁，城市价值的大大提升，人们在物质和精神上的享受越来越多，从而为购买房屋所支付的费用也将变得更高。

城市经济是城市价值的决定性因素，是城市作为一个系统运作和发展的基础。一个城

市的经济基础直接决定了该城市的购买力水平、资源配置、利用水平和配套设施情况等。作为商品，房地产在经济发达的城市已经被赋予了更大的价值。首先，经济发达城市中的地产价值和生产房地产过程中消耗的可变成本皆提高，这两种价值正是房地产价值的重要组成部分；其次，城市的资源是房地产运作的基础，原材料的供应情况、技术资源供应情况、人力资源供应情况与基础设施情况都影响房地产的开发和运作效率，所以经济基础直接决定房地产价值的产生和循环；最后，市场化的程度和经济的发达程度有很大的关系。在市场经济下的中国，发达的城市就是一个开放的城市，市场化程度和对外交流的能力对房地产市场意识和市场能力起到间接催化作用，使得房地产业不断在市场竞争中提升品质，传递价值。所以，城市的经济状况不但是一个城市价值的决定性因素，同样也是城市房地产价值大小的决定性因素。

城市文化是一个城市最重要的无形资产。城市文化作为一种价值概念，是城市具有的城市特点和文化模式，是物质与精神的结晶。同时，城市文化作为社会文化的写照，反映着它所处的时代、社会、经济、科学技术、生活方式、人际关系、哲学观点等。城市文化是一个复杂的、多层次的体系，包含着自然环境、历史积淀、人文景观、风俗习惯、宗教信仰、方言等文化特色。城市要提高其竞争力，关键在于形成自己的文化特征与文化个性，唯有发挥文化的独特影响力，才能树立鲜明的城市形象，提高城市的知名度。城市文化是怎样提升城市价值的呢？第一，文化为城市发展提供内在动力。城市文化为城市的建设和发展提供强大的精神动力，起着统率和导向的作用。第二，城市文化成为城市的重要经济增长点。文化与经济的相互促进、融合已成为当今世界的新特点、新趋势。城市文化不仅是一种精神活动，它本身也能创造巨大的经济效益和财富，促进经济的发展。第三，文化能够塑造城市形象，提升城市品位，是城市面貌与内在精神的有机统一，是历史文化与现实文化的统一。第四，城市文化是城市发展水平的重要标志。

（2）房地产价值是城市价值的内生影响因素。城市与房地产是整体与个体、载体与主体的关系，两者是有机统一的，不能把两者分开来讨论。城市价值决定着房地产价值，房地产价值同样也影响着城市价值。在影响和制约城市发展的过程中，房地产的发展处于基础性的位置。房地产是大众生活和生存最基本的保障，房地产从其自然属性和社会属性两个方面影响着城市的影响力和竞争力。

房地产是国民经济的基础性行业之一，作为一种商品，其生产出来后就具有一定的价值，是城市价值的重要组成部分，这就是其自然属性的重要表现形式。房地产的社会属性对城市价值的影响或许远远高于其自然属性。首先，城市社会的和谐稳定问题是城市问题的重中之重，而城市的和谐稳定关键是要保证城市居民的基本生活要求，住房的要求和住房的品质无疑就是城市居民的基本生活保障。其次，房地产本身就包含很多独有的文化，是城市文

化的重要组成部分。房地产文化中蕴含的建筑之美、科学技术、自然和文化景观、风俗习惯等，无不映射出城市文化的特点，同时也体现出城市的价值。最后，房地产是一个城市的通俗名片，在城镇化的进程中越来越多的人进入了城市，而人们在对城市的选择过程中，最初的选择也是基于生活品质提高的要求，最直观的评判就是从城市房地产的评价开始的。

3. 城市价值的提升

城市价值的提升给城市带来了巨大收益。外生性的城市管理水平或交通基础设施的普遍改善，活动于该城市内的经济体面临的管理效率或交通效率提高，城市最优规模将由 S1 增大到 S2，如图 1-12 所示。

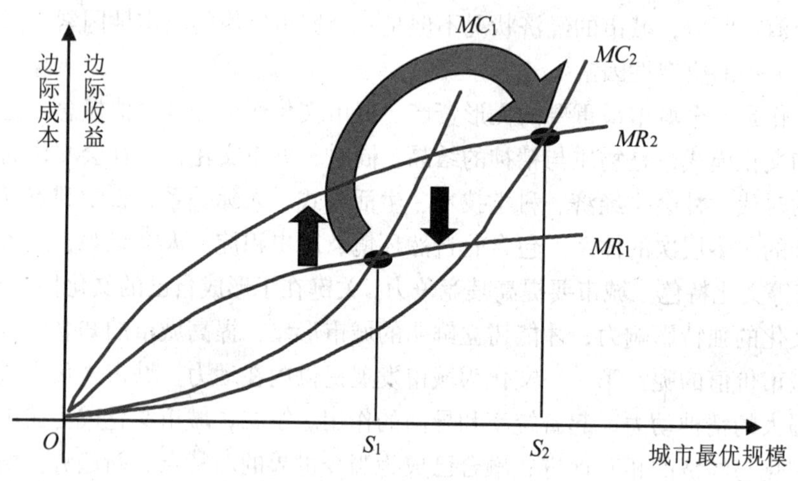

图 1-12 城市价值的维护提升

开发商是维护和提升城市价值的主力军。提升城市价值的主要途径有以下方面。

（1）注重生态环境的保护。这方面，西方发达国家有很多经验值得借鉴。国外很多国家，大城市的中心地带都有大片公园、绿地，给市民留下了大片的休闲娱乐的自然空间；对各个单位、有住宅的家庭都有绿化的要求，负有相应的责任；体现植物多样性，植物品种多，大树多，花、草、树木和谐搭配；相当一部分公园和道路两边呈自然状态，使城市充满生机和活力。

（2）注重历史文化的保护。文化遗产是城市中无可替代的重要财富，是城市可持续发展的资本和动力。应该充分考虑城市的文化特点，将文化遗产和城市特色作为城市形象的基础。

（3）城乡规划与自然环境和历史文化保护相结合。新型城镇化要求下的城乡规划是一项前瞻性、综合性和战略性很强的工作，城乡规划的编制和实施对于环境和历史文化的保护影响重大。

客户购买的房产，最终指向的是一个饮食起居的场所、一个温馨的家的梦想、一个交

际的平台、一种身份的象征、一个财富的注解、一个审美趣味的符号。客户最终购买的是生活方式。

课外拓展

房地产市场的财富效应

在发达国家，房地产是家庭财富的重要组成部分，尤其对于中产阶级家庭而言更是如此。我国居民的财富特征与发达国家居民的财富特征有着明显的不同。由于我国是从计划经济体制向市场经济体制转型，住房分配制度也由原来的平均分配向市场化方向发展。我国是从1998年开始取消福利分房制度，并将福利房以低廉的价格出售给住户，完成了我国家庭住房资产的私有化。2017年我国住房自有率达到了90%以上，较美国的64.2%还高出了25.8%。由于我国居民还不富裕，家庭财富主要以银行存款和住宅形式存在，估计我国居民住宅资产在家庭财富中所占的比重远大于55%。

随着经济增长和居民收入的增加，我国居民的资产财富积累很快，来自资产财富的收入比重迅速上升。房地产资产是居民最重要的资产财富类型。其财富效应如何，对经济有着怎样的影响，是当前必须面对的一个重要问题。尤其是在房地产业高速发展阶段，对这一问题的研究具有重要意义。

所谓财富效应，《新帕尔格雷夫经济学大辞典》的解释是："假如其他条件相同，货币余额的变化，将会在消费者总开支方面引起变动。这样的财富效应常被称作庇古效应或实际余额效应。"这里的货币余额是指居民的资产，它包括金融资产和非金融资产。金融资产主要指银行存款、股票、债券、保险、各类基金等。非金融资产主要指住宅、耐用消费品、生产资料、个人收藏品等。由于当前很多研究还将财富效应与刺激经济增长联系起来，所以我们可以把财富效应概括为：财富效应是指由于资产价值的变动导致资产持有人拥有财富量的变动而产生刺激或抑制消费需求，进而影响经济增长的效应。英美中央银行在制定本国财政政策、货币政策时，已将财富效应作为一个重要参数予以考虑。当前我国正处在股票市场财富和住宅财富快速增长阶段，而股票市场财富与住宅财富对消费和宏观经济具有影响是毫无疑问的。

房地产和财富有着天生的紧密联系，创造财富的增长势头迅猛。房地产是我国大力发展的支柱产业，能带动金融、保险、社会资本等一系列相关行业发展，对于个人来说，房地产是很好的投资手段，把钱变为资本，通过置业出租，带来更多收益，达到个人资产的保值增值。

房地产的财富效应是针对有房居民户来说的。有房居民户分为三类：一是为了满足基本住房需求的居民户，这些居民户收入水平较低，购买房产的目的是居住，一般买不起第

二套房子。即使房价暴涨，他们也不愿意轻易卖掉房子赚取差价，增加他们的财富。二是为了改善住房条件的居民户，此类居民户收入也不高，购买新房的目的是改善住房条件而不是增加房地产财富。三是以投资或投机为目的的居民户。此类居民户收入水平很高，购买多套住房并出售或出租，赚取差价或房租，增加房地产财富。在英国，因为基本住房需要已经得到较为充分的满足，此时人们购买住房大多是第二套甚至第三套住房。

房地产是居民的重要财富，当房地产市场发生波动导致房地产资产价格波动时，人们的财富存量发生变化，从而直接影响人们的收入分配及其差距、消费支出和消费决策，进而影响房地产总需求和经济增长。这就是房地产资产的“财富效应”。

房地产资产的财富效应具体体现在以下几个方面：首先，房地产价格波动直接影响人们出售其房地产资产的收益，从而影响其消费支出。人们拥有的财富存量可有不同类型，其中最主要的就是股票和房地产资产。股票具有较强的流动性和价格波动性。要判断股票价格的一次变化是暂时的还是永久的是一件困难的事，因而股票财富具有不确定性。与股票相比，房地产资产是一种不动产，具有不可分割性和不可流动性，这决定了房地产资产价格波动的收益较难变现，但同时也表明了房地产资产价格较之股票具有更大的稳定性。而且，大多数家庭拥有房地产财富是用于享受其提供的服务，用于投资的比重相对较少，所以房地产财富的不确定性要比股票等金融资产小得多，其财富效应通常也更大。其次，房地产价格波动直接影响人们用其房地产资产作为抵押，进行消费融资和消费信贷的额度。房地产资产的不可分割性、不可移动性、不易灭失、易于管理、管理成本低等特性，决定了它是一种优越的抵押品。房地产资产价格的上涨，使其所有者可以进行更高额度的消费融资，从而增加其消费支出。再者，房地产价格上涨比股票价格上涨给消费者带来的投资回报率更高。由于房地产商品价值巨大、不可分割、使用寿命长，因而其购买通常无法完全以自有资金支付，而必须通过按揭贷款等信贷融资方式来进行。这样，消费者只需支付部分房价，就可享有整个房屋资产价值上涨的全部收益。而家庭投资股票通常全部以自有资金进行。因而相比较而言，房地产价格上涨能为消费者带来更高的投资回报率，即房地产价格变化对消费者的影响更大，房地产财富具有更大的财富效应。房地产资产财富效应的发挥受金融市场发达程度的影响。金融市场的发达程度影响居民出售房地产资产的难易程度和利用已有的房地产资产进行消费借贷融资的能力。金融市场发展程度越高，居民出售资产可能就越容易，利用资产进行借贷的能力也可能越强。可见，在居民通常拥有的两种财富类型——股票和房地产中，房地产具有更大的财富效应。

本章小结

本章从房地产开发的概念入手，分析了房地产开发项目的特点，对房地产开发项目的类型、

房地产开发商的角色定位、房地产项目开发的流程进行了详细阐述，系统介绍了房地产开发与城镇化的互动关系，并对房地产开发在城镇化进程中的地位进行了思考。最后创新性地提出了城市价值对房地产价格的影响，揭开大城市或特大城市房价高企的神秘面纱。

思考题

1. 阐述房地产业在国民经济发展中的地位，并对其作用进行分析。

2. 阐述房地产开发的含义和特点。

3. 结合以前所学的专业知识，设计某住宅项目的开发流程。

4. 阐述房地产开发与城镇化的互动关系。

5. 结合下列材料，分析推进新型城镇化建设过程中遇到的问题，并结合调查研究和学习实践，提出新型城镇化的路径和举措。

（1）新型城镇化是以城乡统筹、城乡一体、产城互动、节约集约、生态宜居、和谐发展为基本特征的城镇化，是大中小城市、小城镇、新型农村社区协调发展、互促共进的城镇化。与人们日常生活中单纯从字面理解的意思不同，城镇化，就是指涉及社会方方面面、关系到大至都市，小到农户的产销、合作、互动、和谐的新型社会关系。其核心在于不以牺牲农业和粮食、生态和环境为代价，着眼农民，涵盖农村，实现城乡基础设施一体化和公共服务均等化，促进经济社会发展，实现共同富裕。

（2）十八大提出的新型城镇化目标，已成为中国经济发展和房地产业发展的关注热点。2014 年政府工作报告指出，新型城镇化今后一个时期要着重解决好“三个一亿人”的问题，即促进约一亿农业转移人口落户城镇；改造约一亿人居住的城市棚户区和城中村；引导一亿人在中西部地区就近城镇化。这“三个一亿人”，从解决户籍人口城镇化率、城市人口城镇化水平、中西部地区城镇化发展布局入手，重点解决当前城镇化遇到的关键问题，是党中央、国务院基于新型城镇化发展提出的重要战略举措，关系到亿万家庭的安居乐业，也关系到国家的现代化进程。

（3）截至 2017 年，我国的城镇化水平已达到 58.52%。未来城镇化发展的目标是：2020 年常住人口城镇化率达到 60% 左右，户籍人口城镇化率达到 45% 左右，努力实现 1 亿左右农业转移人口和其他常住人口在城镇落户。只有这样才能实现城乡统筹，才能实现我国经济社会的协调发展。

第二章 房地产市场及其运行规律

学习目标

通过对本章的学习，应掌握如下内容。

- 房地产市场的含义及特性；
- 房地产市场的供求关系；
- 房地产运行规律；
- 房地产泡沫及宏观调控。

导言

市场是买卖双方就某种商品进行交易的场所。房地产市场除具备一般市场的特性外，还有其独特的运行规律。准确把握房地产市场的运行规律、发展现状和未来趋势，制订科学合理的投资决策，是开发商或投资者确保项目成功的重要一步。

第一节 房地产市场概述

房地产的商品属性决定了房地产市场存在的基础，但房地产产品的固定性、耐久性、异质性等特征决定了房地产市场是权益交易市场、区域性市场、竞争不充分的市场，因此，把握房地产市场的概念和特性是十分必要的。

一、房地产市场的概念

市场有狭义和广义之分。狭义的市场是指买卖双方就某种商品进行交易活动的场所。广义的市场是指某一期间内的交易关系的总和。在市场经济条件下，房地产的商品属性是毋庸置疑的，但房地产是一种特殊的商品，固定性或不可移动性是其与资本、劳动力及其

他商品的最大区别。尽管土地和地上建筑物不能移动，但它们可以被人拥有、使用，并可能带来收益，因此，必然存在土地及地上物的交易，即产生了房地产的交易行为。

房地产市场可以理解为买卖双方在某特定的地理区域，在某一期间内达成的所有房地产交易关系的总和，包括房地产的买卖、租赁、抵押、典当、置换等交易形式。当代著名市场营销学家菲利普·科特勒博士指出："市场是由一切具有特定需求或欲求，并且愿意和可能从事交换，来使需求或欲求得到满足的潜在顾客构成的交易关系的总和。"因此，房地产经济学中房地产市场是指当前潜在的房地产买者或卖者，以及当前的交易活动的总和。

房地产市场是房地产商品交换过程的统一，是连接房地产开发、建设、消费的纽带，是实现房地产商品使用价值和价值的经济过程，由房地产市场的主体、客体、价格、资金、媒介渠道、交易规则等构成的动态完善的系统。

房地产市场属于经济范畴，随着市场经济的发展而发展，内涵不断充实和科学化，外延也在不断扩展。房地产拥有者除设定物权外，还可以设定地上权、地役权、租赁权、抵押权、典当权、其他金融衍生品等，这些交易手段和交易规则的调整和完善，决定并影响着房地产市场的发展和未来趋势。

二、房地产市场的类型

在美国，界定房地产市场的前提是宏观经济因素对市场中所有物业的影响必须是一致的，只有这样才能用宏观的方法对市场进行研究。美国房地产市场主要按照物业类型和地域划分。在以物业类型为分类标准时，房地产市场主要依据开发特点、价格、融资方式的不同，分为住宅市场和非住宅市场；在选用地域标准时，一个独立的房地产市场至少符合交通可达性强、便利程度高和区域内生活工作方便快捷等要求。

在我国，基于不同的研究目的，房地产市场的划分方法各不相同，按照不同标准，房地产市场划分为不同类型。

1. 按照房地产市场层次划分

按照房地产市场层次划分，房地产市场可以划分为一级市场、二级市场和三级市场。

房地产一级市场是土地交易市场，是土地所有者与使用者间的纵向流通市场，由政府直接控制和垄断经营；房地产二级市场是增量房地产交易市场，指房地产开发商与房地产租售者的横向流通市场；房地产三级市场即存量房地产交易市场，是房地产所有者将房地产使用权或所有权再转让的市场，是消费者间的横向交易，属于消费市场的重新配置。

与上述类别相关的分类方式还有土地一级市场和土地二级市场，新建房屋市场和二手房市场。土地一级市场也称为增量土地市场，土地二级市场也称为存量土地市场。

2. 按照房地产交易方式划分

按照房地产交易方式划分，房地产市场可分为房地产买卖市场、租赁市场和抵押市场。由于房地产产品价值量大、保值增值性好、寿命周期长，买卖、抵押和租赁等多种方式并举，交易方式不断创新，呈现多样化趋势。

3. 按照区域范围划分

房地产的不可移动性决定了房地产市场是区域性市场。按照区域范围不同，房地产市场可分为全国房地产市场、某地区房地产市场或者某个城市房地产市场。因为房地产市场主要集中在城市化较发达地区，所以常见的是按照城市来划分，如北京市房地产市场、上海市房地产市场、青岛市房地产市场等。对于比较大的城市，其城市内部各区域间的房地产市场通常存在较大差异，根据房地产市场研究或分析的需要，还要按照城市内的某一个具体区域来划分。当然，在宏观房地产市场分析中，有时还需要了解较大区域的房地产市场状况，如黄河三角洲地区房地产市场、长江三角洲地区房地产市场，或者东部地区房地产市场、中部地区房地产市场、西部地区房地产市场，一线城市房地产市场、二线城市房地产市场、三线城市房地产市场等。值得指出的是，整体市场和区域市场是相对而言的，例如，某个城市房地产市场，相对于全国房地产市场而言是区域房地产市场，相对于城市内不同区域房地产市场而言是整体房地产市场。

4. 按照达成交易与入住时间的异同划分

按照达成交易与入住时间的异同划分，房地产市场可分为现房市场和期房市场。现房是指目前已建成的房屋，期房是指目前尚未建成而在将来建成的房屋。

5. 按照房地产用途划分

由于不同类型的房地产在投资决策、规划设计、工程建设、产品功能、面向客户的类型等方面均存在较大差异，因此需要按照房地产的不同用途，将房地产市场分解为若干子市场。

按照房地产用途不同，房地产市场可分为住宅市场和非住宅市场。住宅市场又可分为保障性住宅市场、普通住宅市场、高档公寓市场、别墅市场等。非居住房地产市场又可分为商业用房市场、写字楼市场、工业用房市场等。

6. 按照房地产市场的功能划分

房地产市场是一个多功能的综合性市场，按照其功能的不同，可划分为房产市场、地产市场、房地产金融市场、房地产劳务市场、房地产信息技术市场等。

当然，房地产市场的分类方法还很多，如按照投资环节不同，可分为开发市场、投资市场、中介市场、物业管理市场；按照供求关系，可分为买方市场、卖方市场等，如表 2-1 所示。

表 2-1　房地产市场分类一览表

划分依据	房地产类型
层次	地产市场（国有土地使用权出让市场、国有土地使用权转让市场）和房产市场（新房市场、二手房市场）
用途	住宅市场、写字楼市场、商业用房市场、工业用房市场、仓储用房市场、行政司法军事用房市场、教科文卫用房市场、旅游娱乐用房市场、特殊用房市场等
档次	高档房地产市场、中档房地产市场和低档房地产市场
覆盖范围	世界性房地产市场、亚洲性房地产市场、全国性房地产市场、跨省区的房地产市场、省区内的房地产市场
供应方式	现房市场和期房市场
供求对比方式	买方市场和卖方市场
权属的让渡方式	买卖市场、租赁市场、抵押市场、典当市场、置换市场，以及房地产拥有者将其房地产与其他投资者联营、参股的市场等
市场的发育程度	相对成熟的市场、正在发育的市场和刚刚萌发的市场
市场的规范程度	白色市场（即合法市场）、黑色市场（即非法市场）和灰色市场（即政府难以有效管制的市场）

房地产市场是立体的、综合的有机体。每一类型房地产市场相对独立，但彼此之间又互相联系。例如，土地是房屋的载体，房屋又是建筑在土地上的建筑物，因此土地市场和房产市场密不可分；土地市场、房产市场的交易达成离不开信息整合和目标搜寻，又离不开中介服务市场和金融市场等。因此，房地产市场体系相互促进、相互制约，只有理性完善，才能促进我国房地产市场的持续健康发展。

三、房地产市场的特性

房地产市场作为市场体系的组成部分，具有市场的一般规律性，如受价值规律、竞争规律、供求规律等的制约，服从一般市场的经济规律，又由于房地产商品的独特属性和房地产业在国民经济中的特殊重要地位，导致了房地产市场具有一系列区别于其他市场的特性，概括起来有以下几点。

1. 权益交易市场

由于房地产的不可移动性，房地产市场交易的对象实际上是附着在每一宗具体房地产

上的权益，而不是土地或物业本身，因此，房地产产品交易时间长、交易费用高、需要专业人士服务。房地产权益主要分为两类，即所有权以及由所有权衍生的租赁权、抵押权、地上权、地役权[①]等部分所有权。交易可以是所有权（包括占有权、使用权、收益权和处分权），也可以是部分所有权。例如，某人购买了一块土地，只是意味着他获得了该土地一定期限内的占有权、使用权、收益权和处分权，这些权利受到各种事先约定的条件限制，按规定的用途使用等。由于房地产产品交易金额大，各国均制定严格的法律法规规范市场交易行为，实现对房地产的交易管理，因此，房地产上享有的权利不是绝对的、无条件的。但由于这种权利有明确界定，因此是排他的、受法律保护的。

2. 区域性市场

不可移动性，使不同区域、不同地段的房屋难以相互替代，在不同区域间难以形成完全竞争，决定了房地产市场是一个区域性市场。不同国家、不同城市甚至一个城市内部的不同区域之间，房地产的市场条件、供求关系、价格水平等都有较大差异。

房地产市场是典型的区域性市场，各个地区房地产市场的运行状况在很大程度上取决于当地的经济发展程度、居民收入水平、人口数量和结构、地方特色和政府政策等。

3. 不完全竞争市场

一个完全竞争市场必须具有下列条件：市场上有许多经济主体，这些经济主体数量众多，且每一主体规模很小，所以任何一个人都无法通过买卖行为影响市场上的供求关系，也无法影响市场价格，每个人都是市场价格的被动接受者；产品是同质的，即任一生产者的产品都是无差别的；各种资源都可以完全自由流动而不受任何限制；市场信息是完全的和对称的，买卖双方不存在相互的欺骗。但房地产市场不具备这些条件，竞争是不完全的。

房地产市场不是一个完全竞争的市场，而是一个垄断竞争的市场。

（1）房地产市场的不可移动性，导致不同区域间的市场竞争是不完全的。

（2）资本市场的不完全性可能阻碍潜在房地产投资者投入大量资金购买大型物业。

（3）房地产的不可移动性，使某些物业的持有者在交易过程中处于比买家更有利的地位。

（4）房地产的异质性决定了房地产产品具有差异性。

（5）房地产市场信息的不充分特性，使开发商在预先生产以满足未来可能市场需求的过程中，很容易产生误差。

（6）国家的宏观调控：土地的稀缺、房地产对国民经济发展的极端重要性、房地产对民众的重大影响性，都会导致国家对房地产交易加强关注，从而根据发展态势出台一系列管理、监督或调控房地产的措施。

---

① 地役权是指为使用自己不动产的便利或提高其效益而按照合同约定利用他人不动产的权利。

4. 供给的滞后性

与一般商品比较，房地产市场对供求关系的反应不够灵敏，具有明显的滞后性。当市场上某种房地产产品供过于求时，由于开发商已经投入大量资金，施工正在进行，工程不能就此停止，因为一旦停止，可能造成更大的损失；当市场上某种房地产产品供不应求时，虽然开发商在决策、施工等阶段可以加快进度，但从项目构思到交付使用至少需要几年的时间，无法像生产调用其他商品一样迅速适应市场需求的变化。同时，在人的心理预期的影响下，当整个社会需求下降时，房屋所有人、使用人不会马上出手，而是在较长时间内不愿意降价销售、低价出租，从而无法快速刺激需求，导致市场对房地产的短期供求变化反应迟钝。因此房地产供应市场具有明显的滞后性，具体如图 2-1 和图 2-2 所示。

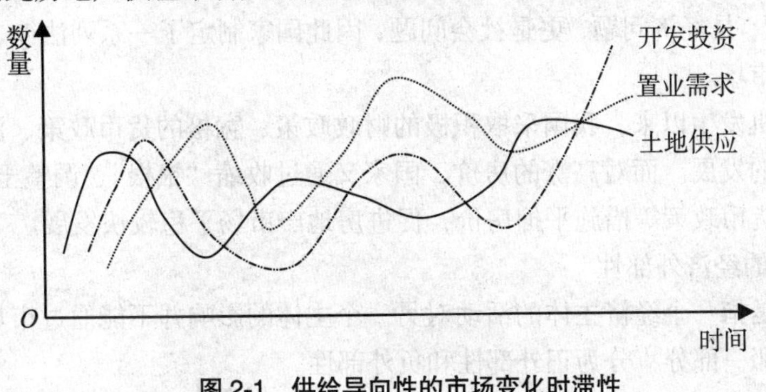

图 2-1　供给导向性的市场变化时滞性

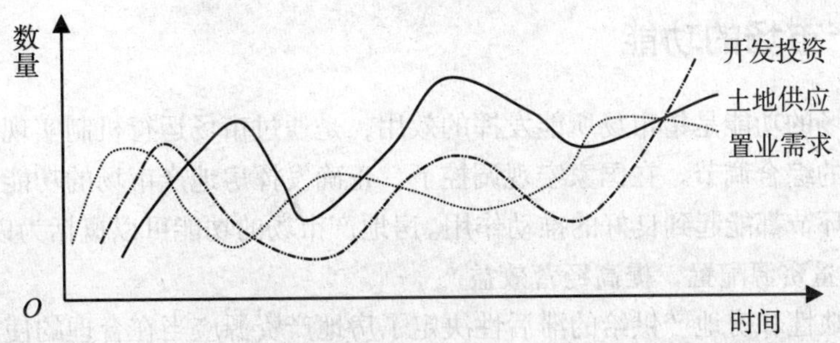

图 2-2　需求导向性的市场变化时滞性

5. 需求的多样性、层次性和双重性

（1）需求的多样性。由于不同购房者的收入水平、文化程度、职业、年龄和生活习惯等不同，自然会产生各式各样的兴趣和爱好，因此对于房地产项目区位、房型、功能等要求自然也会有很大差异，这种差异致使房地产需求呈现出多样性。

（2）需求的层次性。人类的需求是有层次的，需求是逐层上升的，只有在较低层次的需求得到满足后，才会产生较高层次的需求。由于受到收入水平的制约，对房地产的需求

同样也带有一定的层次性，如高档别墅、高档公寓可能属于较高层次的需求；普通商品住宅属于中等层次的需要。然而随着收入水平的提高和科学技术的进步，需求也在不断发展，如房型由简单的“大卧室”向“大厅小卧明厨明卫”发展。

（3）需求的双重性。由于房地产既是生活消费品，又是社会投资品，因此，房地产需求具有消费需求和投资需求的双重性。消费者购买房地产既可以自营或自用，也可以满足投资需求，或者两者兼有，这是其他商品很难具备的。

6. 政策影响性

市场经济是法制经济，任何市场都要接受政府的监督。在市场经济运行中，政府在一般情况下，并不会针对市场上的具体商品及其交易制定法律。但是由于房地产是国民经济发展的“晴雨表”，是经济问题，更是社会问题，因此国家制定了一系列法律、法规、制度，严格规范房地产市场。

美国次贷危机发生以来，我国采取积极的财政政策、宽松的货币政策、温和的税收政策来刺激房地产的发展。面对高涨的房价，国家又通过收缩“银根”、调整土地供应结构，实施税收政策、货币政策等措施平抑房价，促进房地产市场平稳较快发展。

7. 存在广泛的经济外部性

经济外部性是指一个经济主体的活动对另一个主体的影响并不能通过市场运作而在交易中得以反映的那一部分，分为正外部性和负外部性。

四、房地产市场的功能

房地产市场的功能是指市场所能发挥的效用，是通过市场运行机制实现对房地产开发流通等各环节的综合调节。在国家宏观调控下，正确发挥房地产市场的功能，对生产、流通和消费等各环节都能起到良好的推动作用。房地产市场的功能可以概括为以下几个方面。

1. 优化存量资源配置，提高经营效益

土地的稀缺性和房地产供给的滞后性决定了房地产资源应当在合理的使用者和规定的用途上进行分配。市场机制的作用可以引导生产经营方向，调节房地产供应量和供给结构，适应市场供求关系的变化，实现供求平衡。

2. 传递信息，引导供求变化

房地产市场信息是在交易过程中形成和传递的，市场是房地产经济运行的信息集散中心。开发商通过市场调研可以获取供求信息，了解行业竞争状况，掌握潜在客户群心理，制订开发策略。购房者或租客通过对房地产市场信息的筛选，选择适宜的产品。房地产市场体系越完善，产生的信息就越多，传递的速度也就越快，信息的效用就越强。

3. 适用消费需求，优化住房结构

健全的房地产市场不仅能促进房屋的建设和供应，而且为居民购房创造通畅的流通条件，真正满足多层次的购房需求。

房屋消费支出占居民家庭收入的比例是否适当，对居民消费结构的合理性有着决定性的作用。在市场经济条件下，房价过高，房屋消费将萎缩，从而会使居民消费中的房屋消费比例下降，致使消费结构不合理。因此，在房地产市场体系比较完善的条件下，通过房地产市场机制，可以调整居民住房消费，使消费结构趋于合理。

4. 引导宏观调控、指导政府决策

由于市场经济自发调节的盲目性和滞后性，加上购房者心理预期的作用，导致房价变化形态表现为暴涨或暴跌，从而难以自发达到平稳发展。政府只有在对房地产存量、增量、交易价格、空置率、发展趋势等市场信息把握的基础上，才能制定出各种法律、法规、制度、政策，对房地产市场进行调控，使之持续健康发展。

五、房地产市场的运行环境

房地产市场的运行环境是指影响房地产市场发展的各种因素的总和。在整个市场经济体系中，房地产市场的发展变化是各种因素综合作用的结果。房地产市场的变化与建筑、建材、冶金、化工、机械、纺织等50多个物质生产部门紧密相关，并且反映交通运输业、邮电业、金融和服务业的发展趋向。在一定时期，房地产业能够显示其对宏观经济运行情况的敏感性和超前性，是经济发展状况的“晴雨表”，具有先导性。

1. 政治法律环境

政治法律环境主要是指对房地产市场起影响和制约作用的政治形势；国家对房地产行业管理的有关方针政策、法律法规等，包括各级政府有关房地产开发经营的方针政策，如房改政策、开发区政策、房地产价格政策、房地产税收政策、房地产金融政策、土地定级及地价政策、人口政策和产业发展政策等；各级政府有关国民经济社会发展计划、发展规划、土地利用规划、城市规划和区域规划等；国家有关法律法规；政府有关方针和政策，如产业政策、金融政策、税收政策、财政政策、物价政策、就业政策等；政局的变化，包括国际和国内政治形势、政府的重大人事变动等。

2. 经济环境

经济环境是指在整个经济系统内，存在于房地产业之外，但对房地产市场有影响的经济因素和经济活动，如财政、金融、经济发展状况和趋势、居民收入、消费水平、消费结构、物价水平、物价指数等。

3. 社会文化环境

社会文化环境主要是指居民的生活习惯、生活方式、消费观念、消费心理、对生活的态度、对人生的价值取向等，如居民职业构成、教育程度、文化水平、家庭人口规模及构成、宗教信仰、社会风俗等。

4. 技术环境

技术环境是指一个国家或地区的技术水平、技术政策、新产品开发能力以及技术发展动向等，如清水墙混凝土技术、叠合梁技术、恒温恒湿技术、地暖等。

5. 金融环境

金融环境是指房地产业所处的金融体系和支持房地产业发展的金融资源，这种支持主要指金融机构所能提供的服务、金融支持的力度和状况等。

6. 资源环境

资源环境是指影响房地产市场发展的土地、湖泊、海洋、山川、绿地、历史遗迹、生态等自然资源条件，资源约束对房地产开发模式产生重大影响。

7. 国际环境

国际环境是指国外发生的事情、状况以及我国在国际活动中的地位和影响。国际环境在动态变化之中，是国家以外的结构体系对一国的影响和一国对国家以外结构体系的影响所做出的反应，两者之间是一个相互作用、相互渗透和相互影响的互动过程。

房地产市场的运行环境及其影响因素如表 2-2 所示。

表 2-2　房地产市场的运行环境及其影响因素

环境类别	主要影响因素
政治法律环境	政治体制、政局稳定性、政府能力、政策连续性、政府及公众对待外资的态度等；与房地产业有关的规范性文件，包括现行法律与相关政策
经济环境	城市或区域总体经济发展水平、就业、支付能力、产业与结构布局、基础设施状况、利率和通货膨胀等
社会文化环境	人口数量和结构、家庭结构及其变化、居民思想观念、社区和城市发展形态等
金融环境	宏观金融政策、金融工具完善程度、资本市场发育程度等
技术环境	建筑材料、施工技术和工艺、建筑设备的进步；信息技术的发展和应用
资源环境	土地、湖泊、海洋、山川、绿地、历史遗迹、生态等
国际环境	经济、政治环境，汇率政策，各国合作力度，投资全球化和国际资本流动

第二节　房地产市场的供求关系

需求是有购买兴趣并有支付能力的需要，是市场中的买方。供给是在特定时间以特定价格出售某商品的总体数量，是市场中的卖方。房地产供给和需求是房地产市场构成的两大要素，存在着互相制约、互相促进的辩证关系，由于需求是房地产供给的目的，在供求关系中处于决定性的地位，因此首先从需求分析开始。

一、房地产需求

1. 需求的概念

从微观经济的角度分析，房地产需求是指购房者或租客在特定时期内，在一定的价格水平上，愿意购买而且能够购买的房地产商品数量。从宏观经济的角度看，房地产需求是指社会对房地产产品的总需求，包括实物总量和价值总量。

2. 需求的特点

由于房地产产品的不可移动性、耐久性等特性，与一般商品的需求相比，房地产需求具有显著的特点。

（1）房地产需求的整体性。这是由地产和房产需求的不可分割性所决定的。土地是房屋的物质载体，而房屋是土地上的附属物，两者不可分割，因而房地产需求既包含了对房产的需求，也包含了对地产的需求，是对房地产统一体的需求，绝不可以也不可能把两者分离开来。这就决定了房地产商品空间的固定性、效用的长期性和价值量的巨额性，由此引发房地产需求的特殊性和对房地产市场需求分析的复杂性。

（2）房地产需求的区域性。房地产的不可移动性，决定了房地产需求的区域性。一方面，一定地域或一个城市房地产市场需求绝大部分来自本地区或本区域内居民的需求，即使外地居民或海外居民也必须有购买渠道才能形成实际需求；另一方面，在同一城市的不同地段房地产市场需求也可能有很大差异，如在市中心地区、次中心地区和城市郊区，人口密集度、地区级差和房价等不同，都会形成不同的房地产需求。

（3）房地产需求的层次性。这里所说的需求的层次性主要是针对住宅而言的。住宅作为生活资料，可以满足人们生存型需求、发展型需求和享受型需求，随着社会经济增长和收入增加，在满足基本生存需求的基础上，享受型需求和发展型需求越来越上升到主要地位，因此，为适应这种需求的变化趋势，住宅的设计、设施、环境、品位等要不断改善和提高。同时，由于居民的收入结构和购房承受能力是不同的，因而相应的住宅消费需求结构也划分为不同层次，可以分为高档住房、中档住房和低档住房。住房需求结构的层次性要求供需结构之间的平衡。如果高档房、高价位房建设过多，超过高收入家庭的比例，可能因卖不出去而造成空置积压；而如果中低档次、中低价位房建设不足，则可能形成供不应求，导致中低收入家庭的住房需求得不到满足。现实生活中这两种情况都会阶段性存在。图 2-3 所示为马斯洛需求理论和住房层次对应的关系。

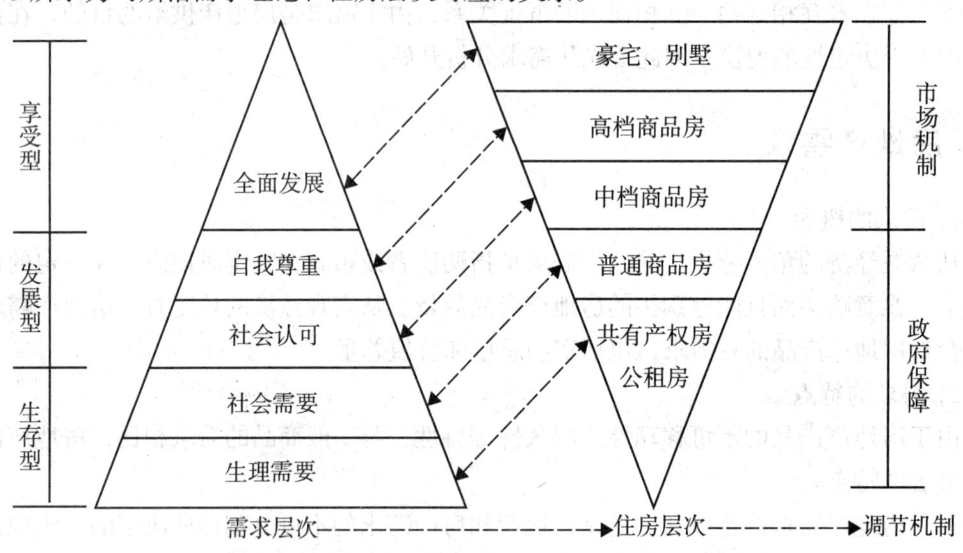

图 2-3　马斯洛需求理论和住房层次的对应关系

3. 影响需求的主要因素

在市场经济条件下，影响房地产市场需求的因素很多，深入分析这些因素及其影响，对于改善需求结构、正确引导投资决策、实现供求平衡有重要意义。

（1）经济发展水平。一国或一个地区的经济发展水平对房地产需求有决定性影响。一般来说，房地产需求水平与国民经济发展水平呈现出一种正相关的关系。国民经济发展水平对房地产需求的影响作用主要来自两个方面：一是投资规模。投资规模的扩大，拉动生产经营性用房需求增加，从而扩大了对工业厂房、商铺、办公用房等需求。二是国民收入水平。随着经济社会的持续发展，企业的扩大再生产能力显著提高，人均可支配收入明显增长，房地产的生产性需求和消费性需求迅速上升。改革开放以来国民经济的快速增长，促进了各类房地产需求的增加，由此推动了现阶段中国房地产开发的繁荣局面。

（2）居民收入和消费结构。居民收入与房地产需求呈正方向变动的关系。从住宅消费需求角度分析，在住房价格既定的前提下，居民收入和消费结构对住房需求具有较强的作用。

首先，居民收入的提高直接拉动居住消费需求的增加。中国城镇居民长期以来受收入

水平较低的制约，居住水平和居住质量比较低。随着家庭可支配收入的大幅增长，改善住房条件的愿望十分迫切，促使住宅需求数量和质量迅速提升，从而成为房地产市场发展的强大推动力量。

其次，居民收入提高还促使居民的消费结构发生重大的质的变化，主要表现在恩格尔系数下降，即花费在食品方面的比重减少，而花费在“住”和“行”上的比重增加。

（3）房地产价格。房地产商品与其他商品一样，价格和需求量之间存在着反向变动的关系，即在其他条件不变的情况下，房价升高，会限制消费者对房地产产品的需求量；反之，房价下降，会促使消费者对房地产产品的需求量上升。可见，房价高低对其需求量的多少有着重要的调节作用。

（4）城镇化水平。城镇化是社会经济发展的必然趋势。城镇化包括城市数量的增加、规模的扩大和人口的增多等。城镇化水平的高低也是影响房地产需求的重要因素。

（5）国家有关政策。房地产需求还受国家相关政策的制约。土地政策、财政政策、货币政策和住房政策等，对房地产的生产性需求和消费性需求都会产生相当大的影响。

土地政策和财政政策的调整会对房价产生较大影响，进而影响房地产需求。同时房地产税收政策的变动还会增加或减少购房者的负担，发挥抑制或促进居民购房需求的作用。例如，在需求预期下降时，降低契税税率，减少购房负担，可以鼓励居民买房。

利率政策的调整也会对生产性需求、投资性需求和消费性需求产生重大影响。首先是贷款利率的升高或降低，会影响投资成本和收益率，从而抑制或促进生产性需求和投资性需求。其次是贷款利率的升高或降低会从两个方面影响房地产消费性需求：一是开发商贷款利率的高低，会直接影响房地产商品的建设成本，从而影响生产性房地产需求；二是对居民的住房贷款利率的变化，会增加或减少购房支出，从而影响消费性房地产需求。

（6）消费者对未来的预期。心理预期对房地产需求的影响带有主观色彩，但在一定程度上反映了购房者对房地产价格和需求的预测。其中，主要是对未来经济发展形势的预测，若预测乐观，对房地产需求就会增加，反之亦然。同时，也取决于对未来房价变化的预测，一般消费者都存在“买涨不买跌”的心理，当房价上升时，若消费者预期房价还会上涨，即使目前价格偏高，但今后存在上升空间，未来收益会促使消费者需求提前释放，形成现实需求增长。这种情况在投资性需求方面表现得尤为明显，因为投资性购房者的目的是投资获利，预期房价上涨吸引其投资买房。而当房价下跌时，若消费者预期还会下跌，则他们往往会持币待购，迟迟不肯入市，导致延期消费。此外，还有一种消费心理，即“负债消费”观念也会影响房地产需求，例如，长期以来的“即期消费”观念对住房消费信贷难以接受，消费者会因购房支付能力的不足而影响住房需求；而当消费者树立起“负债消费”的现代消费观念，就会在未来收入预期的基础上，敢于“花明天的钱圆今天的住房梦”，

借助住房抵押贷款进入房市，从而扩大住宅市场需求。

图2-4中，P_0为预期瞬时的资产均衡价格，当需求者预期资产价格会下跌时，需求曲线向左下方移动，提前形成反映未来的价格$P_1<P_0$。相反，当需求者预期资产价格会上升时，需求曲线向右上方移动，提前形成反映未来的价格$P_2>P_0$。正因为如此，当人们预期资产的价格会上升时，会增大对资产的需求，导致资产脱离它的均衡价格而上升。这会导致一种恶性循环，最终会使资产严重脱离其实际的价值形成“泡沫”。

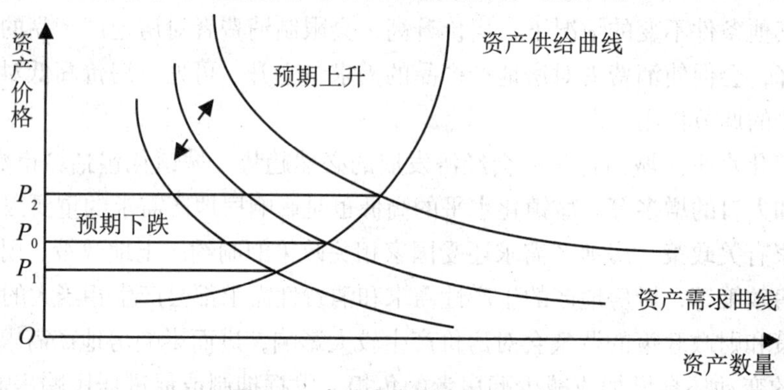

图2-4　房地产供求的动态均衡

4. **需求弹性**

需求弹性是指由于影响需求的诸因素发生变化后，需求量做出反应的程度。房地产需求在量上与哪些因素有关，各因素之间有什么样的数量关系，从微观角度研究这些关系对房地产需求的判断有重要意义。

（1）房地产需求的价格弹性。房地产需求的价格弹性是指房地产需求量变动对房地产价格变动的反应程度。假设Q为某种房地产产品的需求，P为该房地产产品的价格，则计算需求的价格弹性E_d为

$$E_d=-\frac{\Delta Q/Q}{\Delta P/P}=-\frac{\Delta Q}{\Delta P}\cdot\frac{P}{Q}$$

使用微积分

$$E_d=-\frac{\partial Q}{\partial P}\cdot\frac{P}{Q}$$

由于价格与需求量反向变动，所以房地产需求的价格弹性系数应为负值，但在实际运用时，为了方便起见，一般都取其绝对值，即$E_d>0$。当$0<E_d<1$时，称这种商品需求缺乏价格弹性，即需求量变动对价格变动的反应小，也就是需求量变动比率小于价格变动比率；当$E_d>1$时，称这种商品需求富有价格弹性，即需求量变动对价格变动的反应大，也就是需求量变动比率大于价格变动比率。

从一般意义上讲，当房地产价格在一定幅度内变动时，房地产需求缺乏价格弹性。这是因为对商业用房而言，由于区位条件影响重大，又难以替代，因此，价格变动对需求量的影响程度不大；对住房而言，由于是生活必需品，根据国外经验，当住宅的总价相当于住户收入的 3~6 倍时，这时的需求缺乏价格弹性，但当房地产价格超过一定幅度而继续上涨时，房地产需求的价格弹性较大。这是因为房地产是耐用品，并且具有一定的容纳弹性，因此当价格太高时，消费者会紧缩正常需求量，导致住房需求量减少。

综合分析，房地产商品的需求曲线一般呈现为一条拐折线，如图 2-5 所示。其中，OP 表示价格，OQ 表示需求量，D_1ED_2 表示房地产需求的拐折需求曲线。在 D_2E 段为房地产需求缺乏价格弹性，即需求量变动比率小于其价格变动比率，其曲线表现为比较陡峭状态；在 D_1E 段为房地产需求富有价格弹性，即需求量变动比率大于其价格变动比率，其曲线表现为比较平坦状态，而且这种“富有价格弹性”呈现出单向性，即价格上升时呈现这种趋势，而价格下降时，则并不呈现这种趋势。因此，图中 D_1E 段画得细一些，以示与 D_2E 段的区别。在一些特殊场合，房地产需求的价格弹性会显示出某些特殊的规律，故需视具体情况而定。

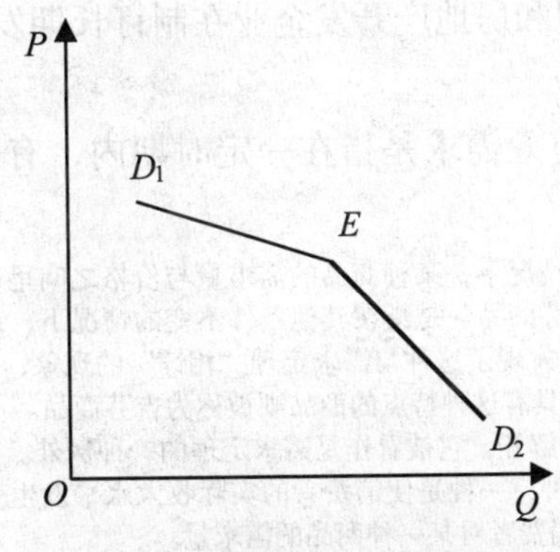

图 2-5 价格与需求量曲线

（2）房地产需求的收入弹性。在影响需求的其他因素不变的条件下，需求的收入弹性是指房地产需求量变动对收入变动的反应程度。如果利用微积分方程，令 I 代表消费者收入，那么，收入弹性将为

$$E_I = \frac{\partial Q}{\partial I} \cdot \frac{I}{Q}$$

消费者收入与购买量一般是同向变动的。也就是说，消费者收入与产品销售量成正相关，而不是逆相关。所以，$\frac{\partial Q}{\partial I}$以及 E_I 都是正值。少数低档商品（又称为“吉芬商品”）

不是这样，可能出现需求“悖论”[①]。例如，马铃薯等产品的需求随消费者收入增加而减少，因为较贵的商品将取而代之。一般来说，消费者对大多数产品的需求与其收入成正比关系，这些产品称为正常商品或者高档商品。

从一般意义上讲，房地产需求的收入弹性与一国或一个地区的经济发展水平和国民收入水平有密切联系。这主要是由于不同的经济发展水平和阶段，对居民的消费结构的变化有着不同的影响。在发达国家，人们认为房地产需求是缺乏收入弹性的，即房地产需求变动对居民收入的变动是不敏感的。然而现阶段，随着我国住房制度改革的深化和居民收入水平的提高，城镇居民正在把消费热点移向住房。因此，现阶段的房地产需求是富有收入弹性的，这是收入增加和消费结构变化共同作用的结果。

5. 潜在需求和有效需求

（1）房地产潜在需求。房地产潜在需求是指有购房兴趣的消费者的集合。即过去和现在尚未转变为实际的房地产购买力，但在未来可能转变为实际购买力的需求。由于潜在房地产需求是一定时期内该地区房地产需求的最大可能值，因此也称为房地产的边界需求。潜在需求虽然不能作为提供现实供给的根据，但对规划未来房地产开发规模和投资决策有重要参考作用。所以政府部门和房地产开发企业在制订长期发展规划时都非常重视对房地产潜在需求的合理预测。

（2）房地产有效需求。有效需求是指在一定时期内，有购买欲望并且有支付能力的

---

① 需求定理解释了在其他条件不变的情况下，某种商品的需求量与价格之间呈反向变动的现象。即当一种商品价格上升时，其购买量会减少。但“吉芬商品”是指在其他条件不变的情况下，该商品的需求量随着其价格的增加而增加。英国经济学家吉芬（Giffen）发现了这种与需求定理“相悖”的现象，但苦于当时没有合理的解释，故这种现象被经济学界称为“吉芬之谜”，具有这种特点的商品则被称为吉芬商品。

“吉芬之谜”随后不久就被经济学家解开，它被看作是需求定理的一种例外。在经济学中，当一种商品的价格发生变化时，对消费者产生的影响有两种：一种是使消费者的实际收入水平发生变化，第二种则是使商品的相对价格发生变化，这两种变化都将影响到消费者对某一种商品的需求量。

需求定理之所以一直有效，是因为对于所有商品来说，替代效应都是与价格呈反方向变动的，而且在大多数情况下收入效应的作用小于替代效应的作用。但是，在少数特定情况下，某些低档商品的收入效应作用要大于替代效应的作用。也正因如此，经济学中将商品分为正常商品和低档商品两大类，正常商品的需求量与消费者的收入水平呈同方向变动；而低档商品则反之。

可以说城市住房和“吉芬商品”需求都是马斯洛层次需求理论中最低层级，不过一个是吃，一个是住而已。正如“吉芬商品”的“优先原则”一样，住房追求与饥荒年代的生存追求有异曲同工之感。

走出城市住房的“吉芬商品现象”误区，应把握以下三点：一是抑制不正常的房价，把城市住房与“吉芬商品”挂钩的一个重要原因是房价虚高和供给量也随之减少（捂盘、惜售），造成了人们的一种生活基本需求得不到满足，高房价是重要表现形式，抑制不正常的房价是首要任务。二是要扭转追高心理，从众追高的社会心理在一定程度上是病态的、非理性的，而民众中存在过多的非理性行为，容易出现浮躁情绪，“羊群效应”跃然纸上，危害不言而喻。三是要严格抑制土地财政政策，房价居高不下的一个重要原因是基层政府的土地财政政策，地方税收的相当比例来自土地税收，国务院发展研究中心的调研报告显示，土地直接税收占地方预算内收入的 40%，而土地出让金净收入占政府预算外收入的 60% 以上。也就是说，不能漠视地方政府通过土地财政对人们财富“占用”的行为，这才是房价奇高的根源。

需求。从宏观经济意义上讲，是指商品的总供给与总需求达到均衡状态时的总需求。因此，分析房地产市场的有效需求，必须从微观上把握有支付能力的需求，从宏观上把握总供给与总需求的均衡。

（3）提升有效需求的途径。培育房地产市场的有效需求，要从两个方面努力：一方面，要增加有效供给，促进流通，使有支付能力的消费者买到合适的住房；另一方面，则要随经济发展增加居民收入，消除体制性障碍，调整消费政策，支持居民买房，创造条件使潜在需求转化为有效需求。具体来说，其主要途径有如下方面：① 深化住房制度改革，实现住房分配货币化，引导消费者“愿意”购买商品住房，使潜在的需求转变为有效需求。② 发展经济，增加收入，提高消费者“能够”购买商品住房的支付能力。③ 理顺流通环节，完善中介销售服务，为消费者提供便捷周到的服务。④ 规范房地产市场秩序，降低成本，调整供给结构，使之与消费需求结构相适应，增强购房的承受能力。⑤ 完善和发展房地产金融市场，扩大住房消费信贷，支持居民买房。⑥ 重视房地产市场总供给和总需求动态平衡，促进有效需求的形成。

二、房地产供给

供给是指特定市场在一定时期内，与每一销售价格相对应，生产者愿意且能供应的商品数量。房地产产品具有一般产品的供给规律，但也有其特殊性。

1. 供给的概念

房地产供给是指生产者在某一特定时期内，在某一价格水平上愿意供应且能够供应的房地产商品量。在生产者的供给中既包括了新增的房地产商品（又称增量房产），也包括现有的存量（俗称存量房产）。在现实生活中，新增房产供给包括现房销售和期房销售（达到一定标准的预售房）。在商品房供给中以供给方式划分，可以分为出售和出租两种。

房地产供给必须具备两个条件：一是生产者有出售或出租的愿望，这主要取决于价格等交易条件；二是生产者有供给能力，这主要取决于生产者的经济实力和经营管理水平。两者缺一不可。

2. 供给的特点

由于房地产产品的特殊性，房地产供给具有以下显著特点。

（1）土地供应的刚性。土地的供给是指地球上可供人类开发或利用的，用于生产或生活的土地的数量，包括现在正在实现的各种土地利用的数量和在可预见的未来，可供人类利用的数量的总和。土地供给包括土地自然供给和经济供给。自然供给是指自然界提供的天然可利用的土地，是有限的、稀缺的，因此是刚性的。经济供给是指在自然供给的基础上，

土地的开发利用及其在不同用途间的转换。土地的经济供给受自然供给刚性的制约，其弹性是不足的。

（2）一级土地供应市场的垄断性。在我国，城市土地属于国家所有，国家是城市土地出让市场的唯一供给主体，因此城市一级土地市场具有典型的垄断性。

房地产供给的这一特点，决定了其受土地供应量、供应方式和供应结构的制约特别明显。国家管好土地供应的"龙头"，便可以达到有效调节房地产供给总量和供给结构的目的。因此，调整土地供应数量和结构就成为政府实施宏观调控的重要手段。

（3）房地产供给的滞后性。房地产产品的生产周期长，一般要两三年甚至更长时间。较长的生产周期决定了房地产供给的滞后性，这种滞后性又导致了房地产供给的风险性。即使房地产开发计划在目前是可行的，但在数年后房屋建成投放市场时，也可能因市场发生变化，造成积压和滞销。因此，科学预测市场供求变化趋势，对开发商投资决策极为重要。

3. 影响供给的主要因素

房地产供给非常复杂，受多种因素影响，主要有以下方面。

（1）房地产市场价格。房地产市场价格是影响房地产供给的主要因素，在成本既定的情况下，市场价格的高低决定了房地产项目的盈利预期。一般而言，当价格低于某一特定水平时，房地产供给会极度萎缩，高于某一水平时，供给会缓慢增长，而且供应量会随着价格的上升而增加，随价格的降低而减少。

（2）土地数量及土地价格。土地价格是房地产成本的重要组成部分，我国当前以"招拍挂"方式获取土地的房地产开发项目中土地费用约占商品房总成本的40%左右。土地价格提高，直接提高房地产的开发成本，助推房价，削弱了靠控制土地供应来调控房价的力度。

（3）资金供应量和利率水平。由于房地产的价值量大，开发建设需投入大量资金，除自有资金外，还需银行等金融机构开发贷款的支持。据统计，房地产开发资金中直接和间接来自银行贷款的资金约占60%，贷款依存度很高。因此，货币政策对房地产供给的影响很大，若货币供应量紧缩，对企业的开发贷款减少，建设资金紧缺，必然导致房地产供给量下降；反之，当货币供应量扩张，对企业的开发贷款增加，建设资金充裕，则房地产供给量上升。同时，房地产开发贷款利率的高低也会给房地产供给带来重大影响，若银行的贷款利率提高，会增加利息成本，在销售价格不变的情况下势必减少利润，影响其开发积极性，导致供给量减少，反之亦然。所以，银行信贷政策调整是影响房地产供给的重要因素。

（4）税收政策。税收是我国房地产开发成本的重要组成部分，目前各种税费约占房地

产产品销售价格的10%~15%。如果对项目实施税收优惠，就会降低房地产开发成本，使同量资金的房地产实物量的供给增加，提高开发商盈利水平，从而吸引更多的社会资本从事房地产开发，最终会增加房地产的供给量。反之，若增加税费，则会直接增加房地产开发成本，使同量资金的房地产实物量的供给减少，会降低开发商盈利水平，使开发商缩小其投资规模，甚至将资本转移到其他行业中去，从而会导致房地产供给量的减少。

（5）开发商对未来的预期。开发商对未来的预期包括对经济发展形势、通货膨胀率、房地产价格、房地产需求、房地产信贷政策、税收政策和产业政策的预测和判断，其核心问题是开发商对盈利水平和风险水平的预测。若预期的投资回报率高、风险小，开发商一般会增加房地产投资，从而增加房地产供给；若预期的投资回报率低、风险大，开发商一般会缩小房地产投资规模或放慢开发速度，从而会减少房地产供给。

4. 供给的价格弹性

房地产供给的价格弹性是指房地产供给量变动对价格变动的反应程度。用公式表示为

$$E_s = \frac{\Delta Q / Q}{\Delta P / P}$$

式中：E_s——房地产商品供给弹性系数；

P——房地产商品价格；

ΔP——房地产商品的价格变动量；

Q——房地产商品的供给量；

ΔQ——房地产商品供给的变动量。

由于房地产价格与供给量同方向变动，所以房地产商品供给弹性系数应为正值。如前所述，房地产供给具有明显的时滞性，下面分别对不同开发阶段的供给弹性做简要阐述。

由于住房供给的建设周期比较长，因此住房的供给在短期内是无弹性的，即住房的供给曲线是一条垂直线；但住房的供给在长期是完全有弹性的，即住房的供给曲线是一条与横轴平行的线。通过住房供给的特点可以看出，短期内住房的供给对某一时点住房的价格影响不大，但是从长期来看，其影响是不能忽略的。

（1）短期内房地产供给无弹性。在极短的时间内，厂商能够提供给市场的产品量，仅限于已生产的产品存量，供给量无法随价格变动而变动，因此供给价格弹性为零。同样，由于房地产生产周期长，短期内其生产要素和产品不可能发生变化，因而房地产供给无弹性，即E_s=0。

如图2-6所示，OP表示价格，OQ表示供给量，S线表示房地产供给曲线。当价格低于某一特定水平时供给消失，因此S线与OQ线没有相交，存在一段虚线的距离。

无论价格从 P_0 变化到 P_1 或到 P_2，供给量总是 Q_0，因而 S 线表现为垂直于 OQ 线。

（2）长期内房地产供给弹性较大。长期内土地供给量可以变动，具有一定的弹性，房产的供给量变化更明显，因此房产的供给弹性更大，两种因素综合在一起，使房地产供给富有弹性，即 $E_s>1$。如图 2-7 所示，供给曲线 S 呈现出较为平坦的状态。

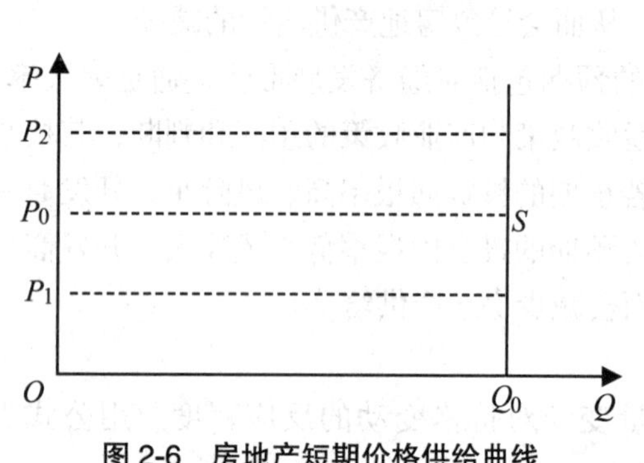

图 2-6　房地产短期价格供给曲线

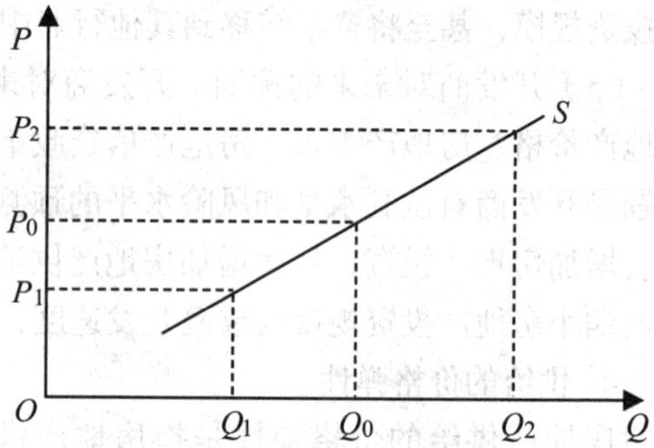

图 2-7　房地产长期价格供给曲线

5．有效供给

（1）有效供给的概念。房地产市场的有效供给是指现实供给中符合消费者需求的、交易双方能够达成交易的房地产产品的供给量。因此，房地产的现实供给不等于有效供给，现实供给中部分产品或因地段偏僻、交通不便，或因设计落后，或因周边环境差、配套不到位等难以实现租售，不能构成有效供给。因此，有效供给就是适应需求的供给，它不仅要求供给总量的有效，而且要求供给结构的有效。

（2）实现有效供给的途径。

① 加强供给产品调控，实现供需结构平衡。房地产的异质性表明，对于不同类型的需求，需要不同类型的房地产产品供应相适应。以住宅为例，不同层次的消费者在生活方式、文化素养，特别是支付能力等方面的不同，导致他们对住房的功能、面积、规格和房型等的要求也是不同的。因此，要提高供给的有效性，就必须提高供给结构与需求结构的适应程度。在房地产市场低迷的状态下，仍有一些房屋畅销，究其原因，主要是由于这部分供给符合了社会的特定需求。因此，开发商必须重视供给结构与需求结构相适应的问题，以市场为导向，生产适销对路的产品。

② 强化房产价格监控，实行梯次差异化管理。根据世界银行的统计分析，住房价格的合理区间是住房价格与家庭年收入比例保持在 3~6 时的价格范围。然而目前我国部分大城市中，一套普通商品房价格与家庭年收入之比在 10 甚至 20 以上，这种供给价格与支付能力的极大差距，导致很多住房不能及时有效地投入使用。因此，房地产价格的合理化是形成有效供给的重要途径。

当然，房地产产品的层次性要求对房价进行分类管理。政府保障中低收入群体，特别是对最低收入群体的住房供应，可以通过土地供应方式、相关政策等方面的优惠，降低租售价格，使居者有其屋。对高收入群体，政府可以通过控制土地供应，严格土地用途管制，制定差别税率等方式合理引导，使其租售价格及供应方式由市场决定。针对不同的收入群体，构建结构合理、梯次有别、总量平衡的住房保障体系，实现房地产业的持续稳定健康发展。

③ 严格把控工程质量，适度超前规划。由于房地产产品的耐久性，房地产开发建设标准必须从设计、建筑外观、内在质量、房型、功能、生态环境等方面体现出超前性，使房屋适销对路，经得起时间的考验，实现供需均衡。

三、房地产市场的供求均衡

理想的房地产市场是生产的产品适销对路、价格平稳、供求均衡。

1. 供求均衡的概念

房地产市场供求均衡是指房地产商品的供给价格与需求价格、供给数量与需求数量相一致时的运行状态。

根据经济学一般知识，供给曲线 S 与需求曲线 D 的交点 E 称为均衡点（见图 2-8）。在均衡点上，供给与需求处于均衡状态。图 2-8 上均衡点 E 所对应的 P_0 称为均衡价格，E 点所对应的需求量或供给量 Q_0 称为均衡数量。

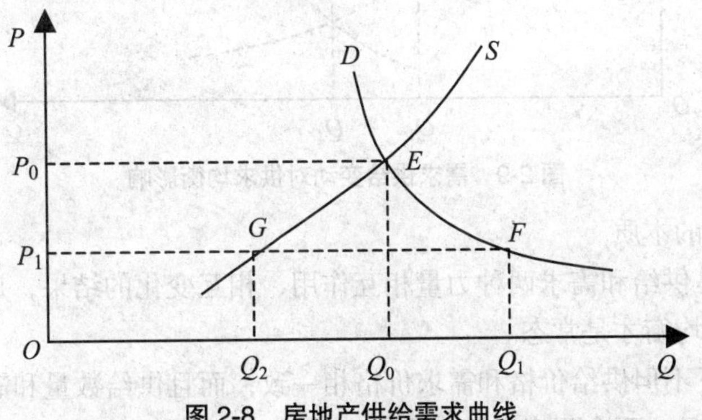

图 2-8　房地产供给需求曲线

2. 供求均衡的基本原理

（1）价格变动对供求均衡的影响。价格是产品供求关系最直接的反映。产品价格的变动所引起的需求量或供给量的变动，在图上表现为同一条曲线上的点的移动。如图 2-8 所示，当市场价格低于均衡价格，为 P_1 时，其对应的需求量为 Q_1，供给量为 Q_2，显然 $Q_1>Q_2$，

即供不应求，市场价格必然上升，一直上升到 P_0 时，供给量与需求量相等，达到了均衡状态。市场价格高于均衡价格时的原理也相同。

（2）需求和供给变动对供求均衡的影响。经济学上需求和供给的变动是指当商品本身的价格不变时，其他因素的变动所引起的需求量和供给量的变动，表现为整个曲线的移动。如图 2-9 所示，当需求减少，需求曲线从 D_0 移到 D_1 时，假定供给曲线 S_0 不变，那么供给和需求的均衡点就会移至 E_1 点，在图上表现为新的均衡状态时，均衡价格比初始时降低了，均衡数量也减少了。假定需求不变，供给增加，供给曲线右移至 S_1，均衡点移至 E_2，此时均衡价格比初始时降低了，均衡数量比初始时增加了。

总的来说：①供给不变，需求变动时，均衡数量、价格同向变动。②需求不变，供给变动时，均衡数量、价格反向变动。③供求同时变动时：同向时，数量同向，价格不定；反向时，价格随需求而变，数量不定。

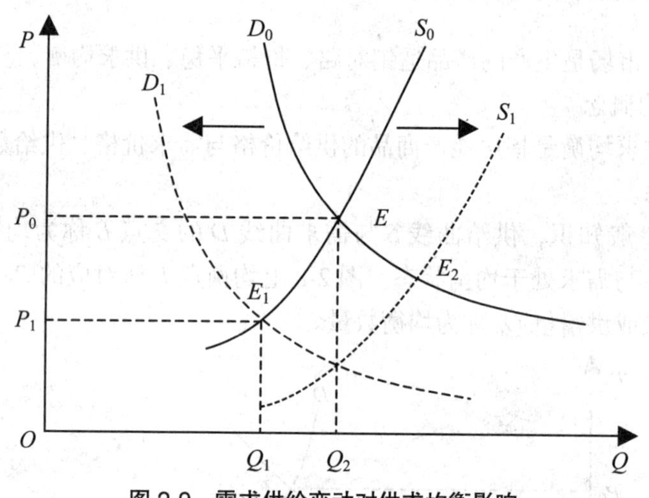

图 2-9 需求供给变动对供求均衡影响

（3）供求均衡的本质。

① 均衡状态是供给和需求两种力量相互作用、相互变化的结果，是暂时的平衡状态。均衡是暂时的，不均衡才是常态。

② 均衡状态下不但供给价格和需求价格相一致，而且供给数量和需求数量也相一致，两者缺一不可，而且这两个要素之间又是相互联系、相互影响的。

③ 从数学角度分析，均衡状态下房地产供给量与需求量相等，且都是房地产价格的函数。

$$Q_n^d = f(P_n, P_{n-1}, Y, G, \cdots)$$

$$Q_n^s = g(P_n, P_{n-1}, Y, G \cdots)$$

该公式的含义是，某种商品 n 的供给量或需求量（Q_n^d 或 Q_n^s）是该商品本身的价格（P_n）、其他商品的价格（P_{n-1}）、收入（Y）、政府政策（G）以及其他因素（…）的函数。对应某种具体的商品来说，其他因素也是可以确定的。

④ 供求均衡，在微观层次上表示某特定市场、特定房地产产品的供求数量相等，供求结构一致。在宏观层次上表示一个城市或一个国家的房地产总供给量与总需求量一致。

3. 供求均衡原理的现实意义

房地产供求均衡的实质就是房地产产品的实现问题。因此，房地产市场的供求均衡是房地产市场运行的最基本问题，也是房地产市场运行所追求的重要目标——实现住有所居。由于房地产供求双方是动态变化着的，故供求的非均衡状态是绝对的、常见的，而均衡状态是相对的、有条件的。因此，把握房地产供求均衡原理的现实意义在于：微观上，房地产商应该重视房地产市场供给和需求的变动，重视其均衡状态供求数量要求，及时调整生产经营策略和计划；宏观上，国家应该运用税收、利率、信贷等经济杠杆，适时刺激或抑制供给或需求，引导供求曲线沿着人们所希望的方向移动，从而使供求基本均衡。

4. 供求均衡条件及其实现

供求均衡状态是房地产产品的最佳配置状态，因此，供求均衡的条件就是产品价值实现的条件。房地产市场供求均衡实现的主要条件包括以下几个方面。

（1）深化住房体制改革，积极推进住房分配货币化。这是供求均衡的体制条件，也是前提条件。改革开放以前，住房严重供不应求的最主要因素是计划经济体制下实行的福利分房制度。1995—1998 年出现的大量商品房积压的不正常的供过于求的现象，其发生的重要原因也是制度制约。因此，只有深化住房制度改革，实现住房市场化、货币化，才能使商品房需求正常释放，促进供求平衡。

（2）完善房地产市场体系，搭建供需实现平台。健全的房地产市场体系是供求机制充分发挥作用的必要条件。由于我国房地产市场起步较晚，市场体系还不完善，房地产一级市场调控需要规范强化，二级市场需要培育发展，相关抵押市场、信贷市场、金融衍生品市场等亟须扶持、发展。

（3）加强总量调控，注重供求均衡。供给与需求矛盾中，需求是主动的、强势的、变化快的；供给是被动的、弱势的、变化慢的。总需求更像一个大人，而总供给则像一个被大人引领的孩子，不能决定价格变化的方向，只有跟着总需求变化的趋势变动。因此，政府和开发商应着重研究和引导商品房的需求变化，在供过于求的非均衡状态下，采

取多种措施，刺激和增加住房需求，适当抑制房地产供给，使供给主动适应市场需求的变化。在供不应求的非均衡状态下，要着力增加供给，同时适当调整需求，使两者趋于均衡。

（4）强化市场研究，调整供求结构。只有符合需求的供给才是有效供给，生产的商品才能实现其价值。在买方市场条件下，需求者对房地产商品非常挑剔，开发商应以市场导向为主，设计和生产出适销对路、物有所值、价廉物美的房产，实现供求均衡。

5. 房地产市场过滤模型

中国特色社会主义进入新时代，我国社会主要矛盾已经转化为人民日益增长的美好生活需要和不平衡不充分的发展之间的矛盾。自1998年房地产市场化改革以来，经过20年的新房开发，市场的主要矛盾已经从供给整体不足转化为局部不足，从总量不足转化为结构失衡，从“不够住”的问题转化为“住得贵”和“住得不好”的问题。因此，在新的时代背景下，充分利用当下的资源解决房地产市场现有矛盾，成了房地产市场的首要目标。

（1）过滤模型的概念。住房过滤是指在市场经济条件下，首先是为较高收入的阶层建造住房，随着时间推移，住房质量老化，质量下降，老的房子价格降低；同时新建的住房供应量增大，于是有较高收入的家庭为了追求更好的居住环境，会放弃现有的旧房子，购买新房子，而较低收入的家庭能够继续使用旧房子的过程。由于住房商品有耐久性和异质性，使住房在动态市场中形成过滤。在市场经济国家，住房过滤现象是常见现象。

（2）过滤模型的具体内容。

① 收入的差异性决定了住房需求的层次性。

② 对住房的需求随经济状况的变化而不断变化。

③ 住房升级换代中，过滤出落后但仍可居住的换代产品。

④ 产品因可满足较低收入层次住房的需求，形成市场过滤型供给。

如图2-10所示，原先中低收入家庭处于a点的位置，即面积小，质量低的住房1，高收入家庭处于点b，即面积大，质量较高的住房2，随着收入的上升，高收入家庭搬到了面积更大、质量更高的住房3（点B），中低收入家庭则搬到高收入家庭腾出的住房2，同时由于房屋本身的折旧，住房2的价值曲线向下移动，减去折旧，即表现为中低收入家庭从a点移动到了点A。

高质量住宅向低质量住宅的层面向下过滤，处于最低层的住宅最终要从市场上退出。

过滤模型是房地产等不动产以及准不动产区别于一般商品的显著特征之一。它直接影响着该种商品的供求关系，进而影响房地产整个市场的运行。

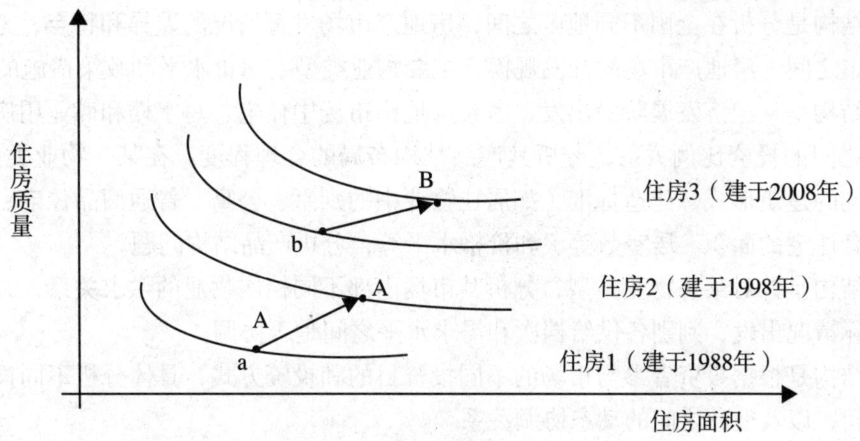

图 2-10 住房过滤的运行机制

（3）过滤模型对社会的价值。

① 住房过滤实质是二手房交易的过程，有利于促进房地产市场的交易，营造良好的市场氛围，充分挖掘二手房市场潜力。

② 住房过滤运作过程中，减少了投机的部分需求，可以在一定程度上实现“房子是用来住的，不是用来炒的”新目标。

③ 对于各个层次的家庭，都能以最小的成本换到更大的幸福感，解决“住得贵”和“住得不好”的问题。

第三节 房地产市场运行

房地产市场的根本问题是结构性失衡，包括收入结构、城乡结构、地区结构、供求结构等不均衡发展。房地产市场的运行受供求机制、价格机制、竞争机制等制约。房地产市场具有双重性，可从物业市场和资本市场的角度分析研究。

一、房地产市场结构

为保持房地产业的持续稳定健康发展，实现房地产业与社会经济及相关产业协调发展，必须从根本上解决房地产市场的结构性失衡问题。

总量结构是从房地产市场整体出发，分析开发和销售之间的数量结构关系，考察房地产供求之间的总量差距。

区域结构是分析在全国不同地区之间，房地产市场发育情况的差异和特点，考察不同区域或城市之间，房地产市场的开发规模、主要物业类型、房价水平和政策措施的差异。

产品结构是从经济发展阶段出发，考察房地产市场中住宅、写字楼和商业用房等不同物业类型之间的投资比例关系，分析其产品结构布局的合理程度。在某一物业类型内部，也依据不同的建筑形式、建造标准（如居住物业中的别墅、公寓、普通商品住宅、经济适用房，每套住宅的面积、居室数等）和价格水平等，分析产品结构问题。

供求结构是针对某一物业类型，分析其市场内部不同档次物业的供求关系，并从市场发展的实际情况出发，判别各供给档次和需求水平之间是否协调。

投资结构是根据投资者参与市场的不同投资目的和投资方式，具体分析不同投资方式的适用空间，以及彼此之间的动态协调关系。

房地产市场结构的不均衡发展严重影响了经济社会目标的实现。例如，老百姓需要普通住房，开发商却总想建高档住宅；各级地方政府在土地财政的推动下，忽视保障性住房建设，普通百姓被迫参与到高房价竞购中。针对房地产市场的结构性问题，应该从矛盾论的思想出发，运用辩证方法，就房地产市场机构进行深入分析并不断调整，实现结构平衡。

二、房地产市场指标

房地产市场的运行状况需要用一定的指标进行量化，反映和描述房地产市场状况的指标包括供给指标、需求指标和市场交易指标三种类型。

1. 供给指标

（1）存量（Stock，S_t），指报告期期末（如第 t 年或半年、季度、月）已占用和空置的物业空间总量，单位为建筑面积或套数；在数值上，报告期存量 = 上期存量 + 报告期新竣工量 − 报告期灭失量（S_t=S_t−1+NC_t−δ_t）；可按物业类型分别统计。

（2）新竣工量（New Completions，NC_t），指报告期内新竣工房屋的数量，单位为建筑面积或套数，可按物业类型分别统计。在我国，竣工量统计指标是竣工面积，是指报告期内房屋建筑按照设计要求已全部完工，达到入住和使用条件，经验收鉴定合格（或达到竣工验收标准），可正式移交使用的各栋房屋建筑面积的总和。

（3）灭失量（δ_t），指房屋存量在报告期内因各种原因（毁损、拆迁等）灭失掉的部分。

（4）空置量（VC_t），指报告期期末房屋存量中没有被占用的部分，可按物业类型分别统计。我国目前空置量的统计是不完整的，是指报告期末已竣工的可供销售或出租的商品房屋建筑面积中，尚未销售或出租的商品房屋建筑面积，包括以前年度竣工和本期竣工的房屋面积，但不包括报告期已竣工的拆迁还建、统建代建、公共配套建筑、房地产公司自

用及周转房等不可销售或出租的房屋面积。

（5）空置率（VR_t），指报告期期末空置房屋占同期存量的比例，公式为 $VR_t=VC_t/S_t$。在实际应用中，可以根据房屋的类型特征和空置特征分别进行统计，包括不同类型房屋空置率、新竣工房屋空置率、出租房屋空置率、自用房屋空置率等。

（6）可供租售量（Houses for Sale/Rental，HSR_t），指报告期可供销售或出租房屋的数量，单位为建筑面积或套数。可供租售量＝上期可供租售数量－上期吸纳量＋本期新竣工量（$HSR_t=HSR_t-1-AV_{t-1}+NC_t$）；在实际统计过程中，可按销售或出租房屋、存量房屋和新建房屋、不同物业类型等分别统计。因为并非所有的空置房屋都在等待出售或出租，所以某时点的空置量通常大于该时点可供租售的数量。

（7）房屋施工面积（Buildings Under Construction，BUC_t），指报告期内施工的全部房屋建筑面积。包括本期新开工的面积和上期开工跨入本期继续施工的房屋面积，以及上期已停建在本期恢复施工的房屋面积。本期竣工和本期施工后又停建、缓建的房屋面积仍包括在其中，多层建筑包括各层建筑面积之和。

（8）房屋新开工面积（Construction Starts，CS_t），指在报告期内新开工建设的房屋面积。不包括上期跨入本期继续施工的房屋面积和上期停建缓建而在本期恢复施工的房屋面积。房屋的开工应以房屋正式开始破土刨槽（地基处理或打永久桩）的日期为准。

（9）平均建设周期（Construction Period，CP_t），指某种类型的房地产开发项目从开工到竣工交付使用所占用的时间长度。在数值上，平均建设周期＝房屋施工面积 ÷ 新竣工面积（$CP_t=BUC_t/NC_t$）。

（10）竣工房屋价值（Value of Buildings Completed，VBC_t），指在报告期内竣工房屋本身的建造价值。竣工房屋的价值一般按房屋设计和预算规定的内容计算。包括竣工房屋本身的基础、结构、屋面、装修以及水、电、卫等附属工程的建筑价值，也包括作为房屋建筑组成部分而列入房屋建筑工程预算内的设备（如电梯、通风设备等）的购置和安装费用。不包括厂房内的工艺设备、工艺管线的购置和安装、工艺设备基础的建造等费用；办公和生活用家具的购置等费用；土地购置费用；拆迁补偿费和场地平整费用及城市建设配套投资。竣工房屋价值一般按结算价格计算。

2. 需求指标

（1）国内生产总值（GDP），是按市场价格计算的一个国家（或地区）所有常住单位在一定时期内生产活动的最终成果。国内生产总值有三种表现形态，即价值形态、收入形态和产品形态。从价值形态看，它是所有常住单位在一定时期内，生产的全部货物和服务价值超过同期投入的全部非固定资产货物和服务价值的差额，即所有常住单位的增加值之和；从收入形态看，它是所有常住单位在一定时期内，创造并分配给常住单位和非常住单

位的初次收入之和；从产品形态看，它是所有常住单位在一定时期内，最终使用的货物和服务价值减去货物和服务进口价值。在实际核算中，国内生产总值有三种计算方法，即生产法、收入法和支出法。这三种方法分别从不同的方面反映了国内生产总值及其构成。

（2）人口数，是指一定时点、一定地区范围内有生命的个人总和，包括常住人口和现有人口。其中，常住人口是指经常居住在这个地区的人口；现有人口是指在某一时间点上，在这个地区留存的人口。常住人口与一个地区的社会经济关系更为密切。

（3）城市家庭人口，指居住在一起，而且经济上合在一起共同生活的家庭成员。凡计算为家庭人口的成员其全部收支都包括在本家庭中。

（4）就业人员数量，指从事一定社会劳动并取得劳动报酬或经营收入的人员数量，包括在岗职工、再就业的离退休人员、私营业主、个体户主、私营和个体就业人员、乡镇企业就业人员、农村就业人员、其他就业人员（包括民办教师、宗教职业者、现役军人等）。这一指标反映应了一定时期内，全部劳动力资源的实际利用情况，是研究国家基本国情国力的重要指标。

（5）就业分布，指按产业或职业分类的就业人员分布状况。

（6）城镇登记失业率，指城镇登记失业人员与城镇单位就业人员（扣除使用的农村劳动力、返聘的离退休人员、港澳台及外方人员）、城镇单位中的不在岗职工、城镇私营业主、个体户主、城镇私营企业和个体就业人员、城镇登记失业人员之和的比。

（7）城市家庭可支配收入，指家庭成员拥有的可用于最终消费支出和其他非义务性支出以及储蓄的总和，即居民家庭可以用来自由支配的收入。它是家庭总收入扣除交纳的所得税、社会保障费以及记账补贴等义务性支出后的收入。

（8）城市家庭总支出，指除借贷支出以外的全部家庭支出，包括消费性支出、购房建房支出、转移性支出、财产性支出、社会保障支出等。

（9）房屋空间使用数量，指按使用者类型划分的正在使用中的房屋数量。

（10）商品零售价格指数，是反应一定时期内城乡商品零售价格变动趋势和程度的相对数。商品零售物价的变动，会直接影响到城乡居民的生活支出和国家的财政收入，影响居民购买力和市场供需的平衡，影响到消费与积累的比例关系。

（11）城市居民消费价格指数，是反映一定时期内，城市居民家庭所购买的生活消费品和服务项目价格变动对职工货币工资的影响，是研究职工生活水平和调整相关政策的依据。

3. 市场交易指标

（1）销售量（Houses Sold，HS_t），指报告期内销售房屋的数量，单位为建筑面积或套数。在统计过程中，可按物业类型、存量房屋和新建房屋分别统计。我国房地产开发统计

中采用的是实际销售面积，指报告期已竣工的房屋面积中，已正式交付给购房者或已签订（正式）销售合同的商品房屋面积。不包括已签订预售合同正在建设的商品房屋面积，但包括报告期或报告期以前签订了预售合同，在报告期又竣工的商品房屋面积。

（2）出租量（Houses Rented，HR_t），指报告期内出租房屋的数量，单位为建筑面积或套数。在统计过程中，可按物业类型和新建房屋分别统计。我国房地产开发统计中的出租面积，是指在报告期期末房屋开发单位出租的商品房屋的全部面积。

（3）吸纳量（Absorption Volume，AV_t），指报告期内销售和出租房屋的数量之和（$AV_t=HS_t+HR_t$），单位为建筑面积或套数。在实际统计过程中，可按销售或出租、存量房屋和新建房屋、不同物业类型等分别统计。

（4）吸纳率（Absorption Rate，AR_t），指报告期内吸纳量占同期可供租售量的比例，以百分数表示，有季度吸纳率、年吸纳率等。在实际计算过程中，可按销售或出租、存量房屋和新建房屋、不同物业类型等分别计算。

（5）吸纳周期（Absorption Period，AP_t），指以报告期内的吸纳速度（单位时间内的吸纳量），将同期市场可供租售房屋全部租售出去所需花费的时间（$AP_t=HSR_t/AV_t$），单位为年、季度或月。吸纳周期在数值上等于吸纳率的倒数。计算中，可按销售或出租、存量房屋和新建房屋、不同物业类型等分别计算。在新建商品房销售市场，吸纳周期又称为销售周期。

（6）预售面积，指报告期末仍未竣工交付使用，但已签订预售合同的正在建设的商品房屋面积。报告期预售又在报告期内转为正式或协议销售的商品房屋的面积，应列入实际销售面积，同时统计其销售收入。

（7）房地产价格指数，是反映一定时期内房地产价格变动趋势和程度的相对数，包括房屋销售价格指数、房屋租赁价格指数和土地交易价格指数。理想的价格指数应该是基于同质物业的价格指数。我国目前的各类房地产价格指数通常基于加权平均价格，没有消除不同时期物业结构性差异对价格变动的影响。

（8）房地产价格，指报告期房地产市场中的价格水平，通常用不同类型房屋交易的中位数价格表示。我国现在房地产价格统计是基于各类物业加权平均价格的统计。

（9）房地产租金，指报告期房地产市场中的租金水平，通常用不同类型房屋的中位数租金表示。我国现有房地产租金统计是基于各类物业平均租金的统计。

三、房地产市场运行机制

房地产市场的功能是通过房地产市场运行机制对房地产生产、流通和消费等各环节的

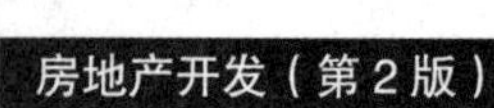

调节作用表现出来的。

1. 房地产市场运行机制的内涵

房地产市场是房地产交易关系的总和。要使房地产交易关系得以形成，必须具备下列三个要素：一是房地产交易主体，包括供给主体（卖方）和需求主体（买方）。供给主体即从事房地产交易的卖方当事人，包括国有土地使用权的代表人、开发商、建筑商、代理商，以及与房地产交易有关的一般企业、金融机构和居民等。需求主体即房地产买方当事人，包括购买生产经营性用房和购买居住用房的消费者。二是房地产交易客体——土地或物业。三是房地产交易法规及其监督者、市场管理者。房地产市场运行机制是市场有机体互相联系、互相制约、调节市场交易的行为主体，是实现市场规范运行的形式和手段。

2. 房地产市场的主要运行机制

一般情况下，房地产市场的运行机制主要包括以下几个方面。

（1）动力机制。房地产企业从事房地产开发的直接目的是追求利润的最大化。房地产开发的动力机制是使企业和社会都有应获利益和应负责任，激励企业把社会目标的实现和企业积极性的发挥融合在一起，形成企业发展的巨大推动力。

动力机制的形成必须以房地产企业的自主经营为前提，只有这样，房地产企业才能自主决策其经济行为，避免出现扭曲行为；才能具有充分的自主经营权，不至于被动接受。动力机制能否形成，关系到房地产企业对房地产市场信息能否及时准确地做出反应。所以它是房地产市场运行机制的首要内容。

（2）供求机制。供求机制是用于调节市场供给与需求之间关系的形式和手段。房地产市场的供求机制与一般商品市场的供求机制相比有所不同。短期来看，可能出现供不应求、供大于求、供求平衡三种状态。但长期来看，由于土地以及附着在土地上的房产的稀缺性和有限性与人们日益增长的房地产需求之间存在矛盾，所以房地产市场的发展趋势是供不应求。

（3）价格机制。价格机制是指使价格规律发挥作用的市场运行的形式和手段，即由市场上供求关系的变动引起的价格的上下波动的表现形式，以及通过价格波动的作用促使供求趋向一致，价格与价值趋向均衡的手段。

（4）竞争机制。竞争机制是市场竞争的形式和手段。主要是指发生在同类房地产商品的不同房地产企业间，为争夺市场、资金、人才及先进技术等，通过价格竞争、质量竞争、服务竞争等手段，以较高的质量和低廉的价格战胜对手的行为方式。因此，竞争机制是促进房地产企业改善经营管理，提高劳动生产率和经济效益的最有效的市场机制。

上述市场机制相互影响、相互制约，共同推动房地产市场的合理运行。

四、房地产物业市场与房地产资本市场

房地产具有耐久性，兼有消费和投资双重特征。因此，房地产市场存在物业（空间）市场和资产（投资）市场两个层面。

1. 房地产物业市场

房地产物业市场决定了房地产租金的高低。房地产物业市场有很多英文名称，如 Space Market、Property Market 等。物业市场中，需求来源于空间的使用者，包括家庭和企业、租房者和自用者。对于企业，空间是其生产要素之一，企业对空间的需求取决于产出水平和租用空间的成本；对于家庭，空间是其消费的商品之一，家庭对它的需求取决于家庭的收入和使用空间的成本。他们既可以通过租赁房地产，也可以通过购买房地产来获得空间带给他们的效用，相应地，需要支付租金或房屋所有产权成本（住房价格在拥有年限中各年的摊销值可看作等效租金）。

2. 房地产资产市场

房地产资产市场在英文中有多种名称，如 Asset Market、Capital Market 等。在这个市场上，需求者是希望能拥有住宅的家庭和希望拥有其他房地产的投资者，影响需求量的因素包括价格和租金收入。供给的增量来源是新建建筑物，供给量的大小取决于房地产价格与重置成本之间的关系。房地产投资收益包含两部分：一是在拥有房地产期间内每单位时间（如每年）所获得的租金（或等效租金）；二是在转售时所实现的增值收益。为获得房地产所带来的投资收益，必须拥有房地产，这一点与物业市场是不同的。

3. 房地产物业市场和资产市场之间的联系和均衡状态

房地产物业市场和资产市场是紧密联系在一起的。物业市场的供求关系决定了房地产租金的水平，该租金水平同时决定了房地产资产的收益率，从而影响着资产市场的需求；同时，物业市场的供给又是由资产市场决定的。

房地产市场存在着一种均衡状态，在这个状态下，租金和价格都不发生变化，价格与重置成本相同，新增量和拆旧量相等，房地产资产存量保持不变。但是这种均衡状态是转瞬即逝的，在大部分时间里市场都处于一种不均衡状态中，但总是在向均衡状态恢复，围绕均衡状态进行上下波动。物业市场和资产市场经济变量之间的联系可以在如图 2-11 所示的四象限静态模型中得到体现。

（1）第Ⅰ象限（东北象限）。这条曲线描述的是在给定外部经济条件的情况下，对空间的需求如何随租金而变化。在平衡状态下，市场必须调整租金水平，使需求等于供给。因此本象限的作用是根据存量确定市场租金。如果外部条件发生变化，整个曲线的位置将发生变化，向外移或向内移。

所对应的方程为

$$D\,(R, \text{Economy}) = S$$

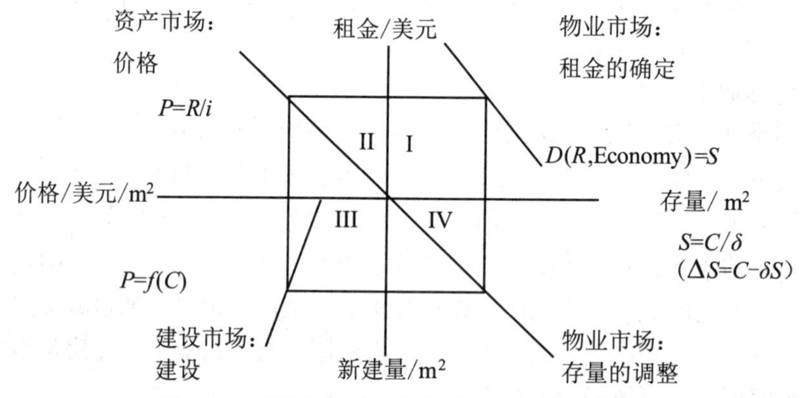

图 2-11　房地产资产市场与物业市场的互动关系

（2）第II象限（西北象限）。这条曲线描述的是资产市场中租金和价格的关系，由租金价格比率（资本化率）来反映。资本化率主要受四个因素的影响：① 整个经济体系中的长期利率（长期利率升高，则资本化率提高，反之亦然）；② 租金的预期增长率（预期增长率越高，资本化率就越低，反之亦然）；③ 租金收入现金流的风险程度（风险越高，资本化率就越高，反之亦然）；④ 税法对房地产的优惠程度（优惠程度越高，资本化率就越高，反之亦然）。

所对应的方程为

$$P=R/i$$

（3）第III象限（西南象限）。这条曲线描述的是房地产价格同新建量之间的关系。从长期来看，房地产价格应同它的重置成本相等，因此也就描述了重置成本同新建量之间的关系。这里假设随着新建量的增加，重置成本将会增加。影响重置成本的其他因素导致整个曲线的移动——重置成本升高将使曲线向左平移，重置成本降低将使曲线向右平移。

所对应的方程为

$$P=f\,(C)$$

（4）第IV象限（东南象限）。这条曲线描述的是新建量与存量的关系。存量与新建量之间本来存在这样的关系：$\Delta S=C-\delta S$（δ 为灭失率）。但是，如果市场处于均衡状态，应有 $\Delta S=0$，所以有以下方程：

$$S=C/\delta$$

图2-11中的方框表示物业市场和资产市场处于均衡状态。

利用四象限模型还可以解释外生经济变量对房地产市场的影响。例如，当经济增长时，第Ⅰ象限的曲线外移，最终的均衡状态将使得存量、租金、价格和新建量均上升；当长期利率下调时，风险降低，税收优惠增加，于是资本化率降低，第Ⅱ象限的曲线就会逆时针转动，从而使租金降低，价格、存量和新建量均上升；当短期利率上升时，建设融资困难，政府规划限制变得更严格，导致建设成本上升，第Ⅲ象限的曲线向左下平移，价格、租金均上升，存量和新建量下降。

五、房地产市场的周期循环

经济社会的发展产生了对工业、商业、居住和服务设施的空间需求，从而推动房地产开发的热潮。因此，从本质上讲，房地产业的发展是由整个社会经济发展决定的。从较长的历史时期来看，社会经济的发展体现为周期性的运动。相应地，房地产业的发展也存在周期循环的特征。

1. 房地产周期循环的定义

房地产周期循环是指在经济运行过程中，房地产业活动或其投入与产出的周期性扩张或收缩现象，且此现象重复发生。

国外房地产业周期性发展的历程表明，房地产周期循环是房地产经济增长过程的运行轨迹。回顾我国房地产业的形成与发展，也经历了一条曲折的周期性成长之路。我国房地产的发展也体现出周期波动的趋势和特征。

2. 房地产周期循环产生的原因

房地产周期循环主要受下列因素影响：供需因素的影响，其中以信贷相关因素的变动最为关键；市场信息不充分，导致从供需两方面调整不均衡的时间存在时滞；生产者与消费者心理预期的影响，如追涨不追跌的投机心理或非理性预期；政策因素影响，如容积率管制、农地征用控制、政策冲击、社会政治动荡；制度因素影响，如预售制度的期货效应、中介与估价制度的变动等；还有生产时间落差、季节性调整、总体经济形势等。

3. 房地产周期循环的研究意义

研究房地产周期循环对房地产业的可持续发展意义重大。由于房地产业总是在波动中发展，因而分析、研究房地产周期循环的内在机制，对于预测宏观经济周期波动，制定宏观经济政策，具有重要的实践指导作用。

调控房地产周期波动实际上是宏观经济调控的重要内容。建立在房地产周期循环理论上的产业调控，不但有助于房地产业自身的稳定发展，而且也有利于通过房地产业稳定运行去促进或保证宏观经济的稳定运行。

研究房地产周期循环对房地产开发企业具有更为现实的指导意义。例如，如何进行反周期操作，如何消化高峰期积淀下来的大量物业，如何重新启动、复苏房地产市场，房地产发展如何与宏观经济发展保持协调的关系等现实问题，都迫切需要从房地产周期角度提出相应的对策和建议。

4. 房地产市场的自然周期

不论供给是短缺还是过剩，需求是超过还是少于现存的供给数量，市场机制的作用总能在市场周期运动中找到一个供需平衡点（从供给的角度来说，在这个平衡点上允许有一定数量的空置），尽管不能精确地确定平衡点的位置，但研究表明，从历史多个周期变化的统计资料中计算出的长期平均空置率（又称合理空置率或结构空置率），就是房地产市场自然周期中的平衡点。从供需相互作用的特性出发，房地产市场自然周期可分为四个阶段，如图 2-12 所示。

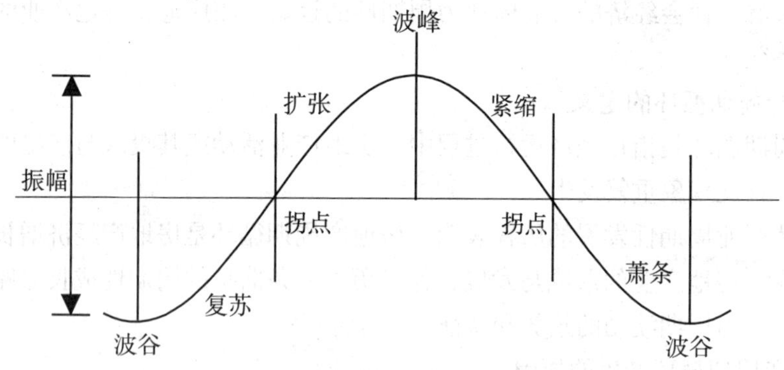

图 2-12　房地产发展的周期性

（1）复苏阶段（第一阶段）。始于市场周期的谷底。由于前一时期房屋建设的数量过多或需求的负增长导致了市场上供给过剩，谷底的空置率达到了峰值。在通常情况下，市场的谷底出现在前一个周期中过量建设停止的时候。需求的增长慢慢吸纳先前的过剩供给，推动市场逐渐走出谷底。这时供给基本不变，没有或很少有新的开发建设项目出现。随着存量房地产被市场吸纳，空置率逐渐下降，房地产租金从稳定状态过渡到增长状态。随着市场复苏阶段的继续，对于市场复苏和增长的预期又会使业主小幅度地增加租金，使市场最后达到供需平衡。

（2）扩张阶段（第二阶段）。需求继续以一定的速度增长，形成了新的房屋空间的需求。由于空置率降到了合理空置率以下，表明市场上的供给紧张，租金开始迅速上涨，直至达到一个令开发商觉得开始建设新项目有利可图的水平。在这个阶段，如果能获得项目融资，会有一些开发商进行新项目的开发。此后，需求的增长和供给的增长将会以一个大致相同的速率保持相当长的一段时间，令总体市场攀升，这个过程可能非常缓慢。当达到该周期的峰值点，即供求增长曲线上的“转折点”时，需求增长的速度开始低于供给增长速度。

（3）紧缩阶段（第三阶段）。始于供求转折点，此时由于房地产空置率低于合理空置率，所以表面上看市场情况还不错。此时，供给增长速度高于需求增长速度，空置率回升并逐渐接近合理空置率水平。由于在该过程中不存在过剩供给，新竣工项目市场竞争加剧，租金上涨趋势减缓甚至停止。当市场参与者最终认识到市场开始转向时，新开工的开发项目将会减少甚至停止。但竣工项目的大量增加所导致的供给高速增长，推动了市场进入自然周期运动的第四阶段。

（4）萧条阶段（第四阶段）。始于市场运行到平衡点水平以下，此时供给高增长，需求低增长或负增长。市场下滑过程的时间长短取决于市场供给超出市场需求数量的大小。在该阶段，如果物业租金缺乏竞争力或不及时下调租金的话，可能会很快失去市场的份额，租金收入甚至降到只能支付物业运营费用的水平。物业的市场流动性在这个阶段很低，存量房地产交易很少或有价无市。该阶段随着新开发项目的停止和在建项目的陆续竣工而最后到达市场自然周期的谷底。

5. 房地产市场的投资周期

在市场经济条件下，资本流动对房地产市场自然周期的许多外部因素有着重大的影响。因此，如果没有资本流的影响，就不可能产生房地产市场的自然周期。由于房地产交易在很大的程度上存在私密性，所以房地产市场信息与资本市场信息相比非常不完全，致使典型的资本市场投资者很难及时准确地把握房地产市场。此外，单宗房地产投资往往数额巨大，房地产资产的流动性也相对较差，所以对房地产投资者来说，既有获取巨额利润的机会，也有被“套牢”的风险。随着自然周期的运动，投资于房地产市场的资金流也呈现出周期性的变动，形成投资周期。

（1）当房地产市场自然周期处于谷底并开始向第一阶段运动时，很少有资本向存量房地产投资，更没有资本投入新项目的开发建设。在这段时间，市场上只有可以承受高风险的投资者。由于租金和经营现金流已经降到最低水平，存量房地产的价格达到或接近了最低点。承受不住财务压力的业主或开发商会忍痛抛售，大量不能归还抵押贷款的物业会被抵押权人收走并拍卖。

（2）随着自然周期运动通过第一阶段，投资者对投资回报的预期随着租金的回升而提高，部分投资者开始小心翼翼地回到市场中来，寻找以低于重置成本的价格购买存量房地产的机会。这类资本的流入使房地产市场通过平衡点，并逐渐使租金达到投资者有利可图的水平。在自然周期第二阶段的后半段，由于投资者不断购买存量房地产和投入新项目开发，资本流量显著增加。

（3）当自然周期达到其峰值并进入第三阶段时，由于空置率低于平衡点水平，投资者继续购买存量房地产或开发新项目。由于资本不断流向存量房地产和新项目的开发，所以此时房地产市场的流动性很大。当投资者最终认识到市场转向下滑时，就会降低对新项目投资的回报预期，同时也降低购买存量房地产时的出价。而存量房地产的业主并没有像投资者那样及时看到未来市场会进一步下滑的风险，所以其叫价仍然很高，以致投资者难以接受，导致房地产市场流动性大大下降，自然周期进入第四阶段（见图 2-12）。

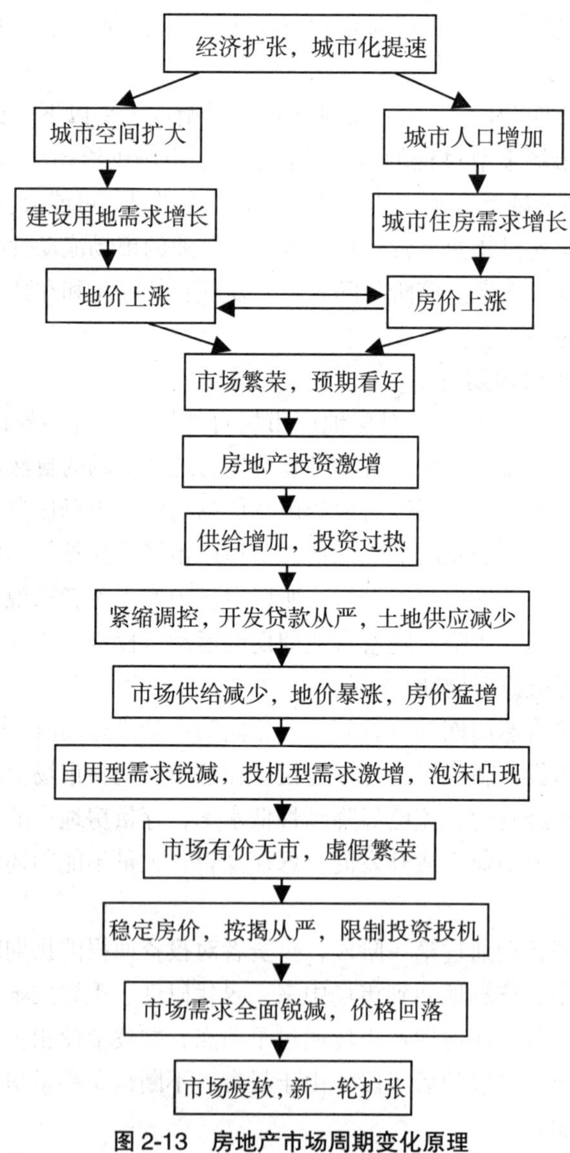

图 2-13　房地产市场周期变化原理

6. **房地产市场自然周期和投资周期之间的关系**

房地产市场的自然周期和投资周期是相互联系和相互影响的，投资周期在第一阶段和第二阶段初期滞后于市场自然周期的变化，在其他阶段则超前于市场自然周期的变化。当资本市场投资可以获得满意的投资回报时，投资者拟投入房地产市场的资本就需要高于一般水平的投资回报，使资本流向房地产市场的时机滞后于房地产市场自然周期的变化，导致房地产市场价格下降，经过一段时间后，房地产市场上的空置率也开始下降。

如果可供选择的资本市场投资的收益率长期偏低，如投资者在股票和债券市场上无所作为时，有最低投资收益目标的投资者就会在并非合适的市场自然周期点上，不断地将资金（权益资本和借贷资本）投入房地产市场中的存量房地产和新建设项目的开发，寻找较高的投资收益。这样做的结果，初期会使房地产市场价格上升，经过一段时间后，房地产市场上的空置率也开始上升，房地产周期变化原理如图 2-13 所示。

第四节　房地产泡沫及其研判指标

在现代经济中，房地产不仅是一种重要的、能够直接用于生产和消费的物质财富，而且作为家庭财富和企业资产的重要组成部分，其虚拟资产的特性也在不断增强，从而使房地产成为除金融资产以外的另一种重要的虚拟资产。此外，我国市场经济体制的确立和不断完善，使得社会资源配置更为有效和快捷。货币资本在追求利润最大化的目标下向高回报产业流动更为迅速。在这样一个大的宏观背景下，由资本化定价方式决定的房地产资产价格，在投机心理、从众心理的预期下，极易产生造成整个经济系统紊乱的泡沫。

一、经济泡沫与泡沫经济

泡沫与社会经济环境密不可分，泡沫产生于不断变化的社会经济环境，同时对经济环境产生各种各样的影响。

1. **经济泡沫**

查尔斯·P. 金尔伯格（Charles P.Kindleberger）在为《新帕尔歌雷夫经济学大辞典》撰写的“泡沫”词条中写道：“泡沫可以不太严格地定义为：一种资产或一系列资产价格在一个连续过程中的急剧上涨，初始的价格上涨使人们产生价格会进一步上涨的预期，从而吸引新的买者——这些人一般是以买卖资产牟利的投机者，其实对资产的使用及其盈利能力并不感兴趣，随着价格的上涨，常常是预期的逆转和价格的暴跌，由此导致金融危机。”

泡沫本质上是一种经济失衡现象，是一种价格运动。泡沫又可称价格泡沫、资产泡沫（Asset Bubble）、投机泡沫（Speculative Bubble）或资产价格泡沫。具体来讲，泡沫包含两重含义：一是指资产价格脱离市场基础，持续急剧上涨的过程或状态（泡沫化）；二是指资产价格高于由市场基础价值决定的合理的部分。

2. 泡沫经济

泡沫经济是指虚拟资本过度增长与相关交易持续膨胀日益脱离实物资本的增长和实业部门的成长，金融证券、地产价格飞涨，投机交易极为活跃的经济现象。泡沫经济属于金融投机，造成社会经济的虚假繁荣，最后必定泡沫破灭，导致社会震荡，甚至经济崩溃。

泡沫经济主要是针对虚拟资本过度增长而言的。所谓虚拟资本是指以有价证券的形式存在，并能给持有者带来一定经济收入的资本，如股票、企业或国家发行的债券等。一切有价证券都是资本所有权的证书，它不是真正的资本，它只是间接反映实际资本的运行状况。有价证券可以在证券市场上进行买卖，形成市场价格。股票价格同股息成正比，同利息率成反比，还受到宏观经济形势和政府政策等多重影响。所以虚拟资本有相当大的经济泡沫，虚拟资本的过度增长和相关交易的持续膨胀，与实际资本脱离越来越远，形成泡沫经济。泡沫破灭，导致社会动荡。

3. 经济泡沫与泡沫经济的联系

经济泡沫与泡沫经济既有区别又有联系。经济泡沫是一种或多种资产价格的持续上升，但这种上升对总体经济并没有造成显著的影响。经济泡沫是市场经济中普遍存在的一种经济现象。经济成长过程中出现的一些非实体经济因素，如股票、债券、地价和金融衍生品交易等，只要控制在适度的范围内，对活跃市场经济是有利的。当泡沫过多，膨胀过度，严重脱离实体资本和实业发展需要的时候，可能演变成虚假繁荣的泡沫经济。量变引发质变，当泡沫积累到一定程度时，就会导致泡沫破灭。

二、房地产泡沫的内涵

1. 房地产泡沫的含义

房地产泡沫是指由房地产投机等因素，引起的房地产价格脱离市场基础价值的持续上涨，也就是土地和房屋价格过高，与其使用价值不符，虽然账面上价值增长很高，但实际上很难得到实现，形成一种表面上的虚假繁荣，表现为在经济繁荣期，地价飞涨形成泡沫现象，但到达顶峰状态后，市场需求量急剧下降，房价大跌，泡沫也随之破灭。房地产泡沫是一种价格现象，是房地产行业内外因素，特别是投机性因素作用的结果。

房地产由土地及其附着物所构成。而土地的市场基础价值即合理价格是土地利用效益的资本化。建筑物则是人类劳动产品，其价格是由成本、利润、税金来确定，这相对比较稳定，较易判别。因此，我们平常所说的房地产泡沫主要是土地泡沫（地价泡沫），土地泡沫是指土地价格超过其市场基础决定的合理价格而持续上涨。

2. 房地产泡沫的成因

房地产作为泡沫经济的载体，本身并不是虚拟资产，而是实物资产。但是与虚拟经济膨胀的原因相同，房地产泡沫的产生同样是出于投机目的的虚假需求的膨胀，所不同的是，由于房地产价值量大，这种投机需求的实现必须借助银行等金融系统的支持。一般来说，房地产泡沫的成因主要有四个方面。

（1）土地的有限性和稀缺性是房地产泡沫产生的基础。房地产与个人和企事业单位的切身利益息息相关。“居者有其屋”是一个社会最基本的福利要求，人们对居住条件的要求是没有穷尽的；而与企事业发展相关的生产条件和办公条件的改善，也直接与房地产密切相关。由于土地的有限性，使人们对房地产价格的上涨历来就存在着很乐观的预期。当经济发展处于上升期时，国家的投资重点在基础建设和房屋建设中，这样就使得土地资源的供给十分有限，由此造成许多非房地产企业和私人投资者大量投资于房地产，以期获取价格上涨的好处，致使房地产交易十分火爆。加上人们对经济前景的看好，再用房地产作抵押向银行借贷，投资于房地产，造成其价格的疯狂上涨。

（2）投机需求膨胀是房地产泡沫产生的诱因。对房地产出于投机目的的需求，与土地的稀缺性有关，即人们买楼不是为了居住，而只是为了转手倒卖。这种行为一旦成为“你追我赶”的群体行动，就很难抑制，房地产泡沫将随之产生。

（3）金融机构过度放贷是房地产泡沫产生的催化剂。从经济学的角度来说，价格是商品价值的货币表现，价格的异常升涨，一定与资金有着密切的关系。由于房地产具有价值量大的特点，房地产泡沫能否出现，一个最根本的条件是市场上有没有大量的资金存在。因此，资金支持是房地产泡沫生成的必要条件，没有银行等金融机构的配合，就不会有房地产泡沫的产生。由于房地产是不动产，容易查封、保管和变卖，使银行部门认为这种贷款风险很小，在利润的驱动下，银行也非常愿意向房地产投资者发放以房地产作抵押的贷款。此外，银行部门还会过于乐观地估计抵押物的价值，从而加强了借款人投资于房地产的融资能力，进一步加剧了房地产价格的上涨和房地产业的扩张。

（4）政府宏观调控的滞后性是房地产泡沫产生的又一因素。政府宏观调控的滞后性，向前推动了土地市场等“市场因素”在房地产泡沫形成机制中发生直接作用，向后拉动了“权力寻租”，并使得泡沫得到进一步强化。

政府宏观调控的目标应该是规范和引导房地产市场，弥补“市场失灵”的缺陷而非取

消和替代市场；政府干预应摆脱单一化、简单化、“一刀切”的手段，而应该打出“组合拳”，提前引导和调控市场。

3. 房地产泡沫的运行机制

（1）投机价格机制。一般情况下，在房地产经济波动中，价格机制的作用是：在价格上升时，需求量减少，供给量增加；价格下降时，供给量减少，需求量增加。房地产泡沫有自己特有的经济运行机制，在房地产泡沫的形成过程中，与一般的经济运行机制正好相反，价格上升时，人们认为今后价格还要上升，需求量反而增加，房地产持有人惜售，供给量反而减少，这样就进一步刺激了价格上升，如图 2-14 所示。

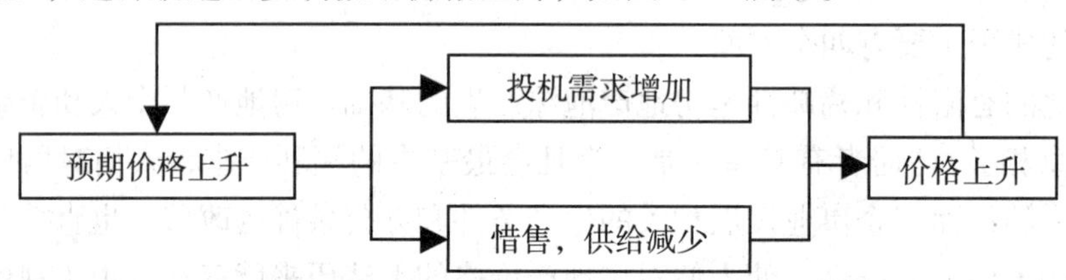

图 2-14 泡沫生成阶段的价格机制

泡沫破灭时的价格机制也与一般的价格机制正好相反，价格下跌时，人们认为价格还要下跌，持有人纷纷抛售，反而增加了供应量，同时由于无人肯接手买入而需求量减少，这样就加剧了价格的下跌。房地产泡沫破灭阶段的投机价格机制可以用图 2-15 表示。

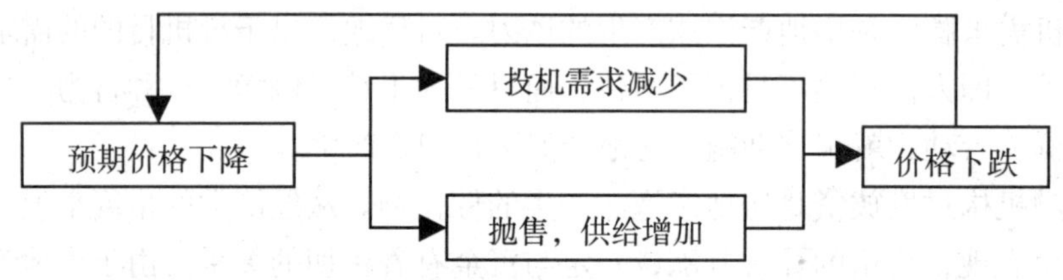

图 2-15 泡沫破灭阶段的价格机制

（2）自我膨胀机制。由于银行信贷的参与，房地产泡沫具有了一种自我膨胀的机制。在房地产价格上升之后，房地产拥有人的资产价值上升，随后他将房地产抵押给银行获得贷款之后继续购买房地产，如此循环往复。在一个投机的市场中，许多人都这么做，于是形成泡沫的自我膨胀机制。不但一般的投机人参与房地产的炒作，有时候银行也积极参与炒作，更加助长了泡沫的泛滥。如果银行将房地产抵押贷款证券化，就能获得更多的资金放贷给投机者，流入房地产的资金就像滚雪球一样越滚越大。银行等金融机构和广大的房地产投资人在这种膨胀机制中一步一步陷入泥潭。

房地产泡沫独特的运行机制扰乱了市场秩序，使价格机制、乘数效应[①]等失灵。此外，由于某些传导机制的作用，使房地产泡沫的危害加大。例如，由于产业关联机制的作用，在房地产泡沫繁荣时期，相关产业也被带动起来，但是一旦泡沫破灭，相关产业也不可避免地受到牵连。

房地产泡沫的外在冲击机制，指的是在某种外界因素的冲击下，房地产泡沫产生或者破灭。许多因素都可能成为泡沫的冲击因素，如利率的升降、税收的增减、石油价格的升降等。有些冲击因素是政府调控造成的，如利率、税收等；有些冲击因素可能是投机者制造的，如市场谣言、狂热的情绪、恐慌的气氛，正是在内在传导机制和外在冲击机制的共同作用下，房地产泡沫开始产生、膨胀乃至达到极点，直到最后崩溃。

4. 房地产泡沫的破灭

如果房地产泡沫不断膨胀，价格严重背离一般民众的支付能力，房地产泡沫会在某个时刻开始收缩、破灭。但是，房地产泡沫在何时破裂，这是很难预测的，因为人们预期的不同，各种因素都将影响到房地产泡沫的破裂。所以，泡沫的破灭既受市场体系内生的因素所影响，也常受一些随机的、偶然的外在冲击所影响。导致房地产泡沫破灭的因素有如下方面。

（1）房地产泡沫膨胀到一定程度，泡沫资产的需求会下降，产生供给过剩，从而导致资产价格开始下跌。住房泡沫持续到一定程度，居民受购买力的约束买不起住房，而投机需求只占市场容量的一小部分，因此，当住房市场价格高于居民的购房能力达到某种程度时，高价格将因无法维持而有价无市，甚至开始下跌。

（2）投机者预期的逆转。正如房地产泡沫的形成是以大多数投机者的价格上涨预期为基础一样，当大多数投机者认为价格即将下跌时，他们会纷纷抛售，从而使资产泡沫加速破灭。一些偶然的因素将影响到人们的心理、信心，从而产生非理性的市场情绪，使泡沫出乎意料地开始破灭。

（3）政府的干预会使泡沫提前破灭。如果政府认为土地资产价格高得不正常，以致必须采取手段干预其上涨时，只要公众预期政府将会采取干预措施，则泡沫在干预措施正式采取之前有可能破灭。

① 乘数效应（Multiplier Effect）是一个经济学的概念，是指支出的变化导致经济总需求与其不成比例的变化。形象地说，房子的投入增长会带来支持产出的需求不成比例的增长，即房子生产出来了，需求于是跟进，由于担心房价涨，需求便跟进得坚决且猛烈，这种强劲表现的需求必然带来房价上涨，这种心理预期会带来新一轮的需求热潮，产生非常清晰的“自我激励”行为。

三、房地产泡沫的研判指标

房地产泡沫形成的因素复杂，是诸多因素共同作用的结果。因此，判断是否存在房地产泡沫、泡沫程度有多大，需要运用不同的指标从不同的方面综合分析。研判房地产泡沫常用以下指标。

1. 房价收入比

收入高的国家或者城市，一般来说房价相应也高。也就是说，房价应当与家庭收入进行比较，因为购买房屋要有足够的收入支撑。房价收入比是指一个国家或地区的房价水平与居民收入水平的比值。

房价收入比反映了居民家庭对住房的支付能力和承担能力，比值越高，支付能力就越低。如果某地区房地产价格暴涨，而居民收入水平变化不大，致使该指标持续增大，则表明该地区房地产价格的上涨超过了居民实际支付能力的上涨。当市场中的房价收入比一直处于高位，超过了一定的临界值，而房地产市场不存在萎缩迹象时，则说明群体性投机行为已较为严重，房地产泡沫很可能已经产生。

世界银行在衡量一个国家的住房消费水平时，认为房价收入比在3~6较为适当，也就是说假如家庭年收入为1，合理的房价应当是家庭年收入的3~6倍。房价收入比高于6倍，就难以形成买方市场。要使人们买得起房，房价收入比要在5（最好是4）以下。发达国家的房价收入比一般在1.8~5.5（美国1991—2001年的房价收入比较稳定，平均是3.97），发展中国家合理的房价收入比在3~6。

2. 房屋租售比

房屋租售比，即房价与月房租的比值，是国际上常用的衡量房地产泡沫的重要指标，主要用来判断房地产是否具有长期投资价值。通常情况下，如果房屋的价格出现持续大幅上涨，而且这个上涨是由于房屋资产的内在价值的提高造成的，那么必然会伴随着租金的增长，租金增长的速度也会加快，投资要求的回报率提高。在这种情况下，租售比将不会大幅增高。

如果市场中的租金不能赶上房价的上升速度，作为一个投资市场来说就有可能出现泡沫问题了。一般来说，如果房价相对月租金收入的比例能保持在100~200倍，就可能是一个比较正常的范围。

3. 房屋的空置面积与空置率

房地产市场是否有“泡沫”，空置率是另一个比较有说服力的重要指标。房屋空置率可以从一定程度上反映房地产市场的供求关系和销售情况，是衡量房地产业发展状况的重要指标，可以直接用来表明市场的热度和泡沫程度。

空置率是指累计的商品房空置房屋面积除以近三年商品房竣工面积之和。一般来说，空置率范围在 3%~10% 可以认为是比较健康的，而空置率的警戒线是 10%。

通常认为：当一个国家或区域的商品房空置率在 3% 以下时，购房者难以搜寻到自己需要的房源，市场呈现为房屋供不应求；当商品房空置率在 3%~10% 时，市场较为平稳，整个市场供应虽然不显得过剩，但买方已有充分的选择余地；而当商品房的空置率大于 10% 时，则房地产商品开始显得过剩；达到 15% 以上时，则将产生严重的商品房过剩问题。

4. 银行信贷指标

房地产类贷款包括房地产开发贷款和个人住房贷款。银行信贷指标主要包含三个方面，即房地产类贷款的增长率、房地产贷款占银行全部贷款的比重、新增房地产类贷款占全部银行新增贷款的比重。通过这些指标的变化，可以反映出信贷资金在房地产业集中的程度和潜在的风险。若信贷资金流入房地产业的比例过高，则表示银行资金投向房地产市场的速度过快，泡沫的成分过大。

5. 房价上升幅度与 GDP 增幅之比

房价上升幅度与 GDP 增幅之比，是测量房地产相对于实体经济（GDP）增长速度的动态相对指标。该指标值越大，房地产泡沫的程度就越大；一般认为，当房价上涨幅度是 GDP 增幅的 2 倍以上时，认为房价很不正常，有较大泡沫；只要前者的增长速度不超过后者，就可以认为不存在房地产泡沫。房价增长幅度与 GDP 增长速度的对比度，经常被人们当作判断房地产泡沫的标准。

当然，房屋需求对于收入和储蓄的依赖性很大，只有当房价增长率显著背离 GDP 增长率时，才能说明房价的增长可能超出收入的增长速度和国民经济的有效支撑，虚高的房价将吸引投资浪潮，促成空置率的上升，引发经济泡沫的形成和膨胀。

6. 存销比与供求比

存销比定义为商品房批准预售面积存量除以前 5 年年均成交面积。一般来说，存销比为 12 个月左右较为平衡，高于 18 个月表示供过于求，低于 6 个月则表示供不应求。供求比定义为当期供应量除以当期成交量，供求比在 0.8~1.2 较为平衡，高于 1.2 表示供过于求，低于 0.8 则表示供不应求。

7. 商品房施工面积与竣工面积之比

根据房地产泡沫生成机理，商品房施工面积和竣工面积是房地产发展过程和结果的体现。选取该指标可以反映未来房地产市场供应情况。施工面积一般为竣工面积的 3 ± 0.5 倍，反映了未来 1~2 年现房的供应量，若其值小于 2.5，会出现供应短缺，若大于 3.5，未来供应量将会放大。该比值越大，说明泡沫越大。

8. 房地产投资总额与固定资产投资总额之比

这一指标可以反映用于房地产业的投资占某一地区全社会固定资产投资总额的比例，说明某一地区当年有多少资金投入房地产业。因此，该指标是衡量房地产业发展持久性、稳定性的重要参数，是反映投资结构是否合理的基础指标，同时也是衡量房地产业发展规模与国民经济生产总量关系的主要指标之一。

在发达国家，房地产投资占固定资产投资的比重指标一般为20%~25%，由于我国是一个处于高速发展阶段的发展中国家，对房地产投资的需求非常旺盛，因此，当评价我国是否存在房地产泡沫时，可以将该指标适当提高。

由于房地产泡沫问题的复杂性，很难用单一指标衡量房地产市场上是否存在价格泡沫，因此通常综合运用上述指标构造出的房地产泡沫指数来反映房地产市场价格泡沫的程度及所处的阶段，以减少主观因素对有关结论的影响。

四、房地产过热及其诱因

1. 房地产过热的含义

房地产过热通常被称为“过度开发”，是指房地产投资量过大，开发量过多，超过了国民经济发展水平和社会有效需求。房地产过热可能带来供过于求、房屋积压、土地闲置和资金沉淀，但并不一定会带来价格飙升而导致泡沫的发生。

2. 房地产过热的诱因

房地产过热的诱因主要有三个方面，即开发商对市场预测的偏差、开发商之间的博弈和非理性行为以及开发资金的易得性。

（1）开发商在进行投资决策时，会对市场上的需求状况进行预测。在预测时，总是在很大程度上依赖于当前市场上的销售和价格状况，即使当前市场上的热销和价格上涨只是暂时的现象，他们也会很容易地认为这种繁荣景象能够长久持续下去，于是造成对未来需求过分乐观的估计。研究表明，对未来需求预测的偏差程度基本上与当前市场价格增长速度正相关，即目前市场价格增速越快，对未来估计中过分乐观的程度就会越大。这时开发商往往会加大投资，大批项目上马，待到竣工时，市场形势已经不如预期的那样乐观，从而导致房屋积压、空置率上升的过度开发现象。

（2）开发商之间的博弈和非理性行为，也会加剧这种市场过度开发的情况。开发商只要一看到市场机会就会迫不及待地参与投资开发，殊不知有时这些市场机会是有限的，只需要少量开发商的介入就能满足。但是每个开发商都想抢先得到市场机会，而不会进行内部协调，一哄而上，造成供给过剩。况且，如果已经得到土地，与其将土地闲置产生机会

成本，还不如当即开工建设。这种非理性的行为往往会使过度开发现象更加严重。

（3）从获取开发资金的难易程度来看，如果开发商很容易获得资金支持，只需要投入较少的自有资金就能启动项目，那么他们在进行投资决策时，往往会缺乏仔细和审慎的考虑，从而产生道德风险。特别是目前开发商融资渠道单一，无论是开发贷款还是预售商品住宅抵押贷款基本都是从商业银行获得，这种高杠杆式的融资方式，再加上房地产市场信息不全的程度较高，以及对高利润的追求，使开发商难以对市场做出客观冷静的判断。

五、房地产泡沫与过度开发的关系

1. 房地产泡沫与过度开发的区别

（1）过度开发和房地产泡沫是反映两个不同层面的房价概念。过度开发反映市场上的供求关系，当新增供给的增长速度超过需求的增长速度时，就产生了过度开发现象；而泡沫则是反映市场价格和实际价值之间的关系，如果市场价格偏离实际价值太远，而且这种偏离是由于过度投机所产生的，房地产泡沫就出现了。

（2）过度开发和房地产泡沫在严重程度和危害性方面不同。房地产泡沫比过度开发的严重程度更高，危害更大，属于房地产市场不正常的大起大落。房地产泡沫一旦产生，就很难通过自我调整而恢复到平衡状态。

（3）过度开发和房地产泡沫在周期循环中所处的阶段不同。如果投机性泡沫存在的话，往往会出现在周期循环的上升阶段。过度开发一般存在于循环的下降阶段，这时供给的增长速度已经超过需求的增长速度，空置率上升，价格出现下跌趋势。也就是说，当房地产泡沫产生时，市场还处在上升阶段；而出现过度开发的现象时，市场已经开始下滑了。从另一个角度来说，如果房地产泡沫产生，就必然会引起过度开发；但过度开发却不一定是由房地产泡沫引发的。

（4）从市场参与者的参与动机来看，“过热”表现为投资者基于土地开发利用的目的而加大投资，通常是为获得长期收益；而“泡沫”则表现为市场参与者对短期资本收益的追逐，他们不考虑土地的用途和开发，增加土地购买并囤积惜售，待价格更高时抛出。

2. 房地产泡沫与过度开发的联系

房地产泡沫与过度开发都是用来描述房地产实际价格对价值的偏离，是房地产价格中非基本价格的不同程度的体现，这是两者的共同点。“过热”不一定就产生“泡沫”，但“过热”是市场产生“泡沫”的前提，也是诱因之一。如果在房地产周期循环的上升阶段，投机性行为没有得到有效抑制（包括市场规则和政府政策），市场信息的不透明程度过高，且开发商的财务杠杆也较高，这种情况下开发商做出非理性预期的可能性就比较大，且投机性行为容易迅速蔓延，进而导致房地产泡沫的产生，同时会出现过度开发、银行资产过多地向房地产行业集中等现象。

房地产泡沫对宏观经济的影响

世界上曾发生过几次有名的房地产泡沫破裂事件：佛罗里达州房地产泡沫破裂、日本房地产泡沫破裂、东南亚房地产泡沫破裂、美国房地产泡沫破裂，其中，美国的两次房地产泡沫破裂间接导致了“二战”和次贷危机的发生，时至今日世界经济仍未走出次贷危机的阴霾。那么，为什么房地产泡沫破裂会带来如此大的破坏力呢？要解释这个问题，我们先要弄清楚房地产泡沫破裂的机理。

首先，房地产泡沫的不断发展是投机需求膨胀的结果，但是房地产的开发需要巨大的投资，所以当房价过高，金融机构不参与的情况下，投机者、刚需者均无法承受时，大家会纷纷抛售房地产，此刻房地产价格一落千丈，房地产企业将会大量倒闭，相关行业受到一定冲击，GDP 有一定程度的降低，但是对宏观经济影响不大，经济仍然可以健康运行。1993 年中国海南、广东等部分省份的房地产泡沫就是这种情况。

但是，在实际发展过程中，往往由于银行的加入使问题更加复杂，银行过度放贷给房地产商以及投机者，促使泡沫进一步膨胀，同时导致银行的资金相应不足，这又给政府营造了一种社会有投资需求的假象，于是便会增发货币，导致全面的通货膨胀；不仅如此，发行货币后银行资金充足，导致了杠杆率增加和次贷的出现。此时，房地产将会迎来繁荣时期，而社会资本也纷纷进入房地产行业，这不仅导致其他行业萎缩，还进一步提高了房价，使相关从业者相对贫穷，再加上通货膨胀，从而导致社会贫富差距迅速拉大。最终导致全民从事房地产的悲剧。

最终，由于种种原因，房地产泡沫破裂，房价断崖式下跌，房地产商被套牢，无法偿还贷款，从而使银行坏账比例急剧上升，甚至倒闭，整个经济全面崩盘，这叫“硬着陆”。1929 年及 2007 年的美国就是这样。

当然，还有可能政府意识到房价极高而限制银行放贷，但往往为时已晚，此时房价由于需求降低也会停止上涨，也会导致投机分子抛售房产，同样是硬着陆。1991 年日本就是这样。

当前，中国也面临房价过高、金融机构过度放贷的难题。政府的治理方针主要是：首先适度拉升房价缓解政府和银行的财政压力，同时政府不断减少土地出让，也就是减少市场供应，这样既可以减少开发商贷款，又能通过供需关系维持房子高价，再通过限购的办法杜绝投机分子，这样以时间换取刚需者慢慢接盘。这个时候，需求恢复，房价不会再涨，但是银行贷款能够收回。房地产公司和银行也不会破产。虽然实体经济会受到冲击，但是可以通过减税（营改增）等其他方式使其回到正常轨道，实现经济的“软着陆”。

本章小结

深刻了解房地产市场及其运行规律，把握房地产供给、需求之间的关系，实现供求结构平衡，是在当前错综复杂的形势下，进行房地产相关理论研究和房地产项目开发实战的重要基础，本章就包含了这些基础理论。

本章从房地产市场的概念入手，系统分析了房地产市场的类型、特性，阐述了房地产供求关系的规律，并深入分析了供给和需求的弹性及其影响因素，提出了实现供求均衡的建议。本章还对房地产市场结构、房地产周期循环进行了研究，并对房地产泡沫进行了剖析，对其研判指标进行了归纳，对泡沫和过热的关系进行了区分。

思考题

1. 阐述房地产市场的概念，并对比分析一般商品市场和房地产市场的差异。
2. 分析房地产供给的含义，并对供给弹性、供给滞后性进行剖析。
3. 分析房地产需求的含义，并对需求弹性、需求层次进行剖析。
4. 结合所学专业知识，调查你所在城市房地产市场的供求结构状况。
5. 阐述房地产物业市场和房地产资本市场的区别和联系。
6. 理解房地产泡沫的概念，掌握房地产泡沫的判断规则。
7. 分析房地产泡沫发生的原因，论述房地产泡沫与房地产过热的区别。

附录 日本房地产泡沫及其启示

1983—1990年的日本房地产泡沫，对日本的经济造成了难以估量的影响，导致日本经济自1991年来进入衰退状态，直到现在还未完全恢复。日本房地产泡沫影响范围广，持续时间长，破坏力极大，因此日本房地产泡沫的研究，成为各国房地产研究的重要案例。当前我国房地产发展迅猛，针对我国房地产发展是否进入泡沫期，学术界有不同的观点，研

究日本房地产泡沫产生的根源、背景及其防范措施，对我国房地产健康发展具有重要意义。

一、日本房地产泡沫

关于日本房地产泡沫产生的根源的观点非常多，这里引述几条被广泛认可的观点以及体会，从宏观上来看有如下几点。

1. 金融自由化

从1983年起，日本金融制度调查会决定开始渐进地实现利率自由化，1985年实现了大额存款利率自由化。与此同时，日本政府也逐渐放开了对金融市场其他方面的管制，大企业的资金筹措方式也开始多样化，如发行企业债、认股权证、海外融资等。为提高收益，日本的银行开始将贷款目光转向了风险较高的中小企业和房地产公司，而当时日本的银行还没有建立一套完善健全的项目评估体制以及风险监控机制，这为后来泡沫的破灭埋下了隐患。

2. 宽松货币政策与日元贬值

20世纪80年代中后期以来，日本政府实行了宽松的货币政策。随着日本的贸易顺差不断增加，1985年9月“广场协议”后，日元兑美元由240日元急剧升到150日元。同时，日本央行连续5次调低利率，由1986年1月的5%降至1987年2月的2.5%。此后，由内需带动的日本经济开始好转，在个人消费方面，日本人开始大量购置房产、高级进口轿车以及赴海外旅行。日本企业在逐步加大海外投资力度的同时，开始不断地大量购置土地、建设厂房等，极大地刺激了内需，造成了日本经济一片繁荣的景象。

长期的低贴现率造成日本的地产大幅上涨，1985年“广场协议”签订后，日本中央银行进一步下调贴现率，刺激房地产市场的发展；此外，日本中央银行的货币发行量严重超过实际经济需求量，据统计，仅1987年货币供应量就超过实际经济需求的10%，而过量发行的货币大量涌入房地产市场，根据地价与物价的比值统计，1986年前地价和物价的比值一直是稳定增长，而1986—1990年短短四年间，地价和物价的比值由25.2上升至68.2，房地产泡沫显现。地价与物价详细比例如表2-3所示。

表2-3　1956—1990年地价与物价的比值

时　间	1956.3	1959.3	1962.3	1970.3	1973.3	1986.3	1990.3
地价 / 物价	1.0	2.2	6.1	13.2	20.2	25.2	68.2

3. 扩张的财政政策

1987年5月，日本政府出台了“紧急经济对策”，正式宣布扩大公共投资，包括减税1万亿日元，增加7 000亿日元资金以期通过住宅金融公库等机构强化住宅金融制度等，标志着在财政政策上由紧缩转变为积极。趋向扩张的财政政策以及宽松的货币政策的实

施，拉动了日本的内需，但是流动性过剩的出现同时也推动了房地产价格以及股市价格的暴涨。

4. 政府决策错误

20 世纪 80 年代初，日本提出了“向 21 世纪新城镇目标迈进”的计划，开始了一轮“大拆大建”房地产投资热潮。房产政策提出了所谓“诱导性的居住水准”，这种扩张性的政策引导促使日本的房地产投资规模的急剧扩张和地价的不断攀升，到 1990 年，日本地产的总价值约为 20 万亿美元，大约是 1955 年的 75 倍。1987 年房地产泡沫急剧膨胀时，日本政府也没有及时采取宏观调控措施来缓解房地产市场的过热现象。

5. 国际环境的影响

二战后日本经济迅速崛起，特别是 20 世纪 70 年代至 80 年代中期，日本经济发展迅猛，对欧美国家的贸易长期处于顺差状态，这激起了欧美国家的强烈不满，随着美国各种金融衍生产品在日本的畅销，日本的金融市场出现危机。

二、中日房地产发展的异同

目前关于中国房地产发展出现泡沫众说纷纭，大部分人认为中国房地产发展已经呈现严重的泡沫，美国房地产研究机构认为中国房地产泡沫已经显现，鄂尔多斯“鬼城”便是最好的例子；而另一部分人认为目前中国房地产发展只是出现部分城市畸形发展现象，而并没有出现泡沫。

1. 相同点

（1）金融机构积极投身到房地产泡沫的疯狂堆积之中。当年的日本和今日的中国类似，土地价格不断飙升，作为抵押品的估价都明显偏高。加上银行系统自身资金充裕，当年不可一世的日本政府因此对金融机构的监管存在着严重的疏忽。银行系统放贷的欲望甚为强烈。由此，当房价暴跌，大量金融机构不良资产率先迅速蹿升，很多机构深陷破产的边缘。这与目前中国银行机构纷纷将房地产业列为优质贷款客户，房地产信贷不断破纪录有着相似之处。

（2）所谓的“刚性需求论”成为房价看涨论者的“口头禅”。日本国土面积狭小，且深受买房安居这种儒家文化的影响，加上当时土地价格不断上涨，这就使得刚性需求支撑房价只涨不跌的说法主导舆论界，购房者、投机者趋之若鹜。这与今日中国房地产界，言必谈刚性需求很相似。

（3）持有环节基本没有什么税负，而交易环节却税负很重。这严重影响了土地的供给效率，市场交易费用过高，使得高地价支撑高房价，造成房价泡沫不断膨胀。这与目前中国的情况极为相似。

（4）过度宽松的货币环境，获取资金的成本极度低廉。为应对 1985 年“广场协议”实施后日元升值给经济带来的不利影响，日本央行从 1986 年开始将基准利率从 5% 拉低到 2.5%，直到 1989 年 5 月底才开始升息。低利率环境使得日本的基础货币大幅增加，流动性过剩成为那个年代日本经济学界最时髦的经济词汇。这与中国目前所出现的极度宽松的货币环境、天量信贷、流动性泛滥成为专家、学者街头巷尾谈论的流行词汇，是何其相似。

（5）宏观调控目标定格在 CPI（居民消费价格指数）通胀，而不十分关注资产价格。由于大量资金流入资产市场的时候，日本央行并不在意，使得资产价格泡沫不断吹大。而当流动性过剩使得 CPI 通胀明显之际，日本央行为了遏制通胀，开始收紧货币，这就成为日本资产泡沫破裂的导火线。现在看来，放任泡沫的扩大所造成的损失，远比错误地采取紧缩政策，而给经济发展所带来的负面效应更大。这与目前中国央行的货币政策逻辑如出一辙。

2. 区别

（1）中国房地产不会发生日本式的泡沫。中国和日本当年最主要的区别就是“城市化进程”。在城市化进程中，城市房价，尤其是核心城市房价总体会快速上涨。1985 年，日本的城市化率为 76.7%，城市化进程已经接近尾声；而目前中国的城市化率仅为 58.52%，城市化进程正处于加速阶段。

（2）本币升值并不一定导致房地产价格上涨。1985 年“广场协议”后，主要发达国家的货币均对美元升值，这些国家并没有发生像日本那样严重的泡沫经济；本币升值也只是为房地产价格的上涨提供了充裕资金的可能，房地产价格的最终上涨，还需要市场一致预期上涨这一重要条件。

三、日本房地产泡沫对中国的启示

1. 预防过度投机

一方面，土地交易制度不健全，行业管理不完善，在一定程度上助长了投机活动，产生大量投机性泡沫。土地是房地产行业的基础，土地资源的稀缺性，使得土地市场具有需求弹性大而供给弹性小的特点。当大量投机活动使土地需求增加时，土地价格急剧上涨，由于土地的稀缺性，市场无法在短时间内增大供给量，从而使需求与供给之间的差距进一步拉大。在此情况下，有限的土地价格飞涨，严重脱离了其实际价值而产生地价泡沫，进而可能导致整个房地产业泡沫的形成。另一方面，房地产投资的过度增长，使得房地产投

资的增长速度远远超过了城市化进程的速度，就容易造成市场供给与市场需求的严重不平衡，房屋空置率高，也会导致房地产价格急剧下跌，泡沫破裂。

2. 调整银行和房地产业的关系，预防银行信贷非理性扩张

货币政策既体现在存贷款利率方面，也体现在银行业与房地产业之间的关系方面。由于房地产业是资金密集型行业，房地产开发必须拥有雄厚的资金，随着房地产开发规模的不断扩大，开发商仅靠自有资金是远远不够的，其开发资金主要来源就是银行贷款。而房地产的高回报，使许多银行在贷款的实际操作过程中违反有关规定，向开发商发放大量贷款，从而使行业进入门槛降低，造成过度开发，金融风险不断堆积，使泡沫产生的可能性增加。美国的次贷危机、零首付购房等就是例子。

3. 加强对房地产市场的宏观监控和管理

宏观经济形势和政策的改变，往往会引起其他因素的连锁反应，包括国家税收、劳动就业、居民收入、金融环境、企业利润等。政府对宏观经济形势进行全方位的监控，制定合适的政策，是防止房地产泡沫的首要措施。房地产兼有资产和消费品两重性，正因为如此，房地产市场的投资十分活跃，容易产生房地产泡沫时，就必须加强对房地产市场的管理。首先，要加强对房地产建设的投资管理，根据收入的水平来确定投资规模，使房地产的产与销基本适应，不至于过多积压；其次，要加强房地产二级市场的管理，防止过分炒高楼市，使房地产泡沫剧增；最后，调整房地产开发结构，大力发展安居型房地产，同时应加强市场统计和预测工作，从而使房地产行业成为不含泡沫的实实在在的主导产业。

4. 强化土地资源管理

政府应当通过土地资源供应量的调整，控制商品房价格的不合理上涨。要根据房地产市场的要求，保持土地的合理供应量和各类用地的供应比例，切实实行土地出让公开招标制度，控制一些城市过高的地价。要坚决制止高档住宅的盲目开发和大规模建设，防止出现新的积压、出现由结构性过剩引发的泡沫。要严格惩处各类违规行为，严厉查处房地产开发企业非法圈地、占地行为，避免为获取临时和短期的土地收益而擅自占用和交易土地，对凡是超过规定期限没有进行开发的土地，政府应立即收回。全面清理土地市场，坚决打击开发商的圈地和炒地行为，从源头上防止土地批租领域的不正之风和腐败行为。

5. 加强金融监管，合理引导资金流向

首先，要进一步健全金融监管体系，增加监管手段，增强监管能力，提高监管水平；其次，要加强信用总规模的控制，不使社会总信用过度脱离实质经济的要求而恶性膨胀，从源头上防止现代泡沫经济发生；再次，要加强投资结构的调控，通过利率、产业政策等，引导资金流向生产经营等实质经济部门；最后，要加强外资和外债的管理，尽可能引进外资的直接投资和借长期外债。推动房地产泡沫产生的资金，绝大部分都是从银行流出。因

此，要加强对银行的监管，从源头上控制投机资本。

6. 保持人民币对其他外汇汇率的长期稳定

日本房地产泡沫膨胀的一个国际背景，是1985年日本迫于美国在“广场协议”中施加的压力而使日元升值，其后又为了扭转因出口减少导致的经济萧条，刺激内需而多次大幅降低官定利率，导致了房地产资金供应的膨胀，为房地产泡沫的形成注入了最原始的动力。以此为鉴，中国的汇率政策应当长期保持稳定，并且阻断国际游资涌入中国房地产业。

7. 加强对房地产开发规模的控制

在中国土地由政府垄断出让，政府向市场投放允许开发建设的土地，包括数量和质量都直接控制了房地产建设的规模和结构。近几年，全国房地产开发土地购置呈高速增长趋势，个别地区出现了“圈地热”，助长了土地交易中的投机行为，从而引发土地价格上涨也就导致房价上升。此种情况政府是必须出面加以控制的，其中土地挂牌拍卖就是一种调控供量、避免暗箱操作的有效方式。要保护土地资源，规范土地市场秩序，防止楼市动荡造成风险，清理违反土地利用总体规划批准设立的园区。

8. 加大经济适用房建设力度，优化经济适用房开发机制

进一步完善经济适用住房政策，加强经济适用住房建设计划的管理，加快落实住房补贴，提高职工购房的支付能力。合理确定经济适用房的建设规模，着力解决中低收入家庭的住房问题。遵循“以销定产”的原则，合理确定分年度建设规模；经济适用房建设要与危旧房改造相结合；根据“经济”和“适用”的原则，制订经济适用房建设标准；加强经济适用房价格的监管，控制建设成本，保证工程质量；经济适用房建设不能采取指令性方式确定建设单位，应公开招标。严格控制和防止目前经济适用房户型面积大、价格高、普通老百姓仍然买不起的情况。

9. 必要时提供购房的首付比例

中国央行迈出平抑房价的重要一步，从需求方面进行控制，当房地产泡沫出现时，提高房价增长过快地区的最低首付比例，这明显加大了炒房者的投机难度，投机性贷款的需求将明显下降。

10. 必要时征收物业税

通过征收物业税，加重购房者的经济负担，让人们不敢轻易购房。同时，房子越多上税越多，在增加国家税收、补贴穷人的同时，抑制人们购买住房等待升值的投机心理。例如，美国有的州50万美元的住房每年要上交2万美元左右的物业税，这样人们买房主要用来自住，不会轻易买来投资。

古希腊悲剧作家欧底庇德斯说：“上帝欲使其灭亡，必先让其疯狂。”当前中国房地产发展已经呈现过热状态，需要政府相关部门警惕出现泡沫破裂的灾难，制定相关政策保证房地产市场平稳健康发展。

第三章　房地产市场调查

学习目标

通过对本章的学习，应掌握如下内容。

- 房地产市场调查的含义；
- 房地产市场调查的内容与程序；
- 土地使用权的获取与条件分析；
- 项目 SWOT 分析方法；
- 项目区位环境分析。

导言

没有调查就没有发言权，没有调查就没有决策权。城镇化的持续发展、人口向城市集中的压力和城市人口内在的消费张力，形成了房地产需求的动力。房产体现的是居住属性，地产体现的是投资属性，房地产价值增值是由土地引起的。市场调查作为战略实施的首要前提，事关开发项目的兴衰成败。因此，市场调查的流程设计、土地的获取、合作方式的选择、区位环境的分析等都是极其重要的内容。

第一节　房地产市场调查概述

《孙子·谋攻篇》中说："知彼知己，百战不殆；不知彼而知己，一胜一负；不知彼不知己，每战必败。" 1931 年，伟大领袖毛泽东提出："不做调查没有发言权，不做正确的调查同样没有发言权。" 市场调查是房地产开发从实际出发的中心一环，是剖析区域环境、尊重客观规律、把握项目开发客观规律的具体途径。

一、房地产市场调查的含义

1. 房地产市场调查的概念

房地产市场调查是指运用科学的方法，有目的、有计划、系统地判断、收集、记录、整理、分析、研究房地产市场过去和现在的各种基本状况及其影响因素，并得出结论的活动与过程，其目的是为房地产经营者预测其未来发展并为制订正确的决策提供可靠依据。

市场调查有广义和狭义之分。狭义的市场调查，是把市场理解为房地产产品消费对象，针对消费者购买行为所做的调查，即对消费者及其行为的研究。广义的市场调查则把市场理解为商品交换关系的总和，即一个由各种市场要素构成的、有结构的体系，也就是市场调查不再只局限于消费者的购买行为，而是将其调查范围扩大到了房地产营销的每一个阶段。只要是市场要素所涉及的内容，均可视为调查研究的对象。

2. 市场调查的类型

（1）探索性调查。探索性调查是指当房地产企业对市场情况不是很清楚，或者调查的问题不知从何着手时所采用的一种调查方法。探索性调查要解决的是做什么的问题。

（2）描述性调查。描述性调查是指对已经找出的问题，做出如实的反应和具体的回答。描述性调查要解决是什么的问题。

（3）因果关系调查。因果关系调查是指在描述性调查的基础上进一步分析问题发生的原因，弄清因果关系之间的数量关系。因果关系调查要回答的问题是为什么。

（4）预测性调查。预测性调查是指在收集整理资料的基础上，运用科学的方法分析未来一段时间内房地产市场需求状况及其发展的变化趋势。预测性调查要回答今后会怎么样的问题。

二、房地产市场调查的目的和要点

1. 房地产市场调查的目的

房地产市场调查是为相关企业的投资决策和管理决策提供信息，涉及信息的筛选、鉴别、提取、处理、分析和沟通的全过程。

（1）识别市场机会。在大变革大转型时代，包括房地产在内的行业创新层出不穷，市场追捧的概念时时转换。市场环境的变迁主要包括消费者需求水平和基本特征的变化，如随着收入水平的提高，人们对住房需求的改变；产品设计和特征的变化，如普通住宅户型的变迁；应用技术水平的变化，如住宅小区智能化、智能化办公等。置身其间的房地产开发企业，如果能够根据变迁的市场环境适时做出调整，就可以抓住市场机会，创造新的盈利点。而把握市场环境变迁主要依靠市场调查，有时可能凭借某个企业管理者的直觉抓住一星半点机会，但更多的时候是市场调查在起作用。放眼目前在房地产行业经营绩效较好的企业，无不在市场调研和跟踪方面投入了巨大的努力。

（2）分析市场潜力。在房地产项目开发前，企业要确定项目推出后的销售前景（市场潜力），需要对潜在客户的需求特征和规模进行调研，以确定否能在较短时间内为市场所吸收。在项目开发完成后，企业制订相应的市场推广计划时，要确定如何将项目的关键信息有效地传达给潜在客户，以尽可能小的推广成本获得最大的宣传效果。另外，在市场推广计划中确定销售时机、价格落差、价格变化等细节时，也离不开市场调查。

（3）判断拟开发项目的盈利性。从根本意义上来说，某一项目或项目设计市场潜力大，意味着其潜在的盈利性高。要想在众多的可选形式中找到富有成长性、潜在高盈利性的类型，可以先借助市场调查来估算。通常在房地产开发项目可行性研究中，财务分析执行的就是这一职能，财务分析赖以成立的基础就是对市场供求关系和价格（租金）水平的精确把握，而获得这些基础数据主要依靠市场调研。

（4）评价项目开发的满意度并提出改进的关键点。顾客满意是开发项目得以生存的必要前提。因此，企业会有对开发项目满意度进行评价的需要，通过市场调查可以得到满意度的定性和定量的表达。据此企业就可以对开发项目进行改进，提高满意度，扩大市场份额，从而在市场竞争中占据有利地位。

（5）评价某种市场决策或管理决策的效果。当企业做出某种市场决策后，往往会急切地想知道市场的反应，决策正确与否，相关配套措施能否满足需要，是否需要进行调整，如果需要，如何调整，等等。而评价市场决策和管理决策的效果，是市场调查的又一重要领域。

2. 房地产市场调查的要点

房地产企业在确定业务方向时，宏观经济形势的变化、相关的鼓励和限制政策、某一细分市场的供求关系及其变化、某类物业的价格及其走势等信息，是企业决定是否进入某一细分市场，如何进入该市场，选择在何种时机进入的重要依据，这些都是市场调查所要并且可以提供的。房地产企业在确定开发规模时，市场需求水平的高低、消费者需求的定性特征、消费者需求规模的大小、市场吸纳的速度和时间等信息，是企业决定开发规模的盈亏平衡点、所开发物业的类型、所开发物业的软硬件设施标准的基本指针，这些信息同样可通过市场调查来获得。

综合而言，在房地产开发投资决策过程中，涉及的调查要点大致如下。

（1）房地产市场发展总体特征。主要描述某个经济体或某一区域房地产市场发展的整体态势、所处的周期阶段、总体发展的潜力以及与其他经济变量的相互关系。通过判断房地产市场总体发展是处于上升期还是下降期，各自持续时间的长短，可以为房地产企业在上升期扩大开发规模、下降期调整开发方向等决策提供依据。

（2）相关经济政策及其影响。从基本宏观和微观经济理论来看，房地产业并不能脱离整个经济，其发展会受到经济体的其他部分的影响。政策是房地产企业经营的环境变量，任何一个企业都会受其影响。

不过，某一企业如果能够及时、全面地理解政策，判断相关经济政策的走向及对本行业的直接和间接影响，将有利于企业把握市场机会，建立竞争优势。

（3）房地产业政策及其影响。由于我国房地产业发展起步较晚，许多问题尚处于模糊、不明朗的状态，相关的房地产业政策也处于探索调整期，长效机制尚未构建，政策变动较大，这些都会引起利益格局的重新配置。房地产企业通过细致的市场调查和政策分析，可以在政策逐步明朗的过程中先行调整，避免损失，进而获取一定的利益。

（4）各细分市场需求特征和规模。在直接经营层面，房地产开发投资决策中，对各细分市场需求的基本特征和规模的研究是极为重要的一个环节。大的细分市场包括土地市场、住宅市场、办公楼市场和商业用房市场，每一细分市场面对的客层群体都有显著的独特性，针对某细分市场的需求特征开发相应的物业，才能保证企业获得盈利，避免亏损。

（5）各细分市场供给特征和规模。与市场需求相对应的就是市场供给，这两者都不能偏废。在供给分析层面上，主要关系到房地产企业的直接竞争，即为所开发产品的客户的争夺。实际市场调查中，供给分析的一种常见形式就是竞争楼盘调研。对竞争楼盘的客观分析，一方面可以对本企业楼盘推向市场后销售压力做出评估，另一方面还可吸收竞争楼盘的优点，改进本企业楼盘的某些特性，更好地迎合市场需求，拓展市场销售领域。

（6）各细分市场供求关系的变动趋势。在静态意义上，市场供求关系是指当前市场供求由哪一方占据主导地位，如果供给占据主导地位，则企业产品的销售余地就较大，与消费者的地位相比就较强，反之则弱。在房地产开发投资决策中，市场供求分析的另一重点是其在一定时期内的变动趋势，考虑供求关系的变动趋势，结合了房地产投资周期较长的基本特征，对企业决策影响深远。

（7）各细分市场价格和租金水平及其变动趋势。市场价格和租金水平是市场供求关系的直接表现，在实践中，一般与供求关系的分析结合在一起。但是，房地产价格和租金受到许多因素的影响，如地段、自身特点、社会环境、文化环境、法律环境及心理因素等，表现出一定的变动的趋势，对其进行单独的研究和分析也有重要的决策意义。

（8）项目总体设计。房地产开发项目的总体设计反映了本项目与其他项目之间个性特征之间的差异，是项目迎合特定消费者群体、满足其特定需求的重要载体。这种设计除了受相关城市规划、建筑技术等的影响之外，另一个重要因素就是消费者的意向。例如，常

见的设计消费者恳谈会，就是一种市场调查形式，通过这种形式调查消费者的满意度，并据此修改设计方案。

（9）项目环境设计。由于人们环保意识的增强及对自身居住环境和工作环境要求的提高，当前房地产开发项目的环境设计又成为一个重要的投资决策变量。目前，项目环境设计满意度调研逐渐流行，房地产开发商通常会根据调研的基本发现和结论，改良环境设计。这从另一个侧面反映了市场调研的广泛性和重要性。

（10）项目细部设计。房地产开发项目的内部配套设施和户型设计是近年来市场调查的主体，目前市场上流行的许多优秀户型设计都是市场调查深化的体现。与其他决策变量相比，内部配套设施和户型设计更直接与消费者联系在一起，是影响消费者购买决策的直接因素。

上述各要点分析，突出反映了市场调查可以判断、收集、记录、整理、分析、研究房地产市场过去及现在的各种基本状况及其影响因素，并为房地产经营者预测其未来发展，制订正确的决策提供可靠依据。

三、房地产市场调查的方法和内容

1. 房地产市场调查的方法

依照调查方式的不同，将市场调查分为以下四种类型。

（1）询问调查法。询问调查法是指将所拟调查的事项，采用面对面、电话或书面的形式，向被调查者提出询问并获得所需资料的过程。可以用于事实、意见和动机的询问。

（2）观察调查法。观察调查法是指由调查人员或机器，在调查现场旁观察消费者的动作，而以该动作的聚集作为调查结果。因此在实施调查时，被调查人可能没有感觉到调查正在进行，这样可以避免被调查人的主观意见对调查结果产生影响。

（3）试验调查法。试验调查法是指通过调查某种小规模的推销方法是否能够收到预期销售效果的调查手段。即先做某一项推销方法的小规模试验，然后再用市场调查方法分析这种试验型的推销方法是否值得大规模进行。在执行的技术上，要选择市场条件相同的实验市场和比较市场极为困难，问题较多，无法广泛应用。

（4）统计调查法。统计调查法是指依据公司内外的现成资料，利用统计理论，分析市场及销售变化情况，提供调查资料的方法。其主要的研究对象有：销售额的增减变化及未来趋势、整体市场变化趋势、影响变化的因素等问题。可以做趋势分析和相关分析。

2. 房地产市场调查的内容

房地产市场调查应根据项目类型和市场营销的具体工作要求进行。一般来说，房地产

市场调查的内容主要包括以下几个方面。

（1）房地产市场环境调查。房地产市场环境调查主要包括政治法律环境调查、经济环境调查和社区环境调查。

① 政治法律环境调查的主要内容包括国家、省、城市有关房地产开发经营的方针政策，如房地产价格政策、房地产税收政策、房地产金融政策、土地制度和土地政策、人口政策、产业发展政策、税收政策等；有关房地产开发经营的法律规定，如《城市房地产开发经营管理条例》《城市房地产管理法》《土地管理法》；有关国民经济社会发展计划、发展规划、土地利用总体规划、城市建设规划和区域规划、城市发展战略等。

② 经济环境调查的主要内容包括国家、地区或城市的经济特性，经济发展规模、趋势、速度和效益；项目所在地区的经济结构、人口及其就业状况、就学条件、基础设施情况、地区内的重点开发区域、同类竞争物业的供给情况；一般利率水平，获取贷款的可能性以及预期的通货膨胀率；居民收入水平、消费结构和消费水平；项目所在地区的对外开放程度和国际经济合作的情况，对外贸易和外商投资的发展情况；与特定房地产开发类型和开发地点相关因素的调查。

③ 社区环境调查的主要内容包括社区繁荣程度、购物条件、文化氛围、居民素质、交通和教育的便利、安全保障程度、卫生、空气、水源质量及景观等方面。

（2）房地产市场需求和消费行为调查。房地产市场需求和消费行为调查的主要内容包括消费者对某类房地产的总需求量及其饱和点的调查、房地产市场需求发展趋势调查及房地产市场需求影响因素调查。如：国家关于国民经济结构和房地产产业结构的调整和变化；消费者的构成、分布及消费需求的层次状况；消费者现实需求和潜在需求的情况；消费者的收入变化及其购买能力与投向等。

① 需求动机调查，如消费者的购买意向、影响消费者购买动机的因素、消费者购买动机的类型等。

② 购买行为调查，如不同消费者的不同购买行为、消费者的购买模式、影响消费者购买行为的社会因素及心理因素等。

（3）房地产产品调查。房地产产品调查的主要内容包括房地产市场现有产品的数量、质量、结构、性能、市场生命周期；现有房地产租售客户和业主对房地产的环境、功能、格局、售后服务的意见及对某种房地产产品的接受程度；新技术、新产品、新工艺、新材料的出现及其在房地产产品上的应用情况；本企业产品的销售潜力及市场占有率；建筑设计及施工企业的有关情况等。

（4）房地产价格调查。房地产价格调查的主要内容包括影响房地产价格变化的因素，特别是政府价格政策对房地产企业定价的影响；房地产市场供求情况的变化趋势；房地产商品价格需求弹性和供给弹性的大小；开发商各种不同的价格策略和定价方法对房地产租售量的影响；国际、国内相关房地产市场的价格；开发个案所在城市及街区房地产市场价格；价格变动后消费者和开发商的反应等。

（5）房地产促销调查。房地产促销调查的主要内容包括房地产广告的时空分布及广告效果测定；房地产广告媒体使用情况的调查；房地产广告预算与代理公司调查；人员促销的配备状况；各种公关活动对租售绩效的影响；各种营业推广活动的租售绩效。

（6）房地产营销渠道调查。房地产营销渠道调查主要内容包括房地产营销渠道的选择、控制与调整情况；房地产市场营销方式的采用情况、发展趋势及其原因；租售代理商的数量、素质及其租售代理的情况；房地产租售客户对租售代理商的评价等。

（7）房地产市场竞争对手情况调查。房地产市场竞争对手情况调查对于房地产企业制定市场营销策略有着重要的影响。因此，企业在制订各种重要的市场营销决策之前，必须认真调查和研究竞争对手可能做出的种种反应，并时刻注意竞争者的各种动向。房地产市场竞争情况的调查内容主要包括竞争者及潜在竞争者的实力和经营管理优劣势调查；对竞争者的商品房设计、室内布置、建材及附属设备选择、服务优缺点的调查与分析；对竞争者商品房价格的调查和定价情况的研究；对竞争者广告的监视和广告费用、广告策略的研究；对竞争者销售渠道使用情况的调查和分析；对未来竞争情况的分析与估计等；整个城市尤其是同街区、同类型产品的供给量和在市场上的销售量，本企业和竞争者的市场占有率；竞争性新产品的投入时机和租售绩效及其发展动向等。

如表 3-1 为房地产市场调查表范例。

表 3-1 房地产市场调查表

楼盘名称： **调研时间：** **调研人员：**

项目基本情况			
项目名称		地理位置	
交通状况		开发商	
项目性质		功能定位	
目标消费群		开盘时间	
竣工时间		开业时间	
总建筑面积		商业面积	
停车位面积		产权年限	

续表

<table>
<tr><td colspan="8">建筑材料及装饰</td></tr>
<tr><td>建筑风格</td><td colspan="7"></td></tr>
<tr><td>外立面</td><td colspan="7">外墙　屋顶　门窗</td></tr>
<tr><td>公共区域</td><td colspan="7">广场　公共走道</td></tr>
<tr><td>内部</td><td colspan="7">外墙　地面　内部门窗　灯光照明</td></tr>
<tr><td colspan="8">配套设施</td></tr>
<tr><td colspan="2">空调设施</td><td colspan="2"></td><td colspan="2">卫生间数量及分布</td><td colspan="2"></td></tr>
<tr><td colspan="2">收银台及 ATM</td><td colspan="2"></td><td colspan="2">安防设施</td><td colspan="2"></td></tr>
<tr><td colspan="2">其他配套设施</td><td colspan="6"></td></tr>
<tr><td colspan="8">业态分布及价格情况</td></tr>
<tr><td>楼层</td><td>单层面积</td><td>业态规划及主要进驻品牌</td><td>单店经营面积</td><td>层高</td><td>销售价格</td><td>租赁价格</td><td>租售率</td></tr>
<tr><td>地下一层</td><td></td><td></td><td></td><td></td><td></td><td></td><td></td></tr>
<tr><td>一层</td><td></td><td></td><td></td><td></td><td></td><td></td><td></td></tr>
<tr><td>二层</td><td></td><td></td><td></td><td></td><td></td><td></td><td></td></tr>
<tr><td>三层</td><td></td><td></td><td></td><td></td><td></td><td></td><td></td></tr>
<tr><td>其他楼层</td><td></td><td></td><td></td><td></td><td></td><td></td><td></td></tr>
<tr><td>备注</td><td colspan="7"></td></tr>
<tr><td colspan="8">租售模式</td></tr>
<tr><td rowspan="2">租赁</td><td>租赁模式</td><td></td><td>出租率</td><td></td><td>租赁者</td><td colspan="2"></td></tr>
<tr><td>租赁年限</td><td></td><td>物业管理费</td><td></td><td>经营模式</td><td colspan="2"></td></tr>
<tr><td>销售</td><td>销售模式</td><td></td><td>销售率</td><td colspan="4"></td></tr>
<tr><td rowspan="3">反租</td><td>返租价格</td><td></td><td>返租年限</td><td colspan="4"></td></tr>
<tr><td>可否自营</td><td></td><td>返租期满处理方式</td><td colspan="4"></td></tr>
<tr><td>返租回报支付方式</td><td></td><td>返租回报率</td><td colspan="4"></td></tr>
</table>

续表

经营状况					
商户数	总商户数		产权商户数		
	租赁商户数		总销售额（天）		
客流量	日均客流量		节假客流量		
	客源构成		客源消费额（日）		
推广情况					
推广主题		媒体选择		广告频率	
促销主题		效果分析			
其他					
周边商业环境评价					
客户群分析					
项目优势分析					
项目劣势分析					

四、房地产市场调查的程序

房地产市场调查是一项复杂而细微的工作，为了提高调查工作的效率和质量，市场调查必须有计划、有步骤地进行。房地产市场调查一般可分为四个阶段：调查准备阶段、实施调查阶段、报告写作阶段和报告提交阶段。

（一）调查准备阶段

1. 成立市场调查小组

根据工作量，设立市场调查小组并确定小组人数，选出调研组长。

2. 确定本次调研定向

了解本次调研的目的、需取得的成果，确定调研方法及明确分工。拟定调研计划，报部门经理审批。计划应包括预计调研时间、个人职责（区域、专项）等明确划分、调研方法、调研预期效果等。

3. 准备调查相关物料

由专人准备市场调查所需的地图、调查表格（包括项目简介表、问卷等）、照相机、名片等。

4. 收集基础信息

在售房地产项目、大型已成社区、城市基础信息（包括人口结构、产业结构、城市规划、经济水平、房地产发展等）。

（二）实施调查阶段

1. 按照计划开展工作

需着重调查的方向有：政府机关（包括统计局、规划局、建设局等）、在售楼盘、已成小区、商业中心等。此期间由调研组长根据实际情况安排工作，要求每天向部门经理汇报当天工作进度。具体工作包括：① 在售楼盘调查；② 大型厂矿企业调查；③ 商业中心调查；④ 已成社区调查；⑤ 行政机关调查等。

2. 记录及时详尽的信息

要求调研人员在进行调研时尽可能详细记录楼盘或相关信息，建议与被调研者建立良好的人际关系，为今后数据、信息支持做铺垫。

3. 确定报告的初步框架

当天工作结束后小组全体成员应立即整理各自掌握的调研信息，总结调研中存在的问题并找到解决方法，并初步讨论报告写作思路。

4. 及时分享报告信息

调研过程中应随时留意地块信息和发展商信息的变化，为市场拓展人员提供尽可能详细、即时的相关资料。

5. 开展周期性更新工作

对于普查调研，应进行周期性更新工作。具体周期根据城市不同而定（如半个月、一个月、一个季度等），调研所获得的信息应及时输入数据库，予以信息更新。

（三）报告写作阶段

确立报告写作思路、模式及框架。

根据职责分工，由专人主笔报告写作，其余人员进行资料整理、录入，并辅助写作。初稿完成后由部门全体人员进行审阅，并提出修改建议。

（四）报告提交阶段

报告撰写完成后，由调研组长提交至上级主管部门审核、检阅。确认无误后，由上级主管部门批准方可确认完成。

第二节　土地使用权的获取

作为资源密集型行业，房地产开发的两大前提要素是资金和土地，其他专业资源都要以此为基础组织。土地是最重要、最基础、最根本的要素资源，它决定了产品的最重要属性；公司经营和战略的实现必须有相应的土地资源。因此，土地的获取是房地产开发的前提，也是房地产项目拓展的重点。

一、土地资源开发的特性

土地是一个国家的基础性资源，是立国之本，其开发利用均受政府最严格的管控。土地的出让由政府直接管理，具有高度地域性特征，土地资源的获取是房地产项目拓展的最重要环节。土地资源具有如下特点。

（1）土地是不可复制、不可再生的稀缺资源。土地具有唯一性，没有两宗土地是相同的。房地产开发的土地资源稀缺，因此土地的获取在相当程度上是可遇不可求的。开发商选择土地往往处于被动境地，可供挑选的余地有限，必须在很小的范围内做出慎重选择。

（2）土地的不可控性。市场定位、规划设计、销售企划、物业管理等，很大程度上受开发商的专业水平及社会资源组织能力的影响，开发商可以主动控制，进而控制产品的质量。但土地具有不可控性，一旦确定后，土地位置、价格、规划控制要点是不可改变的，作为房地产开发的前提，其决定了在什么地方做出一个什么样的物业。

（3）土地的不可更改性。项目一旦进展受阻，开发商可通过调整价格、户型、销售包装等加以改进，但土地的位置、区域形象、区域功能、规划控制不可更改。在国内，由于开发商的运作水平差异很大，针对土地决策失误，可能出现通过策划包装而成功的例子。而在香港这样的成熟市场，开发商的专业水平趋于社会平均化，基本上土地决策占项目成功与否的 70%，后期调整效果很微小。

（4）土地是房地产开发最重要的投资。建筑形式和地段不同，土地投资在总投资中的比重也会不同。一方面在项目开发中，土地成本一般占到 30% 左右，是最重要的成本之一。另一方面考虑到建安、配套等费用很大程度上可以通过项目滚动开发实现。因此，土地成本具有不可变性，是最大的成本之一。

（5）买地的动机不是单一的。土地的获取要考虑持续经营的需要，占有资源、遏制竞争对手的需要，战略扩张的需要，未来增值的期望，稳定的利润回报等。

一般来说，政府的开发活动主要集中在对土地的开发或为房地产开发商提供必要的土地供应。例如，我国香港特区政府、上海市政府成立的土地开发公司，就是为了实现政府的这一职能。房地产开发企业的活动则主要是获取土地使用权，并在其上进行开发建设活动。为了很好地研究房地产开发的这一特性，需要跟踪研究政府部门征用和处置土地的活动，然后确定开发商获取土地使用权的方式。但这并不是说所有的或大部分开发项目都要遵循这个顺序，因为开发商除了可以通过国家垄断的一级市场获取国有土地使用权外，还可以在房地产市场上通过转让、与当前的土地使用者或拥有者合作的方式，获取可供开发的土地。

二、土地使用权的获取

土地使用权的获取是指开发商通过出让、转让或其他合法方式，有偿、有限期地取得国有土地使用权的行为。当一个房地产开发项目完成项目构思后，就要进入实施阶段，而实施过程中的第一步就是获取土地使用权。目前，中国土地使用制度仍处在从无偿、无限期使用到有偿、有限期使用的过渡阶段，尤其在某些城市，存在着土地配置的双轨制，即政府行政划拨和市场机制并存。根据开发项目的特点，开发商既可以通过政府行政划拨，也可以通过有偿出让获取土地使用权。

对于一个建设项目，一般来说，首先是获取土地使用权，并对其进行开发建设。获得土地使用权有多种方式，依据《城市房地产管理法》《土地管理法》及相关法律法规的规定，主要有出让、转让或与当前的土地的使用者合作等方式。因此要根据建设项目和土地的不同性质、不同情况，通过不同途径获得土地使用权。

（一）土地使用权出让

土地使用权出让是指国家将国有土地使用权，在一定年限内出让给土地使用者，由土地使用者向政府支付土地使用权出让金的行为。通过出让方式获得土地使用权是建立在有偿有限期使用的基础上的，该土地使用权可以在法律规定的范围内转让、出租或抵押，其合法权益受国家法律保护。

1. 土地使用权出让方式

（1）招标出让。招标是指市、县人民政府土地行政主管部门（以下简称出让人）发布招标公告，邀请特定或者不特定的公民、法人和其他组织参加国有土地使用权投标，根据投标结果确定土地使用者的行为。

招标出让的一般程序为招标、投标、定标、签约、履约五个阶段。目前，招标是土地使用权出让方式中最常用的一种，一般由各级土地储备中心负责办理招标的相关事宜。投

标人中标后获得其土地使用权。

（2）拍卖出让。拍卖又称竞投，是指出让人发布拍卖公告，由竞买人在指定时间、地点进行公开竞价，根据出价结果确定土地使用者的行为。

拍卖的一般程序是：出让人发出拍卖公告，将土地使用权拍卖事宜向社会公布；竞买，即在拍卖场所，竞投人以拍卖方式向拍卖人做出应价；签约，应价高者与出让人签订土地使用权出让合同；履约，受让人缴纳土地使用权出让金，出让人向受让人交付土地，并领取土地使用权证书，获得其土地使用权。

（3）挂牌出让。挂牌是指出让人发布挂牌公告，按公告规定的期限将拟出让宗地的交易条件在指定的土地交易场所挂牌公布，接受竞买人的报价申请并更新挂牌价格，根据挂牌期限截止时的出价结果，确定土地使用者的行为。

出让土地使用权必须签订书面合同。我国现阶段土地使用权出让合同一般采取标准合同格式，如《国有建设用地使用权出让合同》示范文本（GF-2008-2601）等。

合同的主要条款、格式由出让方提出，受让方很少有修改余地。出让合同主要包括出让地块的基本情况，包括宗地位置、面积、界限等；土地出让金的数额、支付方式和支付期限；土地使用权的出让期限；地块的规划设计条件由城市规划部门根据城市规划确定，包括建筑密度、容积率等控制指标，工程管线、竖向规划、配建停车场或其他公共设施的要求，土地使用权转让、出租、抵押的相关规定，期限届满的展期，不可抗力等条款。

2．土地使用权出让价格及其含义

土地使用权价格是指在土地出让合同中载明的土地使用权交易价格。由于政府在出让土地使用权的过程中，并非所有的土地都是具备开发建设条件的熟地。因此，依据出让宗地的交付条件，土地价格有土地使用权出让金、毛地价和熟地价之分。

（1）土地使用权出让金。土地使用权出让金是政府将土地使用权出让给土地使用者（受让人），并向受让人收取的政府让渡相应年限土地使用权的全部货币或其他物品及权利折合成货币的补偿。

土地使用权出让金的确定有三个过程：第一是估价过程。在这个过程中，政府选择具备土地估价资格的中介机构对拟出让的土地进行地价评估。第二是确定出让底价过程。在这个过程中，政府根据其产业政策和其他有关规定，对土地估价结果进行修订，确定出让底价。出让底价的作用在于政府出让土地使用权时，如果受让人的出价低于出让底价，政府将不予出让土地使用权。第三是批准过程。由于我国各级政府对出让土地使用权有不同的审批权限，所以，部分出让土地的出让价是下级政府与受让方商定的，但最后决定权在有批准权的上级政府手中。

关于土地使用权出让金在我国有两种不同的理解。从广义上讲，土地使用权出让金是指政府作为城镇土地的所有者，将土地使用权在一定年限内，让与土地使用者使用所收取的费用，即土地的批租价格。一般而言，土地价格应包括土地资源（物质）价格和土地资本（资产）价格两部分，即

土地价格 = 地租 ÷ 银行利息率 + 土地投资成本 + 土地投资应得利润

从狭义上讲，土地使用权出让金是政府作为城镇土地的所有者代表将土地使用权一定年限内让与土地使用者时收取的地租资本化费用，即土地资源价格。

（2）毛地价，即未完成“七通一平”[①]的地块，出让金仅为土地有偿使用的部分，投资者需自行或委托开发公司进行受让土地的开发工作。毛地价是政府获取的土地收益部分，不含拆迁费用，也不含小区配套成本。

（3）熟地价，即提供“七通一平”或为“五通一平”的地块，土地出让金包括土地使用费和开发费。

3. 出让土地的使用类型

从国内外开发实践看，土地供应计划中对土地使用类型通常进行如下划分。

（1）居住用地，是指住宅用地和居住小区及居住小区级以下的公共服务设施用地、道路用地及绿地。

（2）商业用地，是指规划部门根据城市规划所规定，该宗地块的用地性质是用于建设商业用房屋，出让后用地的最高使用年限为40年。

（3）工业用地，是指独立设置的工厂、车间、手工业作坊、建筑安装的生产场地、排渣（灰）场地等用地。

（4）公共设施用地，包括党政机关、社会团体、社区、文化、教育、卫生、体育、公园绿地等用地。

（5）市政公共设施用地，包括水、电、热、气等供应设施用地，交通、邮电设施用地，环境、卫生设施用地，消防、防汛设施用地等。

（6）其他用地，指上述五类用地中不能很好涵盖的土地使用用途，包括停车场、加油站、营业性陵园公墓等。

（二）土地使用权划拨

土地使用权划拨是指县级以上人民政府依法批准，在土地使用者缴纳补偿、安置等费用后，将该幅土地交付其使用，或者将土地使用权无偿交付给使用者使用的行为。在传统计划经济的体制下，土地资源的使用和分配主要是由政府无偿划拨。

---

① “七通一平”，即完成动迁，具备“通水、通电、通路、通邮、通信、通暖气、通天然气或煤气、平整土地”市政条件的地块。

建设单位使用国有土地，应当以出让等有偿使用方式取得。下列建设用地经县级以上人民政府依法批准，可以以划拨方式取得。

（1）国家机关用地和军事用地。

（2）城市基础设施用地和公益事业用地。

（3）国家重点扶持的能源、交通、水利等基础设施用地。

（4）法律、行政法规规定的其他用地。

对开发商来说，可以通过划拨方式取得的开发用地，主要适用于经济适用房项目和廉租住房项目的建设。

（三）土地使用权转让

土地使用权转让是指土地使用权出让后，土地使用权受让人将土地使用权依法让渡的行为，包括出售、置换和赠予等。

根据转让的对象，房地产转让可分为地面上有建筑物的转让和地面上无建筑物的转让，地面上无建筑物的房地产转让，习惯上称为土地使用权的转让。《城市房地产管理法》在立法过程中，为了规范房地产市场行为，加强市场统一管理，将原来的土地使用权转让与房屋所有权转移合称为房地产转让。

房地产转让是一种房地产交易行为，是房地产权利人通过买卖、赠予或者其他合法方式将其房地产转移给他人的行为。根据土地使用权获取方式的不同，房地产转让可分为出让方式取得的土地使用权的转让和划拨方式取得的土地使用权的转让。以出让方式取得的土地使用权转让时，受让人所取得的土地使用权的权利、义务范围应当与转让人原有的权利和义务的范围一致，其实际使用年限为出让合同约定的年限减去原土地使用权已经使用年限后的剩余年限。转让房地产后，受让人如需改变原有土地用途的，必须经土地转让方和规划部门的同意，签订土地出让合同变更协议或者重新签订土地使用权出让合同，相应调整土地使用权出让金。以划拨方式取得土地使用权的房地产转让时，《城市房地产管理法》明确规定了两种处理方式：一种是需办理出让手续，变划拨土地使用权为出让土地使用权，由受让方缴纳土地出让金；另一种是不改变原有土地的划拨性质，由国家土地行政主管部门向转让方征收土地收益金后，土地使用权转给受让人。

房地产转让必须签订房地产转让合同并依法登记过户。房地产转让合同是指房地产转让当事人之间签订的，用于明确各方权利义务关系的协议。合同的内容由当事人协商拟订，一般应包括：① 双方当事人的姓名或者名称、住所；② 房地产权属证书的名称和编号；③ 房地产坐落位置、面积、四至界限；④ 宗地号、土地使用权取得方式及年限；⑤ 房地产的用途或使用性质；⑥ 成交价格及支付方式；⑦ 违约责任；⑧ 双方约定的其他事项。

第三节　房地产项目区位环境

区位是指特定地块（宗地）的地理空间位置及其与相邻地块的相互关系。广义上是指人类一切活动空间，包括经济的、文化教育的、科学卫生的以及人们居住的一切活动空间布局及其相互关系。区位理论就是研究生产力空间布局及其相互关系的学说，它产生于18世纪末，经过了杜能圈、韦伯理论、中心地理论等探索历程，最终形成于19世纪。其中，关于商业区域规划的中心地理论对房地产行业最具指导意义。

一、中心地区位理论

区位理论不但是土地定级的理论基础，也是城镇土地估价的理论基础。区位是城市土地最重要的特征之一，中心地区位理论者认为，城市内部各处的人口和经济密度服从于距离衰减原理。距城市中心越远，土地使用强度越低，如图3-1所示。

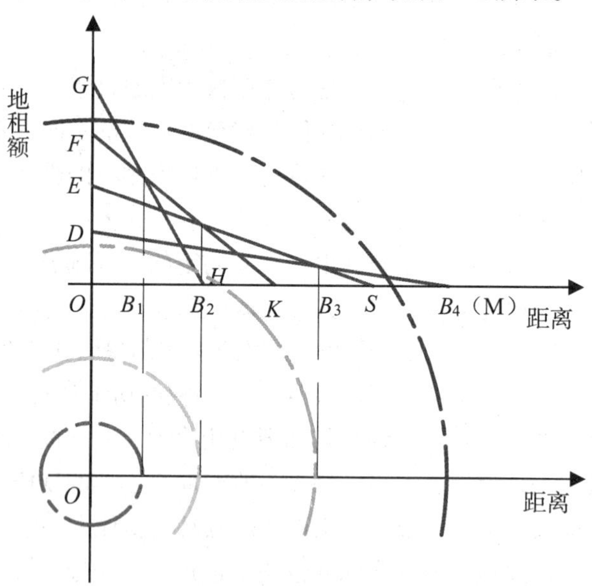

图3-1　租金梯度曲线和土地利用同心圆模式

图3-1中，B1、B2、B3、B4常用来表示商业、住宅、工业、农业等行业的四种租金出价函数，此函数由相邻两条租金梯度曲线的交点处的土地边际产出价值决定。

租金梯度曲线说明在任一间隔距离中，某一企业为维持某种利润水平而在此距离愿意

为土地支付的最高租金。而在任一间隔内的最高租金出价曲线则决定由谁使用这块土地和为此支付多少。事实上，西方土地竞投标活动都是以此为原则进行的。

作为不动产，房地产产品区位性很强。一方面，区位具有很强的价值性，而开发商供给的商品固定在某一地域范围内不能移动，这就导致房地产具有很强的区位性；另一方面，人们对房地产商品的市场需求，也主要以本地区的投资需求和居民的消费需求为主，销售具有典型的区域性特征。无论是投资者投资房地产，还是消费者购买房地产，第一要考虑的就是地段，也就是区位。土地的区位不同或同一区位的用途不同，常常产生不同的区位效果。从微观角度看，房地产企业进行投资、开发和经营的目的是获取最大限度的利润，因而必然寻找最佳区位的城市土地。用地用房的企业要购买能取得最大效益的区位所在的房地产，居民也将寻找经济上能承受且又适合自己活动的最佳位置的住房。从宏观角度看，国家为了保证全社会的整体利益，也必然要使不同地段区位的土地获得最佳用途，从而取得最满意的经济效益、社会效益和环境效益。

课外拓展

三大产业的区位理论

农业区位理论方面最典型的是杜能农业区位理论，杜能农业区位理论前提条件是假设一个“孤立国”，“孤立国”中的唯一城市是全国各地商品农产品的唯一销售市场，故农产品的市场价格都要由这个城市市场来决定。因此，在一定时期内“孤立国”各种农产品的市场价格应是固定的。根据区位经济分析和区位地租理论，杜能提出六种耕作制度，每种耕作制度构成一个区域，而每个区域都以城市为中心，围绕城市呈同心圆状分布，这就是著名的“杜能圈”。杜能农业区位理论基于距离衰退理论。

工业区位理论方面，奠基人德国经济学家韦伯提出工业区位理论，其理论的核心就是通过对运输、劳力及集聚因素相互作用的分析和计算，找出工业产品的生产成本最低点，作为配置工业企业的理想区位。韦伯工业区位理论同样基于距离衰退理论，但是还要考虑运输成本、劳动成本，以及各类集聚因素和分散因素，如市场、生产技术和资源等。

商业区位理论即中心地理论，中心地理论是由德国著名的地理学家克里斯塔勒提出的。中心地的等级由中心地所提供的商品和服务的级别所决定，中心地的等级决定了中心地的数量、分布和服务范围。中心地的数量和分布与中心地的等级高低成反比，中心地的服务范围与等级高低成正比。一定等级的中心地不仅提供相应级别的商品和服务，还提供所有低于这一级别的商品和服务。中心地的等级性表现在每个高级中心地都附属几个中级中心地和更多的低级中心地，形成中心地体系。

二、区位与房地产价值

区位的选择是战略性的。土地区位是客观存在的，当其特性被正确认识和使用，且当其使用（或预期规划使用）特性被消费者的价值观所认识和接受时，它的价值就能够实现，并获得最佳的收益。同样，在房地产市场中，区位对房地产价值有着决定性的影响，不同类型的房地产项目对区位是有选择性的。

1. 区位与城市功能分区

城市在过去自发利用土地的基础上，通过土地利用规划主动调控区位选择，形成明显的功能分区，一般分为商业区、工业区、居住区等若干类型。房地产投资者在选择项目的所在区位时，应该运用功能分区原则进行区位选择。

（1）商业区。商业区按其功能从高到低可分为中央商业区、城区商业区和街区商业区。商业用地在城市经济中有重要的作用，是连接生产和消费的纽带。在商业区，有大大小小的商业、服务和金融机构，它是城市土地利用中经济效益最高的利用类型。

① 中央商业区。具有城市商业、交通和信息中心功能的区域被称为城市的中央商业区，也称为中央商务区，通常被称为CBD，如图3-2所示。中央商业区一般出现在比较发达的大城市或特大城市中。一般而言，CBD应该具备以下要素特征：一是城市的功能核心，城市的经济、科技、文化、商业等高度集中；二是交通便利，人流、车流、物流巨大；三是白天人口密度最高，昼夜间人口数量变化最大；四是位于城市的黄金地带，地价最高，土地利用率最高。

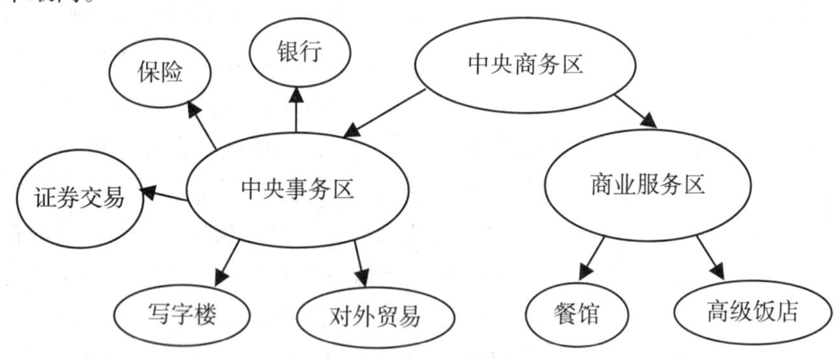

图3-2　中央商务区配套设施

在中央商业区，房地产项目区位成本或空间成本是最高的，劳动成本也会很高，还存在不断增加的外部经济。但是，大商业、大银行、大公司总部或管理部门选择所用房地产项目区位时，仍然会集中到这一地区。这是因为它们的业务需要大量的客流和大量及时精准的信息，而中央商业区可以完全满足这些需求，并且能够减少其不确定性。

② 城区商业区。城区商业区是城市的二级商业中心，在规模和影响方面都次于中央商业区，是城市中某一城区的商业、交通和信息中心。在中小城市中，它属于最高层次的

商业区，有相当于大城市中央商业区的地位。

③ 街区商业区。街区商业区是城市最低一级的商业中心，供应的商品大多是购买频率高的日用消费品，它的功能主要是方便市民生活。不过随着城市道路交通设施、交通工具的发展和郊区人口的快速增长，位于城市郊区和城郊接合部的大型零售商业设施不断涌现，使传统中央商业区的客流得以分散。

（2）工业区。根据各种工业的特点（如污染状况、占地面积等），可以将工业区分为内圈工业区、外圈工业区和远郊工业区。

内圈工业区占地面积小，主要面向当地消费市场，且要求与中央商业区中的企事业单位建立密切联系，及时了解市场信息并获得技术支持，一般处于中央商业区外侧。

外圈工业区内的工业一般是装备有自动化生产线，产品体积大又不能堆放过高，需要的料场、仓库和厂房较大，产品多属标准化的定型产品，适于大批量生产。另外是技术要求高、对环境污染较轻的工业，包括大部分轻工业和重工业中的机械制造、金属加工业等。这类工业区处在城市的周边地区，地价较低、交通方便、距离居住区较近。

远郊工业区里一般是规模大、占地多、污染严重的工业，如造纸、石化等企业。

（3）居住区。居住区一般位于中央商业区与内圈工业区之间，或者在内圈工业区与外圈工业区之间。居住区是人们生活、休息的场所，一般要求交通便利、环境优雅舒适无污染（少污染）、治安良好、文化教育设施齐备、采购和娱乐便利、人际交往方便等。

2. 区位与房地产投资价值的关系

房地产的区位优势可以给投资者带来区位利润。区位利润越高，房地产投资价值越大。要实现区位价值的最大化，在选择区位时应该重点分析以下问题。

（1）注意升值潜力的分析。随着居民住房选择标准的提高，对房地产区位升值潜力的评价有了新的衡量标准。房地产项目的升值，归根到底还是土地的升值。所以考察项目的升值潜力，其所处的区位是否具有升值空间当然是首要条件。对区位升值前景的考察也是对楼盘所处外部环境的一个综合评价，除地理位置外，还包括对规划前景、交通环境、商务配套、生活配套等周边条件的全面了解和比较。

（2）区位选择要有超前意识。选择区位要有超前意识，特别要注意交通规划、服务网点等公共设施的深层次分析。现代社会，效率是发展的第一要素，而交通条件是否便捷将直接制约区域发展。交通环境包括道路状况、公共交通条件以及城市快速交通、轻轨交通等。在私家车拥有量飞速增长，城区道路普遍变成了停车场时，人们开始将希望寄托于地铁、轻轨等轨道交通，因此轨道交通线路影响区域的楼盘具有很大的升值空间。

另外，周边楼盘品质直接影响开发项目前景。区位条件和交通环境是影响楼盘发展前景的客观因素，而周边楼盘品质所形成的小环境，则可能直接影响一个楼盘的整体素质。

（3）产品品质是升值基础。无论外部条件多好，如果楼盘自身品质有问题，再好的区位环境也会出现"烂尾"的现象。对产品本身品质的考察包括楼盘规划、建筑风格、园林环境、建筑质量、装修标准、物业管理、开发商信誉，以及配套设施等多方面。开发商应注意物业管理是影响楼盘品质的重要因素，其他条件都是"硬件"，看得见摸得着，在买房之前，这些因素一般都是可以把控的，而物业管理却只有入住之后才会有切身体验。一个好的物业管理公司，可能使一个"硬件"条件一般的楼盘升级到较高档次。

（4）综合性价比是最终判定条件。在综合以上各项因素之后，楼盘的定价与其综合品质相比是否相当，是评判一个楼盘是否具有升值潜力的最终判别标准。一个综合条件很好的楼盘，如果定价奇高，自然也就到了无可升值的余地；反之，即使一个综合条件有缺陷的楼盘，如果定价合理，特别是一些开发商会采用薄利多销的经营策略，把目标利润定得较低，这样的楼盘往往也具有一定的升值潜力。

3. 不同类型的房地产项目对区位的要求

进行房地产开发项目区位选择时，除分析宗地状况、人口、文化等因素外，针对不同类型的开发项目，需要分析的因素不同。

（1）居住项目。居住项目的区位选择，一般应考虑市政公用和公建配套设施的完备程度、公共交通便捷程度、周边环境、居民人口与收入等因素。

（2）写字楼项目。影响写字楼项目位置选择的因素主要包括与其他商业设施的接近程度、周围土地利用情况和环境、易达性等方面。

（3）零售商业项目。零售项目的区位选择主要考虑最短时间原则、区位易达性原则、接近购买力原则、满足消费心理原则、接近CBD原则等。

（4）工业项目。工业项目场地的选择须考虑的特殊因素包括当地提供主要原材料的可能性，交通运输是否足够方便以有效地连接原材料供应基地和产品销售市场，技术人才和劳动力供给的可能性，水、电等资源供给的充足程度，控制环境污染的政策等。

三、房地产项目区位选择的定性分析

在实践中，区位的好坏并不是抽象的，而是被一系列因素所左右。定性分析，即从房地产项目区位"质"的方面，揭示区位选择与城市地租间的相互关系，以及如何判断项目区位的价值。以区位效益、区位价值为根本目的，从房地产开发项目与城市地租的关系、开发项目区位选择两个角度进行分析。

（一）房地产开发与城市地租的关系

房地产开发与区位是紧密联系的。区位对房地产开发的影响首先是通过城市地租体现

的。城市土地区位效益的实质是级差地租，而且主要是位置级差地租。距离、空间位置、自然环境、经济文化等区位因素的差异，使处于同一市场、不同区位的相同面积土地产生了极不相同的使用价值、利用方向和集约度，从而产生很不相同的经济效益。在级差地租的调节下，城市土地的空间布局表现出一定的规律性。各经济主体、居民住户对距离市中心远近不同的地段，愿意支付的地租数额是不一样的。金融、商业、服务业在市中心具有较高的竞争能力，可以支付高于其他活动的地租，这些行业用地往往位于市中心区，依次向外是住宅、工业用地。就住宅用地而言，越靠近城市中心，其租金水平就越高，占地越小。越远离城市中心，租金水平就越低，占地面积也越大。因此，在城市级差地租杠杆的调节下，住宅用地的区位选择有一定的向外“漂移”的特征。地租是房价的重要组成部分，地租的高低直接影响着房价。而不同地区的级差地租是很不相同的，可能相差几倍、几十倍。房地产开发商选择哪一地区的地块，建何种类型的房地产，必须慎重决策。因为地租高，房价相应也高，而销售对象对房价能否承受，直接决定建成的房地产商品的销售量，从而影响其价值的实现和投资利润的多寡。所以，开发商在准备开发投资时，必须认真考虑和测算级差地租问题。

（二）房地产开发项目的区位选择

定性分析是开发商经过实地调查，凭借经验，对房地产项目区位的性质、特点、发展前景做出判断。定性分析是定量分析的基本前提，没有定性的定量是盲目的、毫无价值的定量。因此，对房地产开发项目区位的选择，要首先做出合理的定性分析。

1. 区位因素分析

房地产开发投资策略可以概括为五个要素，即房地产地段位置的选择、房地产产品质量的选择、房地产市场（价格、顾客、销售区等）的选择、房地产开发经营形势的选择和房地产开发时机的选择。其中处于第一位的便是地段位置选择。

（1）宗地状况分析。地段位置是决定城市地价的最重要因素，对房地产价格或出租能力起着举足轻重的作用。地段位置决定了一宗房地产的具体空间区位以及周围环境和相邻地区的自然环境、生态环境、经济文化和社会环境，宗地状况主要考虑以下几个方面。

① 宗地范围。即宗地的东西南北达到的范围。

② 地势平坦状况。自然标高，周边地势。

③ 地面现状。包括宗地内是否有水渠、较深的沟壑（小峡谷）、池塘及高压线等对开发有较大影响的因素，并计算因此而损失的实际用地面积。

④ 地面现有居民情况。包括具体居住人数、户数、工厂数量、规模、产品性质、开工状况等，并说明对拆迁及项目开发进度的影响。

⑤ 地下情况。包括管线、地下电缆、暗渠、地上建筑物原有桩基及地下建筑、结构等，

地上地下都要注意有没有受保护的历史文物古迹、可利用的构建。

⑥ 土地的完整性。是否有市政代征地、市政绿化带、市政道路、名胜古迹、江河湖泊等因素分割土地。

⑦ 地质情况。包括土地结构、地基承载力、地下水位和抗震性要求，土地的完整性和规整性。

地块相对完整对开发商具有重要意义，便于项目整体规划布局，容易出效果，各组团分期开发保证了地块的完整性和连续性，同时有利于日后小区管理；地块不完整不利于围合设计和地块管理。项目如果忽视地质情况勘探，会造成结构返工等，影响项目进度和项目回款，进而直接造成建安成本的上升。

与其他因素不同，地段位置是固定的、不可移动的。对一个企业或家庭来说，一旦购买了一宗房地产，就不能轻易地为逃避不称心的区位环境而搬迁，因此区位选择十分重要。

（2）交通动线分析。交通动线影响易达性和快捷性。交通动线分析主要涉及公交路线、道路网络及等级、人流量、车流量等内容，如图3-3所示。

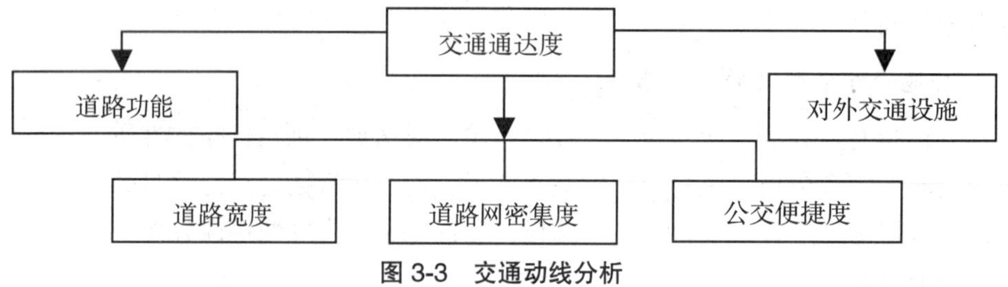

图3-3　交通动线分析

不同项目对交通动线的要求有所差异，普通住宅主要考虑公共交通方便与否，高档住宅则考虑完善畅通的机动车道、足够的停车位等，商业住宅考虑方便易达的聚合型，写字楼主要追求快捷、方便和易达性等。

所有项目对阻隔性交通路线存在较大抗性（高速路、高架桥等），不同项目对交通动线的抗性不同。高档住宅对嘈杂性交通路线存在较大抗性（火车站、飞机场等），商业性建筑对过境性交通路线存在较大的抗性。

（3）配套设施分析。配套设施有公益类、生活类、商务类、集体类等不同类型。配套设施分析包括设施类型、档次、空间分布、服务半径、经营范围、经营状况等；配套设施的完善程度反映了项目所在地的社区成熟度，影响居家、办公、经营的便利性。城市基础设施和公共服务设施如图3-4所示，主要包括以下方面内容。

① 道路现状及规划布局。包括现有路幅、规划路幅、规划实施的时间、与宗地的关系。

② 供水状况。包括现有管线、管径及未来规划和实施时间。

③ 污水、雨水排放。包括现有管线、管径及未来规划和实施时间。

④ 通信（电视、电话、网络）。包括现有管线、上源位置、距宗地距离、线路成本等。

⑤ 永久性供电和临时施工用电。包括现有管线、上源位置、距宗地距离、线路成本等。

⑥ 燃气。包括现有管线、管径、上源位置、距宗地距离、接口位置。

⑦ 供热及生活热水。包括现有管线、管径、上源位置、距宗地距离、接口位置。

当市政配套缺乏时，开发商可以此作为地价谈判的条件之一。值得注意的是，如有开发商自行投资建设大市政，其投资成本往往超过常规估算和预测数，且涉及很多的不可控因素。一般来说，配套设施数量较多、质量较高的社区，可以为项目的档次定位提供客观支持。

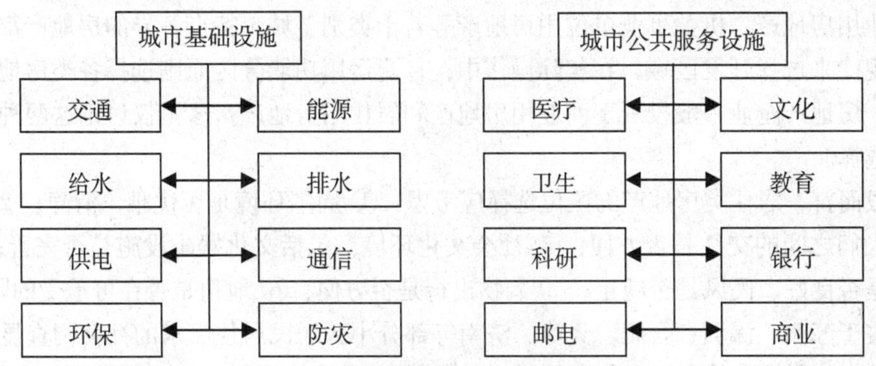

图 3-4　城市基础设施和公共服务设施类型

2. 区位选择的原则

区位选择的首要原则是在遵从城市土地利用规划的前提下，综合考虑自然、环境、经济和社会文化等因素的影响。城市土地利用规划为房地产业的发展和房地产项目区位的选择提供了有利条件，城市土地利用规划为地段的选择指明了方向。在城市中，不论商业用地、住宅用地还是任何一种被利用的土地，其使用价值的大小，无不受其所处区位的影响。

土地的固定性和差异性决定了具有不同使用功能的城市土地的空间布局，反之，具有不同使用功能的城市土地对区位又具有选择性。交通汇集、人流量大的城市中心位置是商业、服务、事务所竞相争夺的宝地，主要交通道路两侧也往往成为它们设置店铺和营业楼面的理想区位。工业企业为推销产品和降低成本，适宜选择靠近水源、能源，接近市场而又便于生产原料及成品储存和运输的地方。一个接近工作单位、购物方便，市政、文化娱乐设施齐全，居住环境优美的地段对城市居民产生极大吸引力。一个城市的形象是由各种房地产产品构成的整体，整体形象是否合理、舒适、美好、壮观，很大程度上取决于城市土地利用规划。从房地产投资来看，房地产的增值归根到底是土地的增值。

（1）自然环境的合意性。自然环境对居住、宾馆类房地产影响特别大。自然不仅指地形、地貌等是否适于房屋的建设，而且指自然风光，包括是否具有美好、舒适、迷人的生态环境。居住类房地产要求环境清静、阳光充足、空气新鲜，无噪音、烟尘、废水、废气、

废渣等因素的干扰，也不允许有碍于观瞻或产生危险的环境。

（2）经济和社会文化发展的适应性。相邻地段的经济和社会文化发展状况、繁荣程度对房地产价格形成及其销路都会产生较大影响。

房地产开发项目不仅要重视现在的地段位置，更要重视预测未来地段位置的变化趋势。如果能预测出某一区位随着经济文化的发展将拥有美好的前景，就可以选择这一区位进行投资。

3. 不同房地产开发项目用地区位选择

房地产开发分为居住房地产和非居住房地产两大类型。非居住房地产又分为商用房地产、工业用房地产、机关事业单位用房地产等若干类别。城市特点各异的房地产都要按照一定的规律来选择开发区域，在实际操作中，普遍运用功能分区原则选择各类房地产项目的区位。房地产企业一般投资于商业用房地产和居住用房地产，这里仅讨论这两种房地产的区位选择。

一般而言，居住类房地产的区位选择应考虑：① 周围环境是否优雅、清静；② 交通、通信和人们之间的交往是否方便；③ 社会文化环境，包括文化娱乐设施是否完善；④ 治安状况是否良好、民风是否纯正；⑤ 购物出行是否方便；⑥ 地租是否在可承受的限度内。据一个关于苏州、深圳、合肥、天津、济南等部分小区居民居住需求的社会调查显示，居民考虑最多的需求具体表现在住宅的适用、公共服务设施的便利、道路通畅便捷、居住安全、环境安静卫生、邻里来往与互助、景观及住宅经济这八个方面，其中一半以上是由区位直接决定的。因此，居住用房地产选址应在城市规划指导下，选择符合居住功能要求、环境良好、有利于开发建设的新区或适宜的旧区改建地段。综合考虑所在地区的经济现状和发展趋势，以及服务对象的经济承受能力。所在地段应具有良好植被和气候环境及有利的地形、地貌，必须避免严重的交通问题、噪声干扰和有害排放物的污染；与城市或地区商业中心有较好的通达性和便捷的出行条件；较好的文化教育及医疗卫生设施；完善的市政工程条件，并能方便地与城市市政工程管网衔接；良好的地质条件，避免地质复杂、土壤承载力差、不易排涝等不良的地质条件。

商用房地产选址要考虑的因素主要有：① 要处于商业区；② 一面或两面临街；③ 交通及通信方便；④ 人口流量大；⑤ 周围邻地预期有大的发展规划。因此，商业区一般在大城市中心交通路口附近、繁华街道两侧、大型公共设施周围，具体可划分为城市中央区、城市副中心区和街区等不同层次的位置。

四、房地产项目区位选择的定量分析

对区位的描述，大多难以量化，只做定性分析显然是不够的。定性分析与定量分析应

该是统一、相互补充的。定量分析使定性分析更加科学、准确，从而得出更加广泛而深入的结论。在区位选择时，应提倡凡是可量化的要素，都要进行量化分析，实行定量与定性分析的结合。这里介绍两种定量分析的方法：关键因素评估法和组合权重法。

1. 关键因素评估法

关键因素评估法是针对具体投资项目，充分考虑投资动机的评估方法，是基于各类不同投资动机对区位的具体要求不同而设计的。

（1）关键因素法的基本思路。关键因素评估法的基本思路是，从影响投资环境的一般因素中找到影响投资动机实现的关键因素，然后依据这些因素对投资环境进行综合评价。此方法把一般项目的投资动机分为降低成本、开拓市场、获得原料、分散风险、竞争、获得生产技术和管理技术六大类。每一类动机又包含若干影响投资环境的关键因素。

① 降低成本类：劳动生产率、土地费用、要素资源价格、运输成本等。

② 开拓市场类：市场规模、营销机构、文化环境、地理位置、运输条件、通信条件等。

③ 获得原料类：资源条件、汇率变动、通货膨胀、运输条件等。

④ 分散风险类：政治稳定、战争骚乱、汇率变动、通货膨胀等。

⑤ 竞争类：市场规模、地理位置、营销机构、法律制度等。

⑥ 获得生产技术和管理技术类：科技发展水平、劳动生产率等。

实施投资项目的环境评价时，要视投资者的投资动机（一类或几类）挑选关键因素，由计算投资环境总分的方式来进行项目投资环境的综合评价。

（2）项目区位评价关键因素的分类。对于房地产开发项目，投资动机极其复杂，需考虑的因素也远远不止上述几种，因此可以按房地产项目的使用性质对关键因素进行分类。各类房地产投资需重点考核的环境因素按权重分为三类。例如，对于国内开发建设的普通住宅区房地产投资项目，其环境评价的关键因素如表 3-2 所示。

表 3-2 住宅项目区位评价

分　类	权重系数	主要影响因素
第一类因素（重点因素）	0.6	① 市场环境中的购买力水平、吸纳量、供应量、同类楼盘的分布及其现状等；② 财务环境中的项目融资可能性、融资成本、税费负担、同类项目盈利水平等；③ 自然环境中的地理位置、风景地貌、自然景观；④ 基础设施条件的电力、通信、给排水、交通及其他生活设施条件
第二类因素（一般因素）	0.3	经济环境中的消费结构、居民收入、物价指数等；资源环境中的劳动力资源条件、原材料供应等；法律环境中的争议仲裁公正性等
第三类因素（次要因素）	0.1	社会环境中的社会秩序、社会信誉和社会服务等；文化环境中的文化传统、教育水准等

其他类型的房地产开发项目则应视具体情况做适当调整。例如，对在某些国家开发的房地产项目，要把政治环境中的政权稳定性、政治局势、经济政策以及文化环境中的价值观念、文化传统等因素作为第一类因素。对于高档住宅，尤其是高级别墅区之类的房地产投资项目，则要把拟开发地块的自然环境，如山川、植被、气候等因素归于第一类。对于工业厂房、仓库等项目，则应以交通、基础设施条件等作为第一类因素。总之，关键因素分析法中关键因素的划分和权重系数的确定，应视投资项目的具体要求及投资对象的具体情况而定。

筛选好项目的环境因素类型并确定其权重后，可根据专家的评价结果，按前述多因素分析法的计算公式，计算该项目投资环境总分，进行其投资环境之综合评价。

2. 组合权重法

组合权重法源自于层次分析法的基本原理，其步骤是确定各区位要素的组合权重系数，然后由统计分析确定各区位要素的得分，最后计算开发项目区位的综合评分。

随着国民经济的持续发展和人民生活水平的提高，城市居民的住房条件大为改善，一些高收入家庭不再仅仅考虑居住的问题，而是考虑如何居住得舒适、安全、方便、快捷，对自然环境、交通条件、文化氛围、身心娱乐、教育等都有较高的要求。开发商应时刻关注市场的发展，根据市场的需求状况，选择好开发项目的区位，在严格保证住宅质量的同时，做出长远的开发方案，开发出高质量、性能完备、环境设计合理的住宅项目，以期达到较高的收益。其他类型的房地产开发，同样不可忽视区位效应，应慎重选择区位，提高房地产开发项目的投资效益。

五、SWOT① 分析在房地产项目区位选择中的应用

SWOT 分析是确定企业本身的竞争优势、竞争劣势和企业所面对的机会和威胁，从而将公司的战略与公司内部资源、外部环境有机结合。因此，清楚地确定公司的资源优势和缺陷，了解公司所面临的机会和挑战，对于制订公司未来的发展战略有着至关重要的意义。

1.SWOT 分析流程

SWOT 分析法常常被用于制订集团发展战略和分析竞争对手情况，在战略分析中，它是最常用的方法之一。进行 SWOT 分析时，主要从以下几个方面入手。

（1）分析环境因素。运用各种调查研究方法，分析出公司所处的各种环境因素，即外部环境因素和内部环境因素。外部环境因素包括机会因素和威胁因素，它们是外部环境对公司的发展有直接影响的有利和不利因素，属于客观因素；内部环境因素包括优势因素和

① SWOT 是英文 Strengths、Weaknesses、Opportunities 和 Threats 的缩写。

弱点因素，它们是公司在其发展中自身存在的积极因素和消极因素，属主动因素。在调查分析这些因素时，不仅要考虑到历史与现状，更要考虑到未来发展问题。

（2）构造 SWOT 矩阵。将调查得出的各种因素根据轻重缓急或影响程度等排序，构造 SWOT 矩阵。在此过程中，将那些对公司发展有直接的、重要的、大量的、迫切的、久远的影响因素优先排列出来，而将那些间接的、次要的、少许的、不急的、短暂的影响因素排列在后面。

（3）制订行动计划。在完成环境因素分析和 SWOT 矩阵的构造后，便可以制订出相应的行动计划。制订计划的基本思路是：发挥优势因素，克服弱点因素，利用机会因素，化解威胁因素；考虑过去，立足当前，着眼未来。

运用系统分析的综合分析方法，将排列与考虑的各种环境因素相互匹配起来加以组合，得出一系列公司未来发展的可选择对策。在 SWOT 分析之后进而需用 USED 技巧来产出解决方案，USED 是四个关键字的英语缩写，这四个关键字用中文表示分别是：用、停、成、御。USED 分别是：如何善用每个优势，How can we use each strength，如何停止每个劣势，How can we stop each weakness，如何成就每个机会，How can we exploit each opportunity，如何抵御每个威胁，How can we defend against each threat.

2.SWOT 在区位分析中的应用

在对项目环境调查的基础上，根据 SWOT 分析流程，可以做出多种类型的分析形态，常见的有分列式和综合式两种类型。

（1）分列式形态。某项目在市场调查的基础上，用 SWOT 分析法对数据进行加工处理，分析如表 3-3~ 表 3-6 所示。

表 3-3 某项目的优势（S）分析

优　势	优势发挥
区位：项目处于城市房地产发展的新崛起板块，有较好的市场价值预期	本项目应站在城市运营高度，通过提升区域价值扩大产品价值。宣传推广中应将区位优势作为项目的一大亮点予以强调
规模：总建筑面积约 300 万平方米	以大盘的运作模式，建立大盘在产品、配套、社区文化、品牌等方面的竞争优势
高尔夫资源：18 栋标准高尔夫球场配套，为项目建立鲜明的档次标准	充分利用高尔夫球场提升项目档次，建立市场区隔，并发挥高尔夫俱乐部的运营功效，推动项目的高端客户营销
人文底蕴：明代王陵，四川师范大学等，提升项目人文底蕴	充分发挥人文底蕴优势，塑造项目浓郁的文化生活品牌

表 3-4　某项目的劣势（W）分析

劣　　势	劣势弥补
生活配套缺乏	项目启动时先建好一部分商业配套，让客户对项目生活有直观的信心
企业缺乏操作经验	整合对大盘有丰富操作经验的专业合作团队，以降低项目运作的风险

表 3-5　某项目的机会（O）分析

机　　会	机会利用
区域发展：城南是最具发展潜力和活力的房地产板块，也是政府未来重点开发、改造的区域	突出区域的发展现状和前景，提高项目价值，并可增加对投资型客户的吸引力
交通：距市中心12.5千米，距机场28千米，成都地铁2号线将龙泉城区与成都市区紧紧相连	可将目标客户群适当扩展到更大区域，加快项目销售速度
休闲旅游：龙泉区有丰富的自然资源和人文资源，休闲旅游资源丰富	通过休闲旅游，整合城市高端消费人群的消费，提升项目的生活品质档次

表 3-6　某项目的威胁（T）分析

威　　胁	威胁规避
成都房地产开发水平较高，市场竞争激烈，无论是着眼城东还是放眼整个成都，从规模和产品品质上都不乏强有力的竞争对手	采用先进、特色的开发理念和独特的生活主张，铸造项目鲜明形象与核心竞争力，形成差异性竞争优势
区域市场供应量较大	扩展产品线，合理分配各类产品开发时机

分析：

通过有效整合项目在区位、规模、产品、品牌等方面优势资源形成强大的综合竞争力，完全能够向市场发起强大的冲击和挑战，甚至突破现有竞争层面，在市场中脱颖而出，成为区域性的标志性项目。

（2）综合性分析。某项目在市场调查的基础上，用SWOT分析法对数据进行加工处理，做如表3-7所示的分析。

表 3-7　某项目的SWOT分析

	优势——Strengths	劣势——Weaknesses
SWOT分析	1. 地处深圳楼市热点片区； 2. 都市板块和生态板块的交节点； 3. 拥有自然原生水系山脉景观优势； 4. 项目周边有多个成熟小区，居住氛围良好	1. 项目位于梅林关以外，高端客户的心理障碍； 2. 片区整体形象较差； 3. 与梅坂公路相邻，项目受噪声及扬尘影响较大； 4. 周边商业、教育等配套相对较弱

续表

机会——Opportunities	SO 战略（发挥优势，抢占机会）	WO 战略（利用机会，克服劣势）
1. 水源保护地，健康生态的原生环境，类似的地块再审批较难； 2. 城市化进程加快，片区内的基础设施将会日益完善； 3. 周边竞争对手已基本成型，有利于进行针对性的差异化设计	1. 强化地段规划，打造生态健康社区，保护自然资源； 2. 利用空档期，抢占时机，创立形象； 3. 树立环保生态标志性； 4. 唯一性路段昭示	1. 利用市场空当快速建立高端项目社区形象； 2. 利用中心区在大众心目中的愿景，克服产品劣势，将产品价值愿望提升； 3. 创造价值点，提升产品价值感； 4. 营销引导，样板房、工程样板房（规避产品缺陷）； 5. 强化本项目规划的商业及教育配套影响力
威胁——Threats	**ST 战略（发挥优势，避免威胁）**	**WT 战略（减少劣势，避免威胁）**
1. 龙华片区推盘量逐年递增，竞争态势加剧； 2. 开发商的品牌号召力较弱； 3. 同类资源物业竞争激烈	1. 集中强势推广，建立差异化形象； 2. 加强展示、现场包装和区位再造，借势提升项目知名度； 3. 提供完善的服务让客户真实体验	1. 利用项目昭示优越性，完善项目自身包装展示，提高形象及知名度； 2. 提前蓄客，传递信息，解决客户资源问题

分析：

（1）项目稀缺的山水资源及相对较低的容积率，有利于项目营销中的概念提炼。

（2）项目规模不具备“大盘”的市场形象，但可以向高端精品社区的方向发展。

（3）项目目前的周边环境难以改造，周边厂房对居住功能有影响，必须从形象塑造上予以弥补。

（4）高举高打的高端住宅形象吸引高端客户前来购买，并通过实在的产品品质以及产品形象，给客户强烈的购买信心。

（5）强化本项目商业配套建设并大力宣传，说明商业对居住环境的影响。

综合结论：建议收购本项目旁边烂尾的实验学校大楼，通过和政府协作办学，使其成功运作，增加教育配套竞争优势。

第四节　扬州市某房地产市场调查案例

一、调查背景

与一、二线城市房企众多、竞争激烈、并且土地成本越来越高相比，当前三线城市其丰富的可开发土地资源，相对较低的拿地成本，新城开发等带来的各类需求也正促使更多的房企进入三线城市。种种条件下，三线城市无疑成为一片“价值洼地”。

大牌开发商的进入，往往会带动三线城市楼盘品质的提升和先进开发建设观念的培育，加快城市化进程和房地产市场的发展，所以当地政府对于外来资本大多持欢迎态度。这对于开发商圈地是一个很好的时机，但如果不能充分了解本土化的运作方式、融入当地经济文化氛围之中，难免还是会惨遭滑铁卢。所以房地产市场的深入调研此时显得尤为必要。

二、调查目的

为了更好地把握扬州市房地产市场，为了给景瑞的项目开发和产品定位提供市场反馈的真实有效数据。

三、调查过程

（一）市场环境分析

1. 市场政策环境

2014年上半年微调政策不断，各地房地产调控政策调整动作趋于频繁，在“双向调控”的基调下，定向放松限购或通过信贷、公积金等方式鼓励刚需，成为部分面临去风险化城市的政策调整突破口。

2014年5月份央行发布“央五条”，扬州公积金恢复又提又贷，并被列为“救市第7城”。不过事实证明，在信贷持续收紧，楼市库存压顶以及市场需求回落下，这些救市行为对于提高需求、提振市场的作用有限。

2. 市场经济环境

回首2018年上半年，不难看出扬州土地市场呈先热后冷的趋势，在2018年年初，土地市场延续2017年年末的火热，土地出让数量较多，但是随着整个房地产市场走淡，进入观望状态，扬州土地市场的热度也有所减退，地块入市步伐放缓。

3. 市场文化环境

近年随着人们受教育水平不断提高，传统的居住生活方式在不断发生变革，广陵区作为老城区在新时期也被赋予了新的活力，人们开始从居住、教育、生活等多方位地去定位一个房地产项目。这对景瑞发展京华城附近的市场有着重要的思考定位意义。

（二）调查方案

由于803地块开发项目较大，所以针对性地采用了不同人群的调查问卷方法，分别是

街头访问、公司员工调查、小区访问。

1. 街头访问

调查对象：京华城附近消费人群，年龄在 20~65 岁。

对这些人群直接采取问卷方式，让其填写日常购买物品和在附近的商品购买情况，同时对问卷人群附近的生活环境和娱乐设施做出详细的问卷。

2. 公司员工调查

调查对象：附近公司及单位、机构的员工，由景瑞地产公司派出员工代表对附近公司和单位、机构进行员工问卷调查。

主要以自身所在公司及单位的规模、相关待遇和生活感受等做出较为详细的问卷。同时问卷能够调查出员工对于所在的单位提出改善和提高的相关建议。

3. 小区访问

调查对象：小区居民。

简单随机抽样出附近小区的楼栋号码，再随机抽样出具体单元和楼层，逐门逐户访问调查，问卷要涉及居民对自己生活环境的感受和购物、教育、上班等是否便捷以及居民希望小区做出哪些更好的完善和改进。

（三）具体方案

简单随机抽样，每种走访调查样本总量为 1 000 份，以 95% 的概率保证，每个类型分五个调查小组，流动进行问卷，公司派出专门的督导每天进行督察，并提出调查建议，每天调查完进行公司登记并汇报调查工作小结。

同时对于特殊情况可采取针对性的补充调查。

（四）京华城市场环境概况

京华城位于扬州新城西区，西邻扬州火车站，东接扬州市区，距扬州市中心约 6 千米，在京华城路与文昌西路交汇处，是一座全生活产业城，也是一座以住宅群配合城市功能导向作为商贸新城中心的“城中城”。该城建成后总开发面积 330 万平方米：其中住宅小区 130 万平方米，商务集聚区 200 万平方米，核心建筑是扬州京华城 Living Mall 全生活广场。

（五）803 地块区位优势和发展潜力

803 地块地靠京华城，位于正在不断开发的扬州西南城区，同时根据京华城相关项目发展情况针对性并互补性的开发项目，打造出一个集购物、生活、娱乐、办公等综合性商业圈，同时，未来的镇扬轨道交通线路更是为市场整体环境提供升值潜力空间。

通过调查数据进行定性分析，提炼出地块需要完善和改进的地方，这也将是 803 地块项目开发的重点。

（六）总结

通过调查可以发现，景瑞作为总部在上海的地产公司，对省内三线城市的房地产市场缺乏开发力度和拓展的魄力，由调查分析得出的相关结论不难发现扬州的地理和区位优势，若公司紧跟国家政策，在长三角地区以扬州为中心，向南京、上海、安徽、湖北、武汉等地开发，辐射由点到线继而成面，发展起来将会为公司带来巨大发展前景。

本章小结

房地产市场调查是指运用科学的方法，有目的、有计划、系统地判断、收集、记录、整理、分析、研究房地产市场过去及现在的各种基本状况及其影响因素，并得出结论的活动与过程，其目的是为房地产经营者预测其未来发展并为制订正确的决策提供可靠依据。房地产市场调查是项目必有的过程。

本章对土地获取方式进行了阐述，对区位选择、区位与房地产拓展的关系进行了描述，并详细归纳出区位选择的定性方法、定量方法和SWOT分析法。最后，利用扬州市某房地产开发项目，详细介绍了房地产市场调查的过程。

思考题

1. 阐述市场调查的概念含义，并对市场调查的流程进行分析。

2. 阐述土地资源的特性，并分析我国实行最严格耕地保护制度的根源。

3. 查阅相关文献，分析现行市场调查模式的优缺点，并提出改进方案。

4. 阐述土地出让和土地划拨的制度的异同，并对其管理流程进行设计。

5. 分析影响房地产项目选择的区位因素，并就相关指标进行定性或定量分析。

6. 阐述SWOT分析的含义，对某具体项目进行SWOT分析，并提出科学的建议。

7. 2017年7月18日，住房城乡建设部会同国家发展改革委、公安部、财政部、国土资源部、人民银行、税务总局、工商总局、证监会八部门联合印发《关于在人口净流入的大中城市加快发展住房租赁市场的通知》，提出将采取多种措施加快推进租赁住房建设，培育和发展住房租赁市场。要求人口净流入的大中城市要充分发挥国有企业的引领和带动作用，支持相关国有企业转型为住房租赁企业。目前，住房城乡建设部已会同有关部门选取了广州、深圳、南京、杭州、厦门、武汉、成都、沈阳、合肥、郑州、佛山、肇庆等12个城市作为首批开展住房租赁试点的单位。

2017年8月21日，国土资源部、住房城乡建设部共同印发《利用集体建设用地建设

租赁住房试点方案》，根据地方自愿，确定第一批在北京、上海、沈阳、南京、杭州、合肥、厦门、郑州、武汉、广州、佛山、肇庆、成都等13个城市开展利用集体建设用地建设租赁住房试点。

2017年12月18日至21日，中央经济工作会议在北京举行。会议指出，加快建立多主体供应、多渠道保障、租购并举的住房制度。要发展住房租赁市场特别是长期租赁，保护租赁利益相关方合法权益，支持专业化、机构化住房租赁企业发展。完善促进房地产市场平稳健康发展的长效机制，保持房地产市场调控政策的连续性和稳定性，分清中央和地方事权，实行差别化调控。

请结合2017年国家通过各种手段和方式大力发展租赁市场，试根据所学知识和有关信息分析如何做好租房市场调查报告。

第四章　房地产项目可行性研究

学习目标

通过对本章的学习，应掌握如下内容。

- 可行性研究的内容；
- 房地产项目投资与收入的测算；
- 房地产投资方案财务评价；
- 房地产投资项目的不确定性分析。

导言

可行性研究（Feasibility Study）是分析、计算和评价投资项目开发方案的经济效果和社会影响，研究项目的市场必要性、技术可行性和经济合理性，进行开发方案选择与投资方案决策的科学分析方法。可行性研究对房地产项目的经济、技术、社会等方面进行初步预测和评价，为房地产开发项目投资决策提供科学可靠的依据。

第一节　可行性研究概述

可行性研究既是对项目前景进行科学预见的方法，也是对项目构思细化和方案创造的过程。整个过程分阶段进行，其设计深度和准确程度也随工作的深入而逐渐提高。

一、可行性研究的含义和目的

可行性研究是以市场供求为立足点，以资源限量为约束条件，以科学方法为分析手段，以技术经济相结合为综合指标，以提供投资决策依据为目的的行为系统。

1. 可行性研究的含义

可行性研究是指在投资决策前，对建设项目进行全面的技术经济分析、论证的行为系统。具体地讲，可行性研究就是在建设项目投资决策前，对与项目有关的社会、经济和技术等方面的情况进行细致深入的研究；对拟定的各种可能的建设方案或技术方案进行认真的技术经济分析、比较和论证；对项目的经济、社会、环境效益进行科学的预测和评价。在此基础上，综合研究建设项目的技术先进性和适用性、经济合理性以及建设的可能性和可行性，由此确定该项目能否投资及如何投资等，并给出建议，为最终决策提供科学依据。

2. 可行性研究的目的

可行性研究的根本目的是实现项目决策的科学化、民主化，尽量减少或避免投资决策的失误，提高开发项目的经济、社会和环境效益。

房地产开发是一项综合性的经济活动，投资数额大、建设周期长、涉及范围广。为使开发项目达到预期的经济效果，必须做好可行性研究工作，使项目的许多重大经济技术原则和基础资料得到切实解决和落实。依据可行性研究的结论进行投资分析，有助于确保开发商的决策建立在科学的基础上。

为了适应社会主义市场经济的发展，加强房地产投资项目经济评价，根据《国务院关于投资体制改革的决定》精神，国家制定了许多的规范性文件，来监督和规范我国的房地产投资项目经济评价工作。建设部发布的《房地产开发项目经济评价方法》(建标〔2000〕205 号)，是指导我国房地产开发项目可行性研究工作的主要参考文献。

二、可行性研究的应用

可行性研究广泛应用于开发商向政府部门申请投资项目核准、企业内部投资决策、开发项目融资决策和指导开发建设过程的各阶段，为投资决策提供科学合理的依据。可行性研究作为工程决策的论证环节，投入低，影响大。如图 4-1 所示，应特别引起投资决策者的注意。

1. 申请投资项目核准的依据

可行性研究是为了充分发挥市场配置资源的基础性作用，确立企业在投资活动中的主体地位，保护投资者的合法权益，营造有利于各类投资主体间公平、有序竞争的市场环境，促进生产要素的合理流动和有效配置，优化投资结构，提高投资效益，推动经济协调发展和社会全面进步，促进政府对企业投资管理制度改革的日益深化。

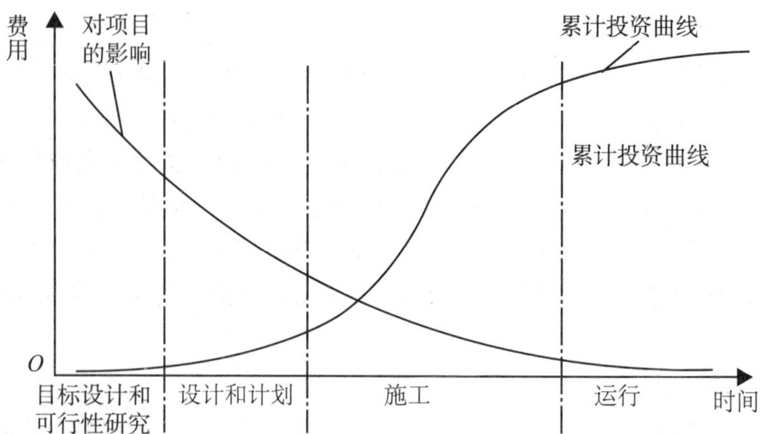

图 4-1　累计投资与项目影响线

按照“谁投资、谁决策、谁收益、谁承担风险”的原则，为建立“市场引导投资、企业自主决策、银行独立审贷、融资方式多样、中介服务规范、宏观调控有效”的新型投资体制、国家改革企业投资项目审批制度，并从 2004 年下半年开始推行企业投资项目核准制。

在核准过程中，政府投资主管部门核准项目的主要依据是核准项目申请报告。为统一和规范管理，国家发改委颁布了《国家发展改革委关于发布项目申请报告通用文本的通知》（发改投资〔2017〕684 号），对核准项目申请报告进行了规范，涉及内容和深度的要求。政府对企业提交的项目申请报告，主要是从维护经济安全、合理开发利用资源、保护生态环境、优化重大布局、保障公共利益、防止出现垄断等方面进行核准，不再对投资项目的市场前景、经济效益、资金来源和产品技术方案等进行审批。同时，投资项目还要依法办理环境保护、土地使用、资源利用、安全生产、城市规划等许可手续。

2. 项目投资决策的依据

一个开发建设项目，特别是大中型项目，需要投入大量的人力、物力和财力，很难凭经验或感觉进行投资决策。因此，需要通过投资决策前的可行性研究，明确该项目的建设地址、规模、建设内容与方案等在技术上是否可行，法律上是否允许。同时，还要研究开发项目竣工后能否找到适当的使用者或购买者，判断项目的市场竞争力，测算开发项目的投资效果等。通过分析研究工作，明确该开发项目是否应该建设、如何建设以及采用何种建设方案能取得最佳的投资效果等，并以此作为开发项目投资决策的依据。

3. 筹集建设资金的依据

几乎所有的开发商都要为其投资的开发项目筹集建设资金。不管是权益资金还是债务资金的筹措，相关投资者或金融机构都要求开发商提供开发项目的可行性研究报告，并借此审查项目的盈利能力和还款能力。只有在投资者或金融机构对可行性研究报告进行全面、细致的分析评估后，才能确定是否参与投资或者发放贷款。

4．开发商与有关部门签订协议、合同的依据

项目所需的设备、材料、协作条件以及供电、供水、供热、通信、交通等很多方面，都需要与有关机构或部门协作。相关供应协议、合同都需要以可行性研究报告为基础进行商谈。

5．编制下阶段规划设计的依据

在可行性研究报告中，需要对开发建设项目的地址、规模、规划设计方案构想、主要设备选型、单项工程结构形式、配套设施和市政公用设施的种类、建设进度等进行分析和论证，确定原则，推荐建设方案。开发商完成可行性研究报告并经政府审核备案后，就可以据此撰写设计任务书，进行后续的规划设计工作。

三、可行性研究的依据

根据国家现行法规政策，进行项目可行性研究的主要依据有以下方面。

（1）国家相关法律法规。

（2）国家和区域经济社会发展规划、城市总体规划、土地利用规划以及行业发展规划。

（3）国家宏观调控政策、产业政策、行业准入标准。

（4）城市规划行政主管部门出具的规划意见。

（5）《国家土地使用权出让合同》或国有土地使用权证书，或国土资源行政主管部门出具的项目用地预审意见，或国有土地使用权出让文件。

（6）环境保护行政管理部门出具的环境影响评价文件的审批意见。

（7）交通行政主管部门出具的交通影响评价文件的意见。

（8）自然、地理、气象、水文地质、经济、社会等基础资料。

（9）有关工程技术方面的标准、规范、指标、要求等资料。

（10）国家所规定的经济参数和指标。

（11）开发项目备选方案的土地利用条件、规划设计条件以及备选规划设计方案等。

（12）国家进出口贸易政策和关税政策。

四、可行性研究的阶段划分

可行性研究是在投资前期所做的工作，通常分为机会研究、初步可行性研究、详细可行性研究、项目评估与决策四个工作阶段，每个阶段的内容由浅到深、层层递进。

1. **机会研究**

机会研究是指在某一地区或部门内，以市场调查和市场预测为基础，进行粗略和系统的估算，选择最佳投资机会，它是对项目投资方向提出的原则设想。

机会研究分为一般投资机会研究和特定项目投资机会研究。前者又分为地区研究、部门研究和以利用资源为基础的研究三种，目的是指明具体的投资方向。后者包括市场研究、项目意向的外部环境分析以及承办者优劣势分析。其目的是最终为决策者提供具体项目建议或投资提案；同时提出粗略的比较优选和论证的依据。

机会研究的主要研究对象包括地区情况、经济政策、资源条件、劳动力状况、社会条件、地理环境、国内外市场情况、项目建成后对社会的影响等。

机会研究相当粗略，主要依靠笼统的估计而不是详细的分析。该阶段投资估算的精确度为 ±30%，研究经费一般占总投资的 0.2%~1.0%，所需时间约 1~3 个月。如果经机会研究认为是可行的，就可以进行下一阶段的研究。

2. **初步可行性研究**

初步可行性研究是在机会研究的基础上，进一步对项目建设的可能性与潜在效益做论证分析。主要解决的问题包括：① 分析机会研究的结论，做出是否投资的决定；② 是否有进行详细可行性研究的必要；③ 确定需要进行深入研究或辅助研究的关键问题。

在初步可行性研究阶段需对以下内容进行粗略审查：市场需求与供应、土地供应状况、建筑材料供应状况、项目所在地区的社会经济情况、项目地址及周围环境、项目规划设计方案、项目进度、项目销售收入与投资估算、项目财务分析等。初步可行性研究与详细可行性研究的区别，主要在于获得资料的详细程度不同，计算结果的精度不同，并且分析的深度也不同。对一些中小型投资项目，或某些在投资机会研究阶段就已经获得足够资金的项目，往往就越过初步可行性研究阶段，直接进入项目可行性研究阶段。

初步可行性研究阶段投资估算精度可达 ±20%，所需费用约占总投资的 0.25%~1.5%，所需时间为 2 个月左右。至于深入研究或辅助研究则是对投资项目的一个或几个重要方面进行单独研究，用作初步可行性研究和详细可行性研究的先决条件，或用以支持这两项研究。

3. **详细可行性研究**

详细可行性研究阶段即通常所说的可行性研究，是项目投资可行性研究全过程中最重要的一个部分。该阶段占用大量的原始数据，对拟投资项目进行全面的技术经济论证，并分析项目在政策与法律、资源与环境等方面的可行性，是做出投资与否决策的关键步骤。

这一阶段对建设投资估算的精度在 ±10%，所需费用小型项目约占总投资的 1%~3%，大型复杂项目占 0.2%~1%，所需时间为 2~3 个月。

4. 项目评估与决策

按照国家规定，政府对《政府核准的投资项目目录》以内的企业投资实行核准制度，对《政府核准的投资项目目录》以外的企业投资项目实行备案制度。国家、省市或区县政府投资主管部门在对项目进行核准或备案时，开发建设单位必须提交由具备相应工程咨询资质的机构编制的《项目申请报告》。未取得政府核准文件的建设项目，均不得开工建设。

项目建设必须实行"先咨询评估，后决策"的科学决策程序。政府对企业投资项目进行核准的过程，实际上是由投资管理部门组织，或授权有资质的工程咨询机构，或投资咨询机构，或有关专家，代表国家，对开发建设单位提交的建设项目可行性研究报告进行全面审核和再评估的过程。

为贯彻落实《国务院办公厅关于促进建筑业持续健康发展的意见》(国办发〔2017〕19号)，培育全过程工程咨询，住建部于2017年5月推行发展全过程工程咨询试点工作。全过程工程咨询是指建设单位根据工程特点和自身需要，将项目建议书、可行性研究报告编制、项目实施总体策划、报批报建管理、合约管理、勘查管理、规划及设计优化、工程管理、招标代理、造价控制、验收移交、配合审计等全部或部分业务一并委托给一个全工程咨询企业来完成。旨在推动工程咨询服务企业加快与国际工程管理方式接轨，为工程服务企业的转型发展、积极参与"一带一路"项目建设创造有利条件。

项目的评估与决策是在可行性研究的基础之上，从企业整体的角度对拟投资建设项目的计划、设计、实施方案进行全面的技术经济论证和评价，从而确定投资项目未来发展的前景；根据投资方向、投资布局的战略构想，充分考虑国家有关的方针政策，在广泛占有信息资料的基础上，对拟建项目进行技术经济分析和多种角度的综合分析评价，选择并最终确定项目建设的满意方案。

第二节 可行性研究的内容和步骤

可行性研究是投资项目建设前期研究工作的重要环节，宏观上可以控制投资的规模和方向，改进项目管理；微观上可以减少投资决策的失误，提高投资效用。由于可行性研究内容广泛，过程要求客观公正，因此，需要对可行性研究的内容进行界定，步骤进行明确。

一、可行性研究的内容

房地产开发项目的可行性研究主要分为三个方面：一是项目的必要性；二是开发项目在现有资源约束条件下实施的技术可能性；三是项目的经济合理性。

（一）项目实施的市场必要性

必要性从两个方面考虑。一是从社会需求考虑，要求符合国家城市建设发展的需求，追求该项目的社会效益。如果违背社会经济发展计划，势必会引起效益低下。为此，需要对城市的社会、经济发展进行调查分析，对市场需求进行分析和预测。二是从开发企业的角度考虑，项目开发对于企业的盈利、企业资金的积累等具有很强的经济意义。

（二）项目实施的技术可行性

项目的外部制约有两个方面。一种是软约束，主要是固定资产投资规模和城市规划对开发项目的限制条件，企业的资质和经济实力决定了投资项目的规模，投资规模与项目规模相匹配，过小或过大都会给开发项目带来不利影响。城市规划对开发项目有许多的限制和要求。例如，公共配套设施、建设密度、建筑高度、容积率、建筑风格、建筑用途等都对开发企业提出了很高的要求，这些要求限制了开发的随意性，不同程度地影响到开发企业的选择。另一种则是硬约束，主要是土地、资金、建筑材料、施工力量、城市基础设施，以及开发建设过程中和建成投入使用后的道路、电力、通信、上下水、热力等的供应和限制条件。这些因素直接影响着开发的过程和结果，如可造成开发周期延长，甚至形成"半拉子"工程。在进行可行性分析时，要充分考虑到项目开发对这些因素约束的承受力和突破力，否则可能对项目的启动、开发、建设和销售都会带来灾难性的影响。

（三）项目实施的经济合理性

经济合理性分析是项目可行性研究中的核心部分。在经济分析中，市场分析尤为重要，这与日益改进的经济体制有关，市场形势的变化对项目的成本、销售价格、利润等都有直接的影响。而技术对项目的约束力并不十分大，因为在现代科技条件下，不同的技术要求可通过各种方式得到满足，而且进行技术分析主要是考虑其实施中的经济合理性。

由于开发项目的性质、规模和复杂程度不同，其可行性研究的内容也不尽相同，各有侧重。一般房地产项目可行性研究的内容，主要包括以下几个方面。

1. 项目概况

项目概况具体包括：项目名称、开发建设单位；项目的地理位置，如项目所在城市、区和街道，项目周围主要建筑物等；项目所在地周围的环境状况，主要从工业、商业及相关行业现状及发展潜力、项目建设的时机和自然环境等方面，说明项目建设的必要性和可行性；项目的性质及主要特点；项目开发建设的社会、经济意义；可行性研究的目的、依据和范围。

2. 开发项目用地的现状调查及拆迁安置方案的制订

开发项目用地的现状调查及拆迁安置方案的制订，主要包括以下几个方面。

（1）土地调查。包括项目用地范围内的各类土地面积及使用单位等。

（2）人口调查。包括项目用地范围内的总人口数、总户数以及需拆迁的人口、户数等。

（3）建筑物调查。包括项目用地范围内建筑物的种类，各种建筑物的数量及面积，需要拆迁的建筑物种类、数量和面积等。

（4）单位调查。包括生产、经营企业以及个体经营者的经营范围、占地面积、建筑面积、营业面积、职工人数、年营业额、年利润额等。

（5）管线调查。主要应调查上水管线、雨水管线、污水管线、热力管线、燃气管线、电力和电信管线的现状及规划目标和其可能实现的时间。

（6）其他地下、地上物的调查。其他地下物包括水井、人防工程、菜窖等；地上物包括各种树木、植被等。开发项目用地的状况一般要附平面示意图。

（7）制订安置方案。包括需要安置的总人数和户数，需要安置的各房屋套数及建筑面积，需要安置的劳动力人数等。

（8）制订拆迁计划。

3. 市场分析和建筑规模的确定

市场分析和建筑规模的确定主要包括：市场供给现状分析与预测；市场需求现状分析与预测；市场交易数量和价格分析与预测；服务对象分析；租售计划制订；拟建项目规模的确定。

4. 规划设计方案的选择

规划设计方案的选择主要包括以下几个方面。

（1）市政规划方案选择。其主要内容包括各种市政设施的布置、来源、去路和走向，大型商业开发项目要重点规划好交通组织和共享空间等问题。

（2）项目构成及平面布置。

（3）建筑规划方案选择。其内容主要包括各单项工程的占地面积、建筑面积、层数、层高、房间布置、各种房间的数量、建筑面积等，要附规划设计方案详图。

5. 资源供给条件分析

资源供给条件主要包括建筑材料的需要量、采购方式和供应计划，施工力量的组织计划，项目施工期间的动力、水等供应，项目建成投入生产或使用后水、电、热力、煤气、交通、通信等供应条件。

6. 环境影响评价

环境影响评价的主要内容包括：建设地区的环境现状，主要污染源和污染物，开发项

目可能引起的周围生态变化，设计采用的环境保护标准，控制污染与生态变化的初步方案，环境保护投资估算，对环境影响的评价结论和环境影响分析，存在的问题及建议。

7. 项目开发组织机构和管理费用研究

项目开发组织机构和管理费用研究的主要内容包括拟定开发项目的管理体制、机构设置及管理人员的配备方案，拟定人员的培训计划，估算年管理费用支出情况。

8. 开发建设计划的编制

开发建设计划的编制主要包括以下几个方面。

（1）前期开发计划。包括从项目创意、可行性研究、下达规划任务、征地拆迁、委托规划设计、取得开工许可证直至完成开工前准备等一系列工作计划。

（2）工程建设计划。包括各个单项工程的开工、竣工时间，进度安排，市政工程的配套建设计划等。

（3）建设场地的布置。

（4）施工队伍的选择。

9. 项目经济及社会效益分析

对项目进行经济及社会效益分析主要包括以下几个方面。

（1）项目总投资估算。包括开发建设投资和经营资金两部分。

（2）项目投资来源、筹措方式的确定。

（3）开发成本估算。

（4）销售成本、经营成本估算。

（5）销售收入、租金收入、经营收入和其他营业收入计算。

（6）财务评价。分析计算项目投资回收期、财务净现值、财务内部收益率和投资利润率、借款偿还期等技术经济指标，对项目进行财务评价。

（7）国民经济评价。对于工业开发等大型房地产开发项目，还需进行国民经济评价。

（8）风险分析。一方面结合政治形势、国家方针政策、经济发展趋势、市场周期、自然等方面因素的可能变化，进行定性风险分析；另一方面采用盈亏平衡分析、敏感性分析、概率分析等分析方法进行定量风险分析。

（9）项目环境效益、社会效益及综合效益评价。

10. 结论及建议

结论及建议包括以下两点。

（1）运用各种数据从技术、经济等诸方面论述开发项目的可行性，并推荐最佳方案。

（2）存在的问题及相应的建议。

二、可行性研究的步骤

可行性研究是开发项目决策的重要过程，具有较强的系统性，一般按以下五个步骤进行。

1. 接受委托

根据用途不同，可行性研究报告可由公司内部专业人员编制，也可以委托有资质的工程咨询或投资咨询机构编制。为了提高投资决策的科学性，也为了使可行性研究报告具有更广泛的用途，开发建设单位通常委托咨询机构编制，以获得来自独立第三方的专业意见。在可行性研究工作的委托合同中，要明确规定可行性研究的工作范围、目标意图、进度安排、费用支付方法及协作方式等内容；咨询机构接受委托时，应获得委托方提供的项目构思、有关背景资料，搞清楚委托方的目的和要求，明确研究内容，制订计划，并收集有关的基础资料、指标、规范、标准等基本数据。

2. 调查研究

调查研究是从市场调查和资源调查两个方面进行的。市场调查应查明和预测市场的供给和需求量、价格水平、竞争能力等，以确定项目的经济规模和项目构成。资源调查包括建设地点调查、开发项目用地状况、交通运输条件、外围基础设施、环境保护、水文、地质、气象等方面的调查，为下一步规划方案设计和技术经济分析提供准确的资料。

3. 方案选择和优化

方案选择和优化是根据委托方提供的项目构想，结合市场和资源调查，在收集到的资料和数据的基础上，建立若干可供选择的开发方案，进行反复的方案论证和比较，会同委托单位或部门明确方案选择的重大原则问题和优选标准，采用技术经济分析的方法，评选出合理的方案。

4. 财务评价和国民经济评价

对经上述分析后所确定的最佳方案，在估算项目投资、成本、价格、收入等基础上，进而对方案进行详细财务评价和国民经济评价。研究论证项目在经济上的合理性和盈利能力，进一步提出资金筹措建议和项目实施总进度计划。

5. 编制可行性研究报告

经过上述分析与评价，即可编制详细的可行性研究报告，推荐一个以上的可行方案和实施计划，提出结论性意见、措施和建议，供决策者作为决策依据。

第三节　房地产项目投资与收入测算

项目的经营效果评价是可行性研究中非常重要的内容，项目经营效果的计算和评价必

须以项目投资和收入数据为计算基础。因此，进行可行性研究时，对项目的投资和收入的测算是必不可少的内容。

一、投资估算

房地产开发项目投资估算的范围包括土地费用、前期工程费、房屋开发费、管理费、财务费、销售费、开发期税费、其他费用和不可预见费等。各项费用的构成复杂、变化因素多、不确定性大，尤其是不同建设项目类型的特点不同，其费用构成有较大的差异。

（一）土地费用

开发项目土地费用是指为获取开发项目用地而发生的费用。获取土地使用权有多种方式，所产生的费用各不相同，主要有以下几种。

1. 土地征用费

土地征用费可划分为农村土地征用费和城镇土地拆迁补偿费。

农村土地征用费主要包括土地补偿费、青苗补偿费、地上附着物补偿费、安置补偿费、新菜地开发建设基金、征地管理费、耕地占用税、拆迁费、其他费用。

城镇土地拆迁补偿费主要包括地上建筑物、构筑物、附着物补偿费，搬家费，临时搬迁安置费，周转房摊销以及对于原用地单位停产、停业补偿费，拆迁管理费和拆迁服务费等。

2. 土地出让价款

土地出让价款由土地出让金和其他价款组成。土地出让金是国家以土地所有者的身份收取的，将土地使用权在一定年限内让予土地使用者使用的经济补偿。

以出让形式获取城市毛地土地使用权时，土地出让地价款由土地出让金、拆迁补偿费和城市基础设施建设费构成；以出让方式获得城市熟地土地使用权时，土地出让地价款由土地使用权出让金和城市基础设施建设费构成。

土地出让价款受多种因素综合影响，为避免土地资源低价流失，许多城市制订了基准地价，具体宗地的土地出让价款要在基准地价的基础上进行适当调整确定。

3. 土地转让费

土地转让费是指土地受让方向土地转让方支付的土地使用费用。依法通过土地出让或转让方式获取的土地使用权，可以转让给其他合法使用人。土地使用权转让时，地上建筑物及其他附着物的所有权随之转让。

4. 土地租用费

土地租用费是指土地租用方向土地出租方支付的费用。以租用方式取得土地使用权可

以减少项目开发的初期投资，但在房地产项目中较为少见。

5. 土地投资折价款

房地产项目土地使用权可以来自房地产项目的一个或多个土地合作方。在这种情况下，不需要筹集现金用于支付土地使用权的获取费用，但一般需要对土地使用权评估作价，直接投资入股。

（二）前期工程费

前期工程费主要包括开发项目的可行性研究费、工程勘察费、城市规划设计费、工程设计费、环境影响咨询评估费、交通影响咨询评估费、建设工程规划许可证执照费以及“三通一平”等土地开发工程费。

项目的规划、设计、可行性研究所需要的费用支出一般可按项目总投资的一定百分比进行估算，一般情况下，规划设计费为建安工程费的 3% 左右，可行性研究费占项目总投资的 1%~3%。水文、地质勘探所需的费用可根据所需工作量结合有关收费标准估算，一般为设计概算的 0.5% 左右。

“三通一平”等土地开发费用主要包括地上原有建筑物、构筑物拆除费用，场地平整费用和通电、通水、通路的费用。这些费用可根据实际工作量参照有关计费标准估算。

（三）房屋开发费

1. 费用范围

房屋开发费包括建筑安装工程费、公共配套设施建设费和基础设施建设费。

（1）建筑安装工程费。建筑安装工程费是指直接用于工程建设的总成本费用，主要包括基础工程费、土建工程费（建筑、结构）、设备采购费和安装工程费用（给排水、电气照明及设备安装、空调通风、弱电设备及安装、电梯及其安装、其他设备及安装费等）和室内装修工程费等。当房地产项目包括多个单项工程时，应对各个单项工程分别估算建筑安装工程费用。

（2）公共配套设施建设费。公共配套设施建设费是指居住小区内为居民服务配套建设的各种非营利性的公共配套设施（或公建设施）的建设费用。这些设施主要包括居委会、派出所、托儿所、幼儿园、公共厕所、停车场、邮局、人防工程等。建设费用一般按规划指标和实际工程量估算。

（3）基础设施建设费。基础设施建设费是指建筑物 2 米以外和项目红线范围内的各种管线、道路工程的建设费用，主要包括自来水、雨水、污水、煤气、热力、供电、电信、道路、绿化、环卫、室外照明等设施的建设费用，各项设施与市政设施干线、干管、干道等的接口费用。一般按实际工程量计算。

2. 估算方法

在可行性研究阶段，房屋开发费中各项费用的估算，可以采用单元估算法、单位指标估算法、工程量近似匡算法、概算指标估算法、概预算定额法，也可以根据类似工程经验进行估算。具体估算方法的选择应视资料的可获得性和费用支出的情况而定。比较常用的方法有以下几种。

（1）单元估算法。单元估算法是指以基本建设单元的综合投资乘以单元数，得到项目或单项工程总投资的估算方法。

（2）单位指标估算法。单位指标估算法是指以单位工程量投资额乘以总工程量，得到单项工程投资的估算方法。

（3）工程量近似匡算法。工程量近似匡算法采用与工程概预算类似的方法，先近似匡算工程量，配上相应的概预算定额单价和取费标准，近似计算项目投资。

（4）概算指标估算法。概算指标估算法采用综合的单位建筑面积和建筑体积等建筑工程概算指标，计算整个工程费用。常使用的估算公式为

$$\text{直接费} = \text{每平方米造价指标} \times \text{建筑面积}$$

$$\text{主要材料消耗量} = \text{每平方米材料消耗量指标} \times \text{建筑面积}$$

（四）管理费

管理费是指开发商的企业管理部门为组织和管理开发经营活动而产生的各项费用。主要包括管理人员工资、职工福利费、办公费、差旅费、折旧费、修理费、工会经费、职工教育经费、劳动保险费、待业保险费、董事会费、咨询费、审计费、诉讼费、排污费、房地产税、土地使用税、技术转让费、技术开发费、无形资产摊销、开办费摊销、业务招待费、坏账损失、存货盘亏、毁损和报废损失以及其他管理费用。

管理费可按项目总投资的 3%~5% 估算。如果开发商同时开发若干个房地产项目，管理费应该在各项目间合理分摊。

（五）财务费

财务费是指企业为筹集资金而发生的各项费用，主要是借款或债券的利息，还包括金融机构手续费、融资代理费、承诺费、外汇汇兑净损失以及企业筹资发生的其他财务费用、利息的计算，可参照金融市场利率和资金分期投入的情况按复利计算；利息以外的其他融资费用，一般占利息的 10% 左右。

若有多种借款资金来源，每笔借款的年利率各不相同，既可分别计算每笔款的利息，也可先计算出各笔借款加权平均的年利率，并以此利率计算全部借款的利息。

有时，财务费用也指项目开发所有投资的资金使用成本。因为即使这些资金全部占用开发商自有资金，也会涉及资金的使用成本问题。

（六）销售费

销售费是开发商在销售房地产产品过程中发生的各项费用，以及设置售楼处或委托销售代理的各项费用，包括销售人员的工资、奖金、福利费、差旅费，售楼处的折旧费、修理费、物料消耗费、广告宣传费、代理费、销售服务费及销售许可证申领费等。

销售费主要包括以下四项。

（1）广告宣传费及市场推广费用。为销售收入的 2%~3%。

（2）销售代理费。为销售收入的 1.5%~2%。

（3）维修基金。按每平方米销售面积额定数目计取。

（4）销售期间各种税费。包括房地产初始登记费（按销售费的 0.02% 计取）；房地产勘丈费（按每平方米住宅面积的 0.6~0.7 元计取）；交易手续费（按销售额的 0.08% 计取）；印花税（按销售额的 0.03% 计取）。

以上各项合计，销售费用占销售收入的 4%~6%。

（七）开发期税费

房地产开发项目投资估算中，应考虑项目开发期所负担的各种税金和地方政府或有关部门征收的费用。主要包括固定资产投资方向调节税（暂停征收）、市政支管线分摊费、供电贴费（电力增容费）、分散建设市政公用设施建设费、防洪工程建设维护管理费、绿化建设或补偿费、建材发展补偿基金、人防工程费（防空地下室易地建设费）等。在一些大中型城市，这部分税费在房地产开发项目总投资中占较大比重。各项税费根据当地标准估算。

（八）其他费用

其他费用主要包括临时用地费和临时建设费、工程造价咨询费、总承包管理费、合同公证费、施工执照费、工程质量监督费、工程监理费、竣工图编制费、工程保险费、建设工程招投标管理费、建设工程监理招投标交易服务收费、建设工程设计招投标交易服务费、建设工程勘察招标管理费、工程标底编制管理费、招标代理服务费、地下水资源费（地下水资源养蓄基金）、合同预算审查工本费。

（九）不可预见费

不可预见费又称预备费，主要考虑建设期可能发生的风险因素而导致的建设费用增加。按照风险因素的性质划分，预备费又包括基本预备费和涨价预备费。

为了便于对房地产开发项目各项投资进行分析和比较，常把估算结果以汇总表的形式列出，如表 4-1 所示。但在实际项目投资估算中，有关费用项目的列示并非一成不变。

表 4-1　房地产项目投资估算表

费 用 项 目	计费标准与依据	投资金额/万元	单位成本（元/m²）	占开发成本比重/%
一、土地费用				
1. 出让金				
2. 城市建设配套费				
3. 拆迁安置补偿费				
4. 手续费及税金				
二、前期工程费				
三、房屋开发费				
1. 建筑安装工程费				
2. 公共配套设施建设费				
3. 基础设施建设费				
四、管理费				
五、财务费用				
六、销售费用				
七、开发期税费				
八、其他费用				
九、不可预见费				
总　计				

二、编制资金使用计划

开发商应根据可能的建设进度和将会发生的实际付款时间和金额，编制资金使用计划，合理实现资金平衡。在房地产项目可行性研究阶段，计算期可取年、半年、季度、月为单位，资金使用计划按期编制。编制资金使用计划应考虑各种投资款项的付款特点，要充分

考虑预收款、欠付款、预付定金以及按工程进度付款的具体情况（如表 4-2 所示）。

表 4-2　房地产开发项目资金使用计划表

项　目	合　计	开发经营期						
		1	2	3	4	5	…	*n*
1. 土地费用								
1.1 土地出让金								
1.2 城市建设配套费								
1.3 征地拆迁补偿费								
1.4 手续费及税金								
2. 前期工程费								
2.1 可行性研究费								
2.2 勘察设计费								
2.3“三通一平”费								
3. 房屋开发费								
3.1 建筑安装工程费								
3.2 公共配套设施建设费								
3.3 基础设施建设费								
4. 管理费								
5. 财务费用								
6. 销售费用								
7. 开发期税费								
8. 其他费用								
9. 不可预见费								
合　计								

三、收入估算

估算房地产开发项目的收入，首先要制订切实可行的租售计划（含销售、出租、自营等计划）。租售计划的内容通常包括租售方案、租售价格、租售收入及收款方式。租售计划应遵守政府有关租售和经营的规定，并与开发商的投资策略相配合。

1. 租售方案

租售物业的类型和数量，要结合房地产开发项目可提供的物业类型、数量来确定，要充分考虑租售期内，房地产市场的可能变化对租售数量的影响。对于具体的房地产开发项目，必须明确出租面积和出售面积的数量及其与建筑物的对应关系，在整个租售期内每期（年、半年、季度、月）拟销售或出租的物业类型和数量，综合用途的房地产开发项目，应按不同用途或使用功能划分。

2. 租售价格

租售价格应在房地产市场分析的基础上确定，一般可选择在位置、规模、功能和档次等方面可比的交易实例，通过对其成交价格的分析与修正，最终得到房地产项目的租售价格。也可以参照房地产开发项目产品定价的技术和方法，确定租售价格。

租售价格的确定要与开发商市场营销策略相一致，在考虑政治、经济、社会等宏观环境对物业租售价格影响的同时，还应对房地产市场供求关系进行分析，考虑已建成的、正在建设的以及潜在的竞争项目，对拟开发项目租售价格的影响。

3. 租售收入

房地产开发项目的租售收入等于可租售价格的数量乘以单位租售价格。应注意可租售面积比例对收入的影响，空置期（项目竣工后一定时期内找不到买家或租客的时间）和空置率（未租售面积占可租售建筑面积的百分比）对年租金收入的影响，以及由于规划设计原因导致不能租售面积对收入的影响。租售收入估算要计算出每期（年、半年、季度、月）所能获得的租售收入，并形成租售收入计划。租售收入的估算可参照表4-3和表4-4所提供的格式进行。

在进行项目的净收入测算时，要考虑经营期间产生税金及附加，如增值税、城市维护建设税及教育费附加等。2016年国家推行了营业税改增值税的政策，根据《财政部国家税务总局关于全面推开营业税改征增值税试点的通知》（财税〔2016〕36号）及现行增值税有关规定，国家税务总局发布了《房地产开发企业销售自行开发的房地产项目增值税征收管理暂行办法》，以明确房地产开发企业销售自行开发的房地产项目，如何征收管理的相关问题。

表 4-3　销售收入及经营税金估算表

项　目	合　计	开发经营期				
		1	2	3	…	n
1. 销售收入						
1.1 可销售面积 /m^2						
1.2 单位售价（元 /m^2）						
1.3 销售比例						
2. 增值税 / 万元						
…						

表 4-4　出租收入及经营税金估算表

项　目	合　计	开发经营期				
		1	2	3	…	n
1. 租赁收入						
1.1 可出租面积 /m^2						
1.2 单位租价（元 /m^2）						
1.3 出租比例						
2. 增值税 / 万元						
…						
3. 净出租收入						
3.1 出租价格 / 万元						
3.2 出租成本 / 万元						
3.3 出租税金 / 万元						

4. 收款方式

收款方式的确定应考虑房地产交易的付款习惯和惯例，确定分期付款期数和各期付款的比例。

【例 4–1】某代理项目合同金额 1 000 万元，期间发生广告费 20 万元，人工成本 300 万元，计算营业税和增值税。营业税税率为 5%，服务业增值税税率为 6%。

应缴营业税为：1 000 × 5%=50（万元）

销项税（开出发票）：［1 000/（1+6%）］× 6%=56.6（万元）

进项税（接受发票）：［20/（1+6%）］× 6%=1.1（万元）

应缴增值税为：销项税 – 进项税 =56.6–1.1=55.5（万元）

第四节　房地产项目财务评价

财务评价是利用拟建项目投入与产出的基础数据，对多个财务评价指标进行计算，在此基础上对项目的可行性进行判断。财务评价的结论性意见和建议是投资决策的重要依据。

一、财务评价的基本概念

财务评价是在房地产市场调查与预测，项目策划，投资、成本与费用估算，收入估算与资金筹措等基本资料和数据分析的基础上，根据国家现行财税制度和价格体系，分析、计算项目直接发生的财务效益和费用，编制财务报表，计算评价指标，考察项目的盈利能力、清偿能力以及资金平衡等财务状况，据以判别项目的财务可行性。

二、财务评价的指标体系

财务评价的指标体系主要包括项目的盈利能力指标评价和清偿能力指标的评价。

（一）盈利能力指标的计算方法

对项目的盈利能力指标进行计算时，根据是否考虑资金的时间价值，可以将盈利能力指标分为静态指标和动态指标（见表 4-5），分别进行计算评价。

表 4-5　房地产开发项目经济评价指标体系

盈利能力指标		清偿能力指标
静 态 指 标	动 态 指 标	
投资利润率	财务净现值 FNPV	借款偿还期
成本利润率	财务内部收益率 FIRR	利息备付率
资本金利润率	动态投资回收期 P_t'	偿债备付率
静态投资回收期 P_t		资产负债率

1. 静态指标

房地产开发项目的静态指标主要包括投资利润率、成本利润率、资本金利润率、静态投资回收期等。

（1）投资利润率。投资利润率又称为投资收益率或投资效果系数，是指项目经营期内一个正常年份的年利润总额或年平均利润总额与项目总投资的比率，主要用来评价项目的获利水平。对经营期内各年的利润变化幅度较大的项目，应计算经营期内年平均利润总额与项目总投资的比率。其计算公式为

$$投资利润率=\frac{年利润总额或年平均利润总额}{项目总投资}\times 100\%$$

其中：利润总额 = 经营收入（销售、出租、自营）– 总成本费用 – 销售税金及附加

$$销售税金 = 增值税 + 城市维护建设税 + 教育费附加$$

$$总投资 = 开发建设投资 + 经营资金$$

在财务评价中，投资利润率大于等于行业平均投资利润率，一般认为项目有盈利。

（2）成本利润率。成本利润率（RPC）是指开发利润占总开发成本的比率，是初步判断房地产开发项目财务可行性的一个经济评价指标。成本利润率的计算公式为

$$\text{RPC}=\frac{\text{GDV}-\text{TDC}}{\text{TDC}}\times 100\%=\frac{\text{DP}}{\text{TDC}}\times 100\%$$

式中：RPC——成本利润率；

GDV——项目总开发价值；

TDC——项目总开发成本；

DP——开发利润。

项目总开发成本是开发项目在开发经营期内实际支出的成本，包括土地费用、勘察设计和前期工程费、建筑安装工程费、基础设施建设费、公共配套设施建设费、其他工程费、开发期间税费、管理费用、销售费用、财务费用、不可预见费等。

成本利润率是开发经营期的利润率，不是年利润率。成本利润率除以开发经营期的年数，也不等于年成本利润率，因为开发成本在开发经营期内逐渐发生，而不是在开发经营期开始时一次投入。对于一个开发期为 2~3 年的项目，项目建成后出售，其开发商成本利润率大体应为 35%~45%。

（3）资本金利润率。资本金利润率是指项目经营期内，一个正常年份的年利润总额或

项目经营期内的年平均利润总额与资本金的比率，它反映投入项目的资本金的盈利能力。资本金是投资者为房地产开发投资项目投入的权益资本。资本金利润率的计算公式为

$$资本金利润率=\frac{年利润总额或年平均利润总额}{资本金}\times 100\%$$

资本金利润率是衡量投资者投入项目的资本金的获利能力。在市场经济条件下，投资者关心的不仅是项目全部资金所提供的利润，更关心投资者投入的资本金所创造的利润。资本金利润率越高，反映投资者投入项目资本金的获利能力越大。资本金利润率还是向投资者分配股利的重要参考依据，一般情况下，向投资者分配的股利率低于资本金利润率。

（4）静态投资回收期。静态投资回收期（P_t）是指当不考虑现金折现时，项目以净收益抵偿全部投资所需的时间，一般以年表示。对房地产投资项目来说，静态投资回收期自投资起始点算起。其计算公式为

$$\sum_{t=0}^{P_t}(\mathrm{CI}-\mathrm{CO})_t=0$$

式中：P_t——静态投资回收期；

CI——现金流入；

CO——现金流出；

（CI−CO）$_t$——第 t 期的净现金流量。

静态投资回收期可以根据财务现金流量表中累计净现金流量求得，当项目建成投产后各年的净现金流量不相同时，其计算公式为

$$P_t=(累计净现金流量开始出现正值期数-1)+\frac{上期累计净现金流量的绝对值}{当期净现金流量}$$

上式得出的是以计算周期为单位的静态投资回收期，应该再把它换算成以年为单位的静态投资回收期，其中的小数部分也可以折算成月数，以年和月表示，如 3 年零 9 个月，或 3.75 年。

2. 动态指标

项目盈利能力的动态指标主要有财务净现值、财务内部收益率和动态投资回收期。

（1）财务净现值。财务净现值（FNPV）是房地产开发项目财务评价中的一个重要经济指标，是指项目按行业基准收益率或设定的目标收益率 i_c，将各年的净现金流量折算到开发活动始点的现值之和，其计算公式为

$$FNPV=\sum_{t=0}^{n}(CI-CO)_t(1+i_c)^{-t}$$

式中：FNPV——项目在起始时间点的财务净现值；

$(CI-CO)_t$——第 t 期的净现金流量（应注意“+”“–”号）；

i_c——基准收益率或设定的目标收益率。

如果 FNPV ≥ 0，说明项目的获利能力达到或超过了基准收益率的要求，因而在财务上是可以接受的；如果 FNPV < 0，说明项目在财务上是不可接受的。

当投资项目的现金流仅具有一个内部收益率时，其财务净现值 FNPV 与 i 值之间的函数关系如图 4-2 所示。从图 4-2 中可以看出，当 i 值小于 FIRR 值时，对于所有的 i 值，FNPV 值都是正的；当 i 值大于 FIRR 值时，对于所有的 i 值，FNPV 值都是负的。

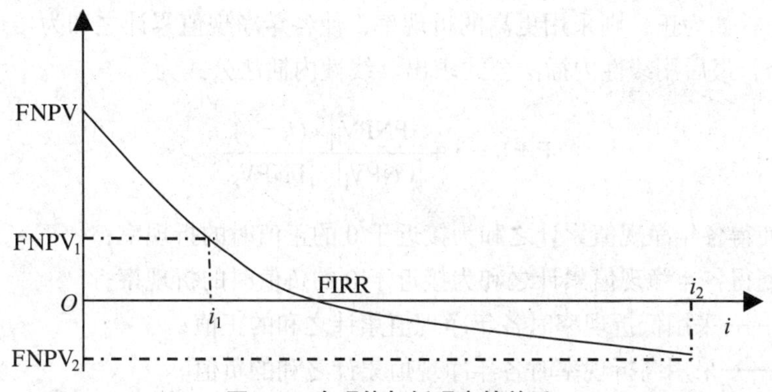

图 4-2　净现值与折现率的关系

（2）财务内部收益率。财务内部收益率（FIRR）是指项目在整个计算期内，各年净现金流量现值累计等于零时的折现率，是评估项目营利性的基本指标。此处的计算期，不同的租售方式略有不同，如表 4-6 所示。FIRR 的计算公式为

$$\sum_{t=0}^{n}(CI-CO)_t(1+FIRR)^{-t}=0$$

式中：CI——现金流入量；

CO——现金流出量；

$(CI-CO)_t$——项目在第 t 年的净现金流量；

$t=0$——项目开始进行的时间点；

n——计算期，即项目的开发或经营周期（年、半年、季度或月）。

表 4-6 房地产开发项目计算期选取规则

租售方式	计算期（开发经营期）界定
出售	为项目开发期与销售期之和。开发期是从购买土地使用权开始到项目竣工验收为止的周期，包括准备期和建造期；销售期是从正式销售（含预售）开始到销售完毕的时间周期；当预售商品房时，开发期与销售期有部分时间重叠
出租或自营	为开发期与经营期之和。经营期为预计出租或自营的时间周期；以土地使用权剩余年限和建筑物经济寿命中较短的年限为最大值；为计算方便，也可视为分析精度的要求，取 10~20 年

财务内部收益率的经济含义，是指在项目寿命期内，项目内部未收回投资每年的净收益率。同时意味着到项目寿命期终了时，所有投资可以被完全收回。

财务内部收益率可以通过线性内插法求得，即先按目标收益率或基准收益率求得项目的财务净现值，如为正，则采用更高的折现率，使各年净现值累计之和为接近于 0 的正值和负值各一个，最后用线性内插法公式求出。线性内插法公式为

$$\mathrm{FIRR} = i_1 + \frac{|\mathrm{FNPV}_1| \times (i_2 - i_1)}{|\mathrm{FNPV}_1| + |\mathrm{FNPV}_2|}$$

式中：i_1——使得各年净现值累计之和为接近于 0 的正值时的折现率；

i_2——使得各年净现值累计之和为接近于 0 的负值时的折现率；

FNPV_1——采用低折现率时各年净现值累计之和的正值；

FNPV_2——采用高折现率时各年净现值累计之和的负值。

式中 i_1 和 i_2 之差不应超过 1%~2%，否则，折现率 i_1、i_2 和净现值之间不一定呈线性关系，从而使所求得的内部收益率失真。

内部收益率表明了项目投资所能支付的最高贷款利率。如果贷款利率高于内部收益率，项目投资就会面临亏损，因此，所求出的内部收益率是可以接受贷款的最高利率。将所求出的内部收益率与行业基准收益率或目标收益率 i_c 比较，当 FIRR ≥ i_c 时，则认为项目在财务上是可以接受的，否则项目是不可接受的。

值得注意的是，求解 FIRR 的理论方程应有 n 个解，这也就引发了对项目内部收益率唯一性的讨论。研究表明，对于常规项目（净现金流量的正负号在项目寿命期内仅有一次变化），FIRR 有唯一性实数解；对于非常规项目（净现金流量的正负号在项目寿命期内有多次变化），计算 FIRR 的方程可能但不一定有多个实数解。因为项目的 FIRR 是唯一的，如果计算 FIRR 的方程有多个实数解，这些解都不是项目的 FIRR。因此，对非常规项目，必须根据 FIRR 的经济含义对计算出的 FIRR 进行检验，以确定是否能用 FIRR 评价该项目。

（3）动态投资回收期。动态投资回收期（P_t'）是指当考虑现金流折现时，项目以净收益抵偿全部投资所需的时间，它是反映开发项目投资回收能力的重要指标。对房地产投资项目来说，动态投资回收期自投资起始点算起，累计净现值等于零或出现正值的年份为投资回收终止年份，其计算公式为

$$\sum_{t=0}^{P_t'}(CI-CO)_t(1+i_c)^{-t}=0$$

式中：P_t'——动态投资回收期。

动态投资回收期以年表示，其详细计算公式为

$$P_t'=(\text{累计净现金流量现值开始出现正值期数}-1)+\frac{|\text{上年累计净现金流量现值}|}{\text{当年净现金流量现值}}$$

上式得出的是以计算周期为单位的动态投资回收期，应该再把它换算成以年为单位，其中的小数部分可以折算成月数，以年和月表示，如3年9个月或3.75年。

在项目财务评价中，动态投资回收期（P_t'）与基准投资回收期（P_c）相比较。如果 $P_t'\leqslant P_c$，则开发项目在财务上就是可以接受的。动态投资回收期指标一般用于评价开发完结后，用来出租经营或自营的房地产开发项目，也可以用于评价置业投资项目。

（二）清偿能力指标的计算方法

清偿能力主要考察计算期内各年财务状况及偿还能力，主要指标有借款偿还期、利息备付率、偿债备付率、资产负债率、流动比率、速动比率。

1. 借款偿还期

借款偿还期是指在国家规定及房地产投资项目具体财务条件下，项目开发经营期内，使用可用作还款的资金，偿还项目借款本金和利息所需的时间。借款偿还期的计算公式为

$$I_d=\sum_{t=1}^{P_d}R_t$$

式中：I_d——项目借款还本付息数额（不包括已用资本金支付的建设期利息）；

P_d——借款偿还期（从借款开始期计算）；

R_t——第 t 期可用于还款的资金（包括利润、折旧、摊销及其他还款资金）。

借款偿还期可由资金来源与运用表及国内借款还本付息表的数据直接推算，通常用“年”表示。从开始借款年份起偿还期的详细计算公式为

$$P_d=\text{借款偿还后开始出现盈余期数}-\text{开始借款期数}+\frac{\text{上期偿还借款额}}{\text{当期可用于还款的资金额}}$$

上述计算是以计算周期为单位，实际应用中应注意将其转换为以年为单位。当借款偿还期满足信贷机构的要求期限时，即认为项目是有清偿能力的。

2. 利息备付率

利息备付率是指项目在借款偿还期内，各年用于支付利息的税息前利润与当期应付利息费用的比率。其计算公式为

$$利息备付率=\frac{税息前利润}{当期应付利息费用}$$

式中税息前利润等于利润总额与计入总成本费用的利息费用之和。当期应付利息是指当期计入总成本费用的全部利息。利息备付率可以按年计算，也可以按整个借款期计算。

利息备付率表示使用利润偿付利息的倍数。对于一般房地产投资项目，该指标值应大于1，否则表示项目付息能力保证程度不足。对于出租经营或自营的房地产投资项目，该指标的计算非常重要。

3. 偿债备付率

偿债备付率是指项目在借款偿还期内各年用于还本付息的资金与当期应还本付息金额的比率。其计算公式为

$$偿债备付率=\frac{可用于还本付息资金}{当期应还本付息金额}$$

可用于还本付息的资金包括可用于还款的折旧和摊销、在成本中列出的利息费用、可用于还款的利润等。当期还本付息金额包括当期应还贷款本金及计入成本的利息。

偿债备付率可以按年计算，也可以按整个借款期计算。偿债备付率表示可用于还本付息的资金偿还借款本息的保障倍数。对于一般房地产投资项目，该指标应该大于1.2，当指标小于1.2时，表示当期资金来源不足以偿付当期债务，需要通过短期借款来偿还已到期的债务。该指标的计算对出租经营或自营的房地产投资项目也非常重要。

4. 资产负债率

资产负债率是反映项目各年所面临的财务风险程度及偿债能力的指标，属于长期偿债能力指标，它反映了债权人所提供的资金占全部资产的比例，即总资产中有多大比例是通过借债来筹集的，它可以用来衡量客户在清算时保护债权人利益的程度。其计算公式为

$$资产负债率=\frac{负债总额}{资产总额}\times 100\%$$

一般认为资产负债率为 0.5~0.7 是合适的。资产负债率高，则企业的资本金不足，对负债的依赖性强，在经济萎缩或信贷政策有所变动时，应变能力较差；资产负债率低，则企业的资本金充裕，企业应变能力强。房地产开发属于资金密集型的经济活动，所以房地产开发公司的资产负债率一般较高。

5. 流动比率

流动比率是反映项目各年偿付流动负债能力的指标。其计算公式为

$$流动比率=\frac{流动资产总额}{流动负债总额}\times 100\%$$

流动比率越高，说明运营资本越多，对债权人而言，其债权就越安全。在国际上，银行一般要求这一比率维持在 200% 以上。

对房地产开发项目来说，200% 并不是最理想的流动比率。因为房地产开发项目所需的开发资金较多，且本身并不拥有大量的资本金，其资金一般来源于长、短期借款。此外，房地产开发项目通常采用预售期房的方式筹集资金。这种特点使得房地产开发项目的流动负债数额较大，流动比率相对较低。

6. 速动比率

速动比率是反映项目快速偿付流动负债能力的指标。其计算公式为

$$速动比率=\frac{流动资产总额-存货}{流动负债总额}\times 100\%$$

该指标属于短期偿债能力指标。它反映项目流动资产总体变现或近期偿债的能力，因此它必须在流动资产中扣除存货。一般而言，房地产开发项目的存货占流动资产的大部分，其速动比率较低，不会达到 100%。

三、财务评价的基本报表

财务评价基本报表是房地产项目进行分析、评价的必要的报表。按照房地产开发项目经济评价方法与参数，国内一般项目编制五种基本报表，即现金流量表、损益表、资金来源与运用表、资产负债表及外汇平衡表。这里主要介绍住宅开发项目常用的基本报表，如现金流量表、损益表、资金来源与运用表、资产负债表。

1. 现金流量表

现金流量表是根据项目在计算期内各年的现金流入和现金流出，计算各年净现金流量的财务报表。通过财务现金流量表可以计算动态和静态的评价指标，全面反映项目本身的

财务盈利能力。现金流量表由“现金流入”“现金流出”“净现金流量”和“累计净现金流量”四个项目组成。按投资计算基础的不同，现金流量表分为以下两种。

（1）全部投资现金流量表，如表4-7所示。

表4-7 全部投资现金流量表

项目	建设期		销售期				合计
	第1年	第2年	第3年	第4年	第5年	…	
1. 现金流入							
1.1 销售收入							
1.2 回收固定资产余值							
1.3 回收流动资金							
2. 现金流出							
2.1 固定资产投资							
2.2 流动资金							
2.3 经营成本							
2.4 销售税金及附加							
2.5 土地增值税							
2.6 所得税							
3. 净现金流量							
4. 累计净现金流量							
5. 所得税前净现金流量							
6. 所得税前累计净现金流量							

该表不分投资资金来源，以全部投资作为计算基础，用以计算全部投资所得税前或所得税后，财务内部收益率、财务净现值及投资回收期等指标，评价项目全部投资的盈利能力。

住宅开发项目一般不考虑流动资金、回收流动资金和回收固定资产余值。

（2）自有资金现金流量表，如表4-8所示。该表从投资者角度出发，以投资者的出资额为计算基础，把借款本金偿还和利息支付作为现金流出，用以计算自有资金财务内部收益率、财务净现值等评价指标，考察项目自有资金的盈利能力。

表 4-8　自有资金现金流量表

项　目	建设期		销售期				合　计
	第 1 年	第 2 年	第 3 年	第 4 年	第 5 年	…	
1. 现金流入							
1.1 销售收入							
1.2 回收固定资产余值							
1.3 回收流动资金							
2. 现金流出							
2.1 自有资金							
2.2 借款本金偿还							
2.3 借款利息支付							
2.4 经营成本							
2.5 销售税金及附加							
2.6 土地增值税							
2.7 所得税							
3. 净现金流量							

由表 4-7 和 4-8 可得，全部投资现金流量表与自有资金现金流量表的现金流入项目相同。住宅项目开发一般不考虑回收流动资金和回收固定资产余值。

2. 损益表

损益表用来反映计算期内各年的利润总额、所得税及税收利润的分配情况，用以计算投资利润率、资本金利润率等指标，如表 4-9 所示。

表 4-9　损益表

项　目	建设期		销售期				合　计
	第 1 年	第 2 年	第 3 年	第 4 年	第 5 年	…	
1. 销售收入							
2. 总成本							
3. 销售税金及附加							

续表

项　　目	建　设　期		销　售　期				合　计
	第1年	第2年	第3年	第4年	第5年	…	
4. 土地增值税							
5. 利润总额							
6. 所得税							
7. 税后利润							
7.1 盈余公积金							
7.2 应付利润							
7.3 未分配利润							
累计分配利润							

利润总额 = 销售利润 − 总成本 − 销售税金及附加 − 土地增值税

税后利润 = 利润总额 − 所得税

税后利润 = 盈余公积金 + 应付利润 + 未分配利润

应该指出的是，开发商发生的年度亏损，可以用下一年度的所得税税前利润弥补，下一年度税前利润不足弥补的，可以在5年内延续弥补。5年内不足弥补的，用税后利润弥补。在实际操作中，房地产开发项目的所得税采用了按销售收入一定比例预征的方式，即不论项目整体上是否已经盈利，只要实现了销售收入，就按其一定比例征收所得税。

税后利润的分配顺序为：① 弥补企业以前年度亏损；② 提取法定盈余公积金，法定盈余公积金按照税后利润扣除前项后的10%提取，法定公积金达到注册资本的50%时可不再提取；③ 提取公积金；④ 向投资者分配利润。

3. 资金来源与运用表

资金来源与运用表是根据项目的财务状况、资金来源与资金运用，以及国家有关财税规定，测算项目建设和销售期内各年的资金盈余和短缺情况，供选择资金筹措方案、制订借款及偿还计划之用，此外，还用于计算固定资产借款偿还期、进行清偿能力分析。资金来源与运用表分为三大项，即资金来源、资金运用和盈余资金，其关系式为

资金来源 − 资金运用 = 盈余资金

资金来源与运用表如表4-10所示。

表 4-10　资金来源与运用表

项　目	建　设　期		销　售　期				合　计
	第 1 年	第 2 年	第 3 年	第 4 年	第 5 年	…	
1. 资金来源							
1.1 销售收入							
1.2 自有资金							
1.3 长期借款							
1.4 其他短期借款							
2. 资金运用							
2.1 固定资产投资							
2.2 建设期贷款利息							
2.3 借款还本付息							
2.4 销售税金及附加							
2.5 土地增值税							
2.6 所得税							
3. 盈余资金							
4. 累计盈余资金							

4. 资产负债表

资产负债表反映了企业一定时期内，全部资产、负债和所有者权益的情况。在对房地产开发项目进行独立的财务评价时，不需要编制资产负债表。但当房地产开发经营公司开发或投资一个新的房地产项目时，通常需要编制该企业的资产负债表，以计算资产负债率、流动比率、速动比率等反映企业财务状况和清偿能力的指标。

基本财务报表按照独立法人房地产项目（项目公司）的要求进行科目设置；非独立法人房地产项目基本财务报表的科目设置，可参照独立法人项目进行，但应注意费用与效益在项目上的合理分摊。

第五节　房地产项目不确定性分析

房地产项目投资决策是面向未来的，房地产投资分析中，运用了大量的技术经济数据，如销售单价、成本、收益、贷款、利率、工期等，其中很大一部分数据是来自于对未来情况的预测和估算，由于人们无法准确预测各种数据的未来状态，也不能精确地控制它们的未来变化，这就使得根据这些数据计算出的经济评价指标，不可避免地存在一定程度的不确定性，这些不确定性可能给房地产投资项目带来风险。

房地产投资不确定性分析，就是以合理、有效地识别和规避风险为主要目标的一种分析方法，它通过分析不确定性因素对房地产投资项目可能造成的影响，从而预测可能出现的风险，进一步确认房地产投资在财务上、经济上的可行性。通过房地产投资不确定性分析，可以使投资者根据房地产投资项目风险的大小和特点，确定合理的投资收益水平，提出有效控制风险的方案，有重点地加强对风险的防范和控制。

房地产投资不确定性分析，主要有盈亏平衡分析、敏感性分析和风险分析三种方法。

一、盈亏平衡分析

盈亏平衡分析也称量本利分析，是研究房地产开发项目在一定时期内的开发数量（销售数量）、成本、税金、利润等因素之间的变化和平衡关系的一种分析方法。对一个投资项目而言，随着产销量的变化，盈利与亏损之间一般至少有一个转折点，该点被称为转折点或平衡点，在这一点上，销售收入和总成本费用相等，净收益等于零，既不亏损也不盈利。盈亏平衡分析就是要找出项目方案的盈亏平衡点，判断项目对不确定因素的承受能力，并以此为基础进行评价，是投资项目不确定性分析的最主要方法。

盈亏平衡分析有线性盈亏平衡分析和非线性盈亏平衡分析。

（一）线性盈亏平衡分析

当产销量的变化不影响市场销售价格和生产成本时，成本与产量、销售收入与销售量之间呈线性关系，此时的盈亏平衡分析属于线性盈亏平衡分析。

对房地产投资项目进行线性盈亏平衡分析应满足以下假设条件。

（1）房地产产品的销售收入和总成本，是房地产开发面积（产品产量）的线性函数。

（2）房地产产品的生产量和销售量相等，即开发的房地产能全部销售出去。

（3）房地产产品的固定成本和单位销售价格在产品租售期间保持不变。

（4）同时开发几种不同类型的房地产产品时，应将其组合折算成一种产品。

（5）计算所使用的各种数据是正常生产年度的数据。

房地产投资项目线性盈亏平衡分析的基本公式为

$$\text{年总成本费用方程：} C=C_F+C_V=C_F+VQ$$

$$\text{年销售收入方程：} S=PQ+tQ$$

式中：C——项目的总成本；

C_F——固定成本；

C_V——可变成本；

V——单位产品的可变成本；

Q——开发数量（销售数量）；

S——销售收入（扣除销售税金及附加）；

P——销售单价（含销售税金及附加）；

t——单位产品销售税金及附加。

设利润为 R，则有

$$R = S - C = (PQ - tQ) - (C_F + VQ) = (P - V - t)Q - C_F$$

当盈亏平衡时，R=0，此时的开发数量（销售数量）为 Q^*，则有

$$R = S - C = (P - V - t)Q^* - C_F = 0$$

由以上可得，盈亏平衡时的开发数量（销售数量）Q^* 为

$$Q^* = \frac{C_F}{P - V - t}$$

如图 4-3 所示，以纵轴表示成本 C，横轴表示开发数量 Q，图中的四条直线分别表示总成本线（C 线）、固定成本线（C_F 线）、可变成本线（C_V 线）和销售收入线（S 线）。C 线与 S 线的交点 A 即为盈亏平衡点，A 点所对应的开发数量 Q^*，即为盈亏平衡时的开发数量（销售数量）。

当 $Q > Q$ 时，项目盈利；当 $0 \leqslant Q < Q^*$ 时，项目亏损；当 $Q = Q^*$ 时，项目不盈不亏。

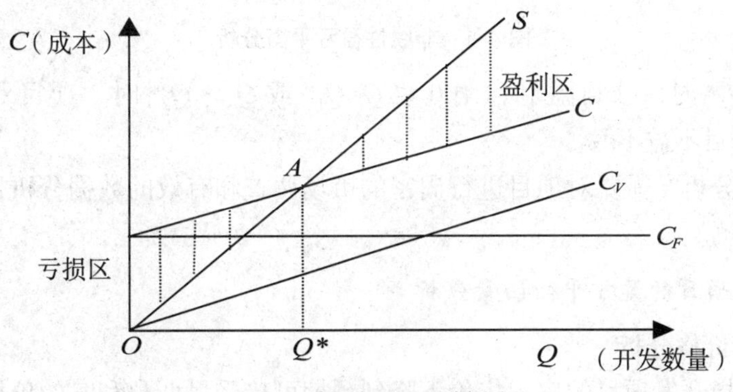

图 4-3 线性盈亏平衡分析

（二）非线性盈亏平衡分析

线性盈亏平衡分析是在假设销售收入和生产总成本与产销量呈线性关系的条件下进行

的。而在实际中，固定成本、单位可变成本和售价等均会发生变动，销售收入和生产成本与产销量的关系并不是线性关系。当销售量超过一定范围，市场需求趋于饱和时，销售成本随产量的增加其上升的幅度会越来越小；当产量超过一定范围时，由于生产条件及其他因素的变化，单位可变成本会随产量的增加而快速增加。这时，产品成本和销售收入就不是产量或销量的线性函数了。在这种情况下就要采取非线性盈亏平衡分析法进行分析，可通过图4-4对其进行简要说明。

如图4-4所示，以纵轴表示成本 C，横轴表示开发数量 Q，图中的虚线表示固定成本线（C_F 线），两条曲线分别表示总成本线（C 线）和销售收入线（S 线）。C 线和 S 线的两个交点 A_1、A_2 均为盈亏平衡点，A_1、A_2 点分别对应开发数量 Q_1* 和 Q_2*，即为盈亏平衡时的开发数量（销售数量）。

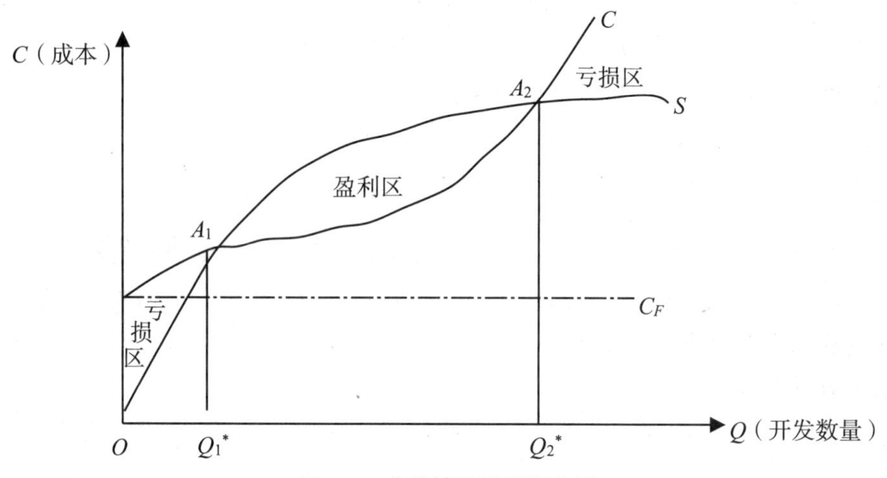

图4-4　非线性盈亏平衡分析

当 $Q_1^* < Q < Q_2^*$ 时，项目盈利；当 $0 \leqslant Q < Q_1^*$ 或 $Q > Q_2^*$ 时，项目亏损；当 $Q = Q_1^*$ 或 $Q = Q_2^*$ 时，项目不盈不亏。

非线性盈亏分析，需要对项目进行周密的市场调查和有效的数据分析，开发商才能对其做出合理的预测。

（三）房地产项目的盈亏平衡因素分析

1. 最低租售价格分析

最低售价是指开发项目的房屋售价下降到预期可接受最低盈利时的价格，房屋售价低于这一价格时，开发项目的盈利将不能满足预期的要求。

最低租金是指开发投资项目的房屋租金下降到预期可接受最低盈利时的水平，房屋租金低于这一水平时，开发投资项目的盈利将不能满足预期的要求。

最低租售价格与预测租售价格之间差距越大，说明房地产项目抗市场风险的能力越强。

2. 最低租售数量分析

最低销售量指在预期房屋售价条件下，为达到预定的最低盈利，而必须达到的销售量。

最低出租率是指在预期的房屋租金水平下，为达到预期的最低盈利，而必须达到的出租率水平。

最低销售量与可供销售数量之间的差距越大，最低出租率的值越低，说明房地产项目抗市场风险的能力越强。

3. 最高土地取得价格

最高土地取得价格是指开发项目销售额和其他费用不变的条件下，为保持满足预期收益水平，所能承受的最高土地取得价格。

最高土地取得价格与实际估测的土地取得价格之间差距越大，开发项目承受土地取得价格风险的能力越强。

4. 最高工程费用

最高工程费用是指在预期销售额下，要满足预期的开发项目收益要求，所能承受的最高工程费用。

最高工程费用与预测可能的工程费用之间差距越大，说明开发项目承受工程费用增加风险的能力越大。

5. 最高购买价格

最高购买价格是指在一定的购买价格水平下，项目投资刚好满足投资者的收益目标要求。最高购买价格高出实际购买价格的数额越大，说明该投资项目抵抗风险的能力越强。

6. 最高运营费用比率

运营费用比率是指投资性物业中，运营费用支出占毛租金收入的比例。该比率越高，则预示着投资项目所获得的净经营收入越低，进而会影响到投资项目的投资绩效。

最高运营费用比率是指满足投资者预期收益目标时的运营费用比率。最高运营费用比率越高，说明投资项目抵抗风险的能力越强。

7. 多因素临界点组合

多个风险因素同时发生变化，引起开发项目经济效益指标的变化，达到临界点，这时各因素变化值组合成为多因素临界点组合。

二、敏感性分析

在项目开发过程中，许多不确定性因素都会对项目经济效益产生影响，但影响程度不同。有些因素较小的变化，就会引起经济效益评价指标较大的变化，甚至于变化超过了临界点，影响到原来的决策，这些因素称之为敏感性因素；反之，有些因素在较大的数值范围内变化，却只引起经济效益评价指标很小的变化，甚至不发生变化，这些因素被称为不敏感因素。

敏感性分析，就是从众多不确定性因素中，找出对投资项目经济效益指标有重要影响的敏感性因素，并分析、测算其对项目经济效益指标的影响程度和敏感性程度，进而判断项目承受风险能力的一种不确定性分析方法。敏感性分析有单因素分析和多因素分析两种。

（一）单因素敏感性分析

1. 单因素敏感性分析的内容

单因素敏感性分析，是通过单一不确定因素变化，对方案经济效果的影响进行分析，即假设各个不确定因素之间相互独立，每次只考察一个因素，其他因素保持不变，以分析这个可变因素对经济评价指标的影响程度和敏感程度。为了找出关键的敏感性因素，通常只进行单因素敏感性分析。

2. 单因素敏感性分析的步骤

（1）确定分析指标。由于投资效果可用多种指标表示，在进行敏感性分析时，必须首先确定分析指标，最常用的分析指标为财务净现值、财务内部收益率，必要时也可以选用开发利润、贷款偿还期等指标作为分析的对象。由于敏感性分析是在确定性经济分析的基础上进行的，一般而言，敏感性分析的指标应与确定性经济评价指标一致，不应超出确定性经济评价指标范围而立新的分析指标。当确定性经济评价指标比较多时，敏感性分析可以围绕其中一个或若干个最重要的指标进行。此外应考虑分析的目的、现实的直观性、敏感性及计算的复杂程度。

（2）选择需要分析的不确定性因素。影响项目经济评价指标的不确定性因素很多，但没有必要对所有的不确定性因素都进行敏感性分析，只需要选择一些主要的影响因素。在选择需要分析的不确定因素时主要考虑两条原则：① 预计这些因素在其可能变动的范围内，对经济评价指标影响较大；② 对在确定性经济分析中，采用该因素的数据准确性把握不大。

（3）计算不确定性因素变动时，对分析指标的影响程度。

（4）通过评价指标的变动情况，找出较为敏感的不确定性因素，并做进一步的分析。

敏感性分析的目的在于寻求敏感因素，这可以通过计算敏感度系数和临界点来判断。

① 敏感度系数（S_{AF}）。敏感度系数表示项目评价指标对不确定因素的敏感程度。计算公式为

$$S_{AF}=\frac{\Delta A / A}{\Delta F / F}$$

式中：S_{AF}——敏感度系数；

$\Delta F/F$——不确定性因素 F 的变化率（%）；

$\Delta A/A$——不确定性因素 F 发生 ΔF 变化时，评价指标 A 的相应变化率（%）。

计算敏感度系数判别敏感因素的方法是一种相对测定法，即根据不同因素相对变化时对经济评价指标影响的大小，可以得到各个因素的敏感性程度排序。

$S_{AF}>0$，表示评价指标与不确定性因素同方向变化；$S_{AF}<0$ 时，表示评价指标与不确定性因素反方向变化。

$|S_{AF}|$ 越大，表明评价指标 A 对于不确定因素 F 越敏感；反之，则不敏感。据此可找出哪些因素是最关键的因素。

敏感度系数提供了各不确定性因素变动率与评价指标变动率之间的比例，但是不能直接显示变化后评价指标的值。因此，有时需要编制敏感分析表，列示各因素变动率及相应的评价指标值，但是列表法无法连续表示标量的关系，因此，可以借助敏感性分析图来选择敏感性因素，如图 4-5 所示。

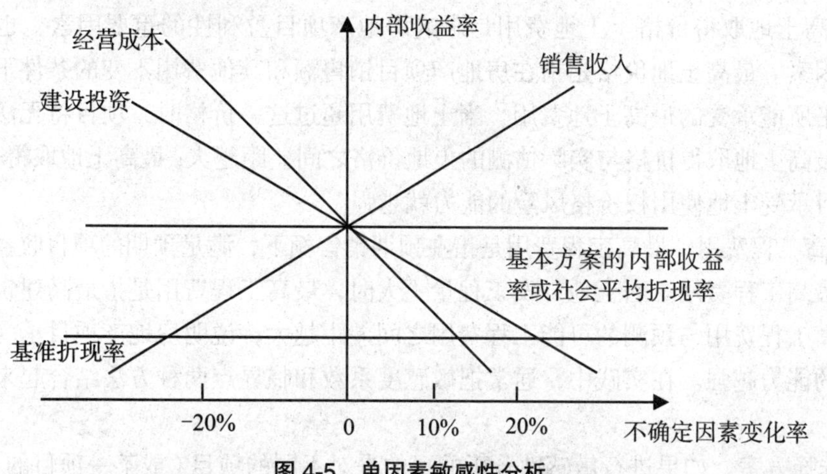

图 4-5　单因素敏感性分析

图中横轴代表各不确定性因素变动百分比，纵轴代表内部收益率。根据原来的评价指标值和不确定性因素变动后的评价指标值，画出直线。这条直线反映不确定性因素不同变化水平时所对应的评价指标值。每一条直线的斜率反映经济评价指标对该不确定性因素的敏感程度，斜率越大，敏感度越高。一张图可以同时反映多个因素的敏感性分析结果。

② 临界点。临界点是指项目允许不确定性因素向不利方向变化的极限值。超过极限，项目的效益指标将不可行。例如，当房价下降到某一值时，财务内部收益率将刚好等于基准收益率，此点称为产品价格下降的临界点。临界点可用临界点百分比或者临界值分别表示某一临界点的变化达到一定的百分比或者一定数值时，项目的效益指标将从可行变为不

可行。在图4-5中，每条直线与判断基准线的相交点所对应的横坐标上，不确定性因素变化率即为该因素的临界点。利用临界点判别敏感因素的方法是一种绝对测定法，方案能否接受的判断依据是各经济评价指标能否达到临界值。如果某因素可能出现的变动幅度超过最大允许变动幅度，则表明该因素是方案的敏感因素。把临界点与未来实际可能发生的变化幅度相比较，就可大致分析该项目的风险情况。

在对房地产项目的敏感性分析中，通常可进行临界点分析的因素有以下几方面。

① 最低售价和最低销售量、最低租金和最低出租率。售价和销售量是房地产项目重要的不确定性因素，能否在预期的价格下销售出预想的数量，通常是房地产项目成败的关键。最低售价是指房地产项目产品售价下降到预期可接受的最低盈利水平时的价格，售价低于这一价格时，项目盈利水平将不能满足预定的要求。最低销售量是指在预定的房屋售价下，要达到预期的最低盈利水平，所必须达到的销售量。最低售价与预测售价之间的差距越大，最低销售量与房地产产品商品量之间的差距越大，说明房地产项目抗市场风险的能力越强。当房地产产品以出租为主时，可相应进行最低租金和最低出租率的分析。

② 最高土地取得价格。土地费用是影响房地产项目盈利性的重要因素，也是重要的不确定性因素。最高土地价格是指在房地产项目销售额和其他费用不变的条件下，保持预期收益水平所能承受的最高土地费用。当土地费用超过这一价格时，项目将无法获得足够的收益。最高土地取得价格与实际估测的土地价格之间差距越大，最高土地取得价格越高，房地产项目承受土地使用权价格风险的能力就越强。

③ 最高工程费用。最高工程费用是指在预期销售额下，满足预期的项目收益要求，所能承受的最高工程费用。当土地开发工程量不大时，最高工程费用是指最高建筑安装工程费用。最高工程费用与预测的可能工程费用之间差距越大，说明房地产项目承受工程费用增加风险的能力越强。在实践中，通常把敏感度系数和临界点两种方法结合起来确定敏感因素。

（5）选择方案。如果进行敏感性分析的目的是对不同的项目（或某一项目的不同方案）进行选择，一般选择敏感程度小、风险承受能力强、可靠性大的项目或方案。

（二）多因素敏感性分析

多因素敏感性分析，是分析两个或两个以上的不确定性因素同时发生变化时，对项目经济评价指标的影响。由于项目评估过程中的参数或因素同时发生变化的情况非常普遍，所以，多因素敏感性分析也有很强的实用价值。

多因素敏感性分析一般是在单因素敏感性分析的基础上进行，且分析的基本原理与单因素敏感性分析大体相同，但需要注意的是，多因素敏感性分析需进一步假定同时变动的几个因素都是相互独立的，且各因素发生变化的概率是一样的。

（三）敏感性分析的“三项预测值”法

前面介绍的敏感性分析方法是单变量的，它忽略了各变量之间的相互作用。一般情况下，多变量同时发生变化造成的评价结果失真比单变量大，因此，对一些重要的、投资额大的开发项目除了要进行单变量敏感性分析外，还应进行多变量敏感性分析。“三项预测值”分析方法是多变量敏感性分析方法中的一种。

“三项预测值”法的基本思路是：对房地产开发项目中所涉及的评价变量分别给出 3 个预测值（估计值），即最乐观预测值、最可能预测值、最悲观预测值，根据各评价变量 3 个预测值的相互作用来分析判断开发商利润受影响的情况。

一般来说，敏感性分析涉及的变量全部为最乐观或最悲观情况，在实际开发过程中很少出现。但不管怎样，对评价变量进行全面分析有助于开发商或投资商进行正确决策。

（四）敏感性分析的优缺点

敏感性分析方法是投资决策中进行方案优选、评审项目优劣不可缺少的决策手段。敏感性分析在一定程度上，就各种不确定因素的变动对方案经济效益指标的影响，做了定量描述，有助于决策者更为详细地了解方案各方面的风险情况，从而可以更好地认识投资方案的风险性，帮助决策者进行正确决策。此外，敏感性分析还有助于确定在决策过程及方案实施过程中，需要重点研究和控制的因素。所以，敏感性分析不仅是经济决策中常用的，而且是主要的不确定分析方法。

但是敏感性分析也有其不足之处。首先，敏感性分析只是指出了项目经济效果评价指标对各种不确定因素的敏感程度，以及项目可行所能允许的不确定因素变化的极限值，却没有考虑各种不确定因素的变化在未来发生各种变化的概率，因此，不能表明不确定因素的变化对经济效益指标的影响程度。其次，敏感性分析把各个相互联系的因素割裂开来进行考察，在分析多个因素同时变化对项目产生的影响，或各个因素之间的相互制约和影响上是按照分析人员的主观意志确定的，没有给出这些因素所产生变化的概率，因而在分析中具有一定的主观性和猜测性，缺乏科学性，作为决策依据也就存在风险。

三、风险分析

上面所述的敏感性分析，主要是分析项目评价中，所选变量的估计值与实际情况发生差异时，该项目的盈利性所发生的变化以及变化的敏感程度，仅有敏感性分析并不能提供项目盈利变化可能性的大小，也不能说明在乐观或悲观的估计中，究竟哪种情况出现的可能性最大。因此，敏感性分析虽然可以作为定量分析的方法，但较难对开发商所承担的风险做精确估计。

风险分析可以根据各种变量的概率分布，测算一个项目在风险条件下获利的可能性大小。因此，风险分析也被称为概率分布。

（一）房地产投资风险的识别

风险识别是指采用系统理论的观点对项目全面考察综合分析，找出潜在的各种风险因素，并对各种风险进行比较、分类，确定各因素间的相关性与独立性，判断其发生的可能性及对项目的影响程度，按其重要性进行排队，或者赋予权重。确定风险识别是风险分析和管理的一项基础性工作，其主要任务是明确风险存在的可能性，为风险估计、评价和应对奠定基础。敏感性分析是初步识别风险因素的重要手段。

风险识别的一般步骤有：（1）明确所要实现的目标。（2）找出影响目标值的全部因素。（3）分析各因素对目标的相对影响程度。（4）根据各因素向不利方向变化的可能性进行分析、判断，并确定主要风险因素。

例如，某工程项目经济评价指标为内部收益率（FIRR），识别项目风险的基本过程有：（1）找出可能影响 FIRR 的各种因素，如图 4-6 所示。（2）对各种因素逐层分解，直至可直接判断其变动可能性为止。（3）根据已有的知识和经验，判断可能发生不利变化的主要因素及其可能性大小。

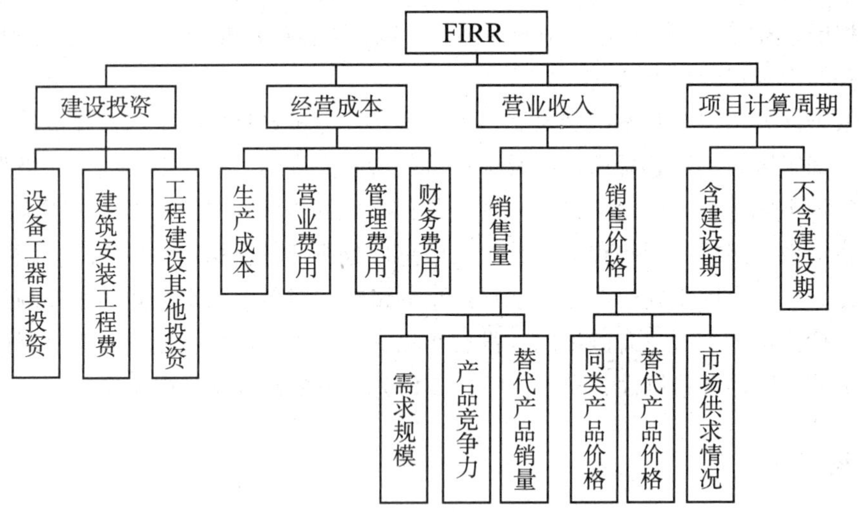

图 4-6 工程项目风险识别

工程项目投资规模大、建设周期长、涉及因素多，因此，也可以按项目的不同阶段进行风险识别，而且随着建设项目寿命周期的推移，一种风险的重要性会下降，而另一种风险的重要性则上升，如图 4-7 所示，可以从不同的角度对项目风险进行更深入的认识。

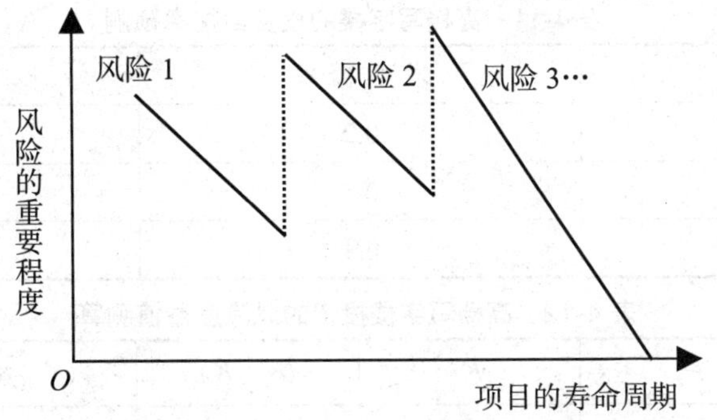

图 4-7　不同阶段项目不同风险的重要程度变化

（二）房地产投资风险的度量

风险可以用函数表示为

$$R=f(P, K)$$

式中：P——各种不确定性的概率；

K——所有不确定结果的数量值。

这种效应的数量值就是风险的度量。

度量风险的大小，实际上是度量那些不确定结果之间的差异程度或离散程度。这种差异程度越大，表明不确定结果的综合效应越难以测定，从而事件的风险就越大。为了从数量上进行度量，将事件的所有不确定结果之间的标准差定义为风险的度量指标，其计算公式为

$$R=\sqrt{\sum_{i=1}^{n}(K_i-\overline{K})^2\bullet P_i}$$

$$\overline{K}=\sum_{i=1}^{n}K_i\bullet P_i$$

式中：R——风险的度量指标；

n——不确定结果总的数目；

P_i——第 n 个不确定结果发生的概率；

K_i——第 n 个不确定结果的数量值。

例如，一房地产投资者拟投资高档写字楼，由于市场条件的变化，他所能获取的回报率是不确定的。假设这个事件的不确定资料如表 4-11 所示，其风险计算过程如表 4-12 所示。计算结果表明，这项投资的风险值为 0.322。

表 4-11　高档写字楼的投资回报率预测

经济前景	发生概率	投资回报率
萧条	0.2	–10%
平稳	0.5	15%
繁荣	0.3	75%

表 4-12　高档写字楼投资的风险度量值测算

状　况	P_i	K_i	$(K_i-\overline{K})$	$(K_i-\overline{K})^2$	$(K_i-\overline{K})^2\ P_i$
1	0.2	–0.10	–0.37	0.136 9	0.027 38
2	0.5	0.15	–0.12	0.014 4	0.007 2
3	0.3	0.75	0.48	0.230 4	0.069 12

将表 4-11 的计算结果带入$R=\sqrt{\sum_{i=1}^{n}(K_i-\overline{K})^2\ P_i}$，可计算得

此投资项目的风险值为

$$R=\sqrt{\sum_{i=1}^{n}(K_i-\overline{K})^2\bullet P_i}=\sqrt{0.027\,38+0.007\,2+0.069\,12}=0.322$$

如果该投资项目改高档写字楼为普通住宅投资，则预测得到的回报率仍然是不确定。假设这项投资项目的不确定性如表 4-13 所示，其风险计算过程如表 4-14 所示，这项投资的风险度量值为 0.059 9。

表 4-13　普通住宅的投资回报率预测

经济前景	发生概率	投资回报率
萧条	0.2	8%
平稳	0.5	18%
繁荣	0.3	25%

表 4-14　普通住宅的风险度量值预测

状　况	P_i	K_i	$(K_i-\overline{K})$	$(K_i-\overline{K})^2$	$(K_i-\overline{K})^2\ P_i$
1	0.2	0.08	–0.09	0.008 1	0.001 62
2	0.5	0.18	–0.01	0.000 1	0.000 05
3	0.3	0.25	0.08	0.006 4	0.001 92

将表 4-13 的计算结果带入$R=\sqrt{\sum_{i=1}^{n}(K_i-\overline{K})^2\ P_i}$，可计算得此投资项目的风险值为

$$R=\sqrt{\sum_{i=1}^{n}(K_i-\overline{K})^2\bullet P_i}\ =\sqrt{0.001\,62+0.000\,05+0.001\,92}=0.059\,9$$

计算结果表明，投资普通住宅回报率的风险比投资高档写字楼回报率的风险要小得多。

（三）风险估计与评价

风险估计与评价是指运用各种管理科学技术，采用定性和定量相结合的方式，定量估计风险大小，并评价风险的可能性，以此为依据对风险采取相应的对策。下面介绍几个常用的风险评价方法。

1. 专家调查法

专家调查法是建立在主观概率分析基础之上的一种方法，是一种最常见、最简单且最易于应用的整体风险评估方法。

专家调查法的工作内容包括以下几个方面。

（1）识别出建设项目可能遇到的风险，列出项目风险源。

（2）将列出的风险源提交给有关专家，利用专家的经验，对风险的重要程度进行评估。

（3）收集专家的评估意见并做计算分析，确定出建设项目整体风险。

具体步骤如下。

① 针对风险识别结果，确定每个风险因素的权重（对项目目标的影响程度）。

② 确定每个风险因素的等级值。例如，可以将风险等级划分为严重、一般、较轻三个等级，分别赋值为 1.0、0.5、0.1。

③ 计算出每一风险的得分，计算公式为

$$r_i=\sum_{j=1}^{m}\omega_{ij}s_{ij}$$

式中：r_i——风险因素 i 的得分；

ω_{ij}——j 专家对风险因素 i 的权重；

S_{ij}——j 专家对风险因素 i 的等级值；

m——参与评分的专家数。

得分越高的风险因素对项目的影响越大，故可在此基础上确定出主要风险因素。

（4）将逐项风险因素的得分相加，得出建设项目整体风险的得分，总分越高，整体风

险越大。总分计算公式为

$$R=\sum_{i=1}^{n}r_i$$

式中：R——建设项目整体风险得分；

r_i——风险因素 i 的得分；

n——风险因素的个数。

如果考虑各位专家的经验和知识领域，以及对其评估项目的了解程度等方面的因素，可以对专家评分的权威性确定相应的权重数，则风险因素的得分计算公式可修正为

$$r_i=\sum_{j=1}^{m}\omega_{ij}s_{ij}\alpha_j$$

式中：α_j——j 专家的权威性权重数。

专家调查法的优点在于简单易懂、节约时间，比较容易用于识别主要的风险因素。该方法主要适用于项目决策前期，这个时期往往缺乏具体的数据资料，得出的结论只是一种大致的程度值，只可以作为进一步分析参考的基础。

2. 概率树分析法

概率树分析法是通过构造概率树，来估计项目整体风险的一种方法。从理论上讲，这种方法适用于状态数有限的离散型变量，根据每个变量的状态组合计算项目的评价指标。概率树分析的一般步骤如下。

（1）列出要考虑的各种风险因素（如投资、经营成本、销售价格等）及项目经济评价指标（如财务净现值、财务净现值率、动态投资回收期）。

（2）设想各种风险因素可能发生的状态，分别确定各种状态可能出现的概率，并使各种风险可能发生的状态的概率之和等于1。

（3）根据各种风险因素可能发生的状态构造概率树。

（4）计算概率树中每一分支出现的概率及相应的评价指标值。

（5）根据具体要求进行计算并做相应的分析。

项目评价指标的期望值、方差及离散系数的计算公式为

$$E(Z)=\sum_{j=1}^{n}Z_j\cdot p_j$$

式中：$E(Z)$——经济评价指标 Z 的期望值；

Z_j——第 j 种风险因素组合状态下经济评价指标 Z 的评价值；

P_j——第 j 种风险因素组合状态出现的概率；

n——风险因素组合状态的总数。

$$D(Z)=\sum_{j=1}^{n}[Z_j-E(Z)]^2 \bullet p_j$$

式中：$D(Z)$——经济评价指标的方差。

$$\text{离散系数}=\frac{\sqrt{D(Z)}}{E(Z)}$$

若考虑评价指标大于（或小于、等于）某一数值的概率，则可将 Z_j 从小到大排序，列出对应的 p_j，再计算累计概率。通过计算累计概率和离散系数的大小来判断项目风险大小。

【例 4–2】 某项目建设期为 2 年，生产运营期为 10 年。建设投资、年销售收入和年经营成本的估计值分别为 90 000 万元、40 000 万元和 18 000 万元。经研究，以上三项为项目的主要风险因素。每个风险因素有三种状态，其概率分布如表 4-15 所示。试计算该项目财务净现值的期望值、方差、离散系数，并计算该项目 FNPV ≤ 0 的累积概率（假设基准收益率为 i=8%）。

表 4-15　风险因素概率分布表

风险因素	变化率		
	+20%	0	–20%
建设投资	0.5	0.4	0.1
年销售收入	0.4	0.5	0.1
年经营成本	0.4	0.5	0.1

解：由题意知，项目的经济评价指标为财务净现值（FNPV），风险因素为建设投资、年销售收入、年经营成本。根据各风险因素可能发生的状态构造概率树。

（1）计算概率树中每一分支（事件）出现的概率及相应的 FNPV，如图 4-8 所示。

其中，事件 1 出现的概率为

$$P_1=0.4\times0.4\times0.4=0.064$$

事件 1 的财务净现值为

$$\begin{aligned}\text{FNPV}&=-90\,000\times(1+20\%)+[40\,000\times(1+20\%)-18\,000\times(1+20\%)]\times(P/A,8\%,10)(P/F,8\%,2)\\&=-108\,000+26\,400\times5.752\,8=43\,874\text{（万元）}\end{aligned}$$

其他各事件的概率、财务净现值计算方法同事件 1。

（2）分别计算项目财务净现值的期望值、方差和离散系数

$$E(\text{FNPV})=\sum_{j=1}^{27}\text{FNPV}_j \bullet p_j=36\,954\text{（万元）}$$

$$D(\text{FNPV})=\sum_{j=1}^{n}[\text{FNPV}_j-E(\text{FNPV})]^2 \bullet p_j=1\,186\,812\,688$$

$$离散系数=\frac{\sqrt{D(\text{FNPV})}}{E(\text{FNPV})}=\frac{34\,450}{36\,954}=0.93$$

建设投资变化率　年销售变化率　年经营成本变化率

发生概率	财务净现值	事件
0.064	43 874	1
0.080	64 584	2
0.016	85 294	3
0.080	−2 148	4
0.100	18 562	5
0.020	39 272	6
0.016	−48 171	7
0.020	−27 461	8
0.004	−6 751	9
0.080	61 874	10
0.100	82 584	11
0.020	103 294	12
0.100	15 852	13
0.125	36 562	14
0.025	57 272	15
0.020	−30 171	16
0.025	−9 461	17
0.005	11 249	18
0.016	79 874	19
0.020	100 584	20
0.004	121 294	21
0.020	33 852	22
0.025	54 562	23
0.005	75 272	24
0.004	−12 171	25
0.005	8 539	26
0.001	29 249	27

图 4-8　财务净现值计算的概率树

（3）计算该项目 FNPV ≤ 0 的概率。

将净现值按从小到大的顺序排序，列出其对应的发生概率，再计算累计概率，所得结

果如表 4-16 所示。

由表 4-16 可得出，FNPV ≤ 0 的概率为

$$0.169+\frac{0.174-0.169}{8539-2150}\times 2150=0.170$$

即项目不可行的概率为 17%。

表 4-16 累计概率及方差计算表

事件 j	财务净现值 $FNPV_j$	发生概率 P_j	$FNPV_j \cdot P_j$	累计概率	方 差
7	−48 171	0.016	−963	0.016	144 925 313
16	−30 171	0.020	−483	0.036	72 092 250
8	−27 461	0.020	−687	0.056	103 732 306
25	−12 171	0.004	−49	0.060	9 653 063
17	−9 461	0.025	−189	0.085	43 087 045
9	−6 751	0.004	−34	0.089	9 550 635
4	−2 148	0.080	−215	0.169	152 896 640
26	8 539	0.005	43	0.174	4 037 061
18	11 249	0.005	45	0.179	2 642 988
13	15 852	0.100	1 268	0.279	35 623 552
5	18 562	0.100	2 320	0.379	42 283 208
27	29 249	0.001	29	0.380	59 367
22	33 852	0.020	677	0.400	192 448
14	36 562	0.125	3 656	0.525	15 366
6	39 272	0.020	982	0.545	134 328
1	43 874	0.064	3 510	0.609	3 830 912
23	54 562	0.025	1 364	0.634	7 751 042
15	57 272	0.025	1 145	0.659	8 256 422
10	61 874	0.080	3 960	0.739	39 744 410
2	64 584	0.080	6 458	0.819	76 341 690
24	75 272	0.005	376	0.824	7 341 346
19	79 874	0.016	1 278	0.840	29 474 022
11	82 584	0.100	6 607	0.940	166 567 552
3	85 294	0.016	1 706	0.956	46 735 112
20	100 584	0.020	2 012	0.976	80 975 538
12	103 294	0.020	1 653	0.996	70 415 930
21	121 294	0.004	485	1.000	28 452 942
合 计			36 954		1 186 812 688

由计算可知，该项目净现值的期望值为 36 954 万元。由于项目的 FNPV ≤ 0 的累计概率为 17%，离散系数为 0.93，因而项目的风险不大。

3. 蒙特卡洛模拟法

蒙特卡洛模拟法亦称统计试验法。该方法运用蒙特卡洛模拟的统计功能，自动对项目评价中涉及的每个变量的数值进行选择和组合。这种方法的优点是无须进行复杂的运算就能得到一个足够准确的近似结果，其实施步骤一般分为三步。

（1）分析每一可变因素可能变化的范围并确定这些变化的概率分布，这可以用一个简单的概率表来完成，如果建造成本变动概率分布如表4-17假设的那样，则得到若某一数值有10%的机会出现，就说明在这100次机会中它有出现10次的可能。从表4-17中也可以看出，建造成本每年增长5%的可能性为10%，就定义其随机数为1~10的各数，如果每年增长率为6%，其发生的概率为25%，则其对应的随机数为11~35，其余依次类推。

（2）通过模拟试验随机选取各随机变量的值，并使选择的随机值符合各自的概率分布。为此可使用随机数或直接用计算机求出随机数。

例如，使用计算机求出租金增长率的随机数为32，则根据表4-17可知，该随机数介于16~35，对应的年租金增长率为+3%。依次对其他变量产生的随机数分别为53、14、80、42、77、68，则相应各变量的值如表4-18所示。表4-18只是模拟一次产生的结果。

表4-17　建造成本变动的概率分布

可变因素	变化范围	相应概率	各可变因素概率累计值	随机数
租金（开发期内增长率）	0%	15%	15%	1~15
	+3%	20%	35%	16~35
	+5%	40%	75%	36~75
	+7%	20%	95%	76~95
	+10%	5%	100%	96~100
资本化率	6.5%	5%	5%	1~5
	6.75%	15%	20%	6~20
	7%	50%	70%	21~70
	7.25%	20%	90%	71~90
	7.5%	10%	100%	91~100
建造成本（年增长率）	+5%	10%	10%	1~10
	+6%	25%	35%	11~35
	+7.5%	40%	75%	36~75
	+8.5%	20%	95%	76~95
	+10%	5%	100%	96~100
贷款利率（年利率）	12%	5%	5%	1~5
	13%	20%	25%	6~25
	14%	40%	65%	26~65
	15%	25%	90%	66~90
	16%	10%	100%	91~100

续表

可变因素	变化范围	相应概率	各可变因素概率累计值	随机数
建造期	15个月	20%	20%	1~20
	18个月	50%	70%	21~70
	21个月	20%	90%	71~90
	24个月	10%	100%	91~100
准备期	3个月	20%	20%	1~20
	6个月	60%	80%	21~80
	9个月	20%	100%	81~100
租售期	0	20%	20%	1~20
	3个月	20%	40%	21~40
	6个月	40%	80%	41~80
	9个月	15%	95%	81~95
	12个月		100%	96~100

表4-18　各变量数值的模拟结果

租金增长率	资本化率	建造成本增长率	贷款利率	建造期	准备期	租售期
+3%	7%	+6%（每年）	15%	18个月	6个月	6个月

（3）反复重复以上步骤，进行多次模拟试验，即可求出开发项目效益指标的概率分布或其他特征值。

根据表4-18所设的概率假设，对某开发项目的开发商利润等数值进行模拟1 000次的结果，如表4-19所示。

表4-19　模拟分析表

指标项	均值	标准方案
总开发价值（万美元）	98	6.1
总开发成本	81	2.4
开发商利润	17	6.5
开发商利润占总开发价值的百分率：17%		
开发商利润占总开发成本的百分率：21%		
比原评价利润值增加：44%		

这种风险分析的结果能否被开发商接受，取决于开发商对待风险的态度和其接受风险的准则。与前面的敏感性分析相比较，用蒙特卡洛法进行风险分析能为开发商决策提供更加充分、翔实的数据。

蒙特卡洛风险分析法的要点是，需要准确估计各变量的变化范围以及各变量变化的概率，这是保证分析结果准确的前提，而这一点在实际评价中，当市场资料不完整时，是很难保证的。因此，在房地产评价中，有些学者认为它虽然在理论上较完善，但是实用性不强，因此对其持否定态度。但从国外近十几年房地产评价发展情况看，由于计算机的大量使用和在房地产开发项目的信息收集、分析、处理、预测等方面所做的大量研究，使在实际评价中运用蒙特卡洛模拟技术分析开发项目的风险已相当普遍。

本章小结

“凡事预则立，不预则废。”可行性研究就是研究项目的市场必要性、技术可行性和经济合理性，为投资方案提供决策依据的过程。

本章在阐述可行性研究概念的基础上，对可行性研究的阶段划分、研究步骤、投入收入测算等内容进行了介绍，并对房地产项目财务评价的各类指标进行了阐述，最后对开发项目的不确定性进行了剖析。

思考题

1. 某投资方案的现金流量如表4-20所示，基准收益率为15%，试计算：

（1）静态投资回收期与动态投资回收期。

（2）财务净现值。

（3）内部收益率。

表4-20　某投资方案的现金流量

年　份	0	1	2	3	4	5
现金流量/万元	−2 000	450	550	650	700	800

2. 某企业生产某种产品，设计年产量为6 000件，每件产品的出厂价格估算为50元，企业每年固定性开支为66 000元，每件产品成本为28元，试计算：

（1）企业的最大可能盈利。

（2）企业盈亏平衡的最低产量。

（3）企业年利润为5万元时的产量。

3. 建设期为1年的项目，初始投资为20万元，预测经营期内的年收入可能为8万元、12万元、16万元，相应的概率为0.3、0.5、0.2。考虑技术进步和市场情况的影响，预测该项目的经营期可能为3、5、8、10（年），对应的概率为0.1、0.2、0.5、0.2。若折现率为10%，试求净现值的期望值和离散系数，并对净现值作累计概率分析。

第五章　房地产项目前期策划

学习目标

通过对本章的学习，应掌握如下内容。

- 房地产策划的含义和内容以及熟悉房地产策划的功能和作用；
- 房地产市场定位的含义和内容以及流程；
- 市场细分方法和程序及目标市场选择模式；
- 房地产开发目标客户群定位；
- 房地产产品定位的准则及策略。

导言

房地产项目投资规模大、回收周期长、投资风险高，项目开发前务必准确、有效地分析房地产市场态势，科学定位目标客户群，并通过合理的市场细分，结合企业优势做出准确的市场定位，选择适当的目标市场，增强产品竞争力，占据市场份额，实现企业战略目标。

第一节　房地产策划概述

《孙子兵法·军形篇》中云："是故胜兵先胜而后求战，败兵先战而后求胜。"意思是说，能打胜仗的军队是在作战之前就已经策划打败敌人的战略，而打败仗的军队，则是先去作战再想办法打败敌人，并没有做好战前策划。

策划也称筹划或谋划，是一项立足现实、面向未来的活动。它根据现实的各种情况与信息，判断事物变化的趋势，围绕某项活动的特定目标，全面构思、设计、选择合理可行的行动方式，从而形成正确决策和高效工作的过程。

一、房地产策划的含义

策划是为了完成某一任务或达成预期的目标，根据现实的各种情况与信息，判断事物变化的趋势，围绕任务或目标这个中心，对所采取的方法、途径、程序等进行周密而系统的全面构思、设计、选择合理可行的方式，从而形成正确的决策和高效的工作。

1. 房地产策划的概念

房地产策划是指根据房地产开发项目的具体目标，以客观的市场调研为基础，优选最佳的项目市场定位，综合运用各种策划手段，按一定的程序对房地产开发项目进行创造性的构思，并以具有可操作性的策划文本作为结果的活动。

2. 房地产策划的作用

房地产策划的立足点就是站在现在策划未来，其作用主要有以下几个方面。

（1）房地产策划充分考虑市场需求、市场态势，充分考量竞争格局，反应项目决策者理念和经验自觉，减少或降低项目运作风险。

（2）房地产策划增强房地产开发项目的竞争能力，进一步扩大本身的竞争优势。近年来房地产企业重新“洗牌”，概念不断创新，开发模式不断突破，加之大楼盘的相继出现，竞争愈加激烈。在这种情况下，房地产策划更能发挥它的特长，能使项目在激烈的竞争中扩大自身优势，进一步赢得主动地位。

（3）房地产策划能探索解决企业管理问题，增强企业的管理创新能力。房地产企业要赢得市场，重点在于管理创新。房地产策划帮助企业实现管理创新，就是遵循科学的策划程序，从寻求房地产开发项目的关键问题入手，探索有效的企业管理。

（4）房地产策划能有效地整合房地产项目资源，使之形成自身特有优势。

（5）房地产策划还能预测未来市场可能的变化趋势。

3. 房地产策划的原则

（1）独创原则。独创就是独到、创新、有个性、差异化，独创具有超越一般的功能，它应贯穿策划项目的各个环节，使房地产项目在众多的竞争项目中脱颖而出。房地产策划要达到独创，永不雷同，必须要达到以下几个要求：① 房地产策划观念要独创；② 房地产策划主题要独创；③ 房地产策划手段要独创。

（2）客观原则。在房地产策划运作的过程中，策划人通过各种努力，使自己的主观意志自觉能动地符合策划对象的客观实际。要遵循客观原则做好房地产策划，必须注意以下几点：① 实事求是；② 做好客观市场的调研、分析、预测；③ 在客观实际的基础上谨慎行动；④ 策划的观念、理念既要符合实际，又要有所超前。

（3）整合原则。在房地产开发项目中，有各种不同的客观资源，这些资源在没有整合

前是松散的、凌乱的、没有中心的，但经过整合以后就会集中在一起，为整个项目的发展服务。为了有效地整合好房地产开发项目的资源，必须做到以下几点：① 要把握好整合资源的技巧，在整理、分类、组合中要有的放矢，抓住重点，达到“1+1>2”的效果；② 整合资源要以项目开发的主题为中心；③ 要善于挖掘、发现隐形资源。

（4）可行原则。可行原则是指房地产策划运行的方案是否达到并符合切实可行的策划目标和效果。贯彻房地产策划的可行原则，包括以下几个方面：① 方案可有性。在多种策划方案中选择最优秀、最可行的方案是项目成功的基础并以此分析方案实施的可行性，使方案符合市场变化的具体要求；② 方案经济性。策划方案的经济性是指以最小的经济投入达到最好的目标，这也是方案是否可行的基本要求；③ 方案有效性。房地产策划方案的有效性是指房地产策划方案的实施效果能达到甚至超过方案设计的具体要求。确保策划方案有效，要做到：用最小的消耗和代价争取最大的利益；所冒的风险最小，失败的可能性最小；要能完满地实现策划的预定目标。

（5）定位原则。定位原则就是给房地产策划找准明确的目标。要在房地产项目中灵活运用定位原则，具体要求如下：① 要从房地产项目的总体方面（目标、宗旨、指导思想、总体规模、功能身份、发展方向等）和具体方面（主题定位、市场定位、目标客户定位、建筑设计定位、广告宣传定位、营销推广定位等）入手；② 把握各项目定位功能的作用。要做到这一点，策划人首先要掌握定位内容的内涵，深入其中，确定其定位的难易点，有的放矢地找准目标。整合、利用各个因素，让其为整个项目的总体服务；③ 要熟练地运用项目定位的具体方法和技巧。在项目定位过程中，方法和技巧运用得好，往往会达到事半功倍的效果。

（6）动态原则。所谓动态就是随机应变，它要求房地产策划要在动态变化的复杂环境中，及时准确地把握发展变化的目标、信息，预测事物可能发展变化的方向、轨迹，并以此为依据来调整策划目标和修改策划方案。实现房地产策划的动态原则的具体要求有：① 增强动态意识和随机应变观念；② 时刻掌握策划对象的变化信息；③ 预测对象的变化趋势，掌握随机应变的主动性；④ 及时调整策划目标，修正策划方案。

二、房地产策划的内容

策划的关键在于“策”。何为策？大家可以把“策”字拆开，上“竹”，中“市”，下“人”。

（一）“竹”

“竹”——“竹简”，代表的是知识，表示策划人需具备非常丰富的专业知识与理论基础。知识意味着作为策划必须掌握的基础内容，其种类包罗万象。根据知识层面及策划内容的差异，将房地产策划分为三个递增的等级，即广告策划、营销策划和产品策划。

1. 广告策划

由于广告策划的难度相对较小，入门起点相对较低，对项目影响也相对较弱，因此目前市场上拥有较多的策划公司，有专业从事房地产策划的策略类公司，也有兼做房产策划的广告类公司。对于广告策划而言，主要体现在“文案、平面、策略”三方面能力，尤其表现在语言与文字的思维植入及视觉与记忆的感官冲击两个重点上。至于策略，需要策划者具备对房地产行业的区域市场、政策风向、受众群体等各方面的分析能力，要有扎实的基本功。从实际意义上来说，广告策划主要还是停留在文字及平面阶段，而策略更多停留在理念阶段，缺少实际可行性及效率。因此，策划包含文案和平面，但不能说文案和平面就是策划。作为广告公司的策划人，更多时候需要加强自身知识的汲取，最基础的方面就是熟知服务区域的房地产的现状，主要表现在对竞争个案的认知、对板块规划的认知、对宏观微观房产市场发展的认知、对区域客群的消费习惯的认知、对区域推广途径的认知等。

因此，作为广告策划人，需加强自身建设，不要认为广告公司的提报就是宏观数据、竞争个案、案名设计、Logo 设计、主推语、定位语、VI 应用等这类“空而泛”的概念。一份好的提报表现在公司品牌地区植入、对产品的理解、对市场的理解、产品突围的理解、产品溢价的理解、项目品牌建立的理解。关系层层递进，通过逐渐加强自身基本功建设，来增加提报的内涵。

2. 营销策划

从事营销策划的策划人，大多从事过房地产销售。基于自身具备实际接触客户的经验，因此销售策略制订起来具有相当的精准性，在策略上主要以增加项目关注度、减少项目销售抗性、增加项目来访来电、实现项目成功销售的角度为出发点，讲究“拳拳到位”。并且营销策划必须拥有以下基本功：把握客户的抗性及需求，拆解竞争项目的推盘策略，熟知银行按揭操作步骤，把握租售流程，跟踪各类房产新政信息，了解物业服务运营结构，研究房地产相关法律条款，具备项目财富分析能力等。

营销策划从立场角度分析大致有两类：一类是“先发制人”为主，主要指针对竞争个案制定的销售策略，采用主动攻击，可以把握市场主动权；一类是“见招拆招”为辅，主要针对宏观政策及各类限制性规定，制订破解招式，实现突围。

由于营销策划需要策划人员具备相当的专业知识，并且一般都具备房产销售及市场研展基本功。因此，营销策划人员大多从房地产公司的置业顾问及研展专员转变角色而来，其专业短板主要体现在广告策划的基本功较为欠缺。尤其在策划过程中文字的精炼、升华能力不佳，平面设计、表现能力不足。因此，营销策划人员也需加强自身广告策划基本功

学习，力求全面发展。

3. 产品策划

产品策划对于开发商，对于一个项目而言，可以说是决定性的因素。如果把一个楼盘比喻成一个妙龄美女，可以说广告策划是给这个姑娘修饰、化妆；营销策划是让这个姑娘增加气质、内涵；而产品策划则是天生自带的，要是胚子不好，仅仅靠增加内涵和外部包装还是显得牵强。因此，产品策划对项目的成败起着决定性的作用，若是产品定位失误，结果不仅仅是颗粒无收，更有可能的是血本无归。

由于产品策划专业性非常强，产品策划人员一般都是在一些规划岗位的人才中脱颖而出。此类人才较为稀缺，一般在大型代理公司中地位较高，且也作为代理公司综合实力的显现。大型代理公司不再满足做做广告、抓抓销售的事，更多的时候已经从项目的前期开始介入，常见的就是制订项目的可研报告。

一个好的产品策划首先要具备建筑规划知识及项目规划经验，同时具有市场观察分析能力。项目拿地之初，就要根据地块制订可研报告，根据市场需求及抗性，结合地块经济指标，初步规划地块产品及推盘步骤，计算项目利润，通过调配各类产品的组合，实现利益最大的产品组合模式，制订地块拍卖心理价位，确认地块户型、面积配比，深化项目规划方案，细化景观方案，通过户型改良及绿化提升，实现产品溢价。

（二）“市”

“市”——“市场”，是说做策划人必须熟知“市场”，主要体现在对市场的洞悉、对市场的应变、对市场的控制三个方面。

作为策划人，对市场的洞悉首先需要了解市场，脱离了市场的策划无非是纸上谈兵，不堪一击。市场的概念可以很大，可以很小，可以是国际金融市场，可以是国内房产市场，可以是地区板块市场。因此策划人必须熟悉市场的发展动态，至少必须了解金融市场、房产市场的发展状况。金融市场主要是针对股市、银行政策方面的敏感性；房产市场主要是针对一级、二级、三级市场的把握与分析能力。

中国房产市场是政策市场，国家政策一出，市场波动起伏较大。因此在熟知国家调控政策的同时，策划人要帮助项目寻找市场突破口，对市场及时做出应变，“逆市飘红”才是策划的成功王道。

对市场的控制是指寻求市场的错位经营，避免市场的直面攻击，策略需要摆脱“红海”，实现“蓝海”战略。在一定板块内，项目需要具有唯一性或领导性的地位，尽量寻求项目的主动地位。

（三）“人”

“人”——“执行者”，是说策划做得再好，缺少强有力的执行，无非就是空谈。再好的理念，再出色的创意，缺少好的表达者与执行者都是没有效果的。在广告策划中，执行就是将项目的内涵通过文字与图片表达出来。在营销策划中需要的也是文案、平面的宣传吸引客源，提升卖点，再由案场的置业顾问、专案实现销售对接，配合物业公司驻场顾问、项目工程师实现成功销售。产品策划的设计层面更多，首先需要研展员做好地块调研，再由营销经理提供项目产品建议，结合财务状况进行项目利润分析，规划师确认项目大规划，再由建筑设计、景观设计人员确认项目细节，同时还需施工人员将设计理念呈现在建筑物中。

总之，通过“竹”“市”“人”的有机组合，最终形成一个完整的策划流程与体系。作为一个好的策划人，虽然做不到十八般武艺样样精通，但至少也要像“鸠摩智”那样十八般武艺样样略通，只有一专多能才可以在这个圈子里大显身手。策划人的知识与资历是需要时间来积累的，只有在加强自身建设的同时，才可以展现锋芒。真正的策划不是项目包装策划，而是策划包装项目，所做所学需要务实，开发商需要的是“能将石头当黄金卖的人”，而不是“将黄金当黄铜卖的人”。

三、房地产策划师的职能

随着房地产策划理论的逐步完善，策划师、咨询顾问的作用重新被房地产开发商认识和接受。但他们依然随时会被房地产开发商追问：策划师或咨询顾问有什么作用？如果仅仅根据字面意义，认为策划师或咨询顾问就是出主意的，未免太过简单。那么，房地产策划师或咨询顾问究竟有什么职能？

1.“医生”职能

就像医生为了对症下药，选择最佳医疗方法，必须对患者进行仔细检查，通过对各种诊断结果、化验报告进行综合分析，才能得出正确的诊断结论。房地产策划师或咨询顾问受房地产开发商委托，对所开发的项目进行详细的诊断分析，在了解项目所在地的区域规划、区域经济发展水平、居民收入、周边房地产业竞争状况、区域人文地理环境、生活习性等信息后，针对“建什么”“怎么建”“卖给谁”等要素，提出项目的概念设计定位，画出概念规划图。例如，住宅与居住者的健康有很大关系，策划师或咨询顾问要从市场有效需求角度、从居住者健康与舒适的角度，恰当地为项目进行人性化的定位。

2. 法律顾问职能

为了规范房地产市场，国家和地方政府颁布了各种与房地产建设有关的法律制度和法规条文，还有一些仅靠法律法规解决不了的问题，如项目对周边居住环境的影响（施工噪

声、阳光遮盖等)、土地代征、国际政治风云、国家对外关系以及国内经济发展,或类似奥运、WTO、西部开发等对房地产开发的影响情况,甚至城市规划、区域建筑物高度、道路宽度限制等,必须以法律法规为准绳或合理规避,或进行调解,或遵照执行。而这些限制若房地产开发商并没有完全掌握,则需要策划人员周全考虑。

3. 财务专家职能

开发商拥有资金,但房地产策划师或咨询顾问要站在开发商的立场上,为开发项目进行策划,保证项目在未来畅销,其目的就是要在同样的资金投入情况下,获取最大的投资收益。其手段主要不是通过降低成本,而是通过资金的合理分配——将资金投放到能使项目增值的创意设计上来实现的。

4. "导演"职能

房地产策划师或咨询顾问是开发商与设计单位、施工单位、销售公司、广告代理商、物业管理公司的桥梁和纽带,其职责就是通过与上述企业的协调配合,将项目的概念定位演绎成功并执行到底。

5. "船长"职能

认为房地产策划师或咨询顾问的工作只是出主意的人有很多,实际上,当项目的概念定位成为设计图、施工图后,其重要工作就是在现场进行监理。如果把设计图看作航海图的话,策划就是要严格按照航海图标明的航线航行,局部变动必须征得船长同意,只有这样才能保证项目概念定位准确实施。

6. 环境专家职能

这里所谓的环境问题并不是全球气候变暖、酸雨增加的"大环境"问题,而是居住小区的环境美化、社区景观与周边街道环境、自然环境的协调的"小环境"问题。居住区的人性化也是通过居住区景观的可入性得以体现。而居住区的景观构成,将极大地影响项目的未来销售,景观风格定位及如何实现则取决于房地产策划师或咨询顾问。

可见,房地产策划师或咨询顾问是通才型人才,一个房地产项目的策划不是一个或几个房地产策划师或咨询顾问就可以完成,而是十数个甚至数十个专家组成的群体通力合作的结果。

第二节 市场定位

进行准确的市场定位(Market Positioning),从而锁定目标客户,是楼盘畅销的先决条件。任何房地产开发项目必须有科学的市场定位,而市场定位的前提是科学的市场细分和恰当的目标市场选择。

一、市场细分

房地产市场是由若干购买者组成的，而他们在年龄结构、地域分布、产品需求、购买能力、购买态度等方面都会存在差异，这些差异为市场细分（Market Segmentation）提供了依据。

（一）市场细分概述

1. 市场细分的概念

房地产市场细分是指依据购房者的需求和欲望、购买行为和购买习惯、年龄结构和职业状况等，将房地产市场分为若干具有相似需求和欲望的购房者组群的市场分类过程，其中每个购房者组群为一细分市场。

开发商通过市场细分，聚焦尚未被满足的顾客群体，并根据这一顾客群体的需求特征设计出独具特色的楼盘，进而进行针对性营销，实现企业战略。不同的购房者由于年龄、性别、收入、家庭人口、居住地区、生活习惯等因素的影响有着不同的欲望和需求。市场细分实际上就是将异质大市场划分成若干同质小市场的过程。成功的市场细分意味着企业在明确的细分市场上满足现有顾客和潜在顾客的某种需求。

2. 市场细分的作用

房地产市场细分是开发商产品定位的基础，其作用主要表现在以下几个方面。

（1）有利于选择目标市场。市场细分后，针对不同细分市场的购房者需求特点及竞争状况，企业可以根据自身资源状况，确定自己最适合的服务对象，抓住最有效、最有价值的客户，确定目标市场，正确制订营销策略。同时，及时跟踪目标市场上购房者的需求变化情况，调整产品定位策略，制定相应的对策，以适应市场需求的变化，提高企业的应变能力和竞争力。

市场细分对中小企业尤为重要。与实力雄厚的大企业相比，中小企业资源能力有限，技术水平相对较低，缺乏竞争能力。通过市场细分，可以根据自身的经营优势，选择一些大企业不愿顾及、相对市场需求量较小的细分市场，集中力量满足该特定市场的需求，在整体竞争激烈的市场条件下，在某一局部市场取得较好的经济效益，求得生存和发展。

（2）有利于发掘市场机会，开拓新市场。通过细分市场，开发商可以对每一个细分市场的购买潜力、饱和程度、竞争状况等进行分析对比，发现并抓住有利于本企业的市场机会，开拓新市场，迅速在该细分市场中取得优势地位。

（3）有利于提高资源使用效率，获取竞争优势。对于庞大的房地产市场来说，任何一

个企业的人力、物力、财力等资源都是有限的。通过市场细分，选择适合自己的目标市场，企业可以集中人、财、物等资源，把其运用到最需要的地方，创造出客户满意的产品和服务，争取局部市场上的优势，占领自己的目标市场。这对于中小型开发商尤为重要，追求在相对小的细分市场上占有较大的市场份额。

（4）有利于更好地满足客户需要，提高经济效益。随着经济社会的发展，购房者需求的差异性会越来越大，对市场细分的要求会越来越高，这样对开发商来说，意味着经常会有新的市场机会，从而开发新的产品去满足客户的需求。企业通过细分市场，更加准确地认识和把握客户的需求，使开发的产品既能满足市场需要，为客户创造价值，又使企业取得了良好的经济效益。

（5）有利于提高企业的核心竞争力。企业的竞争能力受客观因素的影响而存在差别，但通过有效的市场细分战略可以改变这种差别。市场细分以后，每一细分市场上竞争者的优势和劣势就明显地暴露出来，便于企业发现市场机会，利用竞争者的弱点，同时有效发挥本企业的资源优势，用较少的资源把竞争者的顾客变为本企业的顾客，提高市场占有率，增强竞争能力。

（二）市场细分的原则和依据

进行市场细分时，必须认真分析、测定细分市场的有效性，即子市场是否具备从事项目开发的条件，因此，进行市场细分必须与项目环境相适应。

1. 市场细分的原则

房地产市场细分有许多方法，但不是所有方法都是有效的。如果对某种产品的需求不存在异质性，就没有细分的必要。房地产细分市场应该以异质性为出发点，遵循以下原则。

（1）可衡量性。可衡量性要求细分市场的规模和购买力大小是可识别的、可衡量的。如果根据某些因素对房地产市场进行细分后，发现细分市场的大小难以测定，则该细分市场无任何可操作价值。事实上，开发商在经过科学的市场调查后，不仅能够预测细分市场的规模，而且还可以预测在一定条件下该细分市场容量的增长速度。

（2）可进入性。可进入性是指开发商有能力进入所选定的细分市场。也就是说，企业拥有足够的资源和竞争力进入该细分市场，并且该决策与企业的发展战略相一致。考虑细分市场的可进入性，实际上也就是考虑企业在该细分市场的盈利能力。显然，对于不能进入或难以进入的细分市场，对开发商来说是没有任何意义的。

（3）可盈利性。可盈利性指开发商所选定的细分市场具有一定规模，足以使本企业有利可图。如果细分市场小到难以使企业获利，或获利水平非常低，企业机会成本很大，那么这样的细分市场也就毫无意义。

（4）可行性。可行性指开发商选择的细分市场能否制订和实施有效的市场营销计划，包括产品、价格、渠道以及促销等。

（5）稳定性。稳定性指市场细分的需求在一定时间内保持相对稳定，这样才有利于企业长期营销策略的贯彻和实施，特别是对于投资较大的市场，如果市场变化太快，会增加企业的经营风险。当然，市场的稳定是暂时的，企业应尽量选择相对稳定的市场，并随时预测市场的变化趋势，调整营销战略。

值得注意的是，市场细分绝不是为细分而细分，而是为了有助于企业更好地挖掘和利用新的市场机会，充分利用企业现有资源，提高企业的经营绩效，构建企业的核心竞争优势，使企业得以快速发展和壮大。

2. 市场细分的依据

按房地产产品的用途，房地产市场可分为住宅市场和生产经营用房市场。两者的需求者不尽相同，因而市场细分的标准和依据也不同。

1）住宅市场的细分依据

购房者需求的异质性和多元化，主要是由地理因素、人口因素、心理因素和行为因素等引起的。

（1）地理因素。地理因素是按照购房者所在的地理位置、地形、气候等因素来细分市场的。房地产市场是一个区域性市场，但是其购买者不一定完全是本区域的人群，因此在房地产市场的地理细分方面，可以考虑将购房者划分为本区域购买者和非本区域购买者。地理因素对住宅购房者需求的影响主要表现在以下两个方面。

① 对于处于不同城市的购房者来说，由于存在气候、文化、习俗等差异，使他们对住宅产品有不同的需求偏好；如南方地区和北方地区，由于气候上的明显差异，购房者对房屋的保温、通风等多方面的要求有明显差别。

② 对处在同一个城市的购房者来说，由于房地产的不可移动性，使不同购房者对房屋的地理位置有不同的要求，房地产开发表现出明显的区域性特点。

（2）人口因素。人口因素主要包括年龄、性别、职业、收入、教育、家庭人口、家庭生命周期、社会阶层、国籍、种族、民族、宗教等，这些因素是决定购房者住宅需求差异性的重要因素。不同年龄、不同性别、不同收入、不同教育背景、不同家庭人口、处于不同家庭生命周期的购房者，对住宅产品有不同的消费需求。依据人口因素来细分住宅市场是开发商最常用的方法。

① 家庭规模。家庭规模主要是指家庭人口多少以及家庭组织范围的大小。家庭规模直接影响对住房面积的需求量。

② 家庭生命周期。家庭生命周期分为单身期、新婚期、满巢期、空巢期和鳏寡期等阶段。处于不同家庭生命周期阶段的购房者对住房的需求不同。

③ 家庭代际数。即家庭成员由几代人组成。按照家庭代际数，可以把家庭分为一代家庭（如单身家庭和夫妻家庭）、二代家庭（核心家庭）、三代家庭（三代及三代以上家庭）。两个家庭人口数量相同，但家庭代际数不同，对住房的需求是不同的。

（3）心理因素。人们经常发现，利用地理因素及人口因素进行市场细分后，同一细分市场的购房者对于同类住宅产品的需求并不相同，其中的原因就在于人的心理因素。心理因素主要包括以下两个方面。

① 生活方式。不同文化背景、社会阶层的人可能有不同的生活方式，生活方式不同的购房者，对住宅会有不同的需求。例如，喜欢交际的人通常喜欢客厅大的住宅；喜欢安静悠闲生活的人，可能喜欢环境优雅的住宅。生活方式是个体所表现出来的对待生活的基本态度与基本看法。企业可以用活动（Activities）、兴趣（Interest）、意见（Opinions）三个尺度来测量购房者的生活方式，这种尺度又叫“AIO”尺度。企业可详细调查和研究购房者的各种活动、兴趣、意见，从中区分出生活方式不同的购房者群体。

② 个性。它指购房者个人的性格特征。不同的人往往有不同的个性，不同个性的购房者对住宅产品有不同的偏好。

（4）行为因素。市场细分的标准可分为两大类：一类是购房者的特征，如地理因素、人口因素和心理因素；另一类是购房者的反应，如各种行为因素。许多学者和企业认为，行为因素是细分市场重要的出发点。行为因素主要包括以下两个方面。

① 利益追求。不同的购房者在购买住宅时的动机不同，所追求的利益也不同，购买的房地产的档次也就可能不同。有的购房者注重小区及周边环境；有的注重配套设施；有的注重升值潜力；有的注重物业管理；有的是作为改善居住条件的第一居所，有的是作为休闲度假的第二居所。因此，企业可以按照购房者在购买住宅时所追求利益的不同来细分住宅市场，这是一个重要的细分变量。

② 品牌忠诚度。企业可以根据购房者对品牌的忠诚度来细分住宅市场。所谓品牌忠诚度是指由于价格、质量、性能、信誉等因素综合作用，使购房者对某一品牌情有独钟，形成偏爱并长期购买这一品牌产品的行为。

产品定位时，应针对不同购买动机的需求，设计开发适宜的住房和提供相应的服务。

2）生产与经营性用房的细分依据

生产与经营性用房的购买者和住宅市场的购买者不尽相同，因此，细分市场的依据也有差异。除了上述细分依据以外，还有最终购房者、最终购房者规模等因素。

（1）最终购房者。最终购房者是指最终使用生产与经营性用房的需求者，主要有加工制造业、商业、金融业、文化娱乐业与宾馆服务业等。不同的最终购房者对开发商所提供的产品和配套服务有不同的需求标准和利益诉求，开发商可以据此来细分生产与经营性用

房市场，尽可能使得最终用户的要求得到满足，并对不同类型的最终购房者，相应地运用不同的市场营销策略。

（2）最终购房者规模。最终购房者规模是指具体的最终使用者对生产经营性用房需求量的大小。顾客规模是细分生产与经营性用房市场的重要变量。按照这一细分变量，可将其分为大客户、中客户和小客户市场。大客户市场较少，但是购买力大；中小顾客市场较大，其购买力相对小。对于不同的细分市场，开发商需用不同的市场营销组合策略，以投其所好。

（三）市场细分的方法和程序

1. 市场细分的方法

市场细分的标准是动态变化的，不同的企业在市场细分时采用不同的标准。企业进行市场细分时，可采用单一标准，也可采用多个变量因素组合或系列变量因素进行细分。主要有以下几种方法。

（1）单一因素法。单一因素法是以某变量划分细分市场。如住房市场可以按个人购买力水平分为三类：① 由高收入者组成的市场。由于他们收入水平比较高，对住宅档次要求高、面积要求大、环境要求好，但对价格不是很关心。这类顾客一般愿意购买高档住宅、别墅。② 由中等收入者组成的市场。这类顾客收入居中，对住房的实用性要求高，对住房总价比较敏感，愿意购买中等住宅。③ 由低收入者组成的市场。这类顾客收入水平低，对价格的承受能力有限，但是对住房位置还是很介意，一般愿意购买新区、城郊的经济适用住房或其他低档用房，以按揭支付购房款。

（2）综合因素法。综合因素法就是选择两个及以上的细分变量，同时从多个维度进行市场细分。如选择住宅面积、收入水平和购房者年龄三个变量组合来细分市场，可分为三类：① 住宅面积在 120 m^2 以上、年薪在 10 万元以上、年龄为 40~55 岁；② 住宅面积在 60~100 m^2、年薪在 6~10 万元、年龄在 30~40 岁；③ 其他。

（3）系列因素法。系列因素法也用两个以上因素，但根据顺序依次细分。细分的过程是一个比较、选择子市场的过程。下阶段的细分是在上阶段选定的子市场中进行的。

2. 市场细分的程序

根据美国学者伊·杰·麦卡锡提出的市场细分程序，房地产市场细分可分为以下七个步骤。

（1）依据供需选定产品市场范围。进行房地产开发，首先要考虑其产品可能的市场范围。市场范围依据市场需求而不是产品特征选择。例如，一家房地产租赁公司打算建造一幢简朴的小公寓，应从房间大小、简朴程度等产品特性出发，最初可能会确定以低收入家庭为消费对象。但从市场需求的角度分析可以看到，许多并非低收入的家庭也是潜在顾客。如有的购房者在市区拥有宽敞舒适的居室，但又希望在宁静的郊区再有一套住房作为周末度假的去处。所以公司不应把这幢普通的小公寓看成是提供给低收入家庭居住的房

子，而要在这种小公寓的市场范围内，加入非低收入家庭的那部分需求。

（2）列举潜在顾客的基本要求。开发商可以从地理因素、心理因素和行为因素等方面，通过“头脑风暴法”对潜在顾客的需求进行大致分析。通过这一步骤掌握的情况也许不够全面和准确，但可作为以后各个步骤的初步资料。

（3）了解不同潜在顾客的差异需求。开发商可以依据人口因素进行抽样调查，询问不同潜在顾客，了解基本需求中哪些是最重要的。这一步应进行到至少有三个分市场出现为止。例如，房地产公司发现，在校外租房住宿的大学生，认为最重要的是遮风避雨、停放车辆、经济、方便上课和学习；新婚夫妇希望遮风避雨、停放车辆、不受外来干扰、良好的公寓管理等；较大的家庭住户要求遮风避雨、停放车辆、经济、有足够的儿童活动空间。这样，不同的客户群体，即若干子市场也就初步显现出来。

（4）移除潜在客户的共同需求。潜在顾客的共同要求虽然重要，但只能作为市场定位的参考，不能作为市场细分的基础。例如，遮风避雨、停放车辆、安全等需求，几乎是每类潜在顾客都需要的，这些必须移除。

（5）赋予不同的分市场新概念。开发商对各个分市场的不同需求进行分析，结合各客户群的特点，暂时分别取一个名称，以便在分析中形成一个简明的、容易识别和表达的概念。如：

①好动者——客户年轻、未婚，爱玩好动。

②老成者——比好动者年长、成熟，收入及受教育程度更高，追求舒适与注重个性。

③新婚者——暂时居住，将来希望另找住房。夫妻皆有工作，所以房租负担不重。

④工作为主者——单身，希望住所离工作地点近，经济。

⑤度假者——市区有住房，但希望节假日过一点郊外生活。

⑥向往城市者——乡间有住房，但希望能靠近城市生活。

⑦家庭住户——一家数口，有子女，希望居住安定。

（6）认识了解各潜在客户群的特点。开发商对各细分市场的顾客进行更深入的考察，明确对购房者组群的特点已了解哪些，还要了解哪些，以便决定各分市场是否需要再度细分，或加以合并。例如，新婚者群体与老成者群体的需求差别很大，应当作为两个分市场。同样的公寓设计，也许能同时迎合这两类顾客，但对他们的促销策略，如广告主体和人员推销方式可能大不相同。企业要善于发现这些差别，假如原来把他们归属于一个分市场，现在就应区分开来。

（7）测量不同分市场的规模。经过上述步骤，分市场类型基本确定，企业接着应把每个分市场与人口因素结合起来分析，以测量各个分市场中潜在顾客的数量。因为企业进行市场细分是为了分析盈利机会，而盈利水平则取决于各个分市场的销售潜力，所以不引入

人口因素分析对销售是非常不利的。有的分市场顾客很少，错误选择这类分市场的企业会造成产品积压，成本难以收回。例如，租赁公司可把好动者与人口因素相联系，可以确定他们是 18~25 岁的年轻人，从有关部门可以查询该年龄阶段的详细资料，计算出好动者占人口比例，便可推算出不同地区好动者的顾客数量。

经过上述七个步骤对公寓住宅市场细分之后，接着要考虑的问题是在此基础上如何选择目标市场、进行市场定位，并制订最佳的市场营销组合方案。

二、目标市场的选择

市场细分后，开发商需要在对各细分市场评价的基础上选择要进入的市场。目标市场选择（Target market Selection）对企业战略实施影响巨大，决策者应慎重考量。

（一）目标市场的含义

所谓目标市场，就是开发商所要服务的市场，是企业为实现预期目标而要进入的市场。企业的一切营销活动都是围绕目标市场进行的。选择和确定目标市场，明确企业的具体服务对象，关系到企业任务和目标的落实，是企业制订产品定位的首要内容和基本出发点。目标市场应具有以下条件。

1. 需求量

这里所说的需求量包括现实需求和潜在需求。理想的目标市场应该是有利可图的，如果不是这样，企业就难以选择。足够的需求量是选择目标市场的客观条件。

2. 市场需求

这是选择目标市场必备的主观条件。在整个房地产市场中，有利可图的细分市场很多，但企业不一定都有相应的满足需求的能力，因此，并不是全部都能作为企业的目标市场。

3. 竞争优势

除了选择目标市场的主客观条件外，企业还必须了解目标市场的竞争对手的情况。只有竞争者还未完全控制市场时，企业的选择才有意义。但退一步说，即使竞争者完全控制了市场，只要企业有条件赶上或者超过竞争者，仍然可以设法挤进这一目标市场。

（二）目标市场的选择模式

目标市场的选择通常以细分市场评价为前提。细分市场评价主要涉及对规模和发展前景、结构的吸引力、企业的目标和资源等多个方面。目标市场选择一般有以下几种模式。

1. 市场集中化

最简单的选择目标市场的模式是，企业只选择一个细分市场。通过集中营销，企业更能清楚地了解细分市场的需求，从而树立良好的信誉，建立牢固的地位。同时企业通过生产、销售和促销等专业化分工，提高经济效益。一旦企业在细分市场上处于领导地位，将获得很高的投资效益。但对于某些特定的细分市场，一旦购房者在该细分市场上的消费意愿下降或有其他竞争对手进入，企业将面临很大的风险。

2. 选择专业化

选择专业化是指企业可以选择性地进入不同的细分市场。从客观上讲，每个细分市场都有吸引力，且都符合企业的目标和资源水平。这些细分市场间很少或者根本没有联系，但在每个细分市场上都可获得盈利。这种细分市场覆盖策略可以有效地分散企业的风险。因为即使其中一个细分市场丧失了吸引力，企业还可以在其他细分市场上继续获得盈利。

3. 产品专业化

产品专业化是指企业同时向几个细分市场销售一种产品。选择产品专业化时要注意，一旦有新的替代品出现，企业将面临经营滑坡的风险。

4. 市场专业化

市场专业化是指企业集中满足某一特定购房者群体的各种需求。选择市场专业化，可以使得企业专门为某个消费群体服务并争取树立良好的商业信誉。企业还可以向这类消费群体推出新产品，形成有限的新产品销售渠道，但如果该消费群体的支付能力下降，企业就会出现经营滑坡的危险。

5. 完全覆盖化

完全覆盖化是指开发商通过投资开发不同类型的物业来满足各种目标市场的需求，只有知名开发商才可能采用完全市场覆盖战略。例如，美国的普尔蒂公司向 11 类细分客户提供不同类型的住宅，而这个细分基本上涵盖了有能力购房的大部分客户，而且这些客户群分别处在不同的家庭生命周期。

6. 定制个性化

定制个性化是指企业按照每个购房者的需求单独设计，把满足差异化、个性化需求发挥到极致。这种方式主要针对收入很高的群体，建设最个性化的豪宅，是典型的订单式生产。

三、市场定位

（一）市场定位的含义及其作用

目标市场确定后，企业为了与竞争对手有所区别，开拓和占领目标市场，取得产品在目标市场上的竞争地位和优势，更好地为目标市场服务，还要在目标市场上对本企业产品做出具体的市场定位。

1. 市场定位的含义

选定了目标市场之后，企业要进行市场定位。所谓市场定位就是企业根据目标客户群所关心的主要因素，在竞争楼盘分析的基础上，确定本企业的产品情况和市场位置。市场定位是开发商为已确定的目标客户群，提供满足目标市场的产品和服务，是为迎合购房者某一期望而设计的产品组合。

2. 市场定位的作用

市场定位是市场营销策略体系中重要的组成部分，它对于企业准确认识自己所处的竞争地位、把握购房者的需求、树立产品特色、提高企业在目标市场的竞争力有重要意义。具体来说，市场定位有以下几方面意义。

（1）市场定位有助于创造差异，构建竞争优势。市场定位的实质就是使企业在目标市场中取得竞争优势地位。在市场定位的统领下，企业充分分析市场，通过在产品主题概念、建筑风格、社区环境、配套、户型结构等方面塑造出特色，并向购房者清晰地传达定位的信息，使得企业产品的优势及差异性凸现于购房者面前，从而引起购房者注意与兴趣，最终引导购房者购买企业产品，在竞争中取得优势。

（2）市场定位有助于各种营销策略的制订、实施。只有以定位为制订各种策略的依据，各项手段相互配合、协同向购房者传达产品的定位信息，才能使产品顺利击中目标市场。以定位为前提依据，各项营销手段才能发挥最大效用。也就是说，营销策略组合是市场定位战略战术运用的结果。

（二）市场定位的准则及策略

1. 市场定位的准则

市场定位的准则主要有以下几个方面。

（1）受众导向准则。定位的重心在于购房者心理，对购房者心理把握越准，定位策略越有效。有学者提出了购房者的五大思考模式[①]，分析了消息传播不能到达购房者的原因及无法占据购房者心理的根源，并指出成功的定位取决于两个方面：一是项目如何将定位信息有效地传达到购房者脑中；二是定位信息是否与购房者需要相吻合。也就是说，市场定位必须以购房者接受信息的思维方式和心理需求为导向，必须遵循受众导向准则。

例如，开发商推出一个“完美”的楼盘，那么，在向工薪族介绍时就不能只说它有多少高级会所，向二次置业者介绍时就不能只说分摊面积多或少，向富豪介绍时就不能只说

① 购房者的五大思考模式，是指购房者只能接受有限的信息；购房者喜欢简单，讨厌复杂；购房者缺乏安全感；购房者对品牌的印象不会轻易改变；购房者的想法容易失去焦点。

它有多条公交线通达市内各地。工薪家庭最关心的是管理费和分摊面积的多少；二次置业者大多是想改善居住环境，希望多点绿化面积；富豪多数都不会去关心是否有公交线路到居住地，甚至不希望有公交车到达，他们只在乎环境是否优美，配套设施是否完备。如果开发商能够了解每一个购房者的所思所需，投其所好，必然销售成功。

因此，要突破信息沟通障碍，打开购房者的心智之门，关键是想购房者所想，千方百计使传播的信息变成购房者自己想说的话，让他在听到项目的宣传和参观楼盘时感到满意，由此认为“这正是我所需要的，这正是为我专门设计的”。只有这样，才能让他们产生亲切感、认同感、信任感，从而接受产品，最后产生购买欲望。受众导向准则，实质上是如何突破传播障碍，让定位信息进驻购房者心灵的准则，也是不断强化购房者满意程度的准则。

（2）个性化准则。楼盘与楼盘之间的某种差别，可以通过调整和不断完善经营策略来缩小或同化。顾客选择楼盘时，在理性上会考虑楼盘的实用性，同时也会评估不同楼盘所表现出的个性。当楼盘表现的个性与自我价值观相吻合时，购房者会选择该楼盘，并用该楼盘体现自己的个性。而有效个性化准则就是要符合重要性、明晰性、优越性、可沟通性、可接近性、收益性等条件。例如，广州奥林匹克花园，它将“体育运动”概念导入该楼盘，给该楼盘赋予了旺盛的生命力与鲜明的个性，大大提升了楼盘的品位，一改过去那种“完善的会所＋创意的房型＝优秀的小区”的千篇一律的模式，使该楼盘促销宣传的主题十分鲜明、突出，富有号召力，而且使促销活动，尤其是其中的广告、公关活动创意空间十分广阔，以体育明星、运动会等进行促销显得顺理成章。表 5-1 列出的是一些定位“概念”突出的楼盘。

表 5-1　“概念”突出的楼盘示例

序　号	项 目 名 称	楼 盘 概 念
1	万科第五园	文化、国风
2	青岛中德生态园	被动房、超低能耗
3	北京银泰柏悦居	以人为本
4	南京九间堂	庭院
5	Opus Hong Kong（傲璇）	时尚创新
6	深圳蔚蓝海岸	海洋概念
7	丽景湾	珠江江景
8	中海名都	“都市生态园、岭南新加坡”
9	SOHO	现代城网络、智能化

（3）差别化准则。广告的空前泛滥，使得购房者每天接触到的信息难以计数。面对繁多的房地产广告，购房者往往不知如何选择，即使看中了某个楼盘，很快又被其他更新的楼盘所吸引。市场定位就是通过各种媒体和渠道，向目标市场传达楼盘的特定信息，使之与对手楼盘的不同之处凸现在购房者面前，从而引起购房者的注意。当目标定位所体现的差异性与购房者的需要相吻合时，楼盘信息就能留驻购房者心中。

大量开发实践证明，房产定位的影响因素主要考虑以下几个方面。

① 楼宇质量。楼盘选择的用料（包括建筑用料和装饰材料）是否比别人更好、更经久耐用，是否能做出保证。

② 建筑风格。楼盘是否符合购房者对住宅时尚的追求或特别的审美要求。

③ 交通。楼盘出入的交通是否更为方便。

④ 舒适。楼盘的小区的绿化环境是否能让购房者觉得更为舒适享受。

⑤ 价格。楼盘的价格是否更为优惠；是否像楼盘本身一样具有吸引力。

⑥ 物业管理。楼盘所提供的物业管理服务是否比对手楼盘所提供的更为优质和完善。

⑦ 升值潜力。楼盘究竟能给买家带来多少潜在利益和好处。

当然，定位中的差别因素远远不止这些，还包括很多有形或无形的因素。与竞争楼盘的差异性越多，定位优势越大，楼盘形象也会越突出。

可见，要想在购房者心中留下深刻印象，只有一种途径——与众不同。

（4）动态调整准则。项目开发是社会系统中的一个子系统，经营活动自然受到环境的制约。在变化的环境中，今天处于第一的企业，不能保证明天依然能独占鳌头。新的变化因素可以在转瞬之间将一个强有力的公司推入狂澜。因此，企业只有不断调整自己的目标、产品领域、技术与管理等，才能适应环境的变化。作为重要的营销策略，定位的动态调整自然不可避免。动态调整准则要求企业在变化的环境中，抛弃过去传统的以静制动、以不变应万变的静态定位思想，要在变化的环境中不断调整市场定位及其策略。

2. 市场定位的策略

（1）避强定位。避强定位策略是指企业力图避免与实力最强的或较强的其他企业直接发生竞争，而将自己的产品定位于另一市场区域内，使自己的产品在某些特征或属性方面与最强或较强的对手有比较显著的区别。这种策略能使开发商迅速在房地产市场上站稳脚跟，并在顾客心中留下特别的印象。

避强定位适用于市场比较稳定的区域。这种定位风险小，成功率较高，常常被较晚进入市场的开发商所采用。例如，很多公司的楼盘规模小，也不做多少广告，但一经推出很快销售告罄，它们并不和那些规模大的知名开发商拼实力、拼品牌、拼规模、拼小区环境，而是通过细微的服务锁定顾客，依靠知名开发商的广告“作嫁衣”。

企业选择避强定位战略，应当具备以下几个条件：① 有较强的设计创新能力。② 先进的施工工艺，较为成熟的质量保证体系，能及时设计和开发出风格新颖、结构合理、符合购房者心理需求和实际需要的各类住宅或非住宅物业。③ 具备足够购买此类产品的市场潜力，确保有足够收益。④ 开发商开发的产品与竞争产品相比，具有明显的特色。

（2）迎头定位。迎头定位是指企业根据自身实力，为占据较佳的市场位置，不惜与市场上占支配地位的、实力最强或较强的竞争对手发生正面竞争，使自己的产品进入与对手相同的市场位置。

企业采用这种定位，应当具备以下条件：① 该市场有足够的市场容量，具有吸纳所有竞争企业产品的能力。否则，会出现价格下降、产品滞销等后果，导致行业的恶性竞争，造成资源的浪费，损害包括自身在内的所有企业的利益。② 企业有比竞争者更多、更好的资源，能开发出比竞争者更好的房产。③ 企业能建立有效的分销渠道，将本企业的产品及信息送达到购房者手中。④ 固化品牌竞争力，有利于实现企业战略。

迎头定位使企业在竞争中引人注目，一鸣惊人，甚至产生轰动效应。企业及其产品可以较快地为购房者或用户所了解，利于企业品牌构建，但操作上容易引起对手的反击，具有较大的风险性。

（3）创新定位。寻找新的、尚未被占领的但有发展潜力的弥隙市场[①]，建造特色鲜明的产品。采用这种定位方式时，公司应明确创新定位所需的产品在技术上、经济上是否可行，有无足够的市场容量，能否为公司带来合理而持续的盈利。

（4）重新定位。公司在选定了市场定位目标后，如定位不准确或虽然开始定位得当，但市场情况发生重大变化时，如遇到竞争者定位与本公司接近，侵占了本公司部分市场，或由于某种原因，购房者或用户的偏好发生变化，转移到竞争者方面时，就应考虑重新定位。重新定位是以退为进的策略，目的是为了实施更为有效的定位。

市场定位是确定公司产品和树立公司形象的行为，公司在进行市场定位时，应慎之又慎，要通过反复比较和调查研究，找出最合理的突破口。避免出现定位混乱、定位过度、定位过宽或定位过窄的情况。而一旦确立了理想的定位，公司必须通过一致的表现与沟通来维持此定位，并应经常加以监测，以随时适应目标顾客和竞争者策略的改变。

（三）市场定位的流程

（1）明确本企业及产品在潜在市场上的竞争优势。为此需要了解目标市场上的购房者需要什么，这些需要是否得到满足，满足的程序如何；竞争者在目标市场上做了什么，做

① 弥隙市场是具有特定消费需求的目标客户群。弥隙市场具备如下特点：市场内的购房者有自己独特的复杂需求；购房者对于最有能力满足自己需要的企业，愿意支付较高的价格；市场内的营销人员要取得成功，必须使自己的经营具有独到之处；市场内处于领导地位的企业，其地位不会被其他竞争对手轻易动摇。

得如何，自己能为目标顾客做些什么，应如何去做。

（2）选择从潜在竞争优势中选择具有真有正开发价值的优势。一个企业的竞争优势是本企业能够战胜竞争者的能力。它可以是竞争者不具备的能力，也可以是竞争者虽然具备，但本企业能够更胜一筹的能力。总之，真正具有开发价值的优势应该是较强的优势，而不是微弱的优势。

（3）全方位地展示自己的竞争优势。企业要积极主动地通过广告宣传和各种促销活动与目标顾客沟通，引起顾客对本企业及产品形象特征的注意和兴趣，使他们熟悉和了解自己的市场定位，取得他们的认同，以便使企业的竞争优势能够对顾客的购买行为产生影响。

第三节　目标客户群定位

面对竞争激烈的市场，开发商需要在把握购房者（或相关参与者）心理的基础上，进行市场细分，选择目标客户群，并有针对性地进行产品定位和营销策划，实现企业发展战略。房地产项目要成功，市场定位一定要准确，目标市场一定要清晰。目标客户研究分析是前期项目定位中最为关键的因素之一，准确的目标客户分析是找到目标客户的唯一途径。而把握好前期完整准确的目标客户定位，开发商才能提供合理的产品放到市场，才能做到真正的占据市场。

一、购房者心理与购买行为分析

开发商进行房地产开发活动的最终目的是将房子按预期要求租售，获取利润。而要达到这一目的，关键在于产品是否能够满足购房者的需求。开发商只有掌握了购房者的需求，才能赢得更多的客户，求得企业的生存和发展。

（一）购房者购买行为分析

客户购买行为是指购房者个人或家庭为了满足自己物质和精神生活的需要，在某种购买动机的驱使下，用货币换取所需房地产产品的活动。对客户购买行为的描述，可以简单概括为“5W2H”：谁来买房产（Who）；为什么买房产（Why）；在什么地方买房产（Where）；什么时候买房产（When）；买什么样的房产（What）；价款支付方式（How much）；通过何种渠道买房产（How）。通过“5W2H”，可以简单勾勒出购房者购买行为的“轮廓”。

1. 谁来买房产（Who）

这里主要分析研究谁是主要的购房者以及各种购房者的类型。

谁是主要的购房者。从房产产品本身出发，分析将产品卖给什么样的消费对象，即解决购房者层次定位的问题。例如，高档商住楼，营销的对象主要是在所在地区设立办事处或分公司的外省市的大企业，商住楼既可以办公，又可以解决外地工作人员的住宿问题，而其高档性又决定了必须是具有一定实力的企业；又如高标准的公寓，主要面向的消费对象可能是高收入阶层，如外资企业的高级职员、成功的企业家等。同时，由于房地产产品价值大，在购买的过程中还存在许多参与者，如购买的决策者可能不是最终的使用者。因此，在研究主要消费对象的同时，还要对谁参与购买的决策进行研究和分析。明确谁进行购买决策，谁出资购买，谁对购买决策产生影响，谁最终实际使用房地产。

确定主要购房者是对购房者购买行为进行描述的第一步，也是最重要的一步，它为开发商进行营销策划、确定目标市场提供了依据。

由于购房者所受的教育、文化修养、处事方式存在差异，即使确定了主要消费对象，这些消费对象的各个个体之间也存在很大的差异。因此仅仅确定主要购房者还是远远不够的，还应该对购房者进行分类，以便在营销活动中采取正确的策略来加以突破。

2. 客户为什么购买房产（Why）

这里指购房者的主导动机或真正的动机是什么，即购买原因。不同的购房者购买房产的动机不同，就是同一个购房者，在不同时期购买房产的动机也不相同。为什么要购买这一区位、这一类型的房产？购房者购买房产，除了满足生理的、自然的需求外，社会因素、经济因素、心理因素又起着什么样的作用？开发商必须熟知购房者购买动机的形成过程，才能有针对性地引导客户购买自己公司的产品。

3. 客户在什么地方购买房产（Where）

这里指什么样的购买场所和环境最能促进购房者的购买行为，即确定交易地点。房产产品具有价值量大和不可移动的特点，在多数情况下，购房者倾向于到现场进行实地了解、查看。因此，施工现场的环境、接待中心的布置、样板房的设计、现场分发的广告宣传资料都会对购房者的购买决策有一定影响，这些都是开发商需要重点研究的问题。

另外，产品的买卖交易，可以根据实际需要，在合适的地方完成。如项目接待中心、开发商办公场所、房地产交易所、商品房展销会等。

4. 客户在什么时候买房产（When）

这里主要分析购房者的最佳购买时间。购房者购买商品往往有一定的时间性、季节性，商品的购买时间一般与购买者的工作性质、生活习惯以及季节变化等有直接关系。研究购房者在什么时候购买或者是什么时候更愿意表示购买的愿望，有助于营销策划机构选择最合适的时机将楼盘推向市场，在最合适的时间催单“逼订”①。

5. 客户要买什么样的房产（What）

这主要指购房者想要购买哪种套型、式样、价格的房产，即心仪的购买对象。由于购房者所处的社会环境、经济条件不同以及心理预期差异，使得购房者对产品的需求呈现多样化。例如，新婚夫妇可能需要二室一厅，三口之家可能需要三室一厅等。同时，由于受经济条件的制约，在购买房产的区位上也会因人而异。

6. 价款数量及支付方式（How much）

这里指购房者购买产品总价限额及其货币支付方式。购房者可以选择一次性支付或者分期付款的方式，并可选择现金支付或银行转账支付等。不同的货币支付方式，购房者所承担的商品价格也不一样。购房者购买房产的方式不仅会影响市场营销活动的状态，而且还会影响房产产品的设计以及营销计划的制订。例如，购房者拥有足够的支付能力，会一次性付款。而当购房者支付能力不足时，购房者将以分期付款或按揭方式购买。购房者的具体购买方式受许多因素的影响，营销人员应对各种购买方式有充分的考虑。

7. 客户通过何种渠道买房产（How）

这里主要指搭建开发商和购房者的交易渠道，或通过媒体宣传，或通过活动推广，或通过现场包装等针对某个项目的渠道。也可以推动开发商进行“巡回联展”，树立地域形象，提升整个推介区域的房地产项目知名度，如“送房到全川，移居到成都”②。

（二）购房者购买行为因素分析

购房者购买决策与很多因素有关，这些因素可以归纳为五大类，即心理因素、个人特性、社会因素、文化因素和经济状况。

1. 心理因素

对购房者行为进行研究，最简洁的方式就是从购房者本身开始。为了解和预测购房者的购买行为，首先必须能够解释个人的行为。下面从动机、知觉、学习、态度及价值观念五个方面讨论和解释个人的消费行为。

（1）动机。动机是推动人们从事某种活动的内部驱动力，是行为活动的直接动力。购买动机是在个体了解商品效用的基础上产生的，受需求的制约和支配。离开了需求，便谈不上动机。但是，要使顾客真正产生购买行为，仅仅有需求是不够的，必须有动机的直接推动。人的购物动机分为理性和感性两部分，具体购买动机总是受其中一种或两种支配。购房动

① “逼订”即逼客户交付定金，它是将产品介绍转化为实际买卖的关键步骤。在任何产品的推销过程中这个步骤是必不可少的，而且它是衡量销售前期介绍效果的标志。

② 2007年成都“十城联展”，是整个四川境内举办的首次如此大规模的房地产行业巡展活动。20家开发商积极参与，21家地方城市主流媒体、宣传部、房管局全面配合，达10 000人次客户到访，超过3 000万元现场成交。

机同样分为两类：一是理性的购买动机，如投资动机、自住动机等；二是感性的购买动机，如求新动机、求美动机、效仿或炫耀的动机、权力动机、癖好动机、健康和舒适动机等。

（2）知觉。人的需求受到激励会形成动机，但付诸行动还要看他对客观环境的感官知觉。两个具有相同购买动机、受到相同外界刺激的购房者，由于对外界的感官知觉不同，可能导致不同的购买行为。

知觉（感性认识）过程是一个有选择的心理过程，包括选择性注意、选择性曲解和选择性记忆。

① 选择性注意。在现代社会中，每人每天都面对各种各样来自外界的刺激，但不是每一种刺激都能引起注意，通过研究发现，那些与目前需求有关的、与众不同的或预期出现的刺激往往更能引起人的注意，这便是选择性注意。

② 选择性曲解。人对外界的客观事物，不一定都能正确认识、真实反应，往往是先按照自己的意思来理解客观事物，潜意识地把外界输入的信息与头脑中早已存在的模式相结合。这种按个人意愿曲解信息的倾向叫作选择性曲解。

③ 选择性记忆。人对所了解的信息不可能全部记住，而往往只会记住那些符合自己态度和信念的信息，这就是选择性记忆。

上述三种感官知觉过程告诉我们，房地产销售人员必须突破先入为主的知识壁垒，针对不同的购房者设计不同的营销策略。而作为开发商则务必不断改善房地产的内在质量和外观设计，特别是媒介推广要有特色，从而激发购房者的购买行为。

（3）学习。基本的学习模式，可利用驱动力、线索、反应及增强等来解释。驱动力是指引发个人产生行动时的内在的紧张状态。线索是一种环境刺激。反应是指个人对环境中线索所采取的行动。增强是反应的重复，增强一再发生时，个人遇到刺激马上会做出某种固定反应，于是形成习惯。然而假如反应在以后出现时，没有受到增强，则学习的习惯就会中止，这称为消除作用。市场营销人员应认识到“学习”在促销活动中的作用，并利用各种传播媒介加强购房者对本公司的广告及产品的印象，引导他们做出购买本公司产品的决定。

（4）信念、态度。信念是人们对于某种事物所持有的一种看法和信任程度，购房者对产品的信念构成了产品印象和品牌形象。人的行为受信念的影响，开发商和经营者应关心购房者对其产品和服务的信念。

态度是人对于某一事物所持有的较长期的评价、感觉及行动倾向。态度由认知因素、感觉因素和行动因素三个因素组成，这三个因素互相关联，构成对某一事物的整体态度。

① 认知因素。认知因素是由个人对客观事物的信念和知识组成的，人们对大多数客观事物都持有一定的态度。例如，购房者相信知名度高的开发商所建造的房屋质量优良，

这种态度反映了他们对公司的看法，这种看法就是他们对公司所持的认知因素。

② 感觉因素。人对某一客观事物的特有感情，就是态度的感觉因素。例如，某一购房者声称“我喜欢某某公司”或“某某公司是一家非常棒的公司”，就反映了他对该公司的特定感情。

③ 行动因素。购房者在特定偏好的基础上做出购买决策的行为。

开发商应充分认识到态度在市场营销中的作用，并注意以下几个问题。

① 在市场营销过程中，公司必须了解购房者对其产品和服务的态度。例如，购房者对其产品和服务印象良好，营销设计人员可能通过沟通系统的设计来维持并增强购房者良好的印象。反之，如果购房者对本公司的产品印象不佳，则改变态度的过程是必要的。而对于新上市的房地产产品，公司必然面临创造良好态度的挑战。

② 公司应设法使其产品迎合购房者的态度，有时公司宁愿开发新的产品，也不愿去改变那些对其他产品有忠诚态度的购房者。有时为了改变购房者对本公司原有产品的不良态度，公司应该对现有的产品进行改造，以新产品的形象重新进入交易市场，以创造良好的态度。

③ 态度可以用来解释品牌的市场占有率。当购房者对某家公司的态度良好时，其产品的出售率较高；当购房者对某家公司的态度不佳时，其产品的出售率比较低。

此外，态度的改变和行为的改变有着非常密切的关系。因此，可以利用购房者态度的改变来预测购房者的行为，并评估广告的效用。

（5）价值观念。价值观念是指导个人行为和影响态度与信念的一种标准。价值观念以两种不同的层次存在，即总体的价值观念和某范围或处境条件下的具体的价值观念。总体价值观念在数量上比较少，且属于牢牢把握的观念。在许多环境条件下，这种观念指导行动，因而总体的价值观念或活动范围是通过体验而获得的，市场营销策划人员应充分了解购房者这两种观念的分布，洞察购房者总体的价值观念，并使本公司的产品去迎合此种价值观念。

2. 个人特性

购房者的购买行为除受心理因素影响外，还受个人的外在特性的影响，如年龄和家庭生命周期所处的阶段、职业、生活方式、个性与自我理念等。

（1）年龄和家庭生命周期所处的阶段。人们购买商品或服务的行为随年龄的变化而变化，不同年龄阶段，购房者对产品的需求也不同。开发商应充分了解各年龄阶段的主要购房偏好，从而选择适当年龄段作为主要培养阶层。同时，也应在年轻人中灌输有利于本公司的信息，使其成为公司未来的主要客户群。

购买决策除了受年龄影响外，也受“家庭生命周期”的影响。家庭生命周期是一个家庭从建立到不断发展的过程中所经历的不同阶段，是影响家庭消费决策的重要因素。不同

家庭在同一生命周期有着许多共同的消费特点，因此，发现家庭发展的不同阶段，确定每阶段的生活消费特征，并按这一特征分析家庭购买行为的特点，可以使公司的产品设计更加具有针对性、更能迎合购房者的需求。

（2）职业。职业对购房者的购买行为有着非常重要的影响。购房者所从事的职业不同，对房地产产品的评估标准就不同，所需的产品也会有所区别。开发商应根据目标顾客的职业特点开发不同的产品，并留意是否存在巨大的职业群体需要某些特定的稀缺产品，从而针对不同的目标客户群，有针对性地制订营销计划，开发有巨大市场潜力的房地产产品。

（3）生活方式。生活方式是根据个人的自我目标或价值观，来支配时间、财富及精力的特定习惯或倾向。购房者的购买行为受生活方式的影响，不同的购房者，即使是处于相同的社会阶层，有着相同的职业和收入，也可能有着不同的生活方式。不同的生活方式导致购房者对房地产的选择不同，因此，开发商可以从购房者个人的生活方式角度衡量，将其生活方式作为市场细分准则来制订市场细分策略，从而找到本公司产品的目标客户群。

（4）个性与自我理念。个性是指个人持有的相对持久的人格素质，经常地、稳定地表现出来的心理特点的总和，是导致个人对其所处环境做出一贯、持久反应的明显的心理特征。不同个性的购房者对房地产的需求各异，对企业广告宣传的反应态度也截然不同，如自信独立、个性鲜明的购房者不易受广告的影响，并且做出购买决策的时间较短。购房者的个性可以从其外在行为推测而得到，开发商应充分了解自己的客户，特别是注意购房者的个性差异和目标顾客的个性特征，针对购房者的个性定制不同的产品定位和推广策略。

与个性相关的另一个概念是自我理念，它包括自我估价、他人评价以及自己渴望与追求的理想形象。一般来说，人们总是希望保持和增强自我形象，并且倾向于选择符合或能改善自我形象的产品。因此，开发商应密切注意个人收入、存款数额和利率等因素的动向，并积极塑造与目标顾客自我形象相符的产品，及时调整推广策略，保持企业产品对目标购房者的吸引力，建立比较大的目标客户群。

3. 社会因素

任何购房者都生活在一定的社会环境中，他们的购买行为不可避免地受到社会因素的影响。影响购房者购买行为的社会因素主要有社会阶层、参考群体、家庭。

（1）社会阶层。社会阶层是指具有相似社会经济地位、价值观念和生活方式的人们所组成的群体，有着较为相似的购买行为。不同社会阶层的购房者，购买行为存在着很明显的差异。但实际上，社会阶层的划分不可能有明显的界线，而是一种连续性的变化。了解社会阶层的划分，对公司的产品定位、推广策略都有较大的影响。

① 产品使用。不同的社会阶层对于产品的使用和品牌的选择，存在着很大的差异。开发商可以根据不同的社会阶层进行市场细分，从中选择最适合本公司发展的市场。

② 公司的挑选。不同的社会阶层，在购买产品时选择公司也有很大的区别，知名开发商做的楼盘，价格可能略高，但质量可以得到保证，区位环境的打造一般比较好，多为高收入阶层所关注。开发商应根据公司的实力，有针对性地选择不同的社会阶层作为自己的目标市场。

③ 媒体的接触和广告信息的接受。不同的社会阶层接触的媒体类型不同。因此，开发商在确定目标市场后，应有针对性地选择目标市场所属阶层偏好的媒体渠道进行营销推广，这样可以做到有的放矢。

（2）参考群体。参考群体是指能够影响人的价值观念、态度及行为的社会群体，它可能是个人所属的群体，也可能是个人向往的群体。

对个人而言，参考群体有两种作用：一是社会比较，通过和别人比较来评价自己；二是社会确认，以群体为原则，评价自己的信念、态度和价值观念。

市场上的某些产品，购买者的选择通常不受参考群体的影响，此时，营销必须强调产品的特性、质量、价格和效用。实际上，参考群体的影响力往往是产品推广的主要因素，某些群体购买该产品，使得潜在购房者也跟风购买该产品，产生"羊群效应①"。要做到有针对性，必须了解购房者的参考群体有何种特性，这样才能在广告投放时做到有的放矢。此外，还可以运用群体的"意见领袖②"发挥影响。

（3）家庭及家庭成员。家庭是房地产消费的最基本单位，因此，对家庭的分析是房地产产品定位的重要内容。

由于所处的文化环境和社会阶层等因素的影响，家庭的消费模式有不同的类型，有些家庭的家庭观念强，注重家庭和睦，其消费是以家庭为中心的。有的家庭事业心很强，家庭支出、家庭的精力和时间主要投放于事业的发展，因此它的消费是以事业为中心的。还有部分家庭力争提高目前的生活水平，把同生活享受相关的商品、劳务支出、奢侈品支出和旅游支出摆在极其重要的位置，形成以消费为中心的家庭。分析研究各种不同类型的家庭，可以了解各主要市场的消费状况，有利于公司做出正确的目标选择，确定目标客户群。

此外，对房地产而言，购房者在购买之前一般要经过慎重的考虑才能做出购买决策，参与购买的家庭成员一般包含丈夫、妻子和年长的子女，这些参与者在整个决策过程中扮演着不同的角色，如发起者、影响者、决定者和使用者。而且根据家庭决策方式的不同，家庭决策可以分为丈夫主导型、妻子主导型、共同决定型和各自决定型。因此，开发商应具体分析各参与者的特点及影响力，研究他们各自做出购房决策的关键影响因素，采取行

① 羊群效应是指人们经常受到多数人的影响，而跟从大众的思想或行为，也被称为"从众效应"。经济学里经常用"羊群效应"来描述经济个体的从众跟风心理，从众心理很容易导致盲从，而盲从往往会陷入骗局或遭遇失败。

② 意见领袖是指在人际传播网络中经常为他人提供信息，同时对他人施加影响的"活跃分子"，他们在大众传播效果的形成过程中起着重要的中介或过滤作用。

之有效的促销方法，以便对购买决策中起到决定作用的决策者产生影响。

4. 文化因素

对文化概念的理解，广义上是指人类社会历史实践过程中创造的物质财富和精神财富的总和。狭义上是指社会的意识形态以及与之相对应的制度和组织机构，它是由知识、信仰、艺术、法律、伦理道德、风俗习惯等方面组成的复杂的整体。

文化因素对购房者的购买行为具有广泛、深远的影响。不同的文化会产生不同的审美观念、不同的消费心理，形成不同的生活方式、对产品的不同态度和不同的购买习惯，进而产生不同的购买行为。

每种文化都包含着能为其成员提供具体的认同感和社会化的较小的亚文化亚文化群。亚文化是为某个群体所奉行的文化，每种社会文化都包含若干种亚文化群，如民族亚文化群、宗教亚文化群、种族亚文化群、地理亚文化群等。例如，地理亚文化群，由于地理位置、气候、历史、经济、文化发展的影响，我国可以明显分出南方、北方，或东部沿海、中部、西部内陆区等亚文化群。不同地区的人由于生活习惯、经济、文化的差异，导致消费行为的差别。

文化价值不但影响人们的主要消费形态，而且也影响人们对产品的知觉。文化赋予产品不同的意义，影响个人的经验和对产品的看法。因此，进行目标客户群定位或广告策划时，必须考虑文化因素。此外，促销手段的采用也受文化的影响，不同类型的亚文化群体，对于不同的广告传播媒介有不同的偏好，对于这部分群体，应根据不同的亚文化特征确定相应的营销策略。

5. 经济状况

经济状况对购买行为的影响更为直接。经济状况取决于购房者的可支配收入（高低水平、稳定性、收入时间等）、储蓄与资产（多寡、流动性如何等）、负债（多寡、期限、付款条件）等因素。个人的购买能力在很大程度上制约着个人的购买行为。概括地说，影响购房者购买行为的主要经济因素有房地产价格、购房者收入和宏观因素等。

（1）房地产价格。房地产价格的高低是影响购房者购买行为的最关键、最直接的因素。一般情况下，类似质量、区位的房地产，价格低的往往比价格高的更能吸引购房者。由于房地产具有价值大的特点，其价值往往是购房家庭年收入的几倍甚至几十倍，因此，房地产价格对中、低收入阶层的影响更大。

（2）购房者收入。收入是决定购房者购买行为的根本因素，如果仅有购买欲望、动机，但没有一定的收入，购买行为无法真正实现。既有购买需求，又有购买能力，才能实现购买行为。购房者收入决定个人和家庭的购买能力，因此，开发商必须研究个人或家庭可支配收入的变化情况、人们对消费开支和储蓄、买房居住和租房居住的态度等。理论上讲，当个人或家庭的年收入与房价比例在 1 : 6 至 1 : 10 这个区间时，社会总体购买力最强。

购买者的收入取决于其所从事的职业性质、工资水平、工作能力等，同时也受社会经济发展状况及前景的影响。如果一个地区的经济发展前景不乐观，则开发商必然会调整产品开发战略，采取必要的应变措施。

（3）宏观因素。购房者一般是在可支配收入的范围内考虑以最合理的方式安排消费，以便有效地满足自己的需求。收入低的购房者往往比收入高的购房者更为关心价格的高低，购房者对消费和储蓄的态度，不仅受收入水平和消费习惯的制约，而且受利率高低、物价稳定程度和商品供求状况等因素的影响。开发商应密切注意个人收入、存款和利率等因素的动向，以便及时调整营销战略，保持本企业商品对目标购房者的吸引力。

（三）购房者的个性特征

由于人的能力、气质和性格的不同，购房者呈现出各自的个性特征。这些个性特征可划分为 12 种类型。

1. 从容不迫型

这种购房者严肃冷静，遇事沉着，不轻易被外界事物影响，他们认真聆听销售人员的建议，有时还会提出自己的问题和看法，但不会轻易做出购买决定。从容不迫型的购房者，对于第一印象恶劣的销售人员绝不会给予第二次见面机会，而总是与之保持距离。对此类购房者，销售人员必须从熟悉产品特点着手，谨慎地用层层推进的方法，多方分析、比较、举证、提示，使购房者全面了解利益所在，以期获得对方理性的支持。与这类买家打交道时，销售建议只有经过对方理智的分析思考，才有被购房者接受的可能性；反之，销售人员拿不出有力的事实依据或不能耐心地说服讲解，销售过程将很艰难。

2. 优柔寡断型

优柔寡断购房者的一般表现是：对是否购买某一楼盘犹豫不决，即使决定购买，但对于位置、售价、户型、建筑风格、物业管理、企业品牌等又反复比较，难以取舍。他们外表温和，内心却总是瞻前顾后，举棋不定。对于这类购房者，销售人员首先要做到不受对方影响，商谈时切忌急于成交，要冷静地诱导购房者表达出所疑虑的问题，然后根据问题做出说明，并拿出有效例证，以消除购房者的犹豫心理。等到对方确已产生购买欲望后，销售人员不妨采取直接行动，促使对方做出决定。

3. 自我吹嘘型

自我吹嘘型购房者喜欢自我夸大，虚荣心很强，总在别人面前炫耀自己见多识广，高谈阔论，不肯接受他人的劝告。与这类购房者进行销售的要诀是：从他们熟悉的事物中寻找话题，适当利用请求的语气。在这种人面前，销售人员最好是当一个“忠实的听众”，津津有味地为对方鼓掌喝彩，且表现出一种羡慕的神情，彻底满足对方的虚荣心，这样一来，对方则较难拒绝销售人员的建议。

4. **豪爽干脆型**

豪爽干脆型购房者多半乐观开朗，决断力强，办事干脆豪放，说一不二，慷慨直爽，但往往缺乏耐心，容易感情用事，有时会轻率马虎。和这类购房者交往，销售人员必须简明扼要地讲清销售建议，对方基于其性格和所处场合，多数会干脆爽快地给予回复。

5. **喋喋不休型**

喋喋不休型购房者的主要特点是喜欢凭自已的经验和主观意志判断事物，不易接受别人的观点。他们一旦开口，便滔滔不绝，没完没了，虽口若悬河，但常常离题万里，销售人员如不及时加以控制，就会使双方的洽谈成为家常式的闲聊。应付这类购房者时，销售人员要有足够的耐心和控制场合的能力，趁对方叙述评论兴致正高时引入销售话题，一旦双方的销售商谈进入正题，销售人员就可任其发挥，直至对方接受你的建议为止。

6. **沉默寡言型**

沉默寡言型购房者与喋喋不休型购房者正好相反，他们老成持重，沉稳干练，对销售人员的劝说反应冷淡，不轻易说出自己的想法，其内心感受和评价如何，外人难以揣测。一般来说，沉默寡言型的购房者比较理智，感情不易被激发，销售人员应该避免讲太多，尽量使对方有讲话的机会和体验时间，要循循善诱，着重以逻辑启导的方式劝说购房者，详细说明楼盘的价值和销售利益所在，并提供相应资料和证明文件供对方分析思考、判断比较，增强购房者的购买信心，引起对方的购买欲望。对待这种购房者，销售人员要表现得诚实和稳重，特别注意谈话的态度、方式和表情，争取给对方留下良好的第一印象，提高自己在购房者心目中的美誉度，善于解答购房者心中的疑虑，了解和把握对方的心理状态，才能确保双方面谈过程顺利进行，不致谈判中断破裂。

7. **吹毛求疵型**

吹毛求疵型购房者怀疑心重，一向不信任销售人员，片面认为销售人员只会夸张地介绍楼盘的优点，而尽可能地掩饰缺点与不足，这类购房者多半不易接受销售人员的建议，而且喜欢鸡蛋里面挑骨头，一味唱反调、抬杠，争强好胜，喜欢当面与销售人员辩论一番。与这类客户打交道时，销售人员要采取迂回战术，先与对方交锋几个回合，但必须适可而止，身处商谈场合，销售人员一定要注意满足对方争强好胜的心理，请其批评指教，倾听对方的意见和看法。

8. **虚情假意型**

虚情假意型购房者大部分在表面上十分和蔼友善，欢迎营销人员进行介绍。营销人员有所问，对方就有所答；如营销人员有所求，则对方或多或少会有所允，但唯独对购买缺少诚意。如果营销人员明确提出购买事宜，对方或顾左右而言他，或者装聋作哑，不做具体表示。应付这类购房者，营销人员首先要取得对方的完全信赖，必须拿出有力的证据，

如关于已购楼者的反馈、权威部门认可的鉴定证明等。在这类购房者面前，营销人员应有足够的耐心与之周旋，同时可提出一些优惠条件供对方选择考虑。这种类型的购房者总是认为营销人员一定会抬高报价，所以一再要求打折，甚至怀疑到产品的质量。此时，营销人员正确的做法是不能轻易答应对方这种过分的要求，否则会进一步动摇对方的购买决心和购买欲望。一般来说，这些购房者在适当的条件下，在感到购买于己有利的情况下洽谈成交也是有可能的，所以营销人员不要轻易放弃说服工作，只要有1%的成功希望，就要投入100%的努力。

9. 冷淡傲慢型

冷淡傲慢型购房者多半高傲自大，不通情理，轻视别人，不善与他人交往。这类购房者的最大特征就是具有坚持到底的精神，比较顽固，不轻易接受别人的建议，但一旦建立起业务关系，则能够持续较长时间。由于这种类型的购房者个性严肃而灵活度不够，对产品交易条件会逐项检查审阅，商谈时需要花费较长时间，营销人员在接近他们时，最好先由熟人介绍。对于这种购房者，有时营销人员用尽各种销售技巧之后，所得到的依然是一副冷淡、傲慢的态度，甚至是刻薄的拒绝，营销人员必须事先做好思想准备。销售人员可采取激将法，给予适当反击，引起对方辩驳，激起对方谈话欲望，反而更容易达成交易。

10. 情感冲动型

一般来说，情感冲动型的购房者往往具有以下特征：第一，他们对于事物变化的反应敏感，一般人容易忽视的事情，这种人不但注意到了，而且还可能耿耿于怀；第二，他们过于自省，往往对自己所采取的态度与行为产生不必要的顾虑；第三，他们情绪表现不够稳定，容易偏激，即使在临近签约时，也可能突然变卦。这些购房者往往感情用事，稍受外界刺激便为所欲为，至于后果如何则毫不顾忌。这类购房者反复无常，捉摸不定，在面谈中常常打断销售人员的宣传解释，妄下断言，而且对自己原有的主张和承诺，都可能因一时冲动而推翻，从而给销售制造难题。面对此类购房者，营销人员应当采取果断措施，切勿碍于情面，必要时提供有力的说服证据，强调给对方带来的利益与方便；支持销售建议，做出成交尝试，不断敦促对方尽快做出购买决定；言行要谨慎周密，不给对方留下冲动的机会和变化的理由。这是一类不忠诚的顾客，必要时可收取手续费。

11. 心怀怨恨型

心怀怨恨型购房者对销售活动怀有不满和敌意，若见到营销人员主动介绍，便不分青红皂白，不问清事实真相，满腹牢骚脱口而出，对推荐介绍的营销人员进行无理攻击，造成难堪的局面。针对这种购房者的言行特点，营销人员应看到其一言一行虽然貌似无理取闹，但实际上有某种失望和愤激的情感掺杂在里面，他们认为销售人员都是油嘴滑舌的骗子。这些购房者的抱怨和牢骚中可能有一些是事实，但大部分情况还是由于不明真相或存在误解而产生的；而有些则是凭个人的想象或妄断才对销售人员做出恶意的攻击。与这类购房者打交道时，营销人员应先查明购房者抱怨和牢骚产生的缘由，并给予同情与宽慰。

12. 圆滑难缠型

圆滑难缠型购房者好强且顽固，在与营销人员面谈时，先是固守自己的阵地，并且不易改变初衷；然后索要楼盘说明资料，继而找借口拖延，以观察营销人员的反应。倘若营销人员经验不足，便容易中其圈套，因担心失去主顾而主动降低售价或提出更优惠的成交条件。针对这类圆滑老练的购房者，营销人员要预先洞察他们的真实意图和购买动机，在面谈时造成一种紧张气氛，如房源不多、不久要提价等，使对方认识到必须当机立断做出购买决定。对方在如此“紧逼”的气氛中，营销人员再强调购买的利益与产品的优势，加以适当的“利诱”，如此双管齐下，购房者就没有了纠缠的机会，失去退让的余地。由于这类购房者对营销人员缺乏信任，不容易接近，又总是以自己的意志强加于人，往往为区区小事与人争执不下，因此营销人员事先要有受到冷遇的心理准备。在洽谈时，他们会毫不客气地指出产品的缺点，且先入为主地评价楼盘质量与开发商实力，所以在面谈时，营销人员必须准备足够的资料和佐证。另外，这些购房者往往在达成交易时会提出较多的额外要求，如打折等，因此营销人员事先在价格及交易条件方面要有所准备，使销售过程井然有序。

二、购房者分析

既然是为了确定项目目标客户，购房者的研究必然是最为关键的因素。对于购房者的研究，只有通过大量的市场调研才能得到详尽完善的数据信息。对购房者的研究，分为几大方面：购房目的分析、需求分析，消费能力分析、偏好分析。在进行项目分析之前，首先对购房者进行基本分类以及对购房者基本信息进行统计分析。

（一）购房者分类

这里所指的购房者就是潜在购房者，在潜在客户里，开发商需要挖掘出真正的目标客户，如表 5-2 所示。

表 5-2　购房者分类表

购房者类型	特点	置业方案重点
单身贵族人群	参加工作不久、积蓄不多、但又盼房心切、考虑未来的转手	住宅的地理位置、户型面积、社区及周边配套
拆迁家庭人群	原有住房生活便利程度要高于其他陌生区域，旧房一般面积较小，所得到的经济补偿并不足以购买一套理想的住宅	与原有生活区域的重叠性、对于户型面积的需求

续表

购房者类型	特点	置业方案重点
新婚夫妇人群	积蓄不多、对功能性的关注有预见性、对社区内及周边的环境、配套要求相对较高	住宅的功能性、住宅面积及价格控制、社区及周边配套项目
成熟家庭人群	结构稳定，经济条件较好，购买一般以改善住房条件为目的	住宅的地理位置、房屋功能成熟度、注重项目品质
老年购房者人群	最看重住宅所处的位置、社区环境、医院以及物业服务情况	社区及住宅位置、社区环境、物业服务问题、住宅的细节问题
投资客人群	投资住宅，靠短期住宅价格波动赚取差价；投资商业或写字楼，以出租形式获利	住宅投资客、商铺写字楼投资客
SOHO一族人群	公司规模不大、资金有限或处于个人创业期，采用办公、居住两用，既节省资金又方便工作	地理位置、项目配套
心灵富豪人群	购买能力极强，对生活品位有极高追求	最关注项目的品质以及产品体现出的生活品位、社区人文环境的营建、居住人群素质的整体水平等

（二）购房者基本信息统计分析

广大购房者的基本信息分析是确定目标客户的基础，研究购房者的基本信息，是为了了解区域购房者的消费属性以及潜在购买力，为下一步分析做铺垫。购房者基本信息分析内容包括：户籍、年龄、从事行业、职务、家庭情况、置业情况、教育程度、购房资金来源，娱乐爱好、现住区域、现住物业类型、现住面积大小。这些数据需要大量的数据统计才会得到准确的结果，而分析结果通常以图表的形式展现出来，如图5-1。

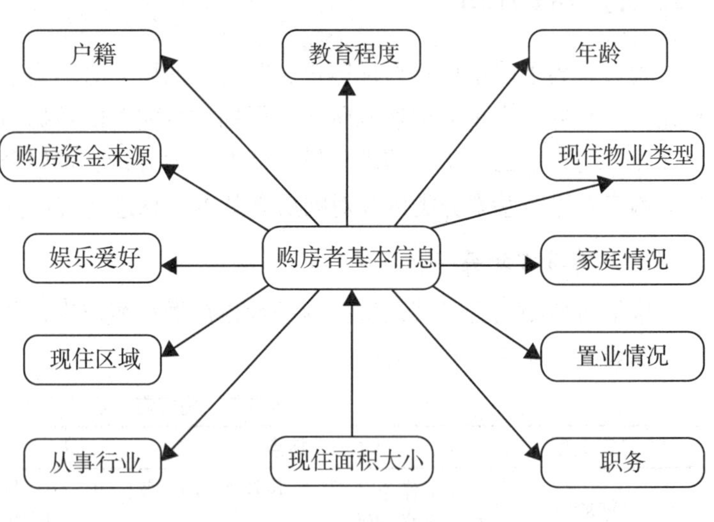

图5-1　购房者基本信息分析

（三）购房者购房目的分析

购房者购房目的、房屋价值观、家庭价值观的分析，是为了了解购房者购房属性，即为了解答“为什么买房”这个问题。在图 5-2 中，购房目的分析内容主要包括家庭结构变化、改善居住环境、投资、孩子成长、照顾老人等因素；房屋价值观包括生活保障、独立空间、社会标签、健康安全、栖身居所五类分析内容，同样，这类分析结果通常以图表的形式展现出来，如图 5-3。家庭价值观包括关心家庭、节俭奋斗、事业成功、享受生活四大类，如图 5-4 所示。

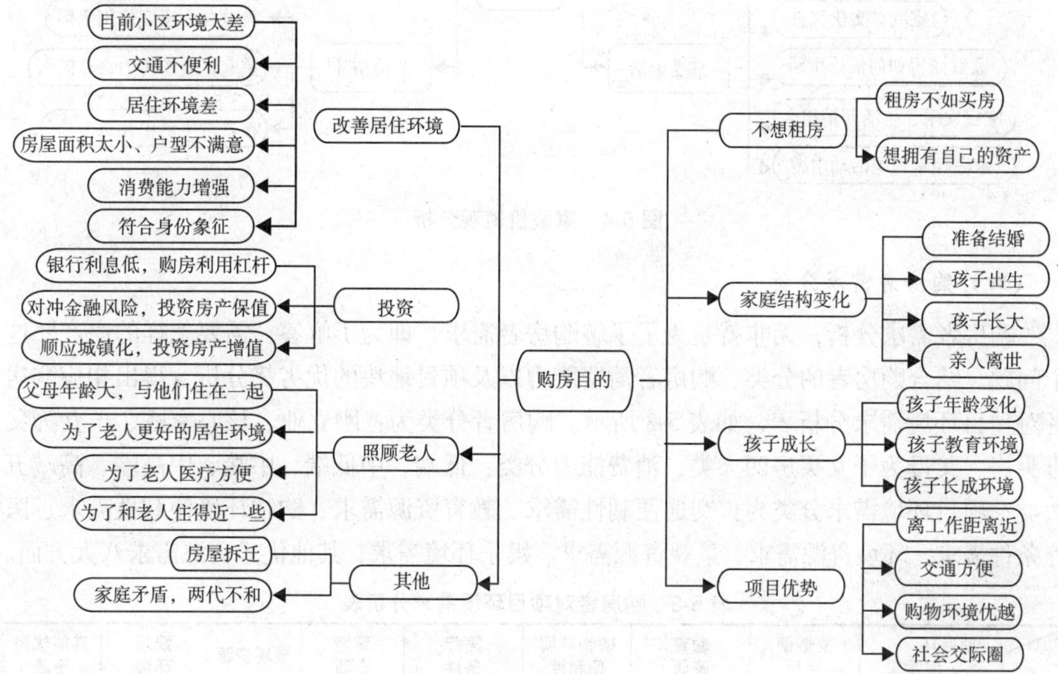

图 5-2　购房目的分析

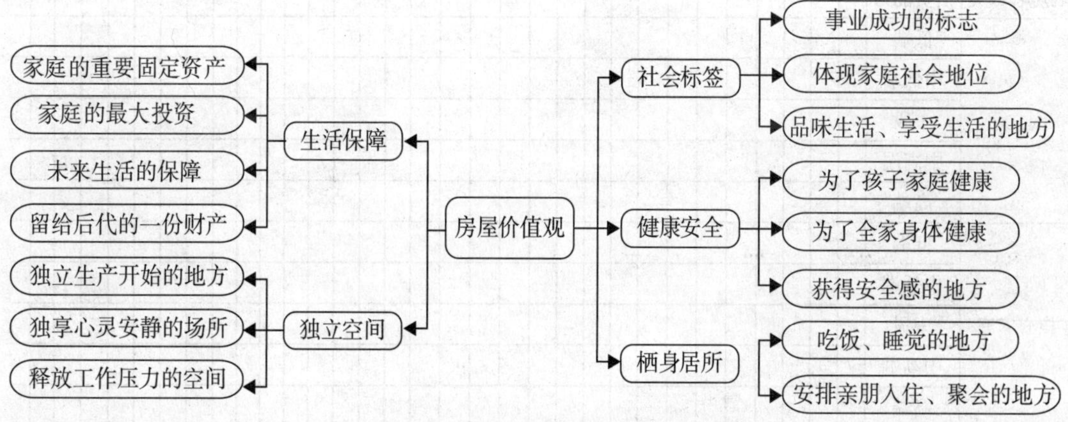

图 5-3　房屋价值观分析

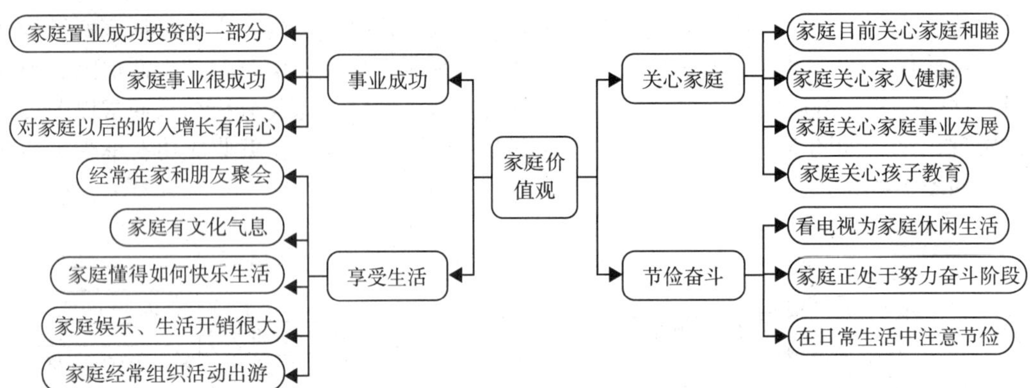

图 5-4　家庭价值观分析

（四）购房者需求分析

购房者需求分析，无非就是为了了解购房者需求，即为了解答“需要怎样的房产”这个问题。结合购房者的分类、购房者消费能力以及项目地块的优劣势分析，得出相应购房者对项目环境需求分析表，如表 5-3 所示。购房者分类为：刚立业、核心家庭、子女为父母买房、父母为子女买房四大类；消费能力分类：低端、中低端、中端、中高端、高端五大类；项目环境需求分类为：交通便利性需求、教育资源需求、购物环境便利性需求、医疗条件需求、环境资源需求、景观资源需求、娱乐环境需求，其他优势资源需求八大方面。

表 5-3　购房者对项目环境需求分析表

项目环境需求 / 目标客户		交通便利性				教育资源				购物环境便利性				医疗条件				环境资源				景观资源				娱乐环境				其他优势资源			
购房者分类	消费能力	优	良	中	差	优	良	中	差	优	良	中	差	优	良	中	差	优	良	中	差	优	良	中	差	优	良	中	差	优	良	中	差
刚立业	低端																																
	中低端																																
	中段																																
	中高端																																
	高端																																
核心家庭	低端																																
	中低端																																
	中段																																
	中高端																																
	高端																																

续表

目标客户 \ 项目环境需求		交通便利性				教育资源				购物环境便利性				医疗条件				环境资源				景观资源				娱乐环境				其他优势资源			
购房者分类	消费能力	优	良	中	差	优	良	中	差	优	良	中	差	优	良	中	差	优	良	中	差	优	良	中	差	优	良	中	差	优	良	中	差
子女为父母买房	低端																																
	中低端																																
	中段																																
	中高端																																
	高端																																
父母为子女买房	低端																																
	中低端																																
	中段																																
	中高端																																
	高端																																

（五）购房者消费能力分析

购房者消费能力分析，就是为了得到购房者“买得起什么样的房子”问题的答案，其分析内容包括：房屋总价、房屋单价、装修价格标准、家庭月收入、家庭年收入为核心问题，结合购房资金来源、现住物业类型、现住面积大小、置业情况的分析，以图表的形式展现购房者消费能力，如图 5-5 所示。

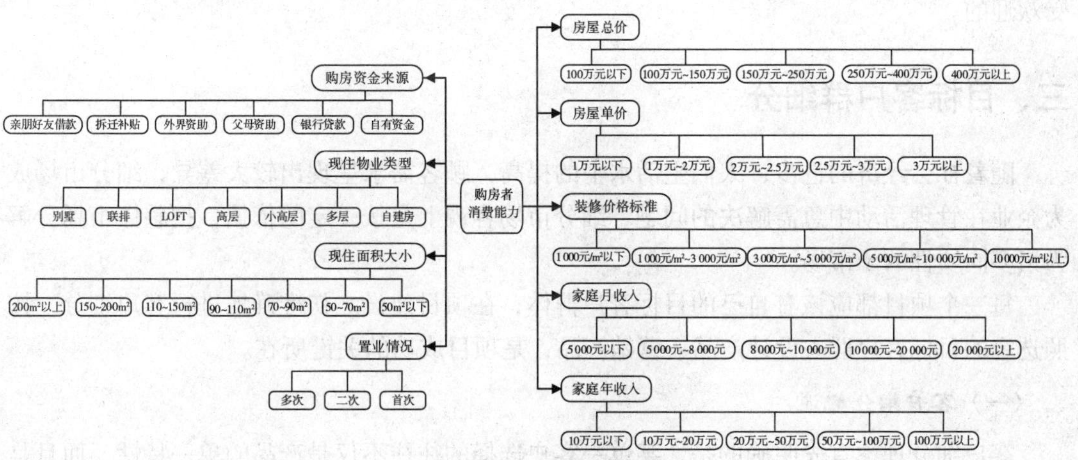

图 5-5 购房者消费能力

（六）购房者偏好分析

购房者偏好分析，就是为了得到购房者“喜欢什么样的房子”问题的答案，其分析内容包括物业管理、空间面积、小区环境、户型结构、邻里关系以及其他六大方面，如图5-6所示。

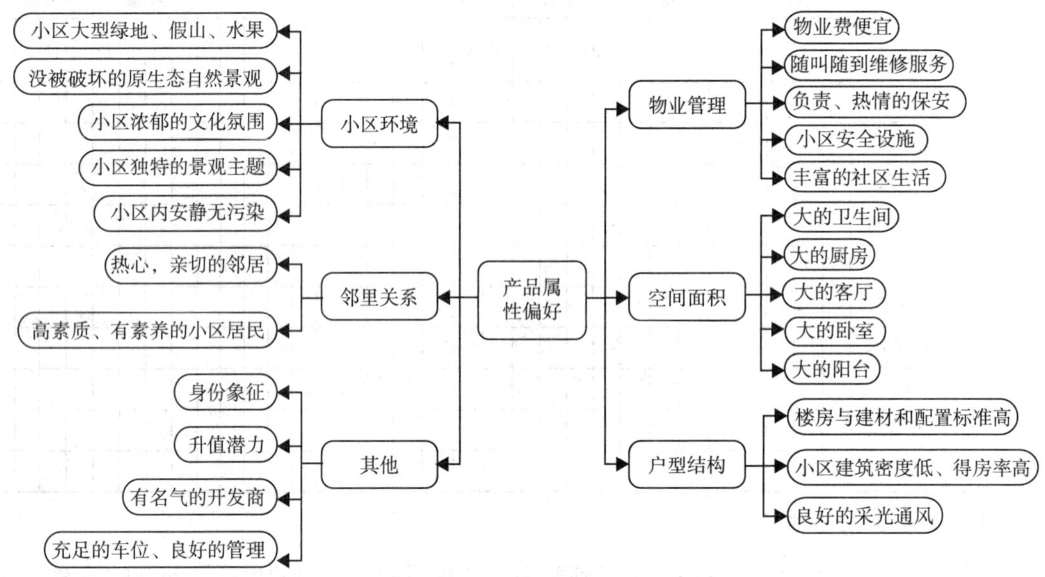

图5-6 购房者偏好分析

购房者分析是目标客户定位的重中之重，"客户导向"是目标客户定位中的原则性指导，只有准确地分析购房者的购房目的、消费能力、消费需求、消费偏好，最终的产品才会是受欢迎的。

三、目标客户群细分

随着社会经济的进步，人们生活水平的提高，顾客需求呈现出较大差异，细分市场成为企业在管理活动中急需解决的问题。细分市场客观上是按一定的依据，把整体市场分解为诸多同质性的子市场。

每一个项目都应该有自己的目标客户群体，在项目建设之初准确地进行客户细分，按照选定的目标客户群去设计产品、营销产品，是项目成功的关键所在。

（一）客户细分概述

客户细分理论首先明确的是，某单一客户选择的往往不仅是产品的单一特性，而且是产品特性的组合。客户购买房子，不仅仅是看中了房子的平面、大小、价格、位置等因素，还会看中小区环境、配套、付款方式、按揭成数及年限、服务、物业管理等综合因素，他们会从房地产的核心产品（基本生活、安全需要的满足）、有形产品（安全、社会交往、

尊重需要的满足）和附加产品（社会交往、尊重、自我实现需要的满足）这三个方面来考虑、认同他们的房子，而且不同的客户对于以上所列因素的侧重也有所不同。

对于发展商而言，开发建设的房子通常不止卖给一个客户，而是卖给一群客户，这群客户都是由于对发展商开发建设的房子认可并实施了购买行动而成为业主，组成了发展商所开发建设房子的业主团体。所以说特定的产品不是仅满足某单一的客户，而是满足某一范围的客户群。

另外，发展商开发建设的房子，不可能做到以各种不同的户型、各种不同的装修标准、各种不同的配套以及各种不同的价格，来同时满足各个不同需求层次客户的需要，而只能以某一种主导户型另加 2~3 种非主导户型，配以一定的合理配套和价格定位，来满足一定需求层次的客户群的需要，即特定的产品不可能满足所有客户的需要，只能满足某一范围的客户群的需要。这个客户群通常被称为主力客户群。

作为一个个体，客户的需求层次主要是由其社会和经济背景决定的，因此对客户的细分，也是对其社会和经济背景所牵涉的因素进行细分。

（二）客户细分准则

进行客户细分的理由其实很简单，无非就是解决谁是发展商的客户，发展商希望去吸引哪些客户，发展商应该维持哪些客户，发展商应该如何迎合客户的要求等平日并不被重视的问题。客户细分也确实不简单，要想清晰准确如解数学难题一样的将这些问题一一解答似乎并不现实。因而客户细分要掌握以下准则。

（1）选定最有价值的细分客户，剔除非目标客户：尽管不能保证对庞大市场的控制和拥有，但也要确保客户细分市场足够大、可识别、有媒介触及点并且有利可图，这是房地产企业乃至项目生存的基本“土壤”，这样的客户细分才有价值。反之，如果细分后的市场面太狭小，目标客户群不足以支撑企业发展所必需的利润，那么这种细分就是失败的。

（2）进行差异化的价值定位，集中于一点，为不同客户提供独特价值：不同客户对于项目而言带来的价值不尽相同，有的客户可以连续不断地为项目创造价值和利益，如多次置业客户、老客户不断介绍新客户等，因而要对客户进行价值差异化区隔。

（3）围绕客户细分和价值定位定义精确的运营流程，确保产品和服务的高命中率和高满意度：仅仅将客户进行有效细分是远远不够的，细分的目的是抓住客户特征，投其所好，将产品成功推广出去，精确完善稳定合理的运营流程，是成就这些美好愿望的助推器。

（三）客户细分流程

房地产企业的客户细分可以分为三个阶段，客户的“特征细分——价值区隔——共同诉求”构成了客户细分过程。

第一阶段的客户特征细分变量包括地理因素、社会因素、心理因素和消费行为因素，通过不同的客户特征细分变量，来进行典型的或者有代表性的细目分类，从而将客户细分为不同细目的客户区隔，进行精确的定位。

1. 根据地理因素细分

（1）居住区。区分为市区、郊区、乡村等，或老城区、新发展区等。

（2）行政区。如青岛市市南区、市北区、西海岸新区、城阳区等。

（3）大区域。规模如5万人以下，5~10万人，10~30万人，50万人，100万人等。

2. 根据社会因素细分

（1）年龄。购房能力随着年龄的增加在不断地变化。20岁、30岁、35岁、40岁、45岁、50岁……其消费水准皆有大的差异。随着社会的发展，聚集财富周期的不断演变，体现在客户年龄的特征逐日明朗。

（2）性别。区分为男性与女性。随着女性经济能力的不断提升，越来越需要针对女性的观点与特质进行设计。

（3）经济收入。经济收入直接影响着客户的购买能力。

（4）行业。如农、林及畜牧、产品生产、教育等行业，行业的差异造成了收入、知识构成以及内在性格的不同。

（5）职位。如企业高层、企业中层、老板、行政、技术人员、职员等。

（6）教育。区分为小学、中学、专科、大专、本科、研究生等学历。

（7）宗教信仰。道教、佛教、基督教、天主教、伊斯兰教等。

（8）社会阶层。社会阶层乃是职业、所得、教育等综合的结果。

（9）家庭成员。1人、2人、3人、4人、5人、6人、7人、7人以上等。

（10）家庭生命循环。可区分为年轻单身、年轻已婚无子女、年轻已婚最小小孩6岁以下，年轻已婚最小小孩6岁以上、年老已婚有小孩、年老已婚无18岁以下小孩、年老单身等。另外还可以分为新婚市场、单身市场、老人市场等。

3. 根据心理因素细分

（1）个性：内向型、外向型、冲动型、理智型、合群型、独断型、野心型等。

（2）生活类型：平实型、寒酸型、炫耀型、绅士型等。

4. 根据消费行为因素细分

（1）置业情况：第一次置业、第二次置业、第三次置业、多次置业等。

（2）购买动机：经济型、地位型、理智型、投资性、投机型等。

（3）品牌忠诚性：强、弱以及没有。

（4）准备购买时：不知、已知、很清楚、有兴趣、有欲望等。

（5）对产品的态度：狂热、喜欢、无所谓、不喜欢、敌视等。

第二阶段客户价值区隔：经过以上基本特征的判断之后，需要进行价值区隔，分辨出高价值和低价值的客户细分区域，即根据“20% 的客户为项目带来 80% 的利润”的原理重点锁定高价值客户。客户价值区隔变量包括客户响应力、客户销售收入、客户利润贡献、忠诚度、推荐成交量等，根据房地产企业不同的诉求目标，通过不同的变量，对客户细分区隔进行价值定位，选定最有价值的细分客户。

第三阶段共同诉求的确定：围绕客户细分和客户价值区隔，选定最有价值的客户细分作为目标客户细分，提炼它们的共同需求，以客户需求为导向精确定义企业的运营流程，为每个目标细分市场提供差异化的营销组合。

客户细分的三个阶段中，最关键的是拟定选择进行客户细分的变量要素，不同的变量要素直接影响着客户细分的结果和对不同细分客户的价值评定，从而也影响后续的营销组合。客户细分的变量要素不是静态的、一成不变的，应该是根据市场环境和客户响应情况等进行动态调整和优化的。因而客户细分不是三个阶段的简单衔接，而是三个阶段环环相扣、互相影响、互相促进的过程。

第四节　房地产产品定位

产品定位是在充分剖析目标客户群的基础上，对拟开发项目的档次、结构做出的合理安排，是房地产项目的核心部分，定位的准确与否是房地产项目成败的关键。

一、产品定位概述

（一）产品层次

房地产产品是由核心产品、形式产品和附加产品三个层次所组成的复合体。

1. 核心产品

房地产核心产品是指能满足购房者的基本利益和使用功能的房地产产品，是满足购房者需要的核心内容。房地产核心产品处于实质产品层次，是房地产产品最基本的层次，为购房者提供最基本的效用和利益，是从使用价值角度对房地产产品概念的理解。购房者购买房产的目的并不是拥有该产品实体，而是获得能满足自身某种需要的效用和利益。例

如，购房者购买住房，并不仅仅是为了拥有住房这一实体，而是通过住房提供的基本功能来满足自己生存的需要、安全的需要，从而提高自己的生活质量。也就是说，尽管任何产品都是以自己的物质形态存在，但其实质是为了满足购房者需求而提供的一种效应。房产的核心产品包括生活居住需要、办公及生产经营需要、投资获益的需要、获取资本增值的需要、分散投资风险的需要、保值的需要、为后代积累财富的需要、炫耀心理的需要。

2. 形式产品

房地产形式产品是房地产产品的第二层次，是房地产核心产品的基本载体，是房地产的各种具体产品形式，是指核心产品所展示的全部外部特征，即向市场提供的实体和服务的形象，是购房者选购房屋的直观依据。形式产品一般包括项目的区位、质量、外观造型与建筑风格、建筑材料、色彩、名称、建筑结构与平面布局、室外环境等。

3. 附加产品

房地产附加产品又叫延伸产品，是指购房者通过产品的购买和使用，所得到的附加服务以及附加利益的总和。一般表现为房地产产品销售过程中的信息咨询、产品说明书、按揭保证及物业管理等，房地产附加产品能给购房者带来更多的利益和更大的满足感。

在竞争日益激烈的环境下，附加产品已经成为开发商开展竞争的重要手段。其中物业管理作为房地产产品附加层次中的新内容，已成为产品不可分割的一部分，顾客在购买房产时，已经不仅局限于关注形式产品及其所体现的核心产品内容，而且把售后的物业管理作为所购买房产的重要内容。附加产品的发展，要求营销人员深入研究购房者需求的综合性和多层次性，争取实现最大的附加价值。

房地产核心产品、形式产品和附加产品，作为房地产产品的三个层次，是不可分割、紧密相连的，并构成了房地产产品的整体。其中，核心产品是本质和中心；核心产品必须转变为形式产品，房地产产品的效用才能得到实现；同时，在房地产核心功能趋同的情况下，谁能更快、更好地满足购房者复杂利益整合的需要，谁就能拥有购房者，占有市场，取得竞争优势。由此可见，房地产产品的整体概念以核心产品层次为中心，即以顾客的需求为出发点。开发商应该在充分考虑购房者需求的前提下，制订满足购房者需要的产品决策，将核心产品转变为形式产品，并在此基础上附加多种利益。因为房地产产品价值的大小是由购房者而不是由企业决定的。随着经济的发展、科技的进步和购房者需求的日趋复杂，开发商必须用动态的眼光来正确认识产品的整体概念，勇于创新改革，提供比竞争者更能满足顾客需要的整体产品，以适应市场的发展变化和购房者的需求。

房地产产品的构成层次如图5-7所示。

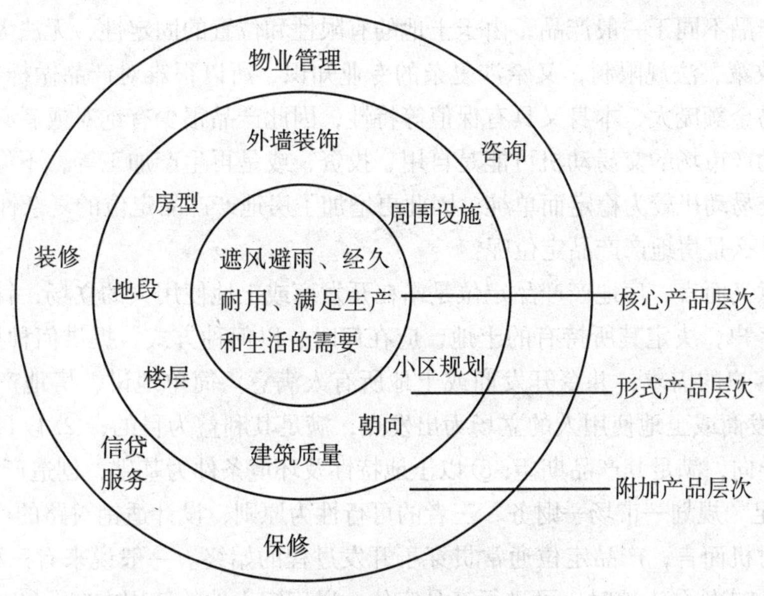

图 5-7 房地产产品的构成层次

（二）产品定位的概念

众所周知，开发商处于激烈竞争中，为了在竞争中立于不败之地，除了寻找细分市场外，还要做到产品差异，这种差异可以有效提高产品的价格。产品差异化可以通过提供品质良好、价格合理、物业完善、设计新颖、功能齐全、产权清晰的产品来创造价值，要达到这一点，就要进行产品定位。

美国营销大师菲利普·科特勒指出："面对竞争激烈的市场，一个公司必须努力寻找能使它的产品产生差异化的特定方法，以赢得竞争优势。而定位就是公司设计出自己的产品和形象，从而在目标顾客心中确定与众不同地位的手段。"产品定位是将无差别的产品转变为有差别的产品，使产品在潜在顾客中占有适当位置。而要达到这一点，要满足以下条件：① 对客户具有重要价值；② 对企业能带来利润；③ 产品与众不同，不易被竞争对手模仿；④ 这种差别能被客户接受并愿意为此支付一定价款。

任何一个开发商，在项目运作过程中必然经常面对以下问题：① 如何获取土地：买地、租地、合建；② 如何开发土地；③ 如何利用土地取得最佳效益。表面看来，这些似乎只是与土地有关的问题，而土地在一般人的观念中是一种典型的平面标的，但事实上，这种平面标的的真正价值却反映在其立体的使用潜力（强度）上。也就是说，一块土地用来建什么产品决定了这块土地的开发价值。一般而言，要回答上面的问题，不应只在土地本身上寻求答案，而应设法确定土地的用途及收益实现的方式，这就要依靠房地产产品定位。

房地产产品不同于一般产品，由于土地的有限性和位置的固定性，无法大量生产。它的使用既受政策、法规限制，又牵涉复杂的专业知识，所以很难对产品做标准化的设计。房地产的交易金额庞大，本身又具有保值等特性，因此产品很少有绝对或者必然的价值标准。加上不动产市场的交易动机可能是自用、投资，或是再生产加工等，不像消费品或工业品市场的交易动机较为稳定而单纯，因此更增加了房地产产品定位的复杂性。

那究竟什么是房地产产品定位呢？

（1）就意义而言，房地产产品定位是站在开发商或土地使用人的立场，针对特定目标市场的潜在客户，决定其所持有的土地，应在何时、以何种方式、提供何种用途的产品，以满足潜在客户的需求，并令开发商或土地所有人满意。简单地讲，房地产产品定位就是：① 以开发商或土地使用人的立场为出发点，满足其利益为目的；② 以目标市场潜在客户需求为导向，满足其产品期望；③ 以土地特性及环境条件为基础，创造产品附加价值；④ 以同时满足“规划—市场—财务”三者的可行性为原则，设计适销对路的产品。

（2）就时机而言，产品定位通常贯穿于开发过程的始终。一般说来有三种定位时机：① 开发、获取或处分土地时，可进行产品定位，以确定土地的使用方向；② 销售、出租、经营或兴建房屋前，可进行产品定位，以确定产品的设计规划方向（如住宅产品规划为豪华别墅或者普通住宅），租售、经营或兴建计划，以及资金流量形态与投资报酬等；③ 变更或调整土地及房屋用途前，可进行产品定位，以确定房地产变更用途的方向（如厂房拆迁后，原址可改建为写字楼或商场），调整用途的计划（如重建、改建或修建），以及变更用途可能获得的报酬等。

（3）就目的而言，产品定位可以使土地拥有者或房屋建造者达到下列目的：① 设计建造适销对路的产品，降低开发风险；② 增加投资报酬利润，如创造个别产品的单位利润，或增加组合产品的整体利润，或通过分期销售获得全程利润等；③ 发挥整体作业效果，避免开发、销售、规划及财务的冲突，能同时兼并收益成本、品质及实效。

房地产产品定位无论就意义、时机或目的而言，均由其特殊性质决定。随着我国房地产由卖方市场转变为买方市场，以及房地产市场景气状况的变幻莫测，产品定位在房地产投资活动中扮演的角色越来越重要。

二、产品定位原则

产品定位影响巨大，对规划设计的影响具有不可逆性，定位过程应当遵循一定的原则。

1. 先外后内

常言道“人靠衣装马靠鞍”，建筑物的整体外观对物业价值起着至关重要的作用。一

个好的物业应该做到表里如一，表里不一必将影响物业应有价值的实现。

通过对现实的观察可以发现，建筑物价值的影响因素除了其坐落的区位及环境外，建筑物的规划设计、平面布局、功能、质量、外观形象等因素，对房地产价格均有重大影响。以建筑物的外观形象为例，它包括建筑式样、风格和色调等，对房地产价格有很大的影响。凡是建筑物外观新奇、美丽，给人以舒适感觉的，价格就高；反之，单调、呆板，很难引起人们强烈的享受欲望，甚至令人感到压抑、厌恶的，价格就低。这表明建筑物的用途及外部整体规划，都是影响其价值的重要因素，也是开发商在进行产品定位时需要考虑的重点。

相对于建筑物的外部整体规划而言，建筑物的内部平面及细部规划，对建筑物价值的影响比较具有可塑性及调整弹性，所以在产品定位的实务上，必须把握“先外后内”（即先决定外部整体规划，再考虑内部具体单位）的原则。

（1）先决定空间用途，再考虑单元面积计划。

（2）先确定整体容积率的分配，再考虑栋别或楼别配置。

（3）先规划整体出入动线，再考虑各楼层或单元空间的联系方式。

（4）先做整体地块规划，再做零星地块利用。

在进行产品定位时，开发商必须有寸土寸金的空间价值意识，对零星地块实现其主要功能后，要最大限度地开发其附加价值。

2. 先弱后强

开发商进行产品定位时，要具备这种创造附加价值及增加边际利润的意识与技巧，使一块原本不起眼的土地“麻雀变凤凰”。

开发商可以从以下角度来考虑增加土地的附加价值。

（1）创造边际利润的机会。将主要的努力付诸最具有边际利润潜力的产品上，才能创造更高的附加价值。很多人认为宗地条件好的房地产才是高利润的产品，但相对而言，在采光、空间机能等方面改造过的地下室，创造的附加价值可能会比精心雕琢的繁华地段的黄金店面更大一些。

（2）具备整体价值的意识。现在很多建筑产品已不再是单一的用途，如一、二层商用，三层以上为住宅，地下室则规划为停车场、超级商场或其他公共场所等。这种性质不同的空间，各有不同的价值和市场特性，有利于开发商的资金周转、实现长期利润价值，所以在产品定位时，必须掌握个别空间的价值，以使产品的整体价值最大。

（3）善用搭配组合的技巧。基于土地坐落环境及宗地自身条件的限制，开发商在考虑如何利用土地时，难免会面临弱势空间（如大面积地下室）的问题。在实务操作上，开发商不妨先集中精力做好产品弱点的突破，再搭配强势空间，以确保产品的整体价值。

3. 先实后虚

如何合理规划实用面积和公用面积，一直是购房者、开发商或销售商之间颇有争议的问题。实践中的实用面积，是指建筑物的室内私有使用面积。而公用面积，包括各层住户共同使用的楼梯间、走廊等小公用面积，以及由全栋住户所分摊的公共设施，如配电室、设备房等。事实上，多层或高层组合式建筑物，就必然会有公共设施的存在，问题在于这些设施规划的必要性、合理性。针对这个问题，产品定位者首先必须找出谁将是目标购买者或者使用者。一般而言，不同的生活形态的购房者对于空间机能的需求不同。辨别目标客户群，有助于根据生活形态发掘购房者对空间（包含私有及公共）机能的需求类别。其次，产品定位应当贯彻相对经济的观念。在没有空间限制的情况下，购房者对于多元的空间机能，如会客、厨房、卧室、餐厅、娱乐、书房等，都可能没有绝对或优先顺序不明显的需求，但是一旦面临空间或购买力的限制，购房者会衡量各种空间机能的相对必要性及所需支付的代价，从而显现对空间优先顺序的偏好。最后，产品定位者还要依据基地规模、产品类型、规划户数等条件掌握既能为市场接受，又符合开发商投资收益的公共设施比例范围，以将目标客户对私有功能及公用功能的可能偏好做合理的规划。

由于土地资源日益稀缺昂贵，购房者的购买能力相对降低，但随着生活水平的提高，又使人们倾向于多元化的空间功能，因此进行产品定位时，应该在这些多元化空间需求中确定最具有使用价值的空间，达到公私兼顾、实虚皆宜的效果。

4. 先分后合

房地产产品具有其自身特性，不仅其市场景气的变化快速且明显，更由于它兼有自用、投资及保值等性质，产品本身也常随景气状况及购买力强弱而变化；另外，相对于现房而言，预售房因采取边建边售的方式，建设过程中存在工程变更的机会，因此产品面积的调整比较具有弹性，这也使得开发商在进行产品定位时，保留适度的产品面积调整弹性。

何时规划何种用途的、多大面积的产品销售前景最好，一直是开发商亟待解决的问题。为适应变化无常的市场情况，更经济地保持产品规划或调整的弹性，开发商可考虑以下几个先分后合的定位原则。

（1）区别楼层的先分后合原则。先就大楼各楼层个别评估其供需状况及规划条件，再考虑楼层之间的关联性或合并的可能性。

（2）调整平面面积大小的先分后合的原则。确定最小可能销售单元的平面功能，再合并数个小单元为较大面积的单元，以使开发商调整平面的弹性最大。

（3）控制造价合理的先分后合原则。在维持建筑物结构安全的前提下，预先做好最小单元化（最多户数）建筑规划及成本预算，再合并大面积规划。

进行产品定位时，若能把握上述三个原则，则即使在市场不景气的情况下，开发商也

能在配合客户支付得起的总价需求下，提供空间好用、结构安全、造价合理的产品。

5. 先专后普

开发商经常会遇到这样的问题：每得到一块地，到底是盖与周围不同的建筑物，还是参考周围建筑，以随俗从众；到底该针对需求同质的客户盖单纯的产品，还是为市场提供多样化的选择，以满足各种不同需求的购房者。这就涉及产品定位时产品“特殊化”和“专门化”程度的问题。所谓“特殊化”，是指产品有异于市场的程度。所谓“专门化”，是指产品单纯或同质的程度。一般而言，产品的专门化程度越高，越容易给人纯粹与信赖的感觉，间接地发挥了特殊化的效果，同质客群也愿意扎堆。而这种专门化的产品是分散化项目无法比的。专门化的产品，通常附加值较大，也容易创造较高的价值及价格。但相对而言，这些产品的目标客户群较为单一且量也较小，市场销售风险也可能较大，因此在从事产品定位时，需要把握好以下几个问题。

（1）产品特殊化的程度必须考虑项目所在地的市场特性、供需状况及各种目标客户的相对规模与购买力。

（2）不论特殊化或专业化，都必须把握重点，注意市场“门槛效应”，进行产品定位时切忌盲目地为特殊而特殊。

（3）先尝试并评估各种专门化的可能性及市场接受程度，以创造产品的附加价值及利润空间。

三、产品定位流程

产品定位是一个策划的过程，通过这个过程，以确定土地的用途及产品规划的方向。所以产品定位本身是一种具有成本及效益性质的策划活动，它的成本反映在所应用的方法、所收集的信息（包括质与量）及所耗用的时间及人力上，而它的效益则表现为产品定位的结果所能产生的实质收益。迷信经验、依赖感觉的方式使得开发商既无法合理预期产品定位的效益，更无法应对复杂多变的现实。事实上，产品定位大多数活动都可以通过客观方法和程序化的设计，达到事半功倍的效果。

房地产产品定位，首先确定定位的动机及目的，如降低销售风险，或是为了增加报酬利率，或是为了增加公司资产，或是为了构建公司形象。针对不同的动机和目的用不同的定位方法。其次，需要考虑土地的规模、条件，以确定定位的范围和方法。定位的范围包含考虑的对象（如土地权属、目标客户群、相关机构等）、事项（如法规、市场、财务等）、涵盖时间（如短期、中期或长期）、地区（区域、全国或国际）等。而定位方法是指从资料收集、分析、处理、运用，直到获得结论的推演过程。定位范围及方法直接影响需要耗用的成本及可能发挥的效益。

确定了动机、目的、范围和方法后，接下来进行现状及趋势预测，以发掘潜在的问题和机会。这个阶段需注意的问题，包括项目基地特性条件（如交通运输、公共设施、产业结构等）、相关法规限制（如土地法规、城市建设法规、税务法规等）、房地产市场特性（供需状况、产品形态、竞争情况等）以及相关财务条件（如造价、售价、融资机会及成本等）。

根据现状及趋势分析，确定产品定位的目标作为产品或策划所遵循的方向。目标应尽可能具体，以能有效地控制策划方案的发展。方案策划发展的阶段，通常需借助建筑师的专业知识及产品定位者的创意，才能真正创造空间的附加价值。

最后阶段即评估预选方案，以确定最佳方案及相关的执行计划。为使定位的结果能产生整体效益，方案评价时，应尽可能兼顾市场、财务、规划、管理等各个角度进行考虑，避免各个角度间出现冲突而减损产品定位的效果。

产品定位是一个结合科学与艺术、客观与主观性质的策划活动，只有遵循系统性的步骤，选择逻辑合理的研究方法，并运用专业独特的创造力，才能最大限度地发挥它的作用。一般来讲，产品定位策略按照其程序的不同，有两种方法可供选择，但其遵循相同的技术思路，其技术思路如图5-8所示。

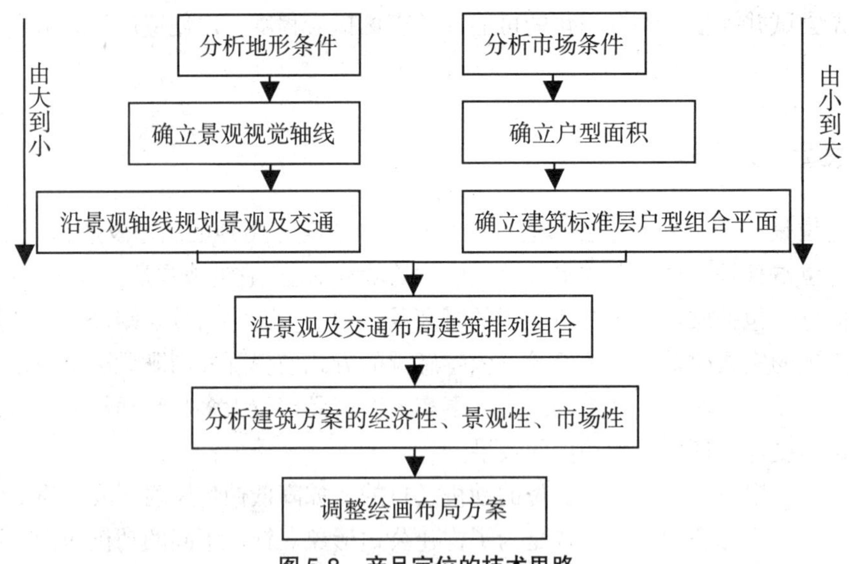

图5-8　产品定位的技术思路

（一）两阶段产品定位程序

产品定位是极其重要的环节，产品定位一般可分为两个阶段，如图5-9所示。第一阶段的产品定位重点是土地用途与开发周期的确定。这一阶段，产品定位目的是使开发商明

确土地的基本价值。例如，确定一块土地是适宜建办公楼或商业大厦，还是公寓；最佳开发时间是短期、中期还是长期。在这一阶段中应当注意下列事项。

（1）土地自然条件，如地块面积、基本形状等。通常面积越大、形状越方正完整的土地，地块定位发展的空间越大。

（2）土地的使用条件，总体规划情况，是否有用途管制或特别限制。

（3）附近土地使用现状，确定产品差异性的可能性。

（4）土地开发条件，一般而言，开发商能较好地掌握通过出让或转让方式获取的土地的产品定位，但其他方式可能受到更多的限制。以合建为例，若提供土地的一方坚持要求分得第一层楼并且坚持规划为纯住宅，则必然限制了该块土地的商业用途。

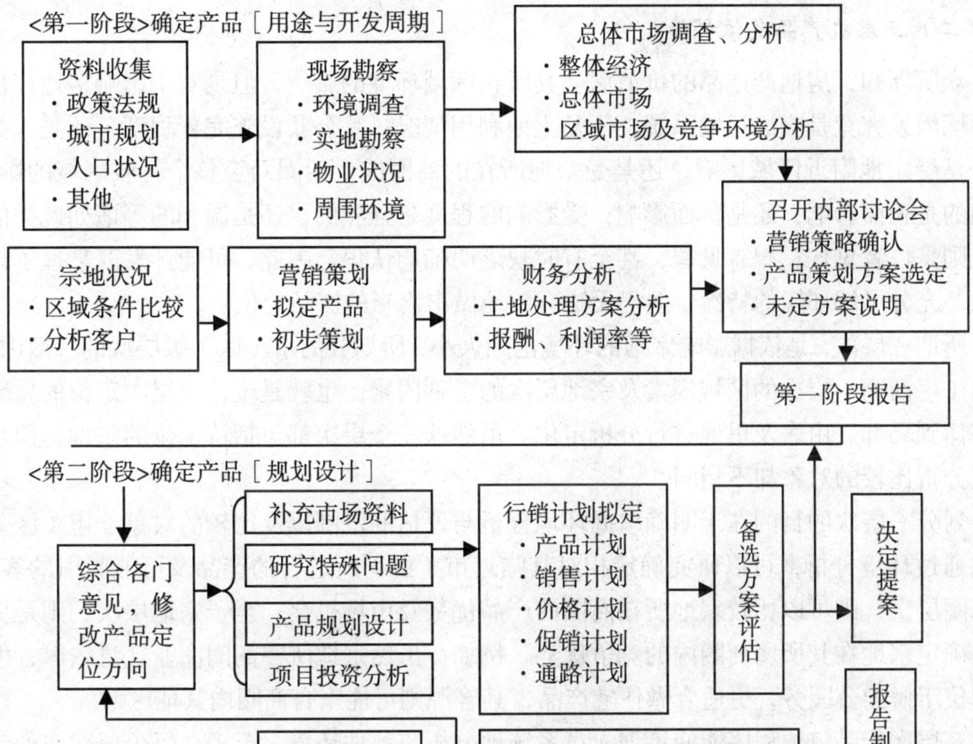

<第一阶段>确定产品［用途与开发周期］

资料收集
· 政策法规
· 城市规划
· 人口状况
· 其他

现场勘察
· 环境调查
· 实地勘察
· 物业状况
· 周围环境

总体市场调查、分析
· 整体经济
· 总体市场
· 区域市场及竞争环境分析

召开内部讨论会
· 营销策略确认
· 产品策划方案选定
· 未定方案说明

宗地状况
· 区域条件比较
· 分析客户

营销策划
· 拟定产品
· 初步策划

财务分析
· 土地处理方案分析
· 报酬、利润率等

第一阶段报告

<第二阶段>确定产品［规划设计］

综合各门意见，修改产品定位方向

补充市场资料

研究特殊问题

产品规划设计

项目投资分析

行销计划拟定
· 产品计划
· 销售计划
· 价格计划
· 促销计划
· 通路计划

备选方案评估

决定提案

报告制作

综合各部门意见确定修改方案

终审报告书

图 5-9　两阶段产品定位流程

第二阶段产品定位的重点是产品的规划设计、开发形态和开发方式，也就是决定产品形态及开发操作方式。例如，住宅产品究竟应规划为别墅或者中等标准，还是小型套房；各楼层相互关系如何；计划在短期出售完毕或分期出售还是保留出租。这个阶段产品定位的目的在于使土地开发者能创造和增加产品的附加价值，因此必须考虑下列因素。

（1）相关法律法规的限制，如容积率分配、楼层高度规划限制、用途管制等。

（2）市场需求特性，如价格接受区间、产品需求形态、客源特性等。

（3）相对报酬及风险。如有两个不同的方案，对其可能产生的收益、成本及耗用的时间，必须做相对比较，才能确定附加价值的可行性。

我国实行的是世界上最严格的耕地保护制度，城市土地有限、地价高涨。在这种情况下，开发商真正的利益通常来自于产品定位所创造的附加价值，因此产品定位对土地开发而言，一方面可以消极地避免开发不当的风险，确定合理开发条件；另一方面则可积极地掌握开发良机，并创造土地开发的附加利益。

（二）三层次产品定位程序

众所周知，房地产产品的价值深受其所在区域环境的影响，但是对于影响房地产价值的环境因素究竟是交通运输系统，还是土地利用情况；是公共设施完善程度，还是人文环境；是受宗地附近区域影响，还是受宗地所在的商圈或生活圈乃至整个行政区域的影响；受到的是正面影响，还是负面影响；受影响的程度是强烈的，还是温和的等诸如此类的问题，则是仁者见仁，智者见智，甚至有时缺乏明确的认识。因此，可能开发商掌握了许多信息，充分了解环境的特性，但仍无法有效地做出恰当的产品定位。

所谓三层次，是依据影响宗地的环境范围大小，所划分的市（区）级层次的一般因素、商圈（生活圈）层次的区域因素及宗地层次的个别因素。也就是说，三层次定位的思路是由整体到局部、由表及里地进行分析定位。虽然这三个层次都包括待定位的宗地，但是各层次分析比较的对象却不相同。

划分三层次的目的在于明确掌握环境分析与评估的范围以及比较的对象。市（区）级层次通过环境分析，可以研究确定相对其临近市（区）所适合的产品及可能吸引的客源；在商圈层次，则可以比较宗地所在商圈的产品优势及市场机会；至于宗地层次，则是更具体地确定宗地在其所属商圈内的竞争优势。例如，虽然宗地所在商圈商业气息浓厚，但宗地却位于僻静公园旁，更适合做住宅产品，其客源则可能来自商圈内其他区域。

三层次产品定位程序能使策划人员系统地分析与评估环境。至于在每个层次应如何界定范围、划分比较区域，以及应分析、评估哪些产品，则应视产品的具体性质而定。

四、产品定位案例

1. 案例背景

某开发商计划在张家口经济开发区建设一个房地产项目（A房地产开发项目），项目

基本情况如下。

（1）A 房地产项目占地 20 000m^2，建筑面积 32 000m^2。

（2）紧邻市政府，周边的购物、餐饮、住宿、邮政、银行、医疗、娱乐等配套服务设施齐全。

（3）项目主要经济技术指标：规划总用地 20 473m^2、建筑密度约为 26%、用地性质为住宅用地、容积率 1.60、绿地率 31%、停车位 0.8 辆 / 户。

2. 定位因素分析

（1）地形条件分析。项目地块呈东西略长，南北稍短的规则长方形，地块形状规整，有利于产品的布局和排列，同时更方便营造出较大面积的园林、景观，以提升项目的整体品质。但该项目的占地面积小，同时受较小容积率的影响，建筑面积小，总体规模小。故考虑小区楼房呈两排布置，东西向平行排列。

（2）市场条件分析。综合考虑项目的周边环境较优雅，临近市政府，交通通达度高，城市发展前景好，项目本身占地面积不大，容积率不高，绿化要求高等特点，将目标客户群锁定在中年，有经济实力，购买高档住宅的潜力较大的消费人群当中。

面积需求考虑，通过对目标客户群的需求调研，将面积定位为 120 m^2~180 m^2。

楼型需求考虑，目标客户群对楼型的期待比例，多层占 40%，小高层占 30%，花园洋房占 16%，别墅占 10%，高层仅占 4%。因多层物业分摊面积少，入住后物业费较低，空间布局更合理，设计人性化和亲地性等特点，人们对多层依然偏爱。但由于多层 4 层以上的便利性较差，人们普遍反映首选多层 1~3 层。综合考虑，多层电梯房成为中高档消费人群的首选房产。

户型功能考虑，在对期望的卧室数量指标调研中，人们选择三居室的大户型居多，比例占 61.2%，而选择三室的调查对象多选择两卫。

（3）综合分析。张家口市经济实力逐步增强，全市生产总值稳定增长。有良好的房地产市场营销环境；居民生活水平逐步提高，产业结构不断优化。经济开发区房地产市场需求大，形势乐观。随着新型城镇化进程加快，经济开发区市政配套设施、商业配套会更加完善。本项目交通发达、配套设施如学校、医院、酒店、银行等一应俱全，且所处地域房地产市场发展情况良好，项目周边新建项目较多，整体市场热度良好。

本章小结

项目前期策划主要是研究项目立项后的建设规模、性质、社会环境、空间内容、使用功能要求、使用者状况、使用模式、技术条件、心理环境等影响项目实施和项目使用的各

种因素，从而为项目建设提供科学决策的依据。

本章从策划的概念入手，阐述了市场分析的概念、类型和方法，提出了市场细分的流程、标准，并对其规模进行合理预测，进而定位目标客户群。在目标客户群分析的基础上，进行市场定位和产品定位，从而为项目的规划设计和施工建设打好基础。

思考题

1. 阐述策划的含义。

2. 了解市场细分的概念，结合具体项目进行市场细分。

3. 拟定具体项目，针对该项目进行市场份额确定。

4. 阐述产品定位的方法和流程。

5. 选择一个真实的项目，采用细分程序的七步骤进行简要市场细分；选用两阶段定位程序或三层次定位程序做产品定位。

6. 论述将潜在客户转变成有效客户的途径。

第六章　房地产开发组织与管理

学习目标

通过对本章的学习，应掌握如下内容。

- 房地产项目管理组织模式及委托模式；
- 房地产投资、进度、质量控制的概念和方法；
- 房地产合同体系的概念及合同类型的选择；
- 房地产项目收尾管理。

导言

房地产项目任何一个阶段都可以通过“外购”得以完成，但不可以把项目“外购”。即使“外购”某阶段，也需要若干数量的项目团队成员管理卖方，更需要项目经理管理整个项目。房地产开发项目建设阶段，是各种资源集中投入、各种矛盾集中突发的阶段，无论是项目的进度、质量、投资等管理，还是合同体系的建立和后期竣工验收的组织，都对项目的成败有重大影响。因此，重视项目建设管理将是一项很重要的任务。

第一节　房地产项目管理概述

房地产项目管理是工程项目管理的一个类别，是房地产项目管理者，运用系统工程的观点、理论和方法，对房地产项目的建设和使用，进行全过程和全方位的综合管理，以实现生产要素在房地产项目上的优化配置，最终为客户提供优质产品。

一、房地产项目管理的组织模式

房地产行业是以项目开发为中心的组织。就项目管理组织而言，根据集权到分权的程度不同可以依次划分为职能制、矩阵制和项目制三种管理组织模式。

（一）组织模式类型

项目管理组织模式主要有职能制、矩阵制和项目制三种形式。

1. 职能制组织形式

职能制又称为部门控制式，是指项目任务以企业中现有的职能部门作为承担任务的主体来完成。一个项目可能是由某一个职能部门负责完成，也可能是由多个职能部门共同完成，各职能部门之间与项目相关的协调工作需在职能部门主管这一层次上进行。职能制组织形式的适用条件是规模小、时间短、以技术为重点的工程项目，如图 6-1 所示。

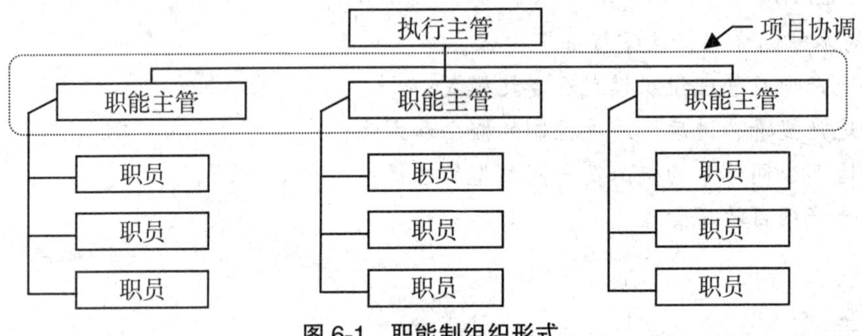

图 6-1　职能制组织形式

2. 矩阵制组织形式

矩阵制组织形式是一种兼具职能制组织形式和项目制组织形式的特征，并将各自的特点混合而成的一种项目组织形式，是一种多元化结构，力求最大限度地发挥项目制和职能制形式的优点并尽量避其弱点。这种组织形式适用于大规模生产和跨地区经营的大型项目，如图 6-2 所示。

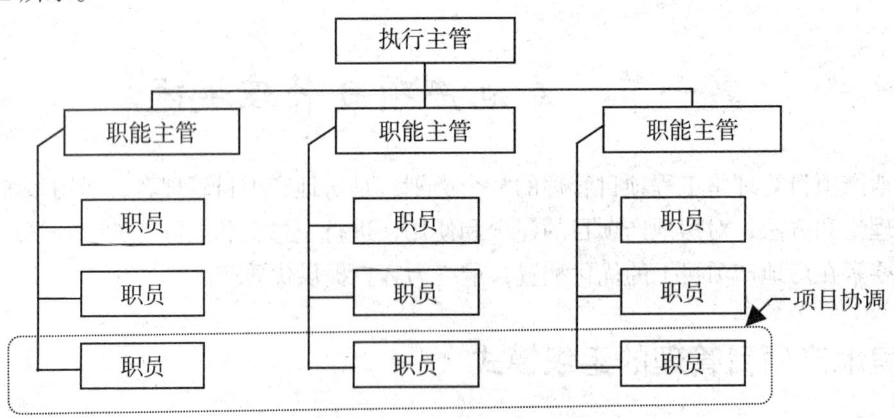

图 6-2　矩阵制组织形式

3. 项目制组织形式

项目制组织形式为特定项目设置专门的项目团队，并建立以项目经理为首的自控制单元。项目经理可以调动整个组织内部和外部的资源。项目制组织形式适用于：有多个相似工程项目的企业；有长期的、大型的、重要的和复杂的工程项目的企业；工程项目所在地远离企业所在地的企业，如图 6-3 所示。

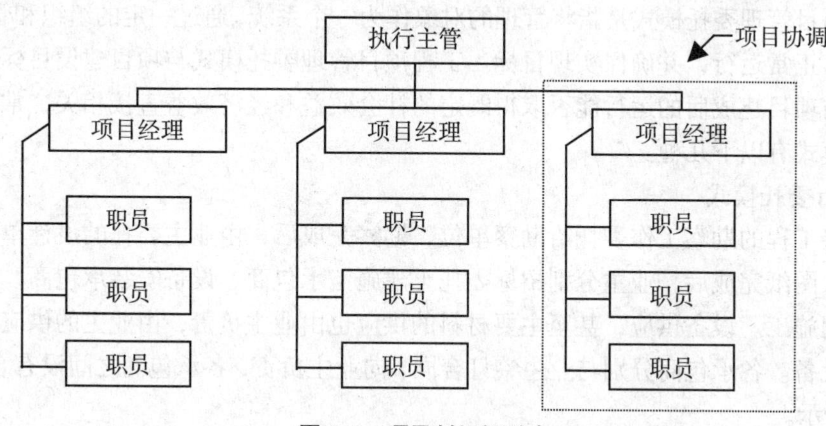

图 6-3　项目制组织形式

（二）组织形式选择

三种类型的项目管理组织形式各有其优点、缺点和适用条件。理论上讲，无论是本地还是异地的项目开发，都可以考虑选择其中一种类型的项目组织。但从实际应用角度而言，职能制更适合于管理本地少量项目开发，本地多个项目或者异地项目开发情况下，则会因为效率较低而造成大量决策堆积；矩阵制和项目制则更适合于本地多个项目或者异地项目开发管理。从当前房地产企业加强管控和构建能力的角度而言，矩阵制由于在公司层面拥有齐全的专业部门，更有利于管理平台的建设和知识的积累，因此为大多数房地产企业所运用。

当房地产企业跨区域大规模发展时，区域公司制是大多数企业通常采用的组织结构。区域公司形成以后，房地产企业便形成了“总部—区域公司（城市公司）—项目部的三级（或者四级）”的组织结构，如万科、金地等实行大区域中心管理，北京、上海、深圳等区域中心管理半径较大，形成了区域公司下，管理城市公司和总体四级的集团架构；而有的房地产企业，如绿地等区域公司和城市公司基本合二为一，形成了总体三级的集团架构模式。在这样的集团组织中，为了有效发挥区域公司的作用、更快更好地服务于当地市场，最好的模式是将业务管理和业务操作分离，集团总部定位于管理者，区域公司定位于操作者，集团总部对于区域公司逐步放权，而区域公司对于项目部则是集权式管理。集团总部和区域公司之间的管理多以矩阵制的模式运作，而区域公司和项目部之间的管理，多以矩阵制或者职能制的模式运作。

二、房地产项目委托模式

工程项目管理委托模式是指将管理的对象作为一个系统，通过一定的组织和管理方式，使系统能够正常运行，并确保实现目标。工程项目管理委托模式与项目建设目标是否都能够实现，与项目建成后的运行能否取得既定的社会效益和经济效益直接相关，常用的工程管理委托模式有以下几种。

1. 平行委托模式

业主将工程的勘察工作委托给勘察单位，勘察完成后，由业主委托的设计单位进行设计，在设计图纸完成后，业主分别招标委托土建施工承包商、设备安装承包商、装饰承包商进行工程施工。设备供应，甚至主要材料的供应也由业主负责，由业主的供应商提供主要材料和设备。各承包商分别与业主签订合同，向业主负责，各承包商之间没有合同关系，如图 6-4 所示。

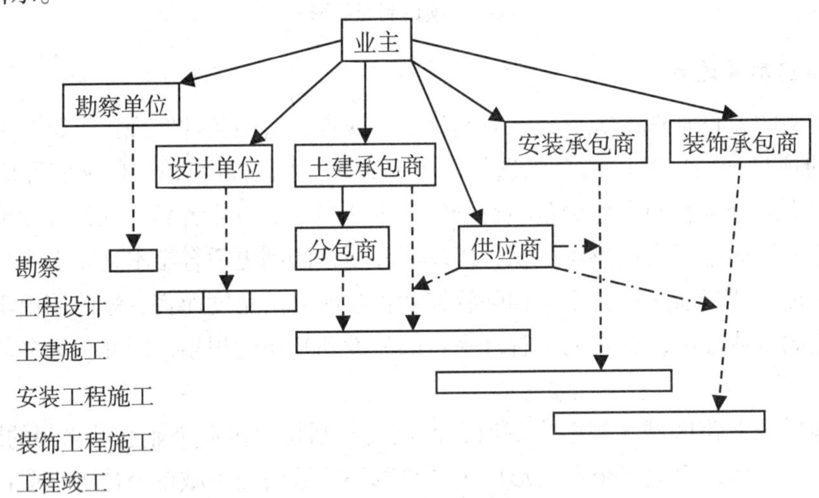

图 6-4　工程平行委托模式实施过程和组织方式

在平行委托模式的工程中，设计单位管理自己的设计工作，施工承包商管理自己的施工工作，而业主通常委托监理单位或项目管理公司进行整个工程的管理。

平行委托模式是一种传统的工程承发包模式，使用历史悠久，符合工程专业化和社会化分工的要求。在我国的一些工程中，专业化分工很细，如设计会分多个设计单位，常见的有外国设计事务所承担方案设计任务，而我国的设计院做配套设计；土建工程施工还可

能分专业（如基础工程施工、土方工程施工、主体结构工程施工等）；安装工程分专业工程设施安装；各种材料和设备的供应商可能分别委托；装饰工程还可以分室内装潢、玻璃幕墙等。

平行委托模式的优缺点如下。

（1）业主分别和设计单位、多个施工承包商和材料供应商签订合同，工程责任的落实比较容易，各方面职责明确；业主对设计、施工和供应过程能够进行有效控制。但由于工程实施过程和各方责任的细化，参与者各方互相制衡，导致工程效率降低。

（2）业主在勘察完成后再进行工程设计；设计完成后再进行施工、供应招标和任务的委托，可以有节奏地进行工程的实施，但通常工期较长。这种设计、施工、供应和运营，分别由不同单位参加，他们又在不同时期投入，容易造成工程的决策、设计、施工、供应和运营各方面的脱节，工程责任分散，造成工程管理的不连续性，而且缺少一个对工程的整体功能全面负责的承包商。

（3）业主的项目组织、合同管理、投资控制、进度控制工作繁重，难度大，导致业主承担的风险大。如果工程发包分解太细，在工程的责任体系中明显地存在责任“盲区”。例如，设计拖延或错误，造成施工承包商的返工或拖延，业主必须赔偿承包商的拖延损失，而按照设计合同，设计单位对设计的拖延和错误几乎不承担责任或承担很小的责任。

（4）难以调动各方特别是设计单位和工程承包商的积极性和创造性。他们作为工程的具体实施者，工程的成功依赖于他们的努力和创造性。但设计单位按照工程规模投资收费，施工单位按照工程量计价，他们对工程技术方案优化积极性都不高，这会制约建筑业科技的进步和生产的集约化。

（5）工程中各方关系紧张，合同实施的氛围差，难以达到各方面满意的结果。

（6）这种承包模式业主分标很细，会造成工程招标次数增多和投标单位增多，从而导致大量管理工作的浪费和无效投标，造成社会资源的极大浪费。

2. 施工总承包模式

业主在工程的设计完成后，将工程全部施工任务发包给一个施工总承包商，施工总承包商自己完成部分任务（如主体结构施工），把部分施工任务再分包出去。在施工过程中，由施工总承包商负责与设计单位和供应单位协调工作，此模式的实施过程如图 6-5 所示。

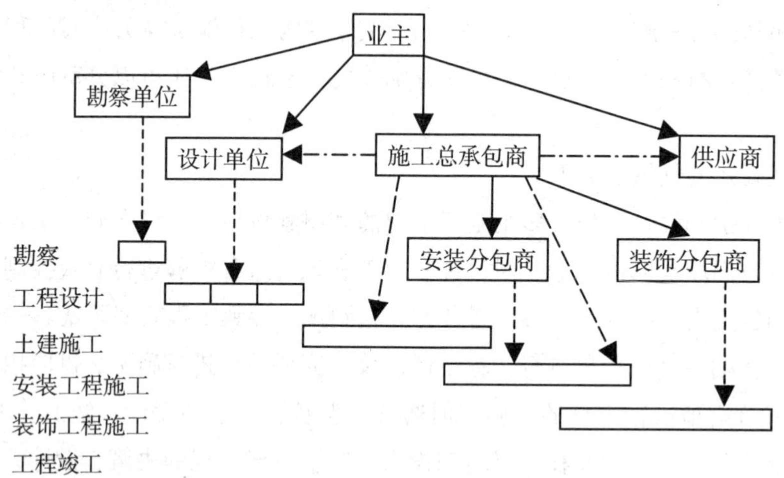

图 6-5　施工总承包模式实施过程

施工总承包模式的优缺点如下。

（1）施工总承包的招标一般在全部工程图纸出齐后进行，工程报价比较有依据，双方风险较小。

（2）有利于发挥承包商的技术优势和管理优势，而分包也有利于发挥专业特长。

（3）施工总承包商可以将整个工程作为一个总体进行计划和控制，有利于科学合理地组织施工，有利于缩短工期，控制进度。

（4）业主和一个设计单位、一个施工总承包商直接联系，协调工作的量比分专业分阶段平行委托方式少得多。

对于大型工程，如果一个施工企业无法完成施工任务，可以由多家建筑施工和安装企业组成施工联合体，共同承担整个施工任务，参与联合体的各个企业，按照联合体合同承担各自的工作责任，并承担相应的风险，联合体是一种临时性组织，工程完成后自动解散。

如果施工总承包单位把施工任务全部发包出去，自己主要从事施工管理，这种模式称为施工总承包管理。

3．工程总承包模式

工程总承包是指仅由一个承包商与业主签订工程承包合同，对工程的设计、施工、试运营（竣工验收）等实行全过程或若干阶段的承包。工程总承包最完备的形式是“设计—采购—施工（EPC）”及交钥匙总承包。其中“设计—施工总承包（D–B）”也是常见的，它是指工程总承包企业按照合同规定，承担工程项目设计和施工，并对承包工程的质量、安全、工期、造价全面负责。

工程总承包企业按照合同规定，承担工程的设计、采购、施工、试运营服务等工作，

并对承包工程的质量、安全、工期、造价全面负责，最终向业主提交一个满足使用功能、具备使用条件的工程。

工程总承包企业按照合同约定，对工程的质量、工期、造价等承担全部责任，并负责整个工程的管理。总承包商可以自己完成或部分完成工程的设计、土建施工、安装工程施工、装饰工程施工和供应，也可以将其中部分工作发包给具有相应资质的分包商。

工程总承包模式的合同关系和运作过程如图 6-6 所示。

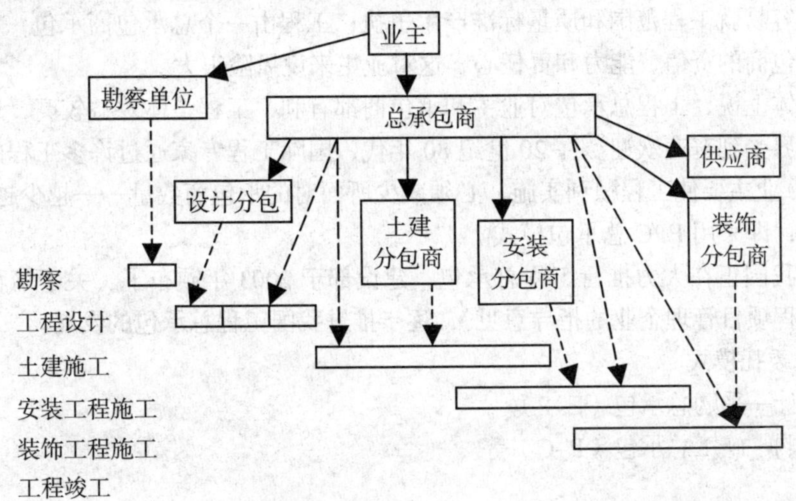

图 6-6 工程总承包模式实施过程

这种承包方式能克服上述分阶段分专业平行承包的缺点，它的优缺点主要有如下方面。

（1）业主只和总承包商建立合同关系，极大地减少了业主面对的承包商数量，减少了业主工程管理事务，大量的工程实施和工程管理工作都由总承包商完成，这给业主带来很大的方便。业主的责任和风险较小，主要提出工程的总体要求（如工程的功能要求、设计标准、工程规范的说明），对整个工程进行宏观控制，一般不干涉承包商的工程实施和管理工作。这样就可以保证业主的主要精力，集中在对工程产品市场的把握和战略管理工作上。

（2）对业主来说，有一个对工程整体功能负责的总承包商，工程的责任体系是完备的。各专业工程的设计和施工的界面，都由总承包商负责协调管理，无论是设计、施工与供应之间，还是不同专业之间的互相干扰，都由总承包商负责，保证在工程的各种界面上工作流和信息流的畅通。同时，总承包模式的工程建设过程是连续的，减少了责任盲区，因此能保证工程总目标的实现，更容易获得工程的成功。

（3）总承包模式将设计、施工、供应统一起来，并采用固定总价的合同形式，能够最大限度地发挥承包商在报价、设计、采购和施工中优化的积极性和创造性。总承包商能将整个工程管理形成一个统一的系统，能够有效地进行质量、工期、成本等的综合控制；能够有效地避免因设计、施工、供应等不协调，造成工期拖延、成本增加、质量事故和合同纠纷；能够最大限度地协调和控制各专业之间的联系；能够保证施工和运营的各环节，合理地交叉搭接，从而使工期（招标投标和建设期）大大缩短。

（4）能够有效地减少合同纠纷和索赔。

（5）当然，这种承包模式还存在一些问题。例如，总承包一般都采用总价合同，但在招标时业主没有工程图纸和对工程范围、质量的详细说明，承包商报价的依据不足；在工程中，双方容易就工程范围和质量标准产生争执；工程由一个总承包商承包，工程的成功就依赖总承包商的资信、能力和责任心，这对业主来说风险很大。

但从总体上说，工程总承包对业主和承包商都有利，工程整体效益较高，近几十年来在国际工程界受到普遍欢迎。在 20 世纪 80 年代，国际工程专家通过许多工程的经验和教训得出结论：业主要使工程顺利实施，必须减少所面对的承包商数量——越少越好。当然，最少是一个，即采用 EPC 总承包模式。

目前，我国正在大力推行工程总承包，建设部于 2003 年颁布了《关于培育发展工程总承包和工程项目管理企业的指导意见》，逐步推进我国工程总承包的发展。

4. 其他委托模式

（1）设计—采购总承包（E–P）。

（2）采购—施工总承包（P–C）等。

三、房地产项目工程监控模式

房地产开发项目基本的工程监控模式是自控和监控相结合。

自控是指项目管理主体自我控制，自我管理。自控者本身称之为自控主体。例如，施工单位对施工项目的管理与控制，就是自控，施工单位就是自控主体。

监控是指与项目相关的干系人对项目所进行的监督、控制。监控者称之为监控主体。例如，开发商、策划单位、监理单位、设计单位、施工单位（总包对分包）、政府等对施工项目的管理与控制就属于监控，这些单位称之为监控主体。房地产项目工程监控模式如图 6-7 所示。

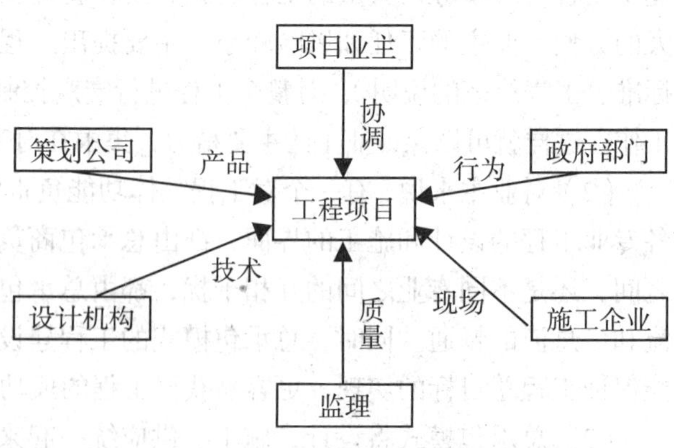

图 6-7　房地产项目工程监控模式

四、房地产项目管理体系

房地产项目管理体系涉及内容十分复杂，主要思路是在房地产开发项目管理中重视“目标管理”和“过程管理”，并以此为基础，通过信息管理体系和学习型组织，建立一套适合现行市场竞争体制的房地产开发项目管理体系。

房地产项目管理体系内容庞杂，但可以归纳为“一个平面、四个阶段、八个重点”。如图 6-8 所示，“一个平面”是指界面及其上的信息集成；“四个阶段”是指前期阶段、设计阶段、施工阶段、收尾阶段；“八个重点”是指界面管理、进度管理、成本管理、质量管理、人力资源管理、合同管理、风险管理和信息管理。

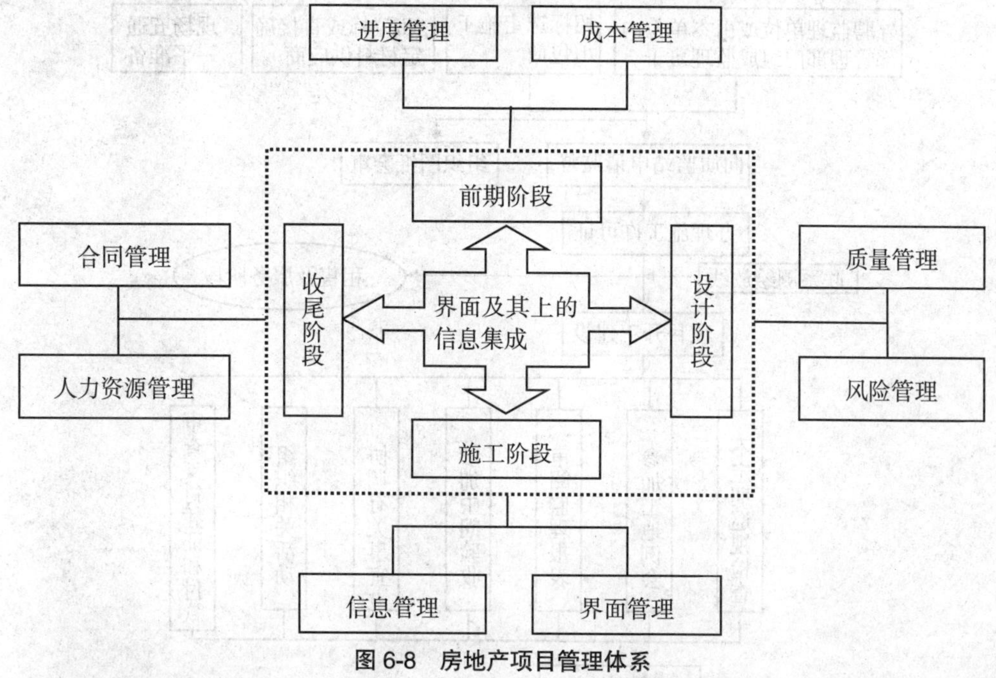

图 6-8 房地产项目管理体系

在房地产开发过程中，“一个平面、四个阶段、八个重点”决定着项目开发的成败。“四个阶段”中的每个阶段都不能忽视，决策重在前期阶段和设计阶段；实施重在施工阶段和收尾阶段。“八个重点”中的每个重点都贯穿于房地产开发的全部生命周期，要根据项目具体情况权衡分析，进行各方面的协调，追求企业目标满意化。

五、房地产项目建设流程

房地产开发项目决策定位后，通过招标，开发商首先可以选择合适的项目承包商，以确保工程投资不超过预算、质量符合设计要求、工期达到预期目标。在确定了工程承包商后，房地产开发商还需要通过招标，选择合适的监理单位，以便对工程进行建设工程监理。

为了确保按照建设工程规划许可证的规定进行组织施工，国家规定必须由城市规划行政管理部门，在施工现场进行放线、验线，并到建设行政主管部门领取建设工程施工开工证明后，才可以破土动工。施工过程中，开发商应该加强投资、进度、质量控制，并加强风险预警及管理，确保实现工程目标。项目施工完成后，需要及时组织竣工验收，建设流程如图6-9所示。

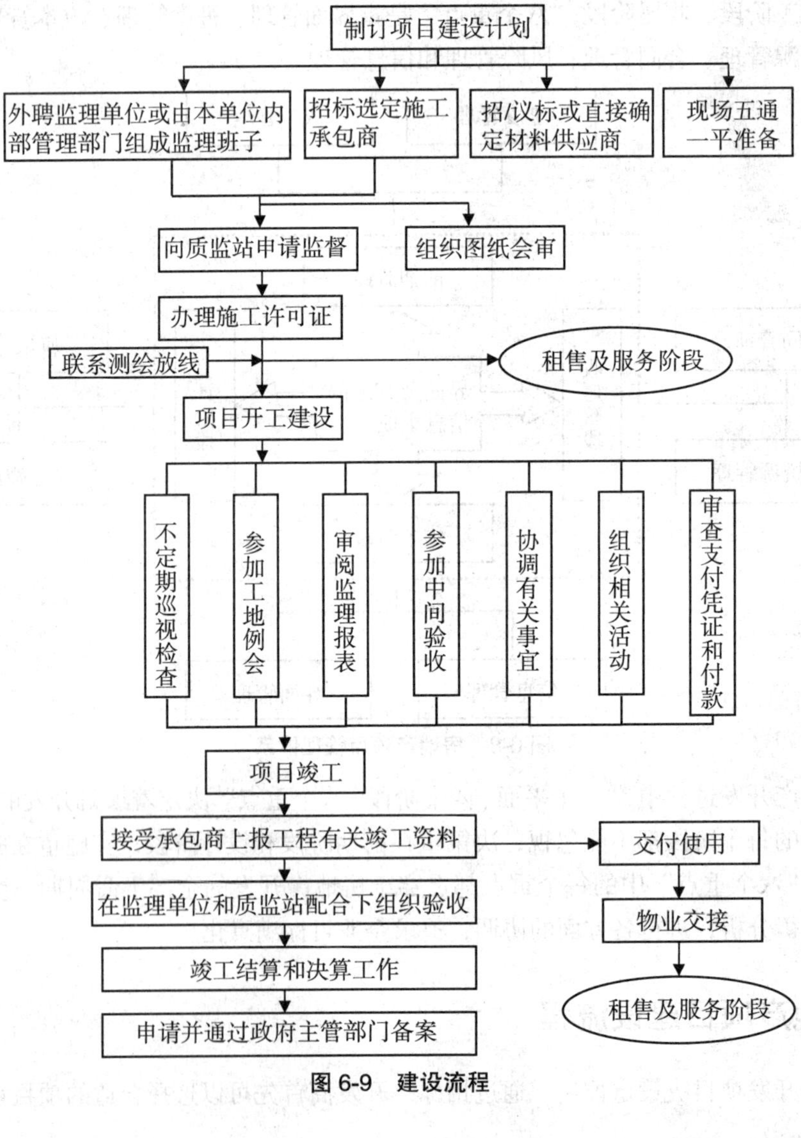

制订项目建设计划

外聘监理单位或由本单位内部管理部门组成监理班子
招标选定施工承包商
招/议标或直接确定材料供应商
现场五通一平准备

向质监站申请监督
组织图纸会审

办理施工许可证

联系测绘放线
租售及服务阶段

项目开工建设

不定期巡视检查
参加工地例会
审阅监理报表
参加中间验收
协调有关事宜
组织相关活动
审查支付凭证和付款

项目竣工

接受承包商上报工程有关竣工资料
交付使用
在监理单位和质监站配合下组织验收
物业交接
竣工结算和决算工作
租售及服务阶段
申请并通过政府主管部门备案

图6-9　建设流程

第二节　房地产项目实施管理

项目实施管理就是在一定资源约束条件下，为达成项目投资、进度、质量等目标而采取的各种管理手段，开发商的管理是工程建设管理的核心。

一、房地产项目合同体系

建设项目合同是指项目开发主体与勘察、设计、施工、材料供应等单位，为完成一定的工程任务而签订的一种经济合同，其内容包括对施工合同、分包合同、买卖合同、租赁合同和借款合同等的订立、履行、变更、终止和解决争议。

（一）房地产合同概述

《中华人民共和国合同法》规定：“合同是平等主体的自然人、法人、其他组织之间设立、变更、终止民事权利义务关系的协议。”房地产合同就是开发商和利益相关人签订的，以完成项目开发活动为目的的协议，是合同各方遵循的最高规则。

1. 房地产合同概念

房地产合同是指房地产开发运营涉及的所有合同中，当事人双方就合同内容相关事宜设立、变更、终止权利义务关系而达成的协议。

2. 房地产合同的类型

房地产开发经营过程中涉及的合同主要包括国有土地使用权出让合同、国有土地使用权转让合同、集体土地征用补偿合同、城市房屋拆迁安置补偿合同、房地产工程咨询合同、借款合同、建设监理委托合同、建设物资采购合同、建设工程勘察设计合同、建设工程施工合同、商品房买卖合同、房屋租赁合同、物业管理合同等。

3. 房地产合同法律规范

房地产开发合同的签订应符合法律法规，主要有《中华人民共和国合同法》《中华人民共和国城市房地产管理法》《中华人民共和国土地管理法》《中华人民共和国建筑法》《中华人民共和国城镇国有土地使用权出让和转让暂行条例》《建设工程勘察设计资质管理规定》《建筑业企业资质管理规定》《工程监理企业资质管理规定》《商品房销售管理办法》《城市房屋租赁管理办法》等。

（二）业主方的工程合同体系

业主作为工程（或服务）的买方，是工程的所有者，业主可能是政府、企业、其他投资者，或几个企业的组合，或政府与企业的组合（如合资项目、BOT项目的业主）。业主投资一个项目，通常委派一个代理人（或代表）以业主的身份进行工程项目的经营管理。

业主根据对工程的需求，确定工程项目整体目标，这个目标是所有相关工程合同的核心。要实现工程总目标，业主必须将建筑工程的勘察、设计、各专业工程施工、设备和材料供应、建设过程的咨询与管理等工作委托出去，必须与有关单位签订如下各种合同。

（1）咨询（监理）合同，即业主与咨询（监理）公司签订的合同。咨询（监理）公司负责工程的可行性研究、设计监理、招标和施工阶段监理等某一项或几项工作。

（2）勘察设计合同，即业主与负责工程地质勘查和技术设计的勘察设计单位签订的合同。

（3）供应合同，对由业主负责提供的材料和设备，必须与有关的材料和设备供应单位签订供应（采购）合同。

（4）工程施工合同，即业主与工程承包商签订的工程施工合同。一个或几个承包商承包或分别承包土建、机械安装、电器安装、装饰、通信等工程施工。

（5）贷款合同，即业主与金融机构签订的合同，后者向业主提供资金保证。按照资金来源的不同，可能有贷款合同、合资合同或BOT合同等。

按照工程承包方式和范围的不同，业主可能订立几十份合同。例如，将工程分专业、分阶段委托，将材料和设备供应分别委托，也可能将上述委托以各种形式合并，如，把土建和安装委托给一个承包商，把整个设备供应委托给一个成套设备供应企业。当然，业主还可以与一个承包商订立全包合同（一揽子承包合同），由该承包商负责整个工程的设计、供应、施工，乃至管理等工作。因此，不同合同的工程（工作）范围和内容会有很大区别。

工程项目合同体系之间的关系如图6-10所示。

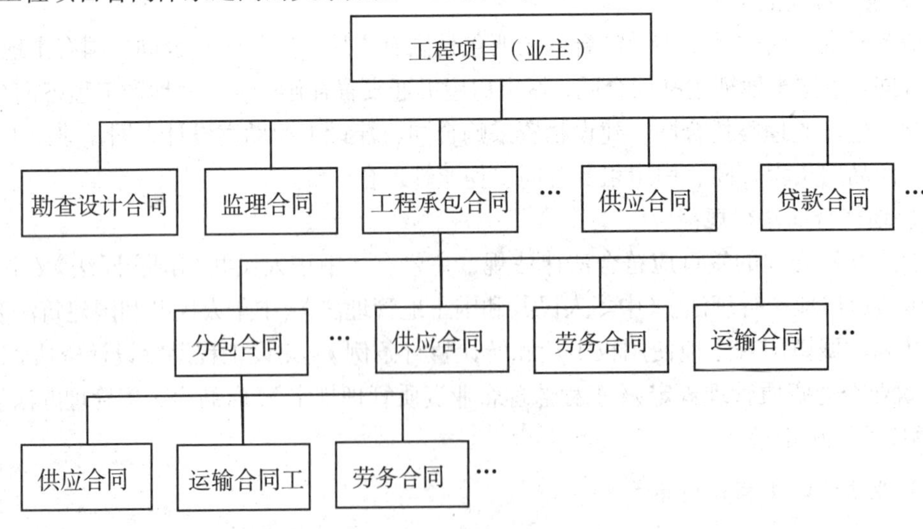

图6-10　业主方的工程项目合同体系

（三）合同类型的选择

在实际工程中，合同计价方式很多，随着发展，还将不断有新的计价方式出现。不同种类的合同有不同的应用条件，有不同的权力和责任的分配，有不同的付款方式，对合同双方有不同的风险。应按具体情况选择合同类型。现代工程中最典型的合同类型有以下几种。

1. 单价合同

这是最常见的合同种类，适用范围广，如FIDIC土木工程施工合同，我国的建设工程施工合同也主要是这一类合同。在这种合同中，承包商仅按合同规定承担报价的风险，而工程量变化的风险由业主承担。由于风险分配比较合理，能够适应大多数工程，能够调动承包商和业主双方的管理积极性。单价合同又分为固定单价和可调单价等形式。

单价合同的特点是单价优先。例如，FIDIC施工合同，业主给出的工程量表中，工程量是参考数字，而实际合同价款按实际完成的工程量和承包商所报的单价计算。虽然在投标报价、评标、签订合同中，人们常常注重合同总价格，但在工程款结算中单价优先，所以单价是不能错的。对于投标书中明显的数字计算的错误，业主有权先做修改后再评标。

2. 总价合同

（1）固定总价合同，是一次包死的总价格委托，价格不因环境的变化和工程量增减而变化。在这类合同中，承包商承担了全部的工作量和价格风险。除设计有重大变更外，一般不允许调整合同价格。

（2）固定总价合同中：① 工程范围必须清楚明确，报价的工程量应准确，而不是估计数字，对此，承包商必须认真复核；② 工程设计较细，图纸完整、详细、清楚；③ 工程量小、工期短，估计在工程过程中环境因素（特别是物价）变化小，工程条件稳定合理；④ 工程结构、技术简单，风险小，报价估算方便。

（3）固定总价合同的计价有如下形式：① 招标文件中有工程量表。业主为了方便承包商投标，给出了工程量表，但业主对工程量表中的数量不承担责任，承包商必须复核。承包商报出每一个分项工程的固定总价，它们之和即为整个工程的价格。② 招标文件中没有给出工程量清单，而由承包商制订。工程量表仅仅作为付款文件，而不属于合同规定的工程资料，不作为承包商完成工程或设计的全部内容。

合同价款总额由每一分项工程的包干价款（固定总价）构成。承包商必须自己根据工程信息计算工程量。如果承包商分项工程量有漏项或计算不正确，则被认为已包括在整个合同总价中。

（4）固定总价合同和单价合同有时在形式上很相似。例如，在有的总价合同的招标文件中也有工程量表，也要求承包商提出各分项的报价，但它们是性质上完全不同的合同类型。

固定总价合同是总价优先，承包商报总价，双方商讨并确定合同总价，最终按总价结算。通常只有设计变更，或合同中规定的调价条件，如法律变化，才允许调整合同价格。固定总价合同在招标投标中，与单价合同的处理有区别。

（5）对于固定总价合同，承包商要承担两个方面的风险：① 价格风险。一是报价计算错误；二是漏报项目；三是工程过程中，由于物价和人工费涨价所带来的风险。② 工作量风险。主要表现为工作量计算的错误。对固定总价合同，业主有时也给工作量清单，有时仅给图纸、规范让承包商算标，因此承包商必须对工作量进行认真复核和计算。如果工作量有错误，由承包商负责。

3. 成本加酬金合同

这是与固定总价合同截然相反的合同类型。工程最终合同价格按承包商的实际成本加一定比率的酬金（间接费）计算。在合同签订时，不能确定一个具体的合同价格，只能确定酬金的比率。由于合同价格按承包商的实际成本结算，所以在这类合同中，承包商不承担任何风险，而业主承担了全部工作量和价格风险，所以承包商在工程中没有成本控制的积极性，常常不仅不愿意压缩成本，相反期望提高成本，以提高自己的工程经济效益，这样会损害工程的整体效益。所以这类合同的使用应受到严格限制，通常应用于如下情况。

（1）投标阶段依据不准，工程的范围无法界定，无法准确估价，缺少工程的详细说明。

（2）工程特别复杂，工程技术、结构方案不能预先确定。它们可能按工程中出现的新的情况确定。例如，在国外这一类合同经常被用于一些带研究和开发性质的工程中。

（3）时间特别紧急，要求尽快开工。如抢救、抢险工程，人们无法详细地计划和商谈。

4. 目标合同

在一些发达国家，目标合同广泛使用于工业项目、研究和开发项目、军事工程项目中。它是固定总价合同和成本加酬金合同的结合和改进形式。

目标合同也有许多种形式。通常，合同规定承包商对工程建成后的生产能力（或使用功能）、工程总成本（或总价格）以及工期目标承担责任。如果工程投产后一定时间内达不到预定的生产能力，则按一定的比例扣减合同价格；如果工期拖延，则承包商承担工期拖延违约金。如果实际总成本低于预定总成本，则节约的部分按预定的比例给承包商奖励；反之，超支的部分由承包商按比例承担。

目标合同能够最大限度地发挥承包商工程管理的积极性，适用于工程范围没有完全界定或预测风险较大的情况。目标合同工程计价方法如下。

（1）承包商以合同价款总额的形式报出目标价格，包括估算的直接成本、其他成本、间接费（现场管理费、企业管理费和利润），确定间接费率。由于业主原因导致工程变更、

工期拖延或业主要求赶工等，造成承包商实际成本增加的，应修改目标价格。

（2）通常目标合同也用分项工程表（或工程量表）决定目标价格（合同价款总额），合同价款为每一分项工程的包干价款总和。而该分项工程表的制订并非以付款为目的，它仅用于索赔事件发生时，调整合同价款总额和承包商应分担的份额。

二、项目投资控制

我国建设工程投资管理领域长期存在着决算超预算、预算超概算、概算超估算的“三超”难题。工程投资控制，就是在优化建设方案和设计方案的基础上，在建设工程的各个实施阶段，采取一定的方法和措施，将工程投资控制在合理的范围内。通俗地说，用投资估算控制设计方案的选择和初步设计概算；概算控制技术设计和修正概算；用设计概算或修正概算控制施工图预算。

（一）投资控制的概念

项目投资控制是指要在批准的预算条件下，确保项目保质按期完成，也就是在项目投资形成过程中，对项目所消耗的人力资源、物质资源和其他费用开支，进行指导、监督、调节和限制，及时纠正将发生和已发生的偏差，把各项费用控制在计划投资的范围之内，保证投资目标的实现。

（二）投资控制的原则

如何有效地对项目进行投资控制是房地产项目管理的一个重要内容。为保证投资控制的有效性，投资控制应遵循以下原则。

1. 投资最优化原则

项目投资控制的根本目的是通过投资管理的各种手段，最大限度地降低施工项目投资，以达到可能实现最低目标投资的要求。根据投资最优化原则，应注意降低投资的可能性和合理性，一方面挖掘各种降低投资的潜力，使可能性变为现实；另一方面要从实际出发，制定通过主观努力可能达到的合理的最低投资水平。

2. 全面投资控制原则

全面投资管理是全企业、全员和全过程的管理，称“三全”管理。项目投资的全员控制有一个系统的实质性内容，包括各部门、各单位的个人的责任经济核算等，以防止投资控制人人有责，却人人不管。项目投资全过程控制要求投资控制，工作随着项目施工进展的各个阶段连续进行，既不能疏漏也不能时紧时松，应使项目投资自始至终置于有效的控制之下。

3. 动态控制原则

投资控制是在不断变化的环境下进行的管理活动，管理者应该坚持动态控制的原则。所谓动态控制是指在施工过程中实时收集投资发生的实际值，将其与目标值相比较，检查有无偏差，若无偏差则继续进行，否则要找出具体原因并采取相应措施。

4. 目标管理原则

目标管理是项目管理的工具和方法。目标管理的内容包括目标的设定和分解、目标的责任到位和执行、检查目标的执行结果、评价目标和修正目标，形成目标管理的循环。

在实施目标管理的过程中，目标的设定应切实可行，越具体越好。目标的责任要全面，做到责、权、利相结合，对责任部门人员的业绩进行检查和考评，并同其工资、奖金挂钩，做到奖罚分明。

（三）投资控制的关键环节

房地产投资控制要做到全过程的控制，从项目的可研阶段、设计阶段、招投标阶段、材料采购阶段、施工阶段，直到项目的竣工验收阶段，都应分别选择积极合适的手段进行投资的控制。

1. 项目可研阶段，确定项目总投资控制指标

可行性研究阶段是开发商投资控制最重要的一个阶段。虽然决策阶段发生的投资费用较少，但对整个项目的投资控制起着非常重要的作用，直接影响一个项目的成败。开发商因决策造成的“失误”，直接导致大量的开发资金在有形和无形之中损失。

2. 设计阶段，开展设计优化，推行限额设计

很多开发商认为工程投资主要包含在施工阶段的“一砖一瓦”中，加强监控就可以大量节约投资，为了实现这一目的，开发商常常费尽心思，采取多项措施，然而开发商却忽视了对设计阶段的投资控制。实践表明，影响项目投资最大的阶段是设计阶段。统计资料显示，项目构思与设计阶段，影响项目投资的要素占 70%~85%；而在施工阶段，经过增强管理，改良技术措施节约投资的可能性只有 5%~15%。很明显，项目投资控制的关键在于项目构思及设计阶段。因而，设计阶段投资控制是十分重要的。

3. 招投标阶段，实行清单招标，严控合同条款

建设工程实行招投标，有利于降低工程造价、缩短工期、提高工程质量和促进公平竞争。但目前招投标工作推进不理想，因此，工程招投标依然若隐若现，未能全面登场，没有起到投资控制的作用。

4. 材料设备采购阶段，选择高性能、低价位产品

采购货物质量的好坏和价格的高低对项目的投资效益影响极大。为在采购阶段全面实现投资控制，通过实行招标采购的方式进行设备和材料的采购，并对采购工作进行跟踪，

及时调整采购策略。设备、材料采购投资控制的基本原则是：在满足设备和材料使用功能的前提下，尽量降低费用。

5. 施工阶段，妥善处理设计变更、严格控制进度款支付

加强设计变更的管理，明确管理部门管理权限及职责，建立分级管理制度，各司其职，各负其责；明确设计变更分类及内容；明确设计变更审查程序，建立可操作性强、流程清晰的管理程序。明确设计变更的监督管理，如前置审查制、设计变更台账管理制等，堵塞漏洞，严格监管。

6. 工程竣工验收阶段，严格审查工程决算

竣工决算审计是控制项目投资的最后一道关口，主要目的是促进开发商强化管理意识、完善管理制度、改进管理方法等，使项目投资达到最佳的经济性、效率性和效果性。坚持严格的办法和程序，保证决算的真实性、严肃性。

三、项目进度控制

工程进度涉及业主和承包人的重大利益，是合同能否顺利执行的关键。在工程建设过程中，一般都把计划进度和实际工程进度间的平衡作为控制进度和计划管理的关键环节。实现计划进度的方法是在工程实施过程中密切注视工程实际进度与计划进度间可能出现的差距，及时督促承包人加快工程进度，以便按计划完成工程。

（一）进度控制的含义

工程建设进度控制是指对工程建设项目的全过程实施进度控制，为此而进行规划、监督、检查、协调及信息反馈等，以保证项目在预定的期限内建成并交付使用。

由于工程建设各个阶段的工作内容与要求的不同，进度控制的阶段目标也不一样。一般来说，在建设前期阶段，是研究并规划出一个合理的、可实现的、较短的建设工期；在设计阶段，除了要对施工的顺序、进度等做出具体安排外，还要控制设计工作本身的进度；但是进度控制的重点是在施工阶段。施工进度控制的相关因素较多，如技术原因、组织协调原因、气候原因、政治原因、资金原因、人力原因、物资原因以及工地条件等，这些影响因素都会干扰进度目标的实现，所以必须尽最大努力进行控制。

（二）进度控制的要点

房地产项目进行过程中，开发商应认真编制一份切实可行的工程进度计划，做好各工序及不同承包商之间的衔接，以保证施工的顺利进行。当然，开发商也可以将项目的总体进度计划提供给项目的总承包单位，由项目的总承包单位依据项目的总体进度计划，来编制具体的施工进度计划。开发商应认真对待以下因素。

（1）总承包和专业承包的界面划分问题。总承包、专业分包、“甲供材”等界面划分问题应提前在合同中加以明确，明确得越详细越好。这样就可以避免在施工过程中，对于某一项施工内容，不同的施工单位由于各自的理解不同而相互推诿、相互扯皮，同时也可以有效地做好不同工序之间、不同专业之间、不同承包商之间的有效衔接。

（2）“甲供材”不能对工程的进度造成影响。开发商尤其要注意甲供的材料和设备不能由于进场时间拖后，或者质量不符合施工要求而导致施工进度较计划进度滞后。这里，采购部应做好同材料设备供应商及施工现场的有效及时沟通。

（3）工程进度款不要成为施工单位推托工期延迟的借口。开发商不执行合同、推迟支付施工单位的工程款的情况在当前非常普遍。同样，施工单位能够严格按照施工进度计划来组织施工，这也需要有严格的管理体系和管理水平作为保障，要完全做到也实属不易。

（4）专业分包的选择应充分做好计划，不能因未做好计划而影响工程进展。专业分包主要包括玻璃幕墙、电梯、室内精装、中央吸尘、消防报警、弱电等，由于专业分包的作业内容既包含设计，又包含施工，有的还包含供货，因而选择周期会较长，也很难控制。所以，开发商应根据施工进度计划，充分做好专业分包的选择及招标计划，使之与施工进度计划相吻合。

在项目施工过程中，由于很多不可控制因素的存在，如政府的干预、施工单位组织不利等，实际的施工进度可能会滞后于计划进度，因此，开发商要不断地将实际进度同计划进度相对比，掌握滞后的程度及将会造成的影响，这样可以及时采取措施弥补和挽救。

房地产项目实施进度的管控贯穿了项目的整个开发过程，全过程的管控对开发商提出了较高的要求，项目的策划、设计、报审报建、招投标、采购、施工、销售等过程的监督管控都是工作的重点，不能忽视。

进度管控同样也是成本管控，进度控制得好，就能保证整个项目的资金计划，销售计划按照预期实施。进度管控不到位，出现设计拖延、招标拖沓、施工滞后等现象，无疑在很大程度上加大了项目的隐性成本，得不偿失。

综上所述，项目实施进度管控是房地产企业项目实施全过程中重要的管理内容，对项目的销售、成本、预期收益等都会造成直接的影响。同时，项目的进度管控也是一种典型的“计划管控”，即预先设定目标，分解目标，不断修正，并以此为依据严格实施。

（三）进度监测与调整

1. 进度监测的系统过程

在工程实施过程中，开发商驻地工程师应经常地、定期地对进度计划的执行情况进行跟踪检查，发现问题后及时采取措施加以解决。

（1）进度计划执行中的跟踪检查。对进度计划的执行情况进行跟踪检查，是计划执行信息的主要来源，是进度分析和调整的依据，也是进度控制的关键步骤。跟踪检查的主要工作是定期收集反映工程实际进度的相关数据，收集的数据应当全面、真实、可靠，不完整或不正确的进度数据，将导致判断不准确和决策失误。为全面、准确地掌握进度计划的执行情况，开发商应认真做好以下三方面的工作。

① 定期收集进度报表资料。进度报表是反映工程实际进度的主要方式之一。进度计划执行单位应按照合同规定的时间和报表内容，定期填写进度报表。开发商通过收集进度报表资料，掌握工程实际进展情况。

② 现场实地检查工程进展情况。驻地工程师随时检查进度计划的实际执行情况，这样可以加强进度监测工作，掌握工程实际进度的第一手资料，使获取的数据更加及时、准确。

③ 定期召开现场会议。定期召开现场会议，开发商通过与进度计划执行单位的有关人员面对面的交谈，既可以了解工程实际进度状况，又可以协调有关方面的进度关系。

一般来说，进度控制的效果与收集数据资料的时间间隔有关。究竟多长时间进行一次进度检查，是开发商应当确定的问题。如果不经常地、定期地收集实际进度数据，就难以有效地控制实际进度。进度检查的时间间隔与工程项目的类型、规模及有关条件等多方面因素相关，可视工程的具体情况，每月、每半月或每周进行一次检查。在特殊情况下，甚至需要每日进行一次进度检查。进度监测系统过程如图 6-11 所示。

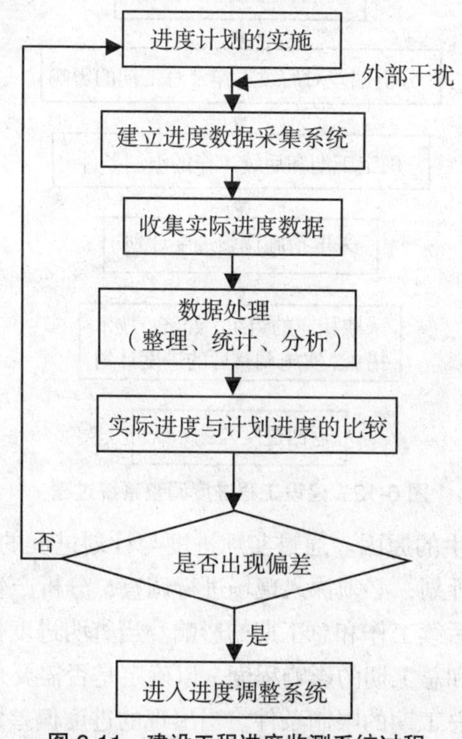

图 6-11　建设工程进度监测系统过程

（2）实际进度数据的加工处理。为了进行实际进度与计划进度的对比，必须对收集到的实际进度数据进行加工处理，形成与计划进度具有可比性的数据。例如，对检查时段实际完成工作量的进度数据进行整理、统计和分析，确定本期累计完成的工作量、本期已完成的工作量占计划总工作量的百分比等。

（3）实际进度与计划进度的对比分析。将实际进度数据与计划进度数据进行比较，可以确定建设工程实际执行状况与计划目标之间的差距。为了直观反映实际进度偏差，通常采用表格或图形进行实际进度与计划进度的对比分析，从而掌握实际进度是比计划进度超前、滞后还是一致。

2. 进度调整的系统过程

在建设工程实施进度监测过程中，一旦发现实际进度偏离计划进度，即出现进度偏差时，必须认真分析产生偏差的原因及其对后续工作和总工期的影响，必要时采取合理、有效的进度计划调整措施，确保总目标进度的实现。进度调整的系统过程如图 6-12 所示。

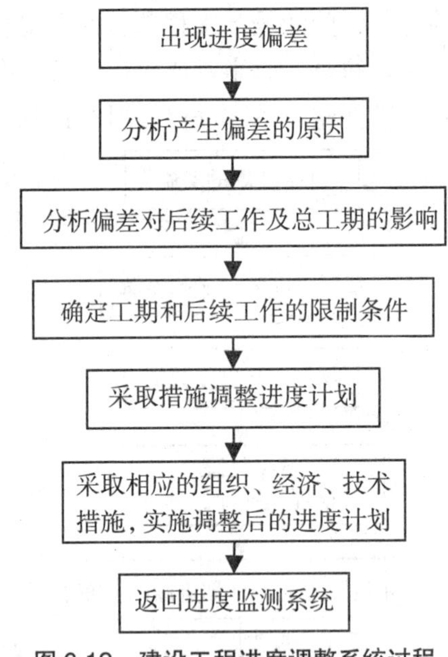

图 6-12 建设工程进度调整系统过程

（1）分析进度偏差产生的原因。通过实际进度与计划进度的比较，发现进度偏差时，为采取有效措施调整进度计划，必须深入现场进行调查，分析产生进度偏差的原因。

（2）分析进度偏差对后续工作和总工期的影响。当查明进度偏差产生的原因之后，要分析进度偏差对后续工作和总工期的影响程度，以确定是否需要采取措施调整进度计划。

（3）确定后续工作和总工期的限制条件。当出现的进度偏差影响到后续工作或总工期

而需要采取进度调整措施时，应当首先确定可调整进度的范围，主要指关键节点、后续工作的限制条件以及总工期允许变化的范围。这些限制条件往往与合同条件有关，需要认真分析后确定。

（4）采取措施调整进度计划。采取进度调整措施，应以后续工作和总工期的限制条件为依据，确保要求的进度目标得到实现。

四、项目质量控制

“把质量视为企业的生命，把名优工程当作市场竞争的法宝，把质量控制作为企业管理的重中之重”的观点，已被多数房地产企业经营管理者们认同。“内抓现场质量领先，外抓市场名优取胜”，走质量效益型道路的经营战略已被广泛采用。

（一）质量控制的含义

质量控制是在明确的质量目标和具体的条件下，通过行动方案和资源配置的计划、实施、检查和监督，进行质量目标的事前预控、事中控制和事后纠偏控制，实现预期质量目标的系统过程。

（二）质量控制的原则

对开发商来说，项目质量是其考虑的重点，质量又是质量管理的对象，质量管理的原则是全面的质量管理，即以质量为中心，项目全员参与，采用系统化原理，达到预期目标。

全面质量管理既是原则，也是可行的操作程序，即 PDCA 循环（计划、执行、检查、处理），具体的控制方法有 ABC 分析法、因果分析法、控制图法、直方图法等，这些具体方法的作用在于找出质量偏差的原因，并加以修正，从而提高房地产开发企业的经济效益。

1. 系统化原理

房地产开发是一个系统过程，由不同阶段及要素构成，由项目关联各方共同进行。质量的好坏由项目的整体决定，要用系统整体的观念，对项目的质量进行管理并达到最优化。

（1）全过程管理。对开发商而言，全过程管理就是指从项目的可研阶段、构思阶段到项目竣工交付使用和物业服务的整个过程，要保证项目质量，必须从理念到行动上，在整个过程中对每项工作进行管理和控制。

（2）全企业管理。对开发商而言，全企业管理是指与房地产项目生产有关的各个企业及自身各个部门，如施工企业、监理单位、物业单位等各个企业以及自身的成本部、决策部、后勤部、工程部等各个部门。在整个过程中，必须依据合同规定及产品规范做到对各企业、各部门的严格全面管理，保证产品质量。

（3）全员管理。它是指从企业董事、总经理到本企业员工再到工人，都要增强质量意识。做到人人关心质量，为工程质量负责。

2.PDCA 循环原理

在项目质量控制过程中，无论是对整个项目的质量管理，还是对项目每一个质量问题进行管理，都需要经历计划—实施—检查—处理这四个步骤。即首先要提出目标，然后根据目标制订计划；计划制订后，就要组织实施；在实施过程中，需要不断检查，并将检查结果与计划进行比较，根据比较的结果，对项目质量状况做出判断；针对质量状况，分析原因并进行处理。只有经过这一系列步骤及其反复循环，才能使质量误差消除，达到计划目标。PDCA 循环如图 6-13 所示。

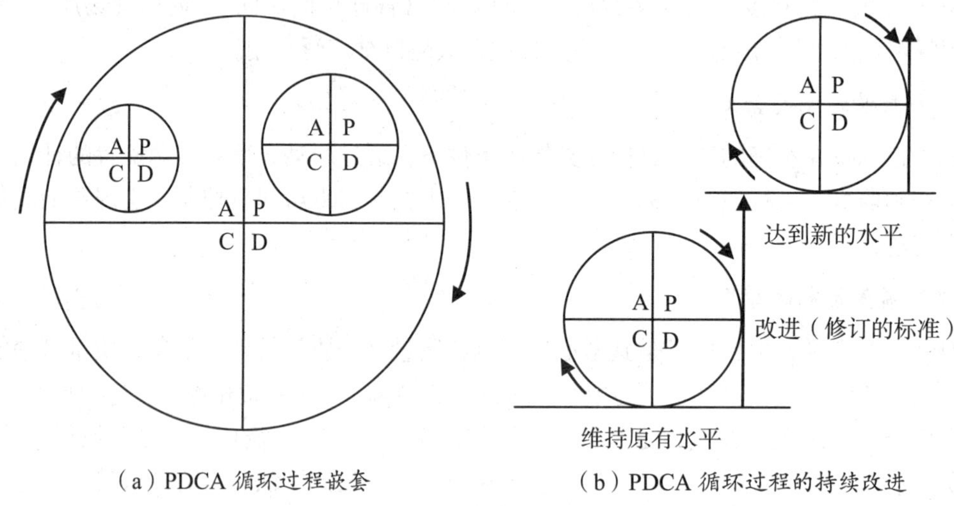

（a）PDCA 循环过程嵌套　　（b）PDCA 循环过程的持续改进

图 6-13　PDCA 循环

（三）质量控制的手段

策划阶段正确定位，确定产品品质水准；设计阶段，设计标准应满足产品定位需求。招投标阶段，选择技术实力雄厚的施工单位，明确质量目标要求；采购阶段，货比三家，择优选择性价比高的材料设备。施工阶段，虽然影响项目投资可能性小，但是项目要投入建设资金，浪费投资可能性大，开发企业必须加强施工现场的动态管理：① 实行效益奖励制度，充分调动管理人员的积极性，管好施工现场；② 尽量减少设计图变更；③ 严格现场签证管理；④ 控制进场材料的质量与成本；⑤ 严把隐蔽项目的验收关，严把材料设备进场关，严格审查施工技术方案和质量保证体系，从严控制施工过程，做好隐蔽工程和中间工程验收。竣工验收阶段，从严验收，及时整改。

第三节　房地产项目收尾管理

项目收尾是房地产项目开发过程的最后一个程序，是全面考核建设工作、检查是否符合设计要求和工程质量的重要环节，同时也是确保房地产开发项目质量的关键。它的工作包括竣工验收、结算、决算、回访保修、管理考核评价等方面的管理。

一、竣工验收

1. 竣工验收的概念

工程竣工验收是承建单位将竣工的工程项目及其有关资料移交给开发商，并接受由开发商负责组织的由勘察单位、设计单位、施工单位、监理单位等共同参与，以项目批准的设计任务书和设计文件（施工图纸和设计变更），以及国家（或部门）颁发的施工验收规范和质量验收统一标准为依据，按一定的程序和手续而进行的一系列检验和接收工作的总称。验收合格后才能交付使用，竣工验收是建设投资效果转入生产和使用的标志。加强竣工验收管理，对保证工程质量，全面考核建设成果，促进建设项目及早投产，发挥投资效益有重要作用。

2. 竣工验收的条件

《城市房地产开发经营管理条例》（以下简称《条例》）规定，房地产开发项目竣工，经验收合格后，方可交付使用；未经验收或者验收不合格的，不得交付使用。该《条例》还规定，群体房地产开发项目竣工，应当依照下列要求进行综合验收。

（1）城市规划设计条件的落实情况。

（2）城市规划要求配套的基础设施和公共设施的建设情况。

（3）单项工程的工程质量验收情况。

（4）拆迁安置方案的落实情况。

（5）物业管理的落实情况。

3. 竣工验收的程序

建设工程竣工验收组织严密，其程序如图 6-14 所示。

（1）工程完工后，施工单位向开发商提交工程竣工报告，申请工程竣工验收。实行监理的工程，工程竣工报告须经总开发商签署意见。

（2）开发商收到工程竣工报告后，对符合竣工验收要求的工程，组织勘察、设计、施工、监理等单位和其他有关方面的专家组成验收组，制订验收方案。

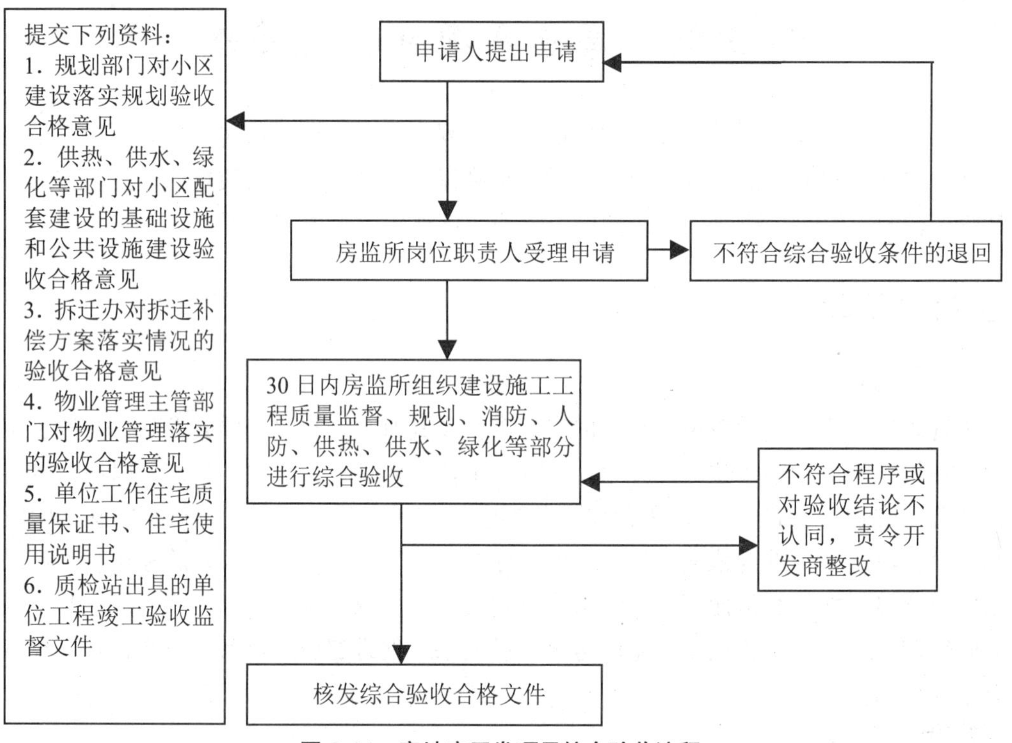

图 6-14　房地产开发项目综合验收流程

（3）开发商应当在工程竣工验收 7 个工作日前，将验收的时间、地点及验收组名单，书面通知负责监督该工程的工程质量监督机构。

（4）开发商组织工程竣工验收。

① 建设、勘察、设计、施工、监理单位，分别汇报工程合同履约情况和在工程建设各个环节，执行法律、法规和工程建设强制性标准的情况。

② 审阅建设、勘察、设计、施工、监理单位的工程档案资料。

③ 实地查验工程质量。

④ 对工程勘察、设计、施工、设备安装质量和各管理环节等方面做出全面评价，形成经验收组人员签署的工程竣工验收意见。

工程竣工验收合格后，开发商应当及时提出工程竣工验收报告。工程竣工验收报告主要包括工程概况，开发商执行基本建设程序情况，对工程勘察、设计、施工、监理等方面的评价，工程竣工验收时间、程序、内容和组织形式，工程竣工验收意见等内容。

二、保修

1. 保修的概念

建设工程承包单位在向建设单位提交工程竣工验收报告时，应当向建设单位出具质量保修书，房地产开发企业和施工单位，应当在工程质量保修书中约定保修范围、保修期限和保修责任等内容，双方约定的保修期限、保修范围必须符合国家有关规定。

2. 保修的期限

在正常使用下，房地产开发项目的最低保修期限如下。

（1）地基基础工程和主体结构工程，为设计文件规定的该工程的合理使用年限。

（2）屋面防水工程、有防水要求的卫生间、房间和外墙面的防渗漏，为5年。

（3）供热与供冷系统，为两个采暖期、供冷期。

（4）电气管线、给排水管道、设备安装和装修工程，为2年。

其他项目的保修期限由房地产开发企业和施工单位约定。

3. 保修的费用

对于保修费用的处理，遵循过错方承担保修责任的原则。

（1）勘察、设计原因造成保修费用的处理。勘察、设计方面的原因造成的质量缺陷，由勘察、设计单位负责并承担经济责任，由施工单位负责维修或处理。按合同法规定，勘察、设计人应当继续完成勘察、设计，减收或免收勘察、设计费并赔偿损失。

（2）施工原因造成的保修费用处理。施工单位未按国家有关规范、标准和设计要求施工，造成质量缺陷，由施工单位负责无偿返修并承担经济责任。如果在合同规定的程序和时间内，施工单位未到现场保修，建设单位可以另行委托其他单位修理，由施工单位承担经济责任。

（3）设备、材料、构配件不合格造成的保修费用处理。因设备、建筑材料、构配件质量不合格引起的质量缺陷，属于施工单位采购的或经其验收同意的，由施工单位承担经济责任；属于建设单位采购的，由建设单位承担经济责任。至于施工单位、建设单位与设备、材料、构配件供应单位或部门之间的经济责任，应按其设备、材料、构配件的采购供应合同处理。

（4）用户使用原因造成的保修费用处理。因用户使用不当造成的质量缺陷，由用户自行负责。

（5）不可抗力原因造成的保修费用处理。因地震、洪水、台风等不可抗力造成的质量问题，施工单位和设计单位都不承担经济责任，由建设单位负责处理。

三、交付使用

1. 交付使用的概念

工程竣工验收合格后，相应的市政、公用、公建配套项目也已完成，达到入住居民的使用条件，建设单位就可以向政府建设主管部门提出交付使用许可审核申请，建设主管部门在规定的期限内，按照确定的标准进行综合检验。经审核符合交付使用条件的建筑，即可交付使用。

2. 交付使用的目标

建立以客服中心作为客户的代表，进行客户交付的前期组织计划安排，通过严格规范的内部验收交接，以确保充分体现企业品牌的保质保量的产品交付到客户手中，以实现客户的最终满意。同时，通过项目组团的交付，总结、归纳客户投诉产生的原因，并通过措施、手段提炼成客户的反向需求，以支撑项目设计、工程、营销等职能线禁止性文件数据。

3. 交付阶段其他规定

验收合格后，项目部将项目正式移交给顾客并办理移交手续。并在工程项目竣工验收合格之日起15日内，向当地建设主管部门备案。办理工程竣工验收备案应提交下列文件。

（1）工程竣工验收备案表。

（2）工程竣工验收报告。

（3）法律、行政法规规定应当由规划、公安、消防、环保等部门出具认可文件或准许使用文件。

（4）分承包商签署的工程质量保修书。根据合同的规定，搞好售后服务。验收证书由项目部存档。

四、项目决算

房地产开发的成本控制过程为：投资估算—设计概算—施工预算—竣工决算，这里主要介绍项目竣工决算。

项目决算是指由建设单位编制的反应建设项目实际造价的文件，它是建设单位从项目立项到竣工验收全部的实际费用，也是房地产开发多次计价的最后一次计价。按照相关规定，所有新建、改建、扩建、重建的项目都必须编制竣工决算。其包括竣工财务决算说明书、竣工财务决算报表、工程竣工图、工程造价对比四个方面的内容。其中，竣工财务决算说明书和竣工财务决算报表是整个项目决算的核心内容。

1. 竣工财务决算说明书

竣工财务决算说明书主要反映竣工工程建设成果和经验，是全面考核的工程造价的书面总结，其主要包括以下内容。

（1）基本项目概况：一般从进度、质量、安全和造价方面进行分析说明。进度方面主要说明开工和竣工时间，对照合理工期和要求工期分析是提前还是延期；质量方面主要根据竣工验收委员会或相当一级质量监督部门的验收评定等级、合格率和优良品率；安全方面主要根据劳动工资和施工部门的记录，对有无设备和人身事故进行说明；造价方面主要对照概算造价，说明节约或超支的情况，用金额和百分率进行分析说明。

（2）会计账务的处理、财产物资的清理以及债务的情况：一般包括概算及计划执行情况、投资来源及组成、招标及合同执行情况。

（3）基建结余资金及分配情况。

（4）项目管理过程及决算过程中出现的问题和建议。

（5）决算与概算出现差异的原因：决算和概算出现差异的原因是多样的，例如建设工程中，到位资金的使用和规划有少量差异、建设初期未考虑的安全设施等。但是，决算和概算的差异不能太大，要在一个合理的范围之内。

2. 竣工财务决算报表

竣工财务决算报表主要反应工程的资产情况，其主要包括以下内容。

（1）建设项目竣工财务决算审批表：作为竣工决算上报有关部门审批时使用。大、中、小型项目均要按要求填报此表。具体见表 6-1。

表 6-1　项目竣工财务决算审批表

<table>
<tr><td>建设项目法人（建设单位）</td><td></td><td>建设性质</td><td></td></tr>
<tr><td>建设项目名称</td><td></td><td>主管部门</td><td></td></tr>
<tr><td colspan="4">开户银行意见：
盖章
年　月　日</td></tr>
<tr><td colspan="4">专办员（审批）意见：
盖章
年　月　日</td></tr>
<tr><td colspan="4">主管部门或地方财政部门意见：
盖章
年　月　日</td></tr>
</table>

（2）大、中型建设项目概况表。该表综合反映大、中型建设项目的基本概况，内容包括该项目总投资、建设起止时间、新增生产能力、主要材料消耗、建设成本、完成主要工程量和主要技术经济指标及基本建设支出情况。该表为全面考核和分析投资效果提供依据。具体见表6-2。

表6-2　大、中型建设项目概况表

<table>
<tr><td>建设单位（单项工程）名称</td><td colspan="3"></td><td>建设地址</td><td></td><td rowspan="9">基建支出</td><td>项目</td><td>概算（元）</td><td>报审数（元）</td></tr>
<tr><td>主要设计单位</td><td colspan="3"></td><td>主要施工企业</td><td></td><td>建筑安装工程</td><td></td><td></td></tr>
<tr><td rowspan="3">占地面积</td><td rowspan="2">计划</td><td rowspan="2">实际</td><td rowspan="3">总投资（万元）</td><td rowspan="2">设计</td><td rowspan="2">实际</td><td>设备、工具、器具</td><td></td><td></td></tr>
<tr><td>待摊投资</td><td></td><td></td></tr>
<tr><td></td><td></td><td></td><td></td><td>其中：建设单位管理费</td><td></td><td></td></tr>
<tr><td rowspan="2">新增生产能力</td><td colspan="3">能力（效益）名称</td><td>设计</td><td>实际</td><td>其他投资</td><td></td><td></td></tr>
<tr><td colspan="3"></td><td></td><td></td><td>待核销基建支出</td><td></td><td></td></tr>
<tr><td rowspan="2">建设起止时间</td><td>设计</td><td colspan="4">从　年　月　日开工至　年　月　日竣工</td><td>非经营项目转出投资</td><td></td><td></td></tr>
<tr><td>实际</td><td colspan="4">从　年　月　日开工至　年　月　日竣工</td><td>合计</td><td></td><td></td></tr>
<tr><td colspan="6">设计概算批准文号</td><td colspan="4"></td></tr>
<tr><td rowspan="3">完成主要工程量</td><td colspan="6">建设规模</td><td colspan="3">设备（台、套、吨）</td></tr>
<tr><td colspan="3">设计</td><td colspan="3">实际</td><td colspan="2">设计</td><td>实际</td></tr>
<tr><td colspan="3"></td><td colspan="3"></td><td colspan="2"></td><td></td></tr>
<tr><td rowspan="3">收尾工程</td><td colspan="3">工程项目、内容</td><td colspan="3">已完成投资额</td><td colspan="2">尚需投资额</td><td>完成时间</td></tr>
<tr><td colspan="3"></td><td colspan="3"></td><td colspan="2"></td><td></td></tr>
<tr><td colspan="3">小计</td><td colspan="3"></td><td colspan="2"></td><td></td></tr>
</table>

（3）大、中型建设项目竣工财务决算表。该表反映竣工的大、中型建设项目，从开工到竣工为止，全部资金来源和资金运用的情况。该表是考核和分析投资效果、落实结余资金，并作为报告上级核销基本建设支出和基本建设拨款的依据。具体见表6-3。

表 6-3　大、中型建设项目竣工财务决算表

资金来源	金额	资金占用	金额
一、基建拨款		一、基本建设支出	
1. 预算拨款		1. 交付使用资本	
2. 基建基金拨款		2. 在建工程	
3. 进口设备转账拨款		3. 待核销基建支出	
4. 器材转账拨款		4. 非经营项目专出投资	
5. 煤代油专用基金拨款		二、应收生产单位投资借款	
6. 自筹资金拨款		三、拨付所属投资借款	
7. 其他拨款		四、器材	
二、项目资本		其中，待处理器材损失	
1. 国家资本		五、货币资金	
2. 法人资本		六、预付及应收款	
3. 个人资本		七、有价证券	
三、项目资本公积		八、固定资产	
四、基建借款		固定资产原价	

（4）大、中型建设项目交付使用资产总表。该表反映建设项目建成后新增固定资产、流动资产、无形资产和递延资产的情况和价值。该表为财产交接、检查投资计划完成情况和分析投资效果的依据。具体见表 6-4。

表 6-4　大、中型建设项目交付使用资产总表

单位：元

单项工程项目名称	总计	固定资产				流动资产	无形资产	递延资产
		建安工程	设备	其他	合计			

（5）建设项目交付使用资产明细表。该表反映交付使用的固定资产、流动资产、无形

资产和递延资产及其价值的明细情况。该表是办理资产交接和接收单位登记资产账目的依据，是使用单位建立资产明细账和登记新增资产价值的依据。具体见表 6-5。

表 6-5　建设项目交付使用资产明细表

单项工程项目名称	建筑工程			设备、工具、器具、家具						流动资产		无形资产		递延资产	
	结构	面积 /m²	价值 / 元	名称	规格	单位	数量	价值 / 元	设备安装费 / 元	名称	价值 / 元	名称	价值 / 元	名称	价值 / 元
合计															

（6）基本建设项目表格填制说明。这是填制竣工财务决算报表的依据，其中包括报表中表格填写的注意事项，以上表格的填写必须按照填制说明进行。

3. 工程竣工图

在建筑设计中，由于暖通、结构、外观的设计是彼此独立的，其设计出的施工图可能在施工中出现各种冲突而不尽合理，在这种情况下，需要对施工图进行改动。工程竣工图是各项建设工程在施工中根据施工现场的各种真实记录和指令性技术文件，对施工图进行修改或重新绘制的与工程实体相符合的图，它不同于施工图，是工程真实情况的反映。

（1）工程竣工图由工程技术负责人编制，在编制过程中应注意以下问题。

① 在施工过程中完全按图施工，未变动的，可在原施工图上加盖竣工图公章，并填写相关栏目，在有无变更一栏填写“无变更”。

② 在施工中，必须进行设计变动，但是施工图改动不大，不影响图面质量的，可以直接在原施工图上改动，修改后要加索引线并编号，注明变更依据。

③ 凡是需要进行结构布置改变、平面布置改变、工艺改变等重大改动，或者是修改内容大于全图内容 1/3 的，必须按改动后的情况重新绘制竣工图，并且在变更情况一栏填写“重新绘制”字样，作为竣工图。

（2）工程竣工图由工程项目负责人负责审核，在审核中应注意以下问题。

① 竣工图编制完成后，监理单位应督促和协助竣工图编制单位，检查其竣工图编制情况，发现不准确的地方要尽快补齐或修改。

② 竣工图的编制要和设计变更、材料变更等记录相一致。

③ 一张更改通知单涉及多图的，如果图纸不在同一卷册的，应将复印件附在有关卷册中，或在备考表中说明。

近年来，随着 BIM（建筑信息模型，Building Information Modeling）等技术的应用，建筑工程的设计图倾向于向三维化、立体化发展，在未来的建筑设计中，各施工图出现冲突的情况将会越来越少，建筑行业将向规范化发展。

④工程造价对比。工程造价对比是设计预算和竣工决算的对比，工程造价对比的内容有主要实物量、主要材料消耗量、考核建设单位管理费、建筑安装工程其他直接费、现场经费和间接费的取费标准。

五、物业交接

1. 物业交接的概念和前提条件

（1）物业交接的概念。

物业交接是指开发单位在经项目竣工验收并取得交付使用许可后，进行物业管理公司选聘并签订委托管理服务合同，将物业交给物业管理公司进行管理服务的活动。

（2）物业交接验收的前提条件。

物业交接验收的前提条件是建筑施工正式完成，设备运行已经正常，竣工验收已经通过，取得新建住宅交付使用许可证，资料齐全并且准确无误。

2. 物业交接的内容和程序

（1）房屋接管验收，建设单位应向物业管理企业提交相关资料，如图纸为主的基础资料，包括总平面、建筑、结构、设备、附属工程、隐蔽管线的全套图纸等。

（2）质量与使用功能的检验，包括对主体结构楼宇的外立面、地面、水、燃气、消防设施及其他设备，在使用功能和质量上进行目测、检测和实测。可用满负荷运载实验法、调试法、泼水法、灌水法、灌球法等方法进行物业使用功能验收。验收时，对水、电、燃气等各种表具读数，要一式两份，当场记录。

（3）交接验收符合标准，7 日内签署验收合格证，并正式实施物业管理。

交付验收时，如发现一般性质量问题，甲乙双方可达成协议，由开发单位给予补偿，委托物业管理接管单位负责保修。房屋接管交付使用后，在保修期内如发生重大质量问题，应由质量检验部门进行鉴定。如属建设质量问题，由开发建设单位负责；如属业主使用不当造成的质量问题，则由业主负责；如属管理不善造成的质量问题，则由物业管理单位负责处理。

本章小结

房地产开发项目建设阶段是各种资源集中投入、各种矛盾集中突发的阶段，无论是项目的进度、质量、投资等管理，还是合同体系的建立和后期竣工验收的组织，都会对项目的成败产生重大影响。

本章不仅从房地产项目组织管理模式、工程管理模式入手，分析了工程监控模式的类型，而且对开发项目的投资控制、进度质量控制、成本控制的含义及控制策略进行了系统剖析。本章还对房地产合同体系、合同类型的选择进行了阐述，最后对房地产项目的收尾过程进行了详细分析。

思考题

1. 阐述房地产项目管理的组织模式的类型。
2. 区分项目委托模式与工程监控模式的异同。
3. 论述投资控制、进度控制、质量控制的含义及其控制策略。
4. 阐述竣工验收的概念、条件及程序。
5. 阐述物业交接的内容和程序。
6. 查阅相关文献，谈谈房地产开发商的驻地工程师和施工单位项目经理在项目管理方面有何异同。
7. 某豪华酒店工程项目，18 层框架混凝土结构，全现浇混凝土楼板，主体工程已全部完工，经验收合格。进入装饰装修施工阶段，该酒店的装饰装修工程由某装饰公司承揽了施工任务，装饰装修工程施工工期为 150 天，装饰公司在投标前已领取了全套施工图纸，该装饰装修工程采用固定总价合同，合同总价为 720 万元。该装饰公司在酒店装修的施工过程中采取了以下施工方法：地面镶边施工过程中，在靠墙处采用砂浆填补，在采用掺有水泥拌和料做踢脚线时，用石灰浆进行打底，木、竹地面的最后一遍涂饰在裱糊工程开始前进行。对地面工程施工采用的水泥凝结时间和强度进行复验后开始使用。在水磨石整体面层施工过程中，采用同类材料以分格条设置镶边。

（1）该酒店的装饰装修工程合同采用固定总价是否妥当？为什么？

（2）建设工程合同按照承包工程计价方式可划分为哪几类？

（3）判断该装饰公司在酒店装修施工过程中采取的施工方法存在哪些不妥当之处，并说出正确的做法。

（4）按照《建筑装饰装修工程质量验收规范》和《民用建筑工程室内环境污染控制规范》的规定，一般情况下，装饰装修工程中，应对哪些进场材料的种类和项目进行复验？

第七章　房地产资金运营与税务筹划

学习目标

通过对本章的学习，应掌握如下内容。

- 房地产项目开发资金的主要来源；
- 房地产项目开发资金的资金成本计算；
- 房地产项目投资及投资分析的特点；
- 房地产项目投资的风险及投资组合；
- 房地产项目税种及税务筹划。

导言

房地产项目资金需求量大，企业需通过多渠道、多方式获取项目资金，充分利用获取的项目资金进行房地产开发，因此，房地产开发企业必须对房地产项目各种投资方式进行分析，并进行投资组合，以减轻风险。此外，房地产项目投资额大，涉及税务种类杂多，因此，需对项目进行税务筹划，以实现项目获利最大。

第一节　房地产资金筹集

房地产投资项目所需的资金，除具有“货币—生产—商品—货币”这样一个循环往复、连续不断的资金运动过程外，还具有资金垫付量大、占用周期长、投资的固定性和增值性强以及风险大、回报率高等特性。从这些特性出发，房地产开发项目的资金在周转过程中必然存在着资金投入集中性和来源分散性的矛盾、资金投入量大和每笔收入来源小的矛盾、投资回收周期长和再生产过程连续性的矛盾。对于房地产投资者来说，解决这些矛盾，是项目投资得以顺利进行的基本前提。

一、资金筹集概述

筹资是通过一定渠道，采取适当方式筹措资金的财务活动，是投资开发的前提。

（一）资金筹集的含义

房地产开发资金筹集，是指开发商根据开发经营的对外投资和调整资金结构的需要，通过资金筹集渠道和资金市场，运用各种资金筹集方式，经济有效地筹集企业所需资金的行为。也就是以较低的筹资成本和较小的筹资风险获取较多的资金。

（二）资金筹集的原则

尽管企业的财务状况不同，各个项目的投资计划与工程建设进度也不尽相同，但房地产开发资金运动的特点决定了筹集房地产开发资金必须遵循以下基本原则。

1. 安全性原则

衡量安全性的主要指标是风险程度。一方面筹集资金要考虑利率变动、汇率变动的风险，同时也要考虑影响企业财务状况和偿债能力的举债规模、偿债日期、利率高低、市场状况等各种因素；另一方面，从筹集资金的目的看，筹集资金主要是为了更好地实现资金平衡，使项目开发顺利进行，最终取得预期利润。因此，资金筹集应以不改变既定目标或以顺利实现既定目标（如进度目标、利润目标等）为原则，同时任何由于资金筹集而可能影响既定目标的因素都是不安全因素，资金筹集还必须以筹集风险尽可能小为原则。资金回笼态势分析如图所示。

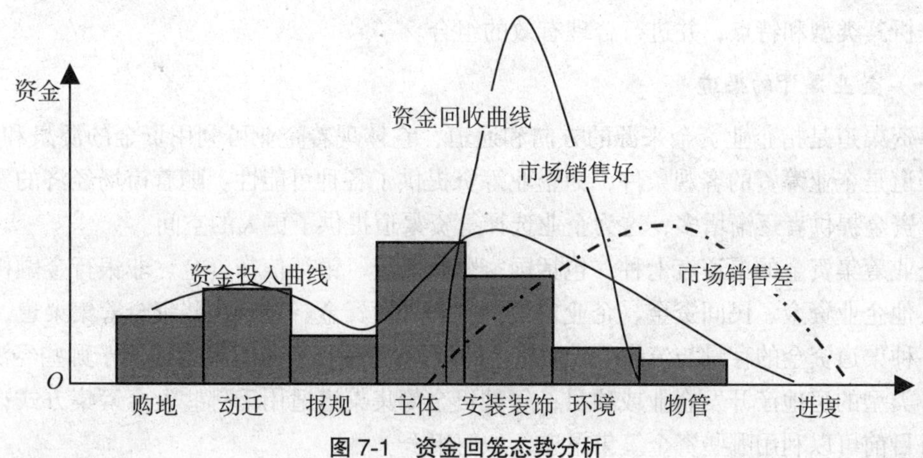

图 7-1　资金回笼态势分析

2. 经济性原则

由于房地产开发资金需求量极大，资金筹集的资本（包括有关费用）直接影响开发项目的效益及其周转。因此，筹资成本必须尽可能低。一般来说，筹资成本不能高于开发项

目可能的投资收益率。

3. 可靠性原则

可靠性原则主要是指房地产开发资金的保证程度要高。要使房地产资金有效运转，必须在一定的时间保证一定数量的资金投入。因此，资金筹集的渠道、方式、时间、数量必须是切实可靠的。

4. 时机适当原则

企业在筹集资金过程中，必须根据项目进度，适时安排合理的资金，从而避免因取得资金过早而造成资金闲置，或因筹资时间滞后而影响项目的正常进行。

5. 盈利性原则

在资金筹集过程中，必须充分发挥财务杠杆作用，提高企业的经营能力和收益能力。通过筹资，提高企业的开发实力和市场竞争力。

二、资金筹集渠道和方式

确定房地产筹资渠道和选择筹资方式，是企业筹资的两个重要问题。明确筹资渠道是解决资金从哪里来的问题，明确筹资方式是解决如何取得资金的问题。筹资渠道与筹资方式既有联系又有区别：一定的资金筹集方式可以只适用于某一特定的资金筹集渠道，但是同一渠道的资金通常可以采用不同的方式取得，而同一资金筹集方式又往往可适用于不同的资金筹集渠道。因此，开发商在筹资的工作中，对于筹资渠道和筹资方式的选择，必须考察分析其类型和特点，并进行合理有效的组合。

（一）企业筹资的渠道

筹资渠道是指企业资金来源的方向和通道，它体现着企业可利用资金的源泉和流量。筹资渠道是企业筹资的客观条件，为企业筹资提供了各种可能性。随着市场经济的发展和完善，资金提供者逐渐增多，这为企业选择筹资渠道提供了更大的空间。

企业筹集资金的渠道有七种，包括国家财政资金、银行信贷资金、非银行金融机构资金、其他企业资金、民间资金、企业自留资金和外商资金。对于这些资金筹集渠道，必须考虑各种渠道资金的存量与流量（或增量）的规模;每种资金筹集渠道适用于哪些经济（或投资）类型的房地产开发企业或项目；每种资金筹集渠道适用于哪些资金筹集方式；企业或项目目前可以利用哪些资金筹集渠道，如何组合。

（二）资金筹集的方式

房地产资金筹集方式是指企业取得资金所采取的具体方法和形式。房地产开发资金的筹集方式主要有以下几种。

1. 银行贷款

房地产贷款是指与房产或地产的开发、经营、消费等活动有关的贷款，主要包括土地储备贷款、房地产开发贷款、个人住房贷款、商业用房贷款。银行贷款主要有银行信贷和房地产抵押贷款两种形式。

（1）银行信贷。银行信贷是指银行向在本银行开户的房地产投资者发放的、不需要任何物品作抵押或担保的贷款。

按规定，银行信贷贷款要用于补充房地产开发经营企业为完成计划内房地产建设任务所需要的流动资金，不得挪作他用。

贷款金额（银行就每笔贷款向借款人提供的最高授信额度）由借款人在申请贷款时提出，银行根据情况核定。一般来说，银行对一定时期内借款人可以取得贷款的最高数额都要加以规定，这一最高限额叫作贷款指标。为适应借款人不同的资金需要，贷款指标分为周转性指标和一次指标。周转性指标是按贷款余额来掌握发放贷款的指标，只要贷款余额不超过指标，贷款可以借了还，还了再借，允许指标周转使用；一次指标是一种累计发放指标，要求贷款累计发放额不得超过此项指标，即在指标范围内，贷款不能还了再借，指标不能周转使用。

银行贷款的贷款期限为借款合同签订之日起到还本付息为止所经过的时间。银行信贷的贷款期限一般不超过 2 年。对借款人来说，确定恰当的借款期限具有十分重要的意义。如果借款期限过短，到还款期资金还未回笼，将会出现资金缺口；如果借款期限过长，则会增加不必要的利息负担。所以，企业应根据自身的生产经营周期、还款能力等，确定可靠可行的借款期限，以避免不能按期归还贷款的问题，或减少不必要的利息负担。

银行信贷贷款的偿还，多采用到期还本付息的做法。借贷关系发生后，借款人有到期还本付息的义务，银行有监督借款人执行用款计划保证还款的权力。

（2）房地产抵押贷款。房地产抵押贷款是指借款人以房地产抵押为条件，来获取银行贷款的贷款方式。大致分为土地开发抵押贷款和房屋开发抵押贷款两种类型。

根据我国有关房地产抵押办法的规定，下列房地产可以设定抵押权：一是依法获得的出让土地权；二是依法获得所有权的房屋及其占有范围内的土地使用权；三是依法获得的房屋期权；四是依法可以抵押的其他房地产。因此只有经过出让和转让方式取得的土地使用权才能设立抵押，土地使用权抵押的期限，不能超过土地使用权出让和转让的期限；土地使用权抵押时，其地上建筑物、其他附着物随之抵押，地上建筑物、其他附着物抵押时，其使用范围内的土地使用权随之抵押，即土地使用权及地上建筑物、其他附着物必须同时抵押，部分房屋设定抵押权的，该房屋所占相应比例的土地使用权随之抵押。

所以，凡是以批租方式获得土地使用权的开发企业，投资开发房地产项目时，均可提

出抵押贷款申请，并根据房地产项目的开发条件和贷款条件的实际情况，确定贷款额度，但最高贷款额为地价的70%。贷款期限根据项目的建设期确定，并考虑项目的开发前景和收益能力，确定抵押贷款利率。

2. 预售商品房屋

预售商品房屋是指房地产开发企业将在建的商品房预先出售给购买者，并由购买者支付定金或者房价款的行为。

商品房预售只适用于城市商品房，并在预售前向县级以上人民政府房产管理部门办理预售登记，取得商品房预售许可证明，它是目前房地产投资中最受欢迎、最常见的一种筹资方式。商品房预售须达到以下条件。

（1）已交付全部土地使用权出让金，取得土地使用权证书。

（2）持有《建设工程规划许可证》和《建设工程施工许可证》。

（3）按提供预售的商品房计算，投入开发建设的资金达到工程建设总投资的25%以上，并已经确定施工进度和竣工交付日期。

（4）开发企业向城市、县人民政府房产管理部门办理预售登记，取得《商品房预售许可证》。

商品房预售人应当按照国家有关规定，将预售合同报县级以上人民政府房产管理部门和土地管理部门登记备案，商品房预售所得款项必须用于相关的工程建设。

房屋预售存在不小的潜在风险，如风险转嫁给消费者和银行；通过“炒楼花”等制造楼市虚假紧缺，借机囤积抬高价格；逐步提高房价慢慢卖，造成期房价格低的幻觉；等等。

3. 发行股票

发行股票是股份有限公司筹集长期资金（或资本金）的基本方式，通过发行股票筹集企业设立时所需要的股本金（资本金），或者为扩大经营规模和业务范围以及开发新项目增资发行股票筹集所需资金，或者为改善资本结构以及配股转增资本金，因此发行股票是股份有限公司筹集各种用途资金的主要方式。

股票是股份公司为筹集自有资金而发行的有价证券，是股东按其所持有股份享有权利和承担义务的书面凭证，代表其对公司的所有权。

发行股票筹资的优点：① 提高公司的信誉。发行股票筹集的是主权资金。普通股本和留存收益构成公司借入一切债务的基础。有了较多的主权资金，就可为债权人提供较大的损失保障。因而发行股票筹资既可以提高公司的信用程度，又可以为使用更多的债务资金提供有力的支持。② 没有固定的到期日，不用偿还。发行股票筹集的资金是永久性资金，在公司持续经营期间可长期使用，能充分保证公司生产经营的资金需求。③ 没有固定的利息负担。公司有盈余并且认为适合分配股利，就可以分给股东；公司盈余少，或虽

有盈余但资金短缺或者有更有利的投资机会，就可以少支付或不支付股利。④ 筹资风险小。由于普通股票没有固定的到期日，不用支付固定的利息，不存在不能还本付息的风险。

发行股票筹资的缺点主要有：① 资本成本较高。一般来说，股票筹资的成本要大于债务资金，股票投资者要求有较高的报酬，而且股利要从税后利润中支付，而债务资金的利息可在税前扣除。另外，普通股的发行费用也较高。② 容易分散控制权。当企业发行新股时，出售新股票，引进新股东，会导致公司控制权的分散。另外，新股东分享公司未发行新股前积累的盈余，会降低普通股的净收益，从而可能引起股价的下跌。

4. 房地产债券

债券是债务人依照法律手续发行，承诺按约定的利率和日期支付利息，并在特定日期偿还本金的书面债务凭证。债券的发行人是债务人，投资于债券的人是债权人。由企业发行的债券称为企业债券或公司债券。房地产债券是企业债券中的一个组成部分。

房地产采取债券融资的优点：① 资本成本较低。利用债券筹资的成本要比股票筹资的成本低。这主要是因为债券的发行费用较低，债券利息在税前支付，有一部分利息由政府负担了。② 保证控制权。债券持有人无权干涉企业的管理事务，如果有股东担心控制权旁落，可以采用债券筹资。③ 可以发挥财务杠杆作用。不论公司赚多少钱，债券持有人只收取固定的、有限的利息，而更多的收益可分配给股东，增加其财富，或留归企业以扩大经营。

房地产采取债券融资的缺点:① 筹资风险高。债券有固定的到期日，并到期支付利息。利用债券筹资，要承担还本付息的义务。在企业经营不景气时，向债券持有人还本付息，会给企业带来很大的困难，甚至导致企业破产。② 限制条件多。发行债券的契约书往往有一些限制条款。这种限制比优先股严格得多，可能会影响企业的正常发展和以后的筹资能力。③ 筹资额有限。利用债券筹资有一定的限度，当公司的负债比率超过了一定程度后，债券筹资的成本会迅速上升，有时甚至会发行不出去。

5. 房地产信托

房地产信托是指信托投资机构受委托人的委托，为了受益人的利益，代为管理、运营和处理委托人托管的相关资金的一种信托行为。具体来说，是房地产开发商借助较权威的信托公司的专业理财优势和其运用资金的丰富经验，通过实施信托计划，将多个指定管理的开发项目的信托资金集合起来，形成具有一定投资规模和实力的资金组合，然后将信托计划资金以信托贷款的方式，运用于房地产开发项目，为委托人获取安全、稳定的收益。按照《中华人民共和国信托法》规定，信托资金可以有多种投向。我国现在可行的房地产信托主要有以下四种模式：房地产抵押信托投资、房地产产权信托投资、房地产项目信托投资和混合型房地产信托投资。

在银行信贷收紧的情况下，房地产信托迅速成为近年来异常活跃的房地产融资方式，越来越受到房地产开发商的关注。

6. 房地产信托投资基金（REITs）

房地产投资信托是指通过制订信托投资计划，信托公司与投资者（委托人）签订信托投资合同，通过发行信托收益凭证或股票等方式，受托投资者的资金，用于房地产投资或房地产抵押贷款投资，并委托或聘请专业机构和专业人员实施经营管理的一种资金信托投资方式。

REITs 实际上是一种采取公司或者商业信托组织的形式，集聚多个投资者的资金，收购并持有房地产或者为房地产进行融资，并享受税收优惠的投资机构，这种购买，相应地为开发商提供了融资渠道。

REITs 是房地产信托发展的归宿。2009 年，由央行牵头，银监会、证监会等 11 个相关部门联合成立的“REITs 试点管理协调小组”已完成试点实施方案的制订。京、津、沪三地经历数月紧锣密鼓地准备，同时推出 REITs 试点。由中国人民银行起草的《银行间债券市场房地产信托受益券发行管理办法》征求意见阶段已完成，并已开展试点。这意味着由央行牵头的银行间市场房地产信托投资基金（REITs）已经开闸。REITs 不仅资金来源广泛，而且是以专业的人员进行房地产项目的投资选择及运作管理，因此在可运作的资金规范上、管理上及投资策略的制订上都具有先天的优势。

7. 海外地产基金

目前外资地产基金进入国内资本市场一般有两种方式：一是申请中国政府批准运作地产项目或是购买不良资产；二是成立投资管理公司合法规避限制，在操作手段上通过回购房、买断、租约等直接或迂回的方式，实现资金合法流通和回收。我国房地产业高回报的特点吸引了众多的海外地产基金，海外地产基金采取多种渠道陆续进入中国房地产市场，拓宽了国内房地产企业的融资渠道。

由于国情不同、政策存在不确定性、资金退出风险等原因，注入中国房地产业的海外资金似乎仍处于谨慎“试水”阶段。从发展趋势看，在未来两三年内境外基金将快速增加，这些境外基金将带来他们的资金和经验，并越来越多地参与到中国房地产行业。当然，要使得海外基金成为房地产企业的一大资金来源，还需要相关政策和法律的完善、国内企业运作的日益规范化以及房地产市场的日益透明化。

8. 其他方式

（1）私募融资。作为一股不容忽视的民间力量，在股市和房市等高回报的行业中，私募基金无时不在证实自己的实力，甚至充当房价大幅波动的罪魁祸首。私募基金的融资有时不太规范、不易监管。据估算，十余年间，民间私募基金投向全国房地产业的资金已经

超过了千亿元规模。在当前房地产开发和开发型证券融资受条件制约的情况下，采取私募方式融通资金，是条值得探索的道路。修订后的《中华人民共和国证券法》和《中华人民共和国公司法》已为房地产金融的创新预留了空间，私募信托基金可用于项目开发或房地产投资即物业收购，而私募发行股票可在一定程度上解决房地产开发商和股东的筹资难题。当前由于针对私募基金没有法律规范，也缺乏对合格投资人的划分标准，往往使一些缺乏风险识别能力和承受力的人参与集合信托计划，蕴藏了较大的市场风险。私募房地产信托基金由于投资标的和募集的基金份额流动性均不高，私募发行股票也存在范围有限、流动性不高的问题，因而这两种融资方式都有较大局限性。

（2）典当融资。对于国内数量众多的中小型房地产开发企业而言，宏观调控之后的资金问题与大型开发商相比显得尤为突出。在主要渠道提高门槛之后，重新开辟融资渠道成为现实的选择。此时，房地产典当作为一种替补融资手段进入开发商的视野。典当行可以利用其方便、快捷的业务特点，积极参与中小企业融资贷款业务。随着监管部门对房屋抵押典当不动产项目的解禁，房屋成为典当行最大标的业务。在短期小金额资金融通过程中，典当融资发挥了灵活的作用，但是相对于房地产企业巨额融资需求来说，典当金额规模太小，融资成本较高。典当融资虽然不占主流地位，但依然是解决房地产企业短期资金困难的一棵救命稻草。典当融资的非主流地位难以改变，但将有越来越多主营房地产抵押业务的典当行出现。

（3）合作开发。面临银行银根紧缩的压力，土地交割又必须以巨额土地出让金在短期内支付为前提，开发商必须具备强大的金融运作能力或雄厚的资金实力，手中有土地却没有进一步开发能力的开发商与有资金却难以拿到土地的开发商合作成为该阶段独特的合作开发的融资方式。

三、房地产资金筹集成本分析

房地产开发项目筹集的资金不外乎来自于投资人和债权人。前者称之为自有资金，后者称之为借入资金。投资者将资金投入开发项目，其目的是取得一定的投资报酬，或者说投资报酬必须达到一定的期望水平；而债权人将资金借贷出去的目的是能获得一定的贷款利息。因此，作为资金使用载体的具体开发项目，其资金不论来自投资者还是来自于债权人，都必须为此付出一定的代价，绝不可能无偿地使用这些资金。

（一）资金成本的概念

资金成本是资金所有权与资金使用权相分离的产物。作为资金所有者，不会将资金无偿地让渡给资金需求者使用，因为资金使用权的让渡，意味着资金所有者失去了凭资金获

取其他盈利的机会和条件。同样，作为资金使用者，也不能无偿地占用他人的资金，因为得到了资金的使用权，也就得到了使用资金获取利润的机会，这也要求资金的使用者将获取的利润与资金所有者共同分享。

资金成本实质上是资金使用者支付给资金所有者的报酬，或者说是资金使用者为取得资金使用权而付出的代价。由于资金投入性质不同，这一报酬的形式也有所区别。如果是吸收投资者投入资金，那么这一报酬的形式就是投资利润，如果是从债权人处借入资金，那么这一报酬的形式就是借款利息。由于企业都希望以最小的资金成本获取所需的资金，为此，分析资金成本有助于筹资人选择筹资方案，确定资本结构，最大限度地提高筹资效益。

（二）资金成本的内容

由前述可知，资金成本是资金使用者为取得使用资金而付出的代价，它由两部分组成，一部分是资金筹集费用，另一部分是资金使用成本。

1. 资金筹集费用

资金筹集费用是指在资金筹措过程中所花费的各项费用的综合，包括银行借款的手续费、佣金、发行债券和股票所支付的各项代理发行费用等。资金筹集费用一般属于一次性费用，它与筹集次数有关，因而通常将其作为所筹集资金的一项内容扣除。

另外，如果是境外资金投资房地产开发项目，还将发生调汇、转汇及有关手续费和佣金等。如果是房地产抵押贷款，还可能发生抵押评估费等，这些都必须考虑计算在资金筹集费用之内。

2. 资金使用成本

资金使用成本是指资金使用者支付给资金所有者的报酬，如支付给股东的投资股利、支付给银行的利息及支付给其他债权人的各种利息费用等。资金使用成本一般与所筹集资金的总额及使用时间有关，通常具有经常性、定期支付的特点，是资金成本的主要构成内容。

资金成本一般以相对数表示，也称资金成本率，通常以资金使用成本与实际资金使用额（所筹集的资金额扣除资金筹集费用）的比值表示。其一般计算公式为

$$R_K = \frac{D}{K - F}$$

式中：R_K——资金成本率，以百分数表示；

D——资金使用成本；

K——所筹集的资金额；

F——资金筹集费用。

在此计算公式中，D 的性质由筹集资金的性质确定。如果是从银行借入资金，或发行债券取得的资金，D 是指利息费用；如果是吸收投资人投入资金，则 D 表示预期的投资利润或股利。

另外，由于资金筹集方式不同，资金成本的形式也有所不同，包括个别资金成本、综合资金成本以及边际资金成本等，不同形式的资金成本其计算方法也不相同。

（三）资金成本的计算

资金成本的计算主要包括个别资金成本的计算、综合资金成本的计算、边际资金成本的计算，具体如下。

1. 个别资金成本的计算

我们通常将银行贷款和债券的资金成本称为债务成本或负债成本，而将发行股票和企业留存收益的资金成本称为权益成本，债务成本和权益成本的计算有较大的差别。

（1）债务成本的计算。一般而言，通过各种负债形式取得资金，如银行贷款、发行债券等具有如下特点：第一，资金成本的具体表现形式是利息，且利息率的高低事先确定，不受企业经营业绩的影响；第二，在债务生效期间，利息率一般固定不变，且利息应该按期支付；第三，利息费用是税前的扣除项目；第四，本金应按期偿还。

由前文可知，利息费用是构成债务成本的主要内容。由于利息费用是税前的扣除项目，因而债务资金成本有两种计算方法，即税前债务成本和税后债务成本。

① 税前债务成本的计算。对于直接从银行取得贷款，则其税前债务（资金）成本计算公式为

$$\text{税前债务（资金）成本}=\frac{\text{年利息费用}}{\text{借款总额}}=\text{年利息率}$$

对于通过发行债券方式取得资金或通过中介机构取得银行贷款，则必须支付发行手续费或中介费，这部分筹集费用减少了实际资金使用额，从而加大了资金成本。这种情况下，税前债务（资金）成本的计算公式为

$$\text{税前债务（资金）成本}=\frac{\text{利息费用}}{\text{贷款总额}-\text{资金筹集费用}}=\frac{\text{年利息率}}{1-\text{资金筹集费率}}$$

必须注意的是，对于发行债券来说，上述方法计算债务（资金）成本忽略了货币的时间价值。特别是各年利息不相等时，上述公式就很难计算债务（资金）成本。另外，由于还本付息方式不同，计算公式也略有区别。实务中，可采用现金流量计算债券内部收益率，即债券的税前债务（资金）成本，具体由以下公式计算得出内部收益率 R_K。

$$(K-F)=\sum_{i=1}^{n}\frac{I_i}{(1+R_K)^i}+\frac{P}{(1+R_K)^n}$$

式中：$(K-F)$——实际筹资总量（现金流入），等式右边为未来各年现金流出的现值和；

I_i——各年利息支出；

P——本金。

② 税后债务成本的计算。当企业盈利时，税前列支利息费用有减免企业所得税的效应。因而对企业来说，债务资金的实际成本是从利息费用中扣除由此少交的所得税以后的净额。

$$\text{税后债务成本}=\text{税前债务成本}\times(1-\text{所得税税率})$$

如果不发生资金筹集费用，则：

$$\text{税后债务成本}=\frac{\text{利息费用}}{\text{贷款总额}}\times(1-\text{所得税税率})=\text{年利息率}\ (1-\text{所得税税率})$$

如果发生资金筹集费用，则：

$$\text{税后债务成本}=\frac{\text{利息费用}}{\text{借款总额}-\text{资金筹集费用}}\times(1-\text{所得税税率})$$

$$=\frac{\text{年利息率}}{1-\text{资金筹集费率}}\times(1-\text{所得税税率})$$

当企业没有利润时，由于得不到减税的好处，因而税前债务成本就是实际资金成本。

（2）权益成本的计算。权益资金是企业的所有者投入企业的资金。根据它的不同形式，可分为优先股、普通股以及留存收益等。权益资金的成本包含投资者的预期投资报酬和资金筹集费用。由于除优先股外，投资报酬并非事先确定的，它完全由企业的经营效益所决定，因而权益成本的计算有很大的不确定性。另外，与债权的利息不同，权益资金报酬是税后支付的，没有减税效应，所以权益成本的计算有其自己的特点。

① 优先股资金成本的计算。优先股同时具有普通股和债券的双重性质，其特征表现为：投资报酬形式为股利形式，股利率固定，本金不需偿还。优先股的成本也包括两部分，即额定股利和资金筹集费用。其资金成本计算公式为

$$R_K=\frac{D}{K-F}$$

式中：D——优先股年股利。

由于优先股股利是税后支付的，很明显，优先股的风险比债券大，因而通常优先股的

资金成本高于债券的资金成本。

② 普通股资金成本的计算。普通股是构成股份公司原始资本和权益的主要部分，股利的分配是不确定的。从理论上分析，人们认为普通股的成本是普通股股东在一定的风险条件下所要求的最低投资报酬，在正常情况下，这种最低报酬呈逐年增长的态势。普通股资金成本计算公式为

$$R_K = \frac{D}{K-F} + g$$

式中：g——预期的股利率增长率。

另外，除上述以股利为基础计算普通股的资金成本的方法以外，还可以采用以风险大小为基础的方法计算普通股的成本。这种方法即“资本资产定价模型法”，这里不作进一步介绍。

③ 留存收益资金成本的计算。留存收益是企业税后净利润在扣除发放的股利后形成的。它包括提取的盈余公积和未分配利润，其所有权属于普通股股东。对于股东来说，如何处理留存收益有多种选择，它可以作为未来股利的发放，也可以作为本企业扩大再生产的资金来源。但不论如何处理，都会使股东付出代价，因而留存收益资金的使用也有成本。通常，人们将留存收益视同普通股股东对企业的再投资，并参照普通股的方法计算资金成本。

2. 综合资金成本的计算

一般来讲，一个企业几乎不可能采用单一的筹资方式，而是采用多种筹资方式的组合，所以，要衡量一个企业的筹资成本，除分别计算不同来源资金的个别资金成本外，还必须计算全部资金的成本——综合资金成本。一般根据不同资金的资金成本及它们占全部资金的比重来确定，因而也称加权平均资金成本。其计算公式为

$$\overline{R_K} = \sum_{i=1}^{n} R_{k_i} W_i$$

式中：$\overline{R_K}$——加权平均资金成本或综合资金成本；

R_{k_i}——个别资金成本；

W_i——个别资金占全部资金的比重（$\sum_{i=1}^{n} W_i = 1$）；

n——资金来源种类。

由公式可知，综合资金成本取决于两大因素，个别资金成本和该资金占全部资金的比重。确定资金结构有多种计算方法，可以按资金的账面价值计算，也可以按市场价值计算，甚至可以利用资金的目标价值计算，以上各种计算方法各有利弊。通常，以现行市场价值为基础，并对未来市场的变化趋势做出合理的估计，从而确定资金的目标价值来计算确定资金结构。

3. 边际资金成本的计算

边际资金成本是指企业追加筹集资金的成本。从严格意义上讲，边际资金成本可理解为：企业每新增 1 元资金所带来的资金成本，但由于这一定义的适用性较小，通常将“边际资金成本”理解为企业因追加筹资所带来的资金成本。

（1）计算边际资金成本应考虑的主要因素：① 个别资金成本的变动。前面计算个别资金成本以及综合资金成本时，都假定这一资金成本是过去筹资的成本或目前使用的资金成本，但实际上随着时间与筹资数额的变化，个别资金成本也会发生相应的变化，因此必须考虑不同筹资范围的资金成本。② 选择适当的筹资数额。由于不同大小的筹资数额直接导致不同的资金成本，因此选择投资适量的项目对确保资金成本有重要意义。③ 关于如何确定资金结构。资金结构直接影响筹资数额的大小及投资方案的选择，并反过来影响筹资成本。

（2）追加筹资的成本不变时，边际资金成本的计算。当各项追加筹资的资金成本保持不变时，则新增资金的综合资金成本取决于结构的变化。当追加筹资仍保持原有的资金结构时，不管追加筹资数额发生多大变化，其综合资金成本保持不变，与原来的综合资金成本相同；如果新增资金改变了原有的资金结构，则综合资金成本就不同于原来的资金成本，应重新根据新的结构计算综合资金成本，计算方法仍然相同。

（3）追加筹资的资金成本随筹资规模的扩大而上升时，边际资金成本的计算。当追加筹资的资金成本随筹资规模发生变化时，可按下列步骤计算边际资金成本：① 根据金融市场的资金供求情况，确定各类资金的成本分界点。所谓资金的成本分界点，就是指在资金成本发生变化前的最大筹资额。② 确定目标资金结构是计算边际资金成本的一个重要因素。③ 根据各类资金的成本分界点及目标资金结构，计算筹资总额的成本分界点，同时列出相应的筹资范围。④ 计算边际资金成本。根据不同的筹资范围，分别计算每一范围内的边际资金成本。

边际资金成本是决定是否采用某一投资项目时，必须考虑的一个重要因素。当投资者进行新的资金筹措和投放的决策时，可以用新资金的边际资金成本作为投资方案的贴现率，对投资方案的现金流量进行贴现。只有计算出的净现值为正值时，才有理由采纳该投资方案。此外，还可以将边际资金成本与投资机会的内部收益率相比较，只有当投资机会的内部收益率高于边际资金成本时，投资方案方可采用。

【例 7-1】房地产项目融资案例分析

某房地产开发企业有一住宅开发项目，建设期三年，占地面积为 10 000m^2，容积率为 4，土地价款 7 500 元 /m^2（占地面积），建设成本 1 500 元 /m^2（建筑面积），土地价款一次投入，建设成本三年内均衡投入，开发产品于第三年内完全预售，收入均衡实现。企业自有资金2 500万元，借入资金1 500万元，借入资金成本为年息12%，每年年末计息。行业基准收益率为15%（年），土地增值税按增值额实行超率累进，按《土地增值税暂行条例》及其《实施细则》执行，增值税税率为9%，城市维护建设税7%，教育费附加3%，所得税税率为25%。

根据上述条件，可得出下列开发项目筹资无差别点[①]计算表，如表7-1所示。

表7-1　开发项目筹资无差别点计算分析表　　万元

项　目	金　额	备注（计算说明）
筹资规模	4 000	自有资金2 500，借入资金1 500
负债利息（年）	180	1 500×12%
负债利息现值	410.98	$180\times\frac{1-(1+15\%)^{-3}}{15\%}$
负债融资成本率	27.40%	410.98÷1 500
筹资无差别点经营收益（现值）	1 096	27.40%×（2 500+1 500）
筹资无差别点自有资金经营收益（现值）	685.02	1 096−410.98

从表7-1可知：

（1）本开发项目筹资无差别点为1 096万元，当经营收益（现值）超过1 096万元时，扩大负债融资比重会提高主权资本的收益率（这里的经营收益指经营收入扣除地价和建设成本的部分，与会计核算上严格的经营利润、营业利润、利润总额或净利润的经济内容不同）。

（2）由于主权资本投资者持有的是净利润，所以，从财务会计核算角度，考虑各阶段的扣除项目，即增值税、土地增值税、负债利息、所得税等，计算确定开发项目净利润、可得出下列动态（即考虑货币时间价值）的多式损益计算表，如表7-2所示（设售价为x元/m^2）。

表7-2中经营收入于第三年内均衡实现，现值系数近似取值为（1+15%）$^{-2.5}$。建设成本于建设期内均衡投入，故现值系数为（1+15%）$^{-1.5}$。经营税金及附加和土地增值税等于经营收入实现时进行交纳，故选为经营收入的现值系数；土地增值税利用速算公式计算确定：增值额超过扣除项目金额的50%，未超过100%时，土地增值税税额＝增值额×40%−扣除项目金额×5%。所得税项目中，由于第三年销售收入实现进程中，当冲抵三年累计的开发成本等后并无利润，当销售完成后，抵消全部扣除项目后才实现利润，进行所得税上交，故时点选择为第三年末，即$(1+15\%)^{-3}$。

① 筹资无差别点即筹资方式无差别点，又称负债融资临界点，指开发企业负债融资成本与主权资本融资这两个要素的证券组合形成的资本使得负债融资成本率与主权资本收益率相等时的经营收益。

表7-2 开发项目损益表（动态） 万元

项　目	金　额	备注（计算说明）
一、经营收入	$2.820\,4x$	$4x\times(1+15\%)^{-2.5}$
减：经营成本		
1. 地价	7 500	
2. 建设成本	4 865.24	$1\,500\times4\times(1+15\%)^{-1.5}$
减：经营税金及附加		
1. 增值税、城市维护建设税、教育费附加	$0.256\,2x-2\,172.556\,9$	$(1+7\%+3\%)\times[(4x-4\times7\,500)\div(1+9\%)\times9\%-(4\times900)\times9\%]\times(1+15\%)^{-2.5}$
2. 土地增值税	$1.030\,5x-611.424\,4$	$[(4x-4\,000-0.307\,5x+2\,613.009\,1-540)\times40\%-(4\,000+0.307\,5x-2\,613.009\,1+540)\times5\%]\times(1+15\%)^{-2.5}$
二、经营利润	$1.533\,7x-9581.258\,7$	
减：财务费用	410.98	
三、营业利润	$1.533\,7x-9\,992.238\,7$	
四、利润总额	$1.533\,7x-9\,992.238\,7$	
减：所得税	$0.345\,6x+5.427\,0$	$[4x-4\,000-(0.436\,1x-3\,705.87)-(1.461\,5x-867.145\,7)-540]\times25\%\times(1+15\%)^{-3}$
五、净利润	$1.188\,1x-9\,997.665\,7$	

根据表7-1、表7-2的资料，做出下列分析：

现有资本结构下（即负债融资1 500万元，主权资本2 500万元）的筹资无差别点为：

$$1.188\,1x-9\,997.665\,7=685.02$$

$$x=8\,991.40\ 元/\mathrm{m}^2$$

即当第三年预售（均衡实现）价格超过8 991.40元/m²时，可扩大负债规模。

第一，开发企业进一步融资的利息会带来如下影响：其一，作为土地增值税的扣除项目而少缴土地增值税；其二，利息作为应纳税所得额的扣除项目而少缴所得税；其三，利息影响土地增值税会递延影响所得税，因此，每当出现筹资行为后将分析新的筹资无差别点。设新筹资为a，则：

（1）利息对土地增值税的影响程度（现值）：

$$a\times12\%\times3\times(40\%+5\%)\times(1+15\%)^{-2.5}=0.114\,2a$$

（2）利息（及影响的土地增值税）对所得税的影响程度（现值）：

$$(a\times12\%\times3-a\times12\%\times3\times45\%)\times25\%\times(1+15\%)^{-3}=0.032\,5a$$

由于少缴土地增值税、所得税而实际增大净利润，因此，负债筹资总额1 500+a时的筹资无差别点：

$$1.188\,1x-9\,997.665\,7=685.02-0.114\,2a-0.032\,5a$$

$$x=8\,991.40-0.123\,5a$$

第二，由于土地增值额未超过扣除项目金额50%的部分，税率30%。因此，当扩大筹资到一定程度，使得支付利息的增加从而扩大土地增值税的扣除金额，相应地使得增值税额降低而低于扣除金额的50%，本项目采用30%的税率时，表7-2中的土地增值税计算公式为（$4x-4\,000-0.307\,5x+2\,613.009\,1-540$）×30%，因此净利润为$1.448\,4x-10\,133.532\,5$。

第三，当本项目适用30%的土地增值税时，利息对土地增值税及所得税的影响程度相应调整为：

$$a\times12\%\times3\times30\%\times(1+15\%)^{-2.5}=0.076\,2a$$

$$(a\times12\%\times3-a\times12\%\times3\times30\%)\times25\%\times(1+15\%)^{-3}=0.041\,4a$$

由于少缴土地增值税、所得税而实际增大净利润，因此，筹资无差别点为：

$$1.448\,4x-10\,133.532\,5=685.02-0.076\,2a-0.041\,4a$$

$$x=7\,469.31-0.081\,2a$$

第四，增值额低于扣除项目金额的50%，即：

$$4x-(4\,000+0.307\,5x-2\,613.009\,1+540+a\times12\%\times3)<(4\,000+0.307\,5x-2\,613.009\,1+540+a\times12\%\times3)\times0.5a=29\,086.808\,8\text{（万元）}$$

即当新增负债融资约为3亿元时，增值额将低于扣除金额的50%

第五，综上分析可见：

（1）筹资规模3亿元以上，使用公式$x=8\,991.40-0.123\,5a$；筹资规模3亿以下，使用公式$7\,469.31-0.081\,2a$进行筹资无差别点分析。

（2）筹资无差别点公式中，a作为扣除项目，使得筹资越多时，筹资无差别点越低，但绝非筹资越多越好；相反，一定的主权资本是确保企业承担风险能力和经济实力以及进一步负债的基础。

第二节　房地产项目投资分析

房地产投资的目的就是通过开发和经营等过程获取未来收益。为实现预期收入，需对房地产的各种投资方式进行合理、适度分析，以预测、应对房地产投资的风险，并寻求适当的投资组合方式，以实现预期投资目标。

一、房地产项目投资概述

房地产投资是房地产业的基础，它以形成新的房地产价值为表现结果。房地产投资有时也指投入房地产开发经营、中介服务、物业管理服务等经济活动中的资金。

（一）房地产投资的含义

投资是为获得未来收益所做出的资金垫支行为。房地产投资是指资本所有者为了获取预期的投资收益，而将资本投入房地产开发经营领域内及房地产金融资产上，以获得最大限度利润的经济行为。从某种意义上讲，房地产投资是为了获得房地产产权，或者是在进行房地产开发后，利用房地产（产权）交易来实现资本增值（开发投资）。

（二）房地产投资的形式

房地产投资的形式通常可分为直接投资和间接投资。

1. 房地产直接投资

房地产直接投资是指投资者直接参与房地产开发或购买的过程，参与有关管理工作，包括从取得土地使用权开始的开发投资和面向建成物业的置业投资两种形式。

（1）房地产开发投资。房地产开发投资是指投资者从取得土地使用权开始，通过在土地上的进一步开发投资活动，即经过规划设计和工程建设等过程，建成可以满足人们某种需要的房地产产品，然后将其推向市场进行销售，转让给新的投资者或使用者，并通过这个转让过程收回投资，获得开发利润。

（2）房地产置业投资。房地产置业投资是指面向已经具备了使用条件或正在使用的房地产，以获取房地产所有权或使用权为目的的投资。其对象可以是市场上的增量房地产（开发商新竣工的商品房），也可以是市场上的存量房地产（原有房地产）。

2. 房地产间接投资

房地产间接投资主要是指将资金投入与房地产相关的权益或证券市场的行为，间接投资者不直接参与房地产开发经营工作。目前，房地产间接投资的主要方式有投资房地产企业股票或债券、投资房地产投资信托资金、购买住房抵押支持证券。

二、房地产项目投资类型

房地产投资分析主要是指房地产投资机会的选择和项目投资方案的决策，是房地产开发过程中一个重要的阶段。房地产投资分析的基本任务是进行房地产投资项目的可行性研究和项目评估。

房地产投资项目是指房地产投资的对象和实体，即由投资所形成的固定资产物质要素和具有某种使用价值的工程实体。房地产投资项目的可行性研究与项目评估的内容，在第四章已进行过详细论述，本节主要对房地产投资的三大类型即住宅项目、商业地产项目和写字楼项目分别进行投资分析。

（一）房地产项目投资类型的分类

房地产项目投资类型的分类见表 7-3。

表 7-3　房地产项目投资类型分类表

房地产项目投资类型	分　类
住宅项目	（1）中小普通商品住宅。同时符合以下三个条件的为中小普通商品住宅：① 容积率大于 1.0；② 商品住宅单套面积小于 90m²；③ 商品住宅单套实际成交价小于同级别土地商品住宅平均交易价格的 1.2 倍 （2）大户型普通商品住宅。同时符合以下三个条件的为大户型普通商品住宅：① 容积率大于 1.0；② 商品住宅单套面积大于 90m²；③ 商品住宅单套实际成交价小于同级别土地商品住宅平均交易价格的 1.2 倍 中小普通商品住宅和大户型普通住宅通称为普通住宅。 （3）中高档商品住宅。符合以下三个条件之一的为中高档商品住宅：① 容积率小于 1.0；② 商品住宅单套建筑面积大于等于 144m²；③ 商品住宅单套实际成交价大于等于同级别土地商品住宅平均交易价格的 1.2 倍
商业地产	（1）都市型商业地产。都市型商业地产大多布局精良、品位高雅，备受年轻人的青睐，尽管店铺里的商品经常物超所值、价格不菲，但花钱买格调是许多年轻人喜欢做的事情。此类物业主要分布在娱乐、旅游地区，消费需求主要集中在娱乐、休闲，所以适合于饮食、娱乐、生活用品方面的商业发展 （2）社区型商业地产。社区型商业地产指设置在都市里大型居住区的店铺。其总体特征可概括为：临近居住区，凡能够给家庭生活提供服务的商店，都能获得良好的收益。对这类商业地产投资应考虑到社区居住者的收入、文化阶层等因素 （3）专业街市商业地产。专业街市一般指特色经营的著名商店或商业街，如北京的三里屯酒吧街、上海的襄阳路服装街、广州的海味一条街等，此类店铺的总体特征可以概括为：以物色取胜，经营特色浓郁，具有独特的小环境及商品，收益一般高于其他两个类型的商业地产
写字楼	（1）按档次分类：① 奢华办公楼。一般这类写字楼有某些建筑设计的特色，以展示一种专业的豪华的气势。② 一般写字楼。这类写字楼比较强调功能设计，一般选择位置方便，但不一定醒目的地点，这类建筑有不同的设施档次，可以分为高档、中档、低档。③ 辅助性办公空间。这类写字楼是用来支持某项主要活动的，它们的位置、设施水平取决于建筑内的主要活动，如零售兼办公、办公兼库房、办公兼技术性或实验性操作 （2）按使用分类。按使用情况可将写字楼分为通用型写字楼和专用型写字楼。大多数办公活动室可以在通用型写字楼内进行，其对写字楼没有什么特殊要求。专用型写字楼是根据特定的用途设计和建造的，如制造企业的研发中心 （3）按区域分类。按区域可将写字楼分为中心区写字楼和郊区写字楼。其顾客尽管没有明确界限，但中心区的写字楼一般以高层建筑为主，主要用于保险公司、金融机构和外资企业，他们愿意支付更高的租金来获取更有声望的地点 一般来说，市中心区的写字楼吸引力相对比较大，当写字楼总体供给过剩以后，中心区内的写字楼将会增加空置

（二）不同项目投资类型的投资特性

不同项目投资类型的投资特性见表7-4。

表7-4　不同项目投资类型投资特性表

房地产项目投资类型	分　类
住宅项目	（1）层次性。住宅按照位置、品质、建筑类型、消费对象等要素可以分成不同的市场类型，因此城市住宅价格在不同的市场类型中具有不同的水平 （2）周期性。住宅投资涉及社会、经济、文化、自然等多方面因素，加之投机、炒作行为屡见不鲜，使投资活动具有周期性 （3）易受政策影响性。住宅价值高，关联带动性强，因而住宅投资具有重大经济意义，而且住宅是刚性需求商品，家庭必备，如果人们无房可住，将严重影响社会治安和生活质量，因而住宅投资具有重大社会政治意义
商业地产	（1）资金需求大。商业地产项目的投资大、占地广、建设和投资回收期长，商业地产开发投资要求巨大的资金投入。商业地产对开发商的资本实力、市场融资能力和抗风险能力有着很高的要求 （2）规划难度高。商业地产项目面对客户需求个性化特点更加鲜明，各种业态对商铺的要求不具有替代性。商业地产投资受宏观经济、消费行为的影响非常突出，对于大型商铺开发而言，预测人流、物流、车流和现金流的难度远远比开发住宅大 （3）政策影响大。对于商业地产项目投资，政策层面的巨大影响不容忽视，政策主要包括房地产开发政策、金融信贷政策、销售管理政策、工程建设政策等。商业地产开发要求开发商具有很强的资金实力。商业项目对政府区域规划比住宅更敏感，城市功能布局的调整对商业项目的收益也会产生重大影响 （4）利益协调的难度大。商业地产的目标市场面临两级客户：一是销售阶段的投资经营者；二是物业经营阶段的最终消费者。在进行商业地产策划时，不仅要考虑各投资经营者的需求特性，更要考虑最终消费者的消费行为和心理特征 （5）盈利模式不确定。商业地产的盈利模式不同于住宅，住宅是一次性获利，而商业地产是靠物业增值来获得长线投资回报和长期现金流 （6）对后期运营管理要求高。商业地产进入后期运营管理，开发商需把松散的经营单位和多样的经营业态统一到一个经营主体和信息平台上，使资源配置得以优化
写字楼	（1）区位重要性。写字楼对区位十分敏感，不同区位内的商业地产商圈不同、客流量不同，这就直接导致了功能定位、服务对象和基本商业面积的不同，最终导致写字楼的商业利润的产出能力也有很大差别 （2）配套设施的差异性。会议中心、商务中心属于写字楼的一个配套设施。这些配套设施虽然看似微不足道，但是它为客户提供了服务保证 （3）邻近商业地产的相关性。通常位于同一地段的住宅、写字楼，由于物业品质、目标顾客、价格、租金等指标大致相同，往往会成为竞争楼盘

（三）各类地产投资选择的影响因素

各类地产投资选择的影响因素见表 7-5。

表 7-5　房地产投资选择影响因素表

房地产项目投资类型	分　类
住宅项目	（1）交通便捷。交通便捷是住宅投资选择考虑的关键，对其衡量标准包括通达度、距离和时间。通达度是指到达某特定地段的交通运输条件，由距离、耗时、费用来反映 （2）配套完整。包括技术性基础设施与社会性服务设施的配套完整。技术性基础设施主要指供水、排水、供暖、供气、供电、通信等；社会性服务设施主要指文化教育、医疗卫生、文娱体育、邮电等与日常生活息息相关的一些服务设施 （3）安全舒适。住宅投资特别看重社会治安和周边环境。安居才能乐业，良好的社会治安是地段选择的一大优势。周边环境主要考虑自然环境和人文环境 （4）时尚性。住宅投资同样讲究时尚性，主要与时代潮流及当地的观念习俗紧紧相连 （5）发展潜力大。投资者特别是对于购房自住兼顾投资受益者来说，现代社会个人或者家庭不可能永远在一个地方上班，而所买的房子却长达数十年的产权，这样就要考虑如何保值和增值
商业地产	（1）基础设施。基础设施是影响地段价值的基本因素，主要是指政府部门对该地区的给排水、电力、供暖、通信、环卫、交通等基础设施的投资程度 （2）交通便利程度。交通便利程度是重要的因素。良好的交通条件是商业区形成的重要因素，可达性良好的商业区具有更大的吸引顾客的能力，从而获取高额利润，因此其价值相对较高，反之则较低 （3）环境因素。环境因素包括项目所在区域的基础地价、城市规划，项目距市中心、休闲所或运动场以及到污染源和忌讳场所的距离等 （4）文教卫体配套设施。文教卫体配套设施包括项目周边各类学校、医院、文化场所和体育场所等 （5）人文因素。人文因素包括项目所在地的人口和文化两个方面，具体指标有人口数量、人口密度、人口素质、历史文化和典型文化等的文化影响度 （6）商服管理。商服管理主要指距中心商业区的距离、公司数量和位置、物业管理、派出所环卫等的设置
写字楼	（1）位置。写字楼建筑的吸引力在很大程度上取决于它与其他商业设施的接近程度，会因城市建设的发展而经常发生变化，还受其周围建筑物及环境的影响 （2）易接近性。大型写字楼能容纳成千上万的人在里面办公，快捷有效的道路进出写字楼，对写字楼的使用十分重要 （3）建筑形式。建筑物的设计形式和外立面维护的水平是影响物业吸引力的两个重要因素，在建筑形式上缺乏特点，建筑物外立面维护状况不好，肯定会大大影响写字楼建筑的吸引力 （4）写字楼室内空间布置。从满足新租客的需求和选择意愿出发，写字楼室内空间布置比室内当前的装修水平重要得多 （5）建筑设备系统。现代写字楼对动力、通信线路的布置以及空调通风系统的要求越来越高。寻租者对写字楼内的建筑设备系统非常重视 （6）物业管理水平。写字楼物业管理的质量会影响到其租金水平和市场价值，租客非常重视物业管理的品质和所提供服务的有效性，尤其重要的是物业维护水平

三、房地产项目投资风险分析及投资组合

在选择房地产投资机会时，若其他条件都相同，投资者会选择收益最大的投资方案。但在多数情况下，收益并非唯一的评判标准，还有许多其他因素影响投资决策。其中，风险就是一个重要因素。

（一）房地产项目的投资风险

从房地产投资的角度来说，风险可以定义为无法获得预期收益可能性的大小。完成投资过程进入经营阶段后，人们就可以计算实际获得的收益与预期收益之间的差别，进而也就可以计算获取预期收益可能性的大小。

通常情况下，人们往往把风险划分为对市场内所有投资项目均产生影响、投资者无法控制的系统风险，仅对市场内个别项目产生影响、投资者可以控制的个别风险。

1. 房地产投资的系统风险

系统风险又称为不可分散风险或市场风险，即个别投资风险中，无法在投资组合内部被分散、抵消的那部分风险。房地产投资首先面临的是系统风险，投资者对这些风险不易加以判断且无法控制，主要有通货膨胀风险、市场供求风险、周期风险、变现风险、利率风险、政策风险、政治风险和或然损失风险等。

（1）通货膨胀风险。通货膨胀风险又称购买力风险，是指投资完成后所收回的资金与初始投入的资金相比，购买力降低给投资者带来的风险。所有的投资都有一定的时间周期，房地产投资周期长，所以只要存在通货膨胀因素，投资者就要面临通货膨胀风险。当收益是通过其他人分期付款的方式获得时，投资者就会面临着最严重的购买力风险。同时不论是以固定利率借出一笔资金，还是以固定不变的租金长期出租一宗物业，都面临着由于商品或服务价格上涨所带来的风险。以固定租金方式出租物业的租期越长，投资者所承担的购买力风险就越大。由于通货膨胀将导致未来收益的价值下降，按长期固定租金方式出租所拥有物业的投资者，实际上承担了本来应由承租人承担的风险。

由于通货膨胀风险直接降低投资的实际收益率，房地产投资者非常重视此风险因素的影响，并通过适当调整其要求的最低收益率来降低该风险对实际收益率的影响。但房地产投资的保值性又使投资者要求的最低收益率并不是通货膨胀率与行业基准折现率的直接相加。

（2）市场供求风险。市场供求风险是指投资者所在地区，房地产市场供求关系的变化给投资者带来的风险。市场是不断变化的，房地产市场的供给与需求也在不断变化，而供求关系的变化必然造成房地产价格的波动，具体表现为租金收入的变化和房地产价值的变化，这种变化会导致房地产投资的实际收益偏离预期收益。更为严重的情况是，当市场内

结构性过剩（某地区某种房地产的供给大于需求）达到一定程度时，房地产投资者将面临房地产空置或积压的严峻局面，导致资金占压严重、还贷压力增加，这很容易导致房地产投资者的破产。

从总体上来说，房地产市场是地区性市场，也就是说，当地市场环境条件变化的影响，比整个国家市场环境条件变化的影响要大得多。只要当地经济的发展是健康的，对房地产的需求就不会发生大的变化。但房地产投资者并不像证券投资者那样有较强的从众心理，每一个房地产投资者对市场都有其独特的观点。房地产市场投资的强度，取决于潜在的投资者对租金收益、物业增值可能性等的估计。也就是说，房地产投资决策以投资者对未来收益的估计为基础。投资者可以通过密切关注当地社会经济发展状况、科学地使用投资分析结果，来降低市场供求风险的影响。

（3）周期风险。周期风险是指房地产市场的周期波动给投资者带来的风险。正如经济周期的存在一样，房地产市场也存在周期波动或景气循环现象。房地产市场周期波动可分为复苏与发展、繁荣、危机与衰退、萧条四个阶段。当房地产市场从繁荣阶段进入危机与衰退阶段，进而进入萧条阶段时，房地产市场将出现持续时间较长的房地产交易量锐减、价格下降、新开发建设规模收缩等情况，给房地产投资者造成损失。房地产市场成交量的萎缩和价格的大幅度下跌常使一些实力不强、抗风险能力较弱的投资者因金融债务问题而破产。

（4）变现风险。变现风险是指急于将商品兑换为现金时，由于折价而导致资金损失的风险。房地产属于非货币财产，具有独一无二、价值量大的特性，销售过程复杂，其拥有者很难在短时期内将房地产兑换成现金。因此，当投资者由于偿债或其他原因急于将房地产兑换为现金时，就有可能使投资者蒙受折价损失。

（5）利率风险。调整利率是国家对经济活动进行宏观调控的主要手段之一。通过调整利率，政府可以调节资金的供求关系、引导资金投向，从而达到宏观调控的目的。利率调升会对房地产投资产生两个方面的影响：一是导致房地产实际价值的折损，利用升高的利率对现金流折现，会使投资项目的财务净现值减小，甚至出现负值；二是会加大投资者的债务负担，导致还贷困难。利率提高还会抑制房地产市场上的需求数量，从而导致房地产价格下降。

长期以来，房地产投资者所面临的利率风险并不显著，因为尽管抵押贷款利率在不断变化，但房地产投资者一般比较容易得到固定利率的抵押贷款，这实际上是将利率风险转嫁给了金融机构。然而目前房地产投资者越来越难得到固定利率的长期抵押贷款，金融机构越来越强调其资金的流动性、盈利性和安全性，其所放贷的策略已转向短期融资或浮动利率贷款，我国各商业银行所提供的住房抵押贷款几乎都采用浮动利率。因此，如果融资

成本增加，房地产投资者的收益就会下降，其所投资物业的价值也就跟着下降。即使房地产投资者得到的是固定利率贷款，在其转售物业的过程中，也会因为利率的上升而造成不利的影响，因为新的投资者必须支付较高的融资成本，从而使其置业投资的净收益减少，相应地，新投资者所能支付的购买价格也就会大为降低。

（6）政策风险。政府有关房地产投资的土地供给政策、税费政策、金融政策、住房政策、价格政策、环境保护政策等，均对房地产投资者收益目标的实现产生巨大影响，从而给投资者带来风险。例如，我国 1993 年对房地产投资的宏观调控政策、1994 年出台的土地增值税条例、2001 年出台的规范住房金融业务的措施、2006 年国有土地使用权出让“招拍挂”制度的全面实施等，就使许多房地产投资者在实现其预期收益目标时遇到困难。避免这种风险的最有效方法是选择政府鼓励、有收益保证或有税收优惠政策的项目进行投资。

（7）政治风险。房地产的不可移动性，使房地产投资者要承担相当程度的政治风险。政治风险主要由政变、战争、经济制裁、罢工、骚乱等因素造成。政治风险一旦发生，不仅会直接给建筑物造成损害，还会引起一系列其他风险，是房地产投资中危害最大的一种风险。

（8）或然损失风险。或然损失风险是指火灾、风灾或其他偶然发生的自然灾害引起的置业投资损失。尽管投资者可以将这些风险转移给保险公司，然而在有关保单中规定的保险公司的责任并不包罗万象，因此有时还需就洪水、地震、核辐射等灾害单独投保。

尽管置业投资者可以要求承租人担负其所承租物业保险的责任，但是承租人对物业的保险安排对业主来说往往是不完全的。

一旦发生火灾或其他自然灾害，房屋不能再出租使用，房地产投资者的租金收入自然也就没有了。因此，有些投资者在对物业投保的同时，还希望其租金收入也能有保障，从而对租金收益进行投保。然而，虽然说投保的项目越多，其投资的安全程度就越高，但投保是要支付费用的，如果保险费的支出占租金收入的比例太大，投资者基本上是在替保险公司投资了。

2. 房地产投资的个别风险

房地产投资的个别风险主要有以下几种形式。

（1）收益现金流风险。收益现金流风险是指房地产投资项目的实际收益现金流，未达到预期目标要求的风险。不论是开发投资还是置业投资，都面临着收益现金流风险。对于开发投资者来说，未来房地产市场销售价格、开发建设成本和市场吸纳能力等的变化，都会对开发商的收益产生巨大影响；而对置业投资者来说，未来租金水平和房屋空置率的变化、物业毁损造成的损失、资本化率的变化、物业转售收入等，也会对投资者的收益产生

巨大影响。

（2）未来运营费用风险。未来运营费用风险是指物业实际运营费用支出超过预期运营费用而带来的风险。即使对于刚建成的新建筑物的出租，且物业的维修费用和保险费均由承租人承担的情况下，也会由于建筑技术的发展和人们对建筑功能要求的提高，而影响到物业的使用，使后来的物业购买者不得不支付昂贵的更新改造费用，而这些在初始评估中是不可能考虑到的。

因此，置业投资者已经开始认识到，即使是对新建成的甲级物业投资，也会面临建筑物功能过时所带来的风险。房地产估价师在评估房地产市场价值时，也开始注意到未来的重新装修甚至更新改造所需投入的费用，对房地产当前市场价值的影响。

其他未来会遇到的运营费用，包括由于建筑物存在内在缺陷导致结构损坏的修复费用和不可预见的法律费用（如租金调整时可能会引起争议而诉诸法律）。

（3）资本价值风险。资本价值风险在很大程度上取决于预期收益现金流和可能的未来运营费用水平。然而即使收益和运营费用都不发生变化，资本价值也会随着收益率的变化而变化。这种变化使得预期资本价值和现实资本价值之间产生差异，即导致资本价值的风险，并在很大程度上影响着置业投资的绩效。

（4）机会成本风险。机会成本风险又称比较风险，是指投资者将资金投入房地产后，失去了其他投资机会，同时也失去了相应的可能收益时，给投资者带来的风险。

（5）时间风险。时间风险是指房地产投资中，与时间和时机选择因素相关的风险。房地产投资强调在适当的时间，选择合适的地点和物业类型进行投资，这样才能使其在获得最大投资收益的同时使风险降到最低限度。时间风险的含义不仅表现为选择合适的时机进入市场，还表现为物业持有时间的长短、物业持有过程中对物业重新进行装修或更新改造时机的选择、物业转售时机的选择以及转售过程所需要时间的长短等。

（6）持有期风险。持有期风险是指与房地产投资持有时间相关的风险。一般来说，投资项目的寿命周期越长，可能遇到的影响项目收益的不确定因素就越多。例如，某项置业投资的持有期为 1 年，则对于该物业在 1 年内的收益以及 1 年后的转售价格很容易预测；但如果持有期是 10 年，那么对 10 年持有期内的收益和 10 年后转售价格的预测就要困难得多，预测的准确程度也会低很多。因此，置业投资的实际收益和预期收益之间的差异随着持有期的延长而加大。

上述所有风险因素都应引起投资者的重视，而且投资者对这些风险因素将给投资收益带来的影响估计得越准确所做出的投资决策就越合理。

3. 风险对房地产投资决策的影响

风险对房地产投资决策的第一个影响是令投资者根据不同类型房地产投资风险的大

小，确定相应的目标投资收益水平。投资者的投资决策主要取决于对未来投资收益的预期，不论投资的风险是高还是低，只要同样的投资产生的预期收益相同，那么无论选择何种投资途径都是合理的。只是对于不同的投资者，由于其对待风险的态度不同，因而采取的投资策略也会有差异。

例如，按照风险大小和收益水平高低，通常将房地产投资划分为收益型、收益加增值型和机会型三种类型。能承受较低风险及相应收益水平的长期投资者，通常选择收益型房地产投资，以获取稳定的租金收益为目的，投资对象通常为进入稳定期的优质收益性物业；能承受中等风险及相应收益水平的投资者，通常选择收益加增值型房地产投资，以同时获得物业租金收益和物业增值收益，投资对象通常为尚未进入稳定期或刚刚竣工的收益性物业；能承受较大投资风险、期望获得较高收益的投资者，则选择机会型房地产投资。房地产开发投资一般属于机会型房地产投资。

风险对房地产投资决策的第二个影响，是使投资者尽可能规避、控制或转移风险。人们常说，房地产投资者应该是风险管理的专家，实践也告诉人们，投资的成功与否，在很大程度上依赖于投资者认识风险和管理风险的能力。

总之，房地产市场是动态变化的，房地产投资者通过对当前市场状况的调查研究得出的有关税收价格、成本费用、开发周期及市场吸纳率、吸纳周期、空置率等的估计，都会受各种风险因素的影响而有一定的变动范围。随着时间推移，这些估计数据会与实际情况有所出入。为规避风险，分析者要避免仅从乐观的一面挑选数据。对于易变或把握性低的数据，最好能就其在风险条件下对反映投资绩效的主要指标所带来的影响进行分析，供决策参考。

（二）房地产项目投资组合

房地产投资组合是将房地产投资风险分散的重要手段。投资组合理论的主要论点是：对于相同的宏观经济环境，不同投资项目的收益会有不同的反应。举例来说，在高通货膨胀时，投资项目甲的收益增长可能会超过通货膨胀的增长幅度，而投资项目乙的收益可能会为负增长。在这种情况下，把适当的投资项目组合起来，便可以达到一个最终和最理想的长远投资策略。换句话说，目标是寻找在一个固定的预期收益率下，使风险最小，或是在一个预设可接受的风险水平下，使收益最大化的投资组合。

例如，某人有一大笔资金，他是把这笔资金全部投到一个项目上去，还是分别投到不同的项目上去？聪明而理智的人通常都会选择后一种投资方式，因为这样做虽然可能失去获得高收益的机会，但不至于血本无归。基金会的资金使用方式最能体现这种投资组合理论，因为基金投资的首要前提是基金的安全性和收益的稳定性，满足了这两个前提，才会有收益最大化的目标。

大型机构投资者进行房地产投资时，非常注重研究其地区分布、时间分布以及项目类型分布的合理性，以期既不冒太大的风险，又不失去获取较高收益的机会。例如，香港新鸿基地产发展有限公司的董事会决议中，要求在内地的投资不能超过其全部投资的 10%；以发展工业物业见长的香港天安中国投资有限公司，在其经营策略中，要求必须投资一定比例的商用物业和居住物业，以分散投资风险。

图 7-2 表示两个投资项目都有相同的收益率，但对市场变化的反应不同。假如以单一投资项目分析，它们各自的波动十分大，这也表示单一项目的投资风险很大。另外，若把这两个投资项目组合起来，便可以将两者的风险变化相互抵消，从而把组合风险降到最低。当然要达到这个理想的效果，前提条件是各投资项目间有一个负协方差。最理想的是一个绝对的负协方差，但这个条件，负协方差难以达到。

图 7-3 代表一个投资组合的设计过程和开发商运用开发资金的不同分配方法。设想他面对两种主要的投资项目类型 X 和 Y，可以把总开发投资按他个人的喜好和对风险的态度，分配在曲线 XPRQY 的任何一个组合点上。XPRQY 的弧度取决于 X 和 Y 的协方差关系，假如是绝对的正协方差，曲线变成直线 XY 代表两者有同一方向和幅度的反应。相反，假若两者是绝对的负协方差，即在面对相同的市场环境条件时，一方的收益上升而另一方的收益则下降。此时曲线变为 XOY，其中 O 点是毫无风险的一个投资组合。当然，这是一个比较难出现的机会，比较多的是类似 XPRQY 这种曲线，且在该曲线上，RY 部分较 XR 部分理想，原因是在同一风险程度上，RY 部分的每一个组合点都有一个较大的预期收益率。以此类推，假如把更多的不同投资项目加入这个组合，组合曲线便会变成组合团，如图 7-4 所示。在这种情况下，不同的投资组合都会被集中到 ABCDE 这个组合团里。虽然在组合团内的每一个组合点都会在不同程度上减小风险，但最理想的组合仍然是 RY 部分的各点，因为它们都可以在某一特定风险水平下达到最大的预期收益，或在某一预期收益率下所对应的风险最小。

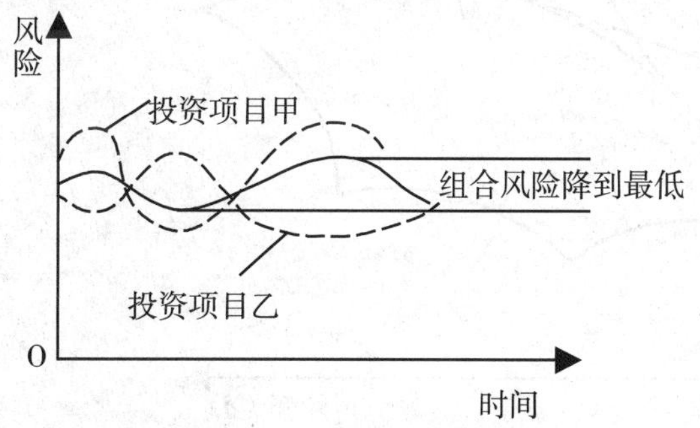

图 7-2　不同投资项目对市场的反应

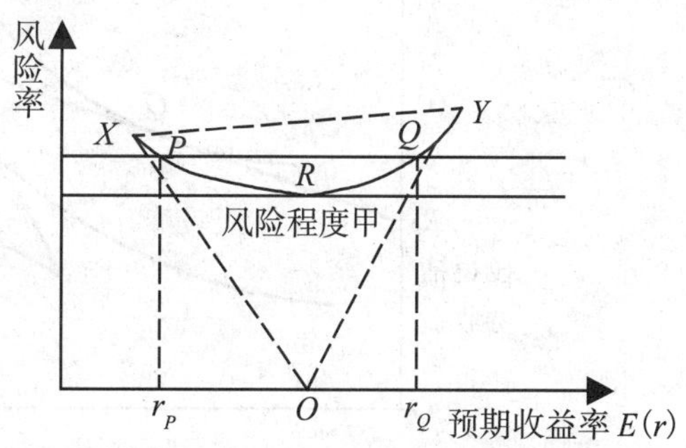

图 7-3　投资组合设计与资金分配

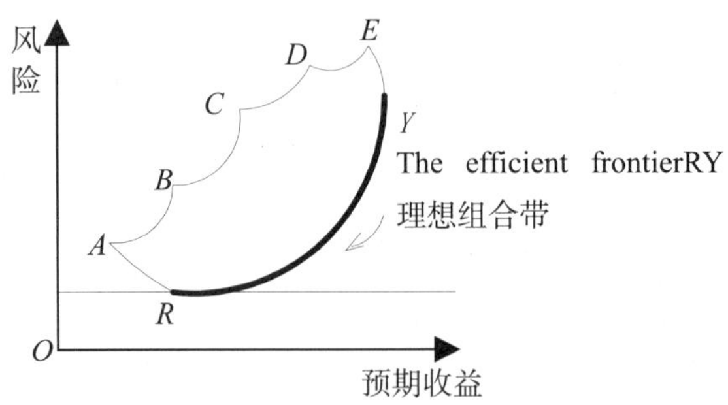

图 7-4　理想组合带

经过以上分析，投资者便可进一步按其对承担风险的态度去设计出一个最能扩大其收益的投资组合。图 7-4 所示的 *RY* 理想组合带基本上代表了不同的投资收益与风险程度的组合。投资者可按其对风险的态度来选择。举例来说，如果投资者愿意承担较大的风险去换取高收益的话，便会选靠近 *Y* 的组合。*Y* 本身是所有理想投资组合中风险和收益都最高的一种组合。相反，如果投资者不愿去冒险的话，便会选靠近 *R* 的组合。*R* 本身是风险最小，同时也是收益最低的一种组合。

一个比较客观的选择方法是借用低微风险甚至毫无风险的投资项目，这通常指国债或银行存款。在图 7-5 中的 R_f 便是投资国债的收益率。由于它的收益几乎是肯定的，风险也就差不多等于零。把 R_f 点引申一条直线至紧贴理想组合带的表面上，便形成了所谓的资产市场线（Capital Market Line）。原则上，*M* 点成为一个可以选择的组合。但假如投资者仍希望减少风险，他便可以选择 *P* 至 *M* 之间的不同组合。假如市场上真的存在这样一个无风险的投资项目，便可以通过图 7-5 的分析来减少风险，在图 7-5 中可以看到 *Q* 点和 *P* 点虽然有同一个收益率，但 *Q* 点的风险比 *P* 点的低。

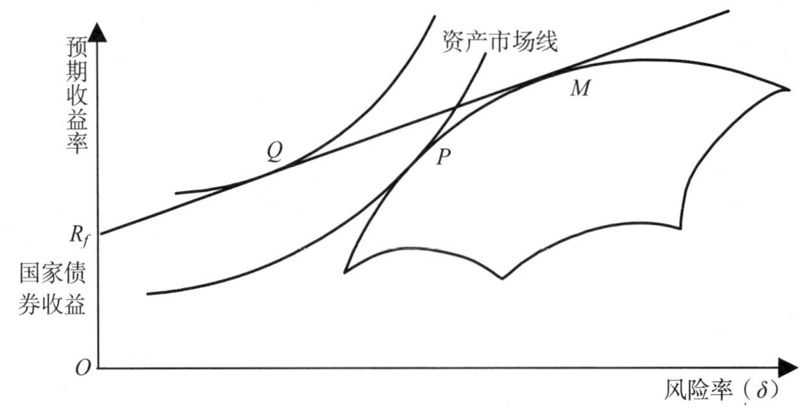

图 7-5　投资选择

需要指出的是，这种投资组合理论所做出的减少风险的方法，并不能使投资组合变得毫无风险。从理论上说，风险是由系统风险和个别风险所组成的。通过投资组合理论的原则，虽然可以将个别风险因素减少甚至近于完全抵消，但系统风险因素仍然存在（如图 7-6 所示）。因此，投资者的应得收益便以补偿这个系统风险为主，计算公式为

$$E\left(R_j\right)=R_f+\beta_j\left[E\left(R_m\right)-R_f\right]$$

式中：$E（R_j）$——在同一时间段内，资产 j 应有的预期收益率；

R_f——无风险资产的收益率；

$E（R_m）$——在同一时间内，市场整体平均收益率；

β_j——资产 j 的系统性市场风险系数$\left[相关系数，\beta_j=\dfrac{COV\left(R_j,R_m\right)}{VAR\left(R_m\right)}\right]$。

从上述公式中可以看到，系统性市场风险系数 β_j 是代表某一种投资项目相对于整个市场变化反应幅度的参考指标。举例来说，假如市场的整体平均收益率是 10%，无风险资产收益率为 5%，一个投资项目的系统性市场风险系数是 0.5，则其预期收益率为 7.5%。假如系统性市场风险系数是 1.5，则其预期收益率是 12.5%。假如系统性市场风险系数是 1，代表该投资项目的变化幅度和市场平均变化一样。求取这个系统性市场风险系数的一个常用方法是利用回归模型，因为这个系统性市场风险系数大体上与某一投资项目的收益与市场整体平均收益的回归公式之斜率相同。

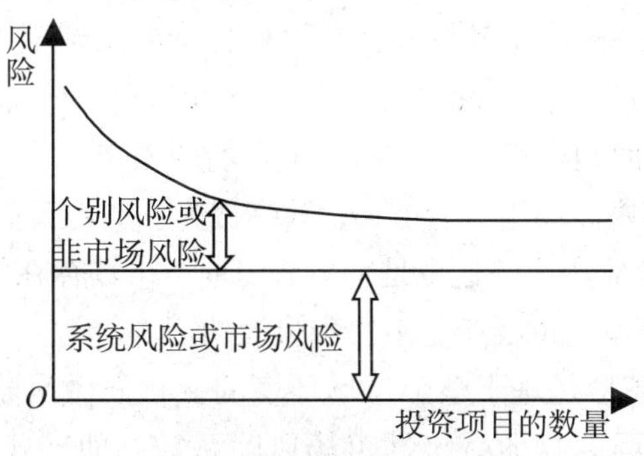

图 7-6 投资组合使风险降低

在金融市场上，这种计算很常用且非常容易，因为股票市场有股票指数作为市场的整体平均收益率的参考，但这种计算在房地产市场中运用起来就比较困难。

（三）资本资产定价模型

由上述投资组合理论引申出来的资本资产定价模型（Capital Asset Pricing Model）便能更好地分析这种风险与收益的关系。资本资产定价模型与公式 $E\left(R_j\right)=R_f+\beta_j\left[E\left(R_m\right)-R_f\right]$

的意义是一致的，在该模型分析下，一个投资项目在某一时间段上的预期收益率等于市场上无风险投资项目的收益率再加上这项投资项目的系统性市场风险系数（这里假设应用了适当的投资组合）乘以该项目的市场整体平均收益率与无风险投资项目收益率之差。

在房地产投资决策中，一个影响很大但又很难确定的因素是折现率。一些影响开发利润的因素，如建筑成本、银行贷款利率等，基本上都可以根据市场资料推算出来，但折现率的确定比较困难。有时会采用银行贷款利率，但这个方法并不准确，因为虽然银行贷款利率代表了投资者所要求的最低收益水平，但如果投资者所获得的收益仅能支付银行的贷款利息，则投资者就会失去投资的积极性。

确定折现率的理想方法是采用资金的机会成本加适当的风险调整值。所谓资金的机会成本，是资金在某一段时间内最安全和最高的投资机会的收益率。这个收益率差不多等于上述无风险的收益率，如国债的收益率或银行存款利率等。投资者所期望的收益率应至少等于这个机会成本再加上该项目的风险报酬。

整个投资市场的平均收益率为 20%，国债的收益率为 10%，而房地产投资市场相对于整个投资市场的系统性市场风险系数是 0.4，那么房地产投资评估的模型所用的折现率按上述公式的分析应为

$$R=10\%+0.4\times(20\%-10\%)=14\%$$

新西兰的布朗（G.R.Brown）教授曾经把这种分析应用到不同房地产子市场来测算它们的风险报酬。他首先假设了在 1984 年英国房地产市场相对于整体投资市场的系统性市场风险系数为 0.2，通过回归模型，计算出各子市场的系统性市场风险系数（相对于整个房地产市场的收益）：零售商业用房为 1.16，写字楼为 0.87，工业物业为 0.69。

风险最大的是零售商业用房，这也是大多数房地产市场存在的一个现象。这是因为零售商业用房对于宏观经济变化的反应是最快和最大的。

由于资本资产定价模型是基于整个市场环境的变化而做出分析的，上述的这些系数也要分别乘以房地产市场本身的系统性市场风险系数，而转化为个别子市场相对于整体投资市场的风险系数。结果如下：零售商业用房为 0.23，写字楼为 0.17，工业物业为 0.14。

通过这个模型的计算，再假设新西兰当时的国债收益率是 9%，则可测算出每一个子市场应采用的折现率：零售商业用房为 11.07%，写字楼为 10.53%，工业物业为 10.26%。

以上简要介绍了从宏观的角度，来分析整体投资市场在不同投资组合条件下的具体表现，并借助这些投资学理论对房地产投资进行了分析。

第三节 房地产开发经营税费

房地产开发企业业务范围广、经营活动复杂、涉及税种较多，根据国际和地方各级人民政府办法的有关法规，房地产开发、投资、经营者，应该缴纳有关税项和行政性费用。本节将主要介绍与房地产开发经营有关的税费。2016 年 3 月 18 日召开的国务院常务会议决定，2016 年 5 月 1 日起，中央在全国范围内全面推开营业税改征增值税试点，将建筑业、房地产业、金融业、生活服务业全部纳入试点，至此，营业税退出历史舞台，增值税制度更加规范。营业税改征增值税，简称营改增，是指以前缴纳营业税的应税项目改成缴纳增值税，增值税只对产品或者服务的增值部分纳税，减少了重复纳税的环节，是党中央、国务院根据经济社会发展新形势，从深化改革的总体部署出发做出的重要决策，目的是加快财税体制改革，进一步减轻企业赋税，调动各方积极性，促进服务业尤其是科技等高端服务业的发展，促进产业、消费升级、培育新动能、深化供给侧结构性改革。

房地产业“营改增”试点的应税范围，主要是房地产开发企业销售自行开发的房地产项目。自行开发，是指在依法取得土地使用权的土地上进行基础设施和房屋建设。房地产开发企业以接盘等形式购入未完工的房地产项目继续开发后，以自己的名义立项销售的，属于销售自行开发的房地产项目。

我国现行的房地产税收主要涉及房产税、城镇土地使用税、耕地占用税、土地增值税、契税等税种，其他与房地产领域紧密相关的主要税种有增值税、城市维护建设税和教育费附加、印花税、个人所得税以及企业所得税等。

一、所得税

房地产所得税主要包括企业所得税和个人所得税。

1. 企业所得税

企业所得税是对我国境内的企业或组织，在一定期间内的生产、经营所得和其他所得征收的一种税，是规范和处理国家与企业分配方式的重要形式。

企业所得税的税率是体现国家与企业分配关系的核心要素。我国现行的企业所得税基本税率设定为 25%。应纳税所得额是企业所得税的计税依据，按照企业所得税税法的规定，应纳税所得额为企业每一纳税年度的收入总额，减除不征税收入、免税收入、各项扣除以及允许弥补的以前年度亏损后的余额。基本公式为

应纳税额 =（收入总额 – 不征税收入 – 免税收入 – 各项扣除 – 以前年度亏损）× 适用税率

2. 个人所得税

个人所得税是对个人的劳务和非劳务所得征收的一种税。房地产业所涉及最多的是“工资、薪金”所得。其适用 5%~45% 的超额累进税率。基本公式为

应纳税额 = 应纳税所得额 × 适用税率 – 速算扣除数

二、流转税

房地产开发经营的流转税包括增值税、城市维护建设税和教育费附加。

1. 增值税

增值税是以商品（含应税劳务）在流转过程中产生的增值额作为计税依据而征收的一种流转税。按照相关规定，增值税是对在我国境内销售货物或者提供加工、修理修配劳务以及进口货物的企业和个人，就其货物销售或提供劳务的增值额和货物进口金额为计税依据而征收的一种流转税。

增值税的税率和征收率在房地产开发经营业务中主要有以下几种情况：① 房地产开发企业销售自行开发的房地产项目适用的税率为 10%。② 小规模纳税人销售、出租不动产以及一般纳税人提供的可选择简易计税方法的销售、出租不动产业务，征收率为 5%。③ 境内的购买方为境外单位和个人扣缴增值税的，按照适用税率扣缴增值税。

增值税的计税方法，包括一般计税方法和简易计税方法。一般纳税人发生应税行为适用一般计税方法计税。房地产开发企业中的一般纳税人销售自行开发的房地产老项目，可以选择适用简易计税方法按照 5% 的征收率计税。一经选择简易计税方法计税的，36 个月内不得变更为一般计税方法计税。小规模纳税人发生应税行为适用简易计税方法计税。

一般计税方法的应纳税额按以下公式计算：应纳税额 = 当期销项税额 – 当期进项税额。当期销项税额小于当期进项税额不足抵扣时，其不足部分可以结转下期继续抵扣。

简易计税方法的应纳税额分两种情况：① 简易计税方法的应纳税额，是指按照销售额和增值税征收率计算的增值税额，不得抵扣进项税额。应纳税额计算公式为：应纳税额 = 销售额 × 征收率。② 简易计税方法的销售额不包括其应纳税额，纳税人采用销售额和应纳税额合并定价方法的，按照下列公式计算销售额：销售额 = 含税销售额 ÷（1+ 征收率）。

房地产开发企业中的一般纳税人销售自行开发的房地产项目，适用一般计税方法计税，按照取得的全部价款和价外费用，扣除当期销售房地产项目对应的土地价款后的余额计算销售额。销售额的计算公式为

不含税销售额 =（全部价款和价外费用 – 当期允许扣除的土地价款）÷（1+10%）

当期允许扣除的土地价款按照当期销售房地产项目建筑面积占房地产项目可供销售建筑面积的比例计算，计算公式为

当期允许扣除的土地价款 =（当期销售房地产项目建筑面积 ÷ 房地产项目可供销售建筑面积）× 支付的土地价款

当期销售房地产项目建筑面积，是指当期进行纳税申报的增值税销售额对应的建筑面积。

房地产项目可供销售建筑面积，是指房地产项目可以出售的总建筑面积，不包括销售房地产项目时未单独作价结算的配套公共设施的建筑面积。

支付的土地价款，是指向政府、土地管理部门或受政府委托收取土地价款的单位直接支付的土地价款。

在计算销售额时从全部价款和价外费用中扣除土地价款，应当取得省级以上（含省级）财政部门监（印）制的财政票据。

一般纳税人销售自行开发的房地产老项目适用简易计税方法计税的，以取得的全部价款和价外费用为销售额，不得扣除对应的土地价款。

2. 城市维护建设税

城市维护建设税，是对从事工商经营，缴纳增值税、消费税的单位和个人，就其实际缴纳的增值税、消费税税额为计税依据而征收的税种，是国家为加强城市的维护建设、扩大和稳定城市维护建设资金来源而采取的一项税收措施。

城市维护建设税按纳税人所在地的不同，设置了三档差别比例税率。

（1）纳税人所在地为市区的，税率为 7%。

（2）纳税人所在地为县城、镇的，税率为 5%。

（3）纳税人所在地不在市区、县城或者镇的，税率为 1%。

城市维护建设税的应纳税额大小是由纳税人实际缴纳的“三税”税额决定的，其计算公式为

纳税税额 =（纳税人实际缴纳的增值税 + 消费税税额）× 适用税率

3. 教育费附加

教育费附加是对缴纳增值税、消费税的单位和个人，以其实际缴纳的税额为计算依据征收的一种附加费。

教育费附加征收比率为 3%，计税依据为增值税、消费税，其计算公式为

纳税税额 =（纳税人实际缴纳的增值税 + 消费税税额）× 适用税率

三、行为、目的税

房地产开发经营中的行为、目的税包括契税、印花税、耕地占用税和土地增值税。

（一）契税

契税是对在我国境内转移土地、房屋权属时向承受土地使用权、房屋所有权的单位征收的一种税。征收范围包括国有土地使用权出让、土地使用权转让（包括出售、赠予和交换）、房屋买卖、房屋赠予和房屋交换。

契税的纳税义务人是承受方，具体情况如表7-6所示。契税实行3%~5%的浮动税率，由各省、自治区、直辖市人民政府视本地区的实际情况决定。

表7-6 契税的征税对象、计税依据和纳税义务人

征税对象	计税依据	纳税义务人
国有土地使用权出让	成交价格	受让人
土地使用权出售、房屋买卖	成交价格	买受人
土地使用权赠予、房屋赠予	由征收机关参照市场价格核定	受赠人
土地使用权交换、房屋交换	价格差额	多交付货币或其他经济利益的一方
以划拨方式取得土地使用权者经批准转让房地产	补交的土地使用权出让费用或收益，受让房地产的成交价格或核定价格	房地产者 房地产受让人

在表7-6中，成交价格明显低于市场价格并且无正当理由的，或者所交换土地使用权、房屋的价格差别明显不合理且无正当理由的，征收机关可以参照市场价格核定计税依据。对一些特殊方式转移土地、房屋权属的，视同土地使用权转让、房屋买卖或赠予，包括以下几类：一是以土地、房屋权属作价投资、入股；二是以土地、房屋权属抵押；三是以获奖方式承受土地、房屋权属；四是以预购方式或者预付集资建房款方式承受土地、房屋权属。

契税的纳税义务发生时间为纳税人签订土地、房屋权属转移合同的当天，或者纳税人取得其他具有土地、房屋权属转移合同性质凭证的当天。纳税人应当自纳税义务发生之日起10日内，向土地、房屋所在地的契税征收机关办理纳税申报，并在契税征收机关核定的期限内缴纳税款。

契税的计算公式为

$$应纳税额=计税依据\times 税率$$

（二）印花税

印花税对在经济活动和经济交往中书立、使用、领受具有法律效力的凭证单位和个人

征收的一种税。印花税是一种具有行为税性质的凭证税，凡发生书立、使用、领受应税凭证的行为，就必须依照印花税法的有关规定履行纳税义务。分为从价计税和从量计税两种，计算公式为

$$应纳税额 = 计税金额 \times 税率$$

$$应纳税额 = 凭证数量 \times 单位税额$$

土地使用权出让转让书立的凭证（合同）暂不征收印花税，但在土地开发建设，房产出售、出租活动中所书立的合同、书据等，应缴纳印花税。在房地产开发经营活动中，涉及的有关须纳税凭证和印花税税率为：① 商品房购销合同，按合同所载金额的 0.03% 贴花，由立合同人缴纳；② 产权转移书据或合同，按所载金额的 0.05% 贴花，由立合同人缴纳；③ 建筑工程勘察设计合同，按合同所载费用金额的 0.05% 贴花，由立合同人缴纳；④ 建筑工程承包合同，按合同所载费用金额的 0.03% 贴花，由立合同人缴纳；⑤ 银行贷款合同，按合同所载费用金额的 0.005% 贴花，由立合同人缴纳；⑥ 房地产租赁合同，按合同所载费用金额的 0.1% 贴花，税额不足 1 元按 1 元贴花，由立合同人缴纳；⑦ 土地使用证、房地产证，由领受人按每件 5 元缴纳；⑧ 对房地产开发经营企业，其营业账簿应由立账簿人贴花，记载资金的账簿，按实收资本和资本公积的合计金额（指新增部分）的 0.05% 贴花，其他账簿按每件 5 元贴花。

下列凭证免纳印花税。

（1）已缴纳印花税的凭证的副本或者抄本。

（2）财产所有人将财产赠给政府、社会福利单位、学校所立的书据。

（3）经财政部批准免税的其他凭证。

对廉租住房经营管理单位购买住房作为廉租住房、经济适用住房经营管理单位回购经济适用住房继续作为经济适用住房房源的免征契税和印花税。

（三）耕地占用税

为保护我国的耕地资源，减少土地使用中的浪费现象，保证政府的财政收入，建立农业发展基金，对占用耕地进行住宅建设和其他非农业用途建设的单位和个人征收耕地占用税。耕地占用税由地方税务机关负责征收。土地管理部门在通知单位或者个人办理占用耕地手续时，应当同时通知耕地所在地同级地方税务机关。获准占用耕地的单位或者个人应当在收到土地管理部门的通知之日起 30 日内，缴纳耕地占用税。土地管理部门凭耕地占用税完税凭证或者免税凭证和其他有关文件发放建设用地批准书。

耕地占用税的税率依当地人均占用耕地面积的不同而变化，具体分 4 个档次：① 以县为单位（下同），人均耕地在 1 亩以下（含 1 亩）的地区，每平方米为 10 元至 50 元；

② 人均耕地在1亩至2亩（含2亩）的地区，每平方米为8元至40元；③ 人均耕地在2亩至3亩（含3亩）的地区，每平方米为6元至30元；④ 人均耕地在3亩以上的地区，每平方米为5元至25元。

各地适用税额，由省、自治区、直辖市人民政府在规定税额范围内根据本地区情况具体核定（见表7-7）。

表7-7　各省、自治区、直辖市耕地占用税平均税额表

地　　区	每平方米平均税额（元）
上海	45
北京	40
天津	35
江苏、浙江、福建、广东	30
辽宁、湖北、湖南	25
河北、安徽、江西、山东、河南、重庆、四川	22.5
广西、海南、贵州、云南、陕西	20
山西、吉林、黑龙江	17.5
内蒙古、西藏、甘肃、青海、宁夏、新疆	12.5

（四）土地增值税

土地增值税是对转让国有土地使用权、地上的建筑物及其附着物并取得收入的单位和个人，就其转让房地产所取得的增值额征收的一种税。

1. 计算增值额

土地增值税增值额等于房地产转让收入扣除增值税扣除项目后的余额。房地产转让收入是房地产开发商或投资者以出售或者其他方式有偿转让国有土地使用权、地上的建筑物及其附着物所取得的收入。增值额扣除项目包括取得土地使用权所支付的金额；开发土地的成本、费用；新建房及配套设施的成本、费用，或者旧房及建筑物的评估价格；与转让房地产有关的税金和财政部规定的其他扣除项目。

（1）取得土地使用权所支付的金额，是指纳税人为取得土地使用权所支付的地价款和按国家统一规定缴纳的有关费用。

（2）开发土地和新建房及配套设施的成本，是指纳税人房地产开发项目实际发生的成本，包括土地征用及拆迁补偿费、前期工程费、建筑安装工程费、基础设施费、公共配套设施费、开发间接费用。

其中：① 土地征用及拆迁补偿费，包括土地征用费、耕地占用税、劳动力安置费及

有关地上、地下附着物拆迁补偿的净支出、安置动迁用房支出等；② 前期工程费，包括规划、设计、项目可行性研究和水文、地质、勘察、测绘、“三通一平”等支出；③ 建筑安装工程费，是指以发包方式支付给承包单位的建筑安装工程费，以自营方式发生的建筑安装工程费；④ 基础设施费，包括开发小区内道路、供水、供电、供气、排污、排洪、通信、照明、环卫、绿化等工程发生的支出；⑤ 公共配套设施费，包括不能有偿转让的开发小区内公共配套设施发生的支出；⑥ 开发间接费用，是指直接组织、管理开发项目发生的费用，包括工资、职工福利费、折旧费、办公费、水电费、劳动保护费、周转房摊销等。

（3）开发土地和新建房及配套设施的费用，是指与房地产开发项目有关的销售费用、管理费用、财务费用。财务费用中的利息支出，凡能够按转让房地产项目计算分摊并提供金融机构证明的，允许据实扣除，但最高不能超过按商业银行同类同期贷款利率计算的金额。其他房地产开发费用，在按（1）（2）项计算的金额之和的 5% 以内计算扣除。凡不能按转让房地产项目计算分摊利息支出或不能提供金融机构证明的，房地产开发费用在按（1）（2）项规定计算的金额之和的 10% 以内计算扣除。

（4）旧房及建筑物的评估价格，是指在转让已使用的房屋及建筑物时，由政府批准设立的房地产评估机构评定的重置成本价乘以新度折扣率后的价格。评估价格须经当地税务机关确认。

（5）与转让房地产有关的税金，是指在转让房地产时缴纳的增值税、城市维护建设税、教育费附加、印花税。因转让房地产缴纳的教育费附加，也可视同税金予以扣除。

（6）财政部规定的其他项目，指按规定对从事房地产开发的纳税人可按（1）（2）项费用计算的金额之和，加以 20% 扣除。

2. 土地增值税税率

土地增值税按照纳税人转让房地产所取得的增值额和规定的适用税率计算征收，纳税人转让房地产所取得的收入减除《中华人民共和国土地增值税暂行条例》规定的扣除项目金额后的余额，为增值额。它采用四级超率累进税率。

（1）增值额未超过扣除项目金额 50% 的部分，税率为 30%。

（2）增值额超过扣除项目金额 50%、未超过扣除项目金额 100% 的部分，税率为 40%，速算扣除系数为 5%。

（3）增值额超过扣除项目金额 100%、未超过扣除项目金额 200% 的部分，税率为 50%，速算扣除系数为 15%。

（4）增值额超过扣除项目金额 200% 的部分，税率为 60%，速算扣除系数为 35%。

土地增值税的计算公式为

$$应纳税额=\sum(每级距的土地增值额\times适用税率)$$

实际操作中，分布计算较为烦琐，一般可采用速算扣除法计算，计算公式为

$$应纳土地增值税=土地增值额\times适用税率-速算扣除额\times速算扣除率$$

其中：土地增值额 = 转让房地产总收入 – 扣除项目金额。计算扣除项目有：取得土地使用权所支付的金额；开发土地和新建房及配套设施的成本；开发土地和新建房及配套设施的费用；旧房及建筑物的评估价格；与转让房地产有关的税金；加计扣除。

上述所列的四级超率累进税率，每级“增值额未超过扣除项目金额”的比例均包括本比例数。超率累进税率如表 7-8 所示。

表 7-8　土地增值税超率累进税率表

级　数	增值额与扣除项目金额的比率	税率 /%	速算扣除系数 /%
1	不超过 50% 的部分	30	0
2	50%~100% 的部分	40	5
3	100%~200% 的部分	50	15
4	超过 200% 的部分	60	35

【例 7–2】土地增值税计算案例

1. 项目基本情况

某房地产开发企业拟在某特大城市中心区甲级地段建设一座集办公、商住、购物、餐饮娱乐等为一体的综合性商业中心。该项目总占地面积 42 000 m²，规划建设用地面积约 40 000 m²，总建筑面积 297 000 m²，总容积率为 7.425。其中，地上建筑面积约 247 000 m²（含写字楼 104 900 m²，商住楼 60 100 m²，商场 80 000 m²，管理服务用房 2 000 m²），地上容积率为 6.715；地下建筑面积共计 50 000 m²（含地下商场 11 000 m²，地下停车库 25 000 m²，地下仓库 5 000 m²，地下技术设备用房 7 000 m²，地下管理用房 2 000 m²）。

项目开发建设进度安排是：于 2017 年 1 月购买土地使用权进行前期准备工作，2017 年 6 月初开始建设用地的拆迁工作；2017 年 9 月初至 2018 年 5 月底完成基础工程并开始预售楼面。地上建筑分两期建设，一期工程于 2018 年 6 月初开始，建设西南侧的写字楼主楼和副楼各一栋，于 2018 年 12 月底结构封顶，2019 年 11 月底完成装修工程。第二期建设位于项目用地东北侧的商住楼和写字楼副楼各一栋，于 2019 年 1 月初开始，2020 年 5 月底完成装修工程。整个项目将于 2020 年 6 月底全部竣工，投入使用。

2. 项目投资成本及费用分析

项目投资成本及费用估算结果如表 7-9 所示。

表 7-9　项目投资成本及费用估算表 ①

序　号	项目或费用名称	投资金额 / 万美元	单位成本 / (美元 /m²)
I	土地费用	5 510	
	（一）土地出让金	2 300	
	（二）城市建设配套费	120	
	（三）购买土地使用权手续费及税金	3 360	
	（四）土地费用利息（i=15%，2.5 年）		
	小　计	11 290	383.5
II	开发成本		
	（一）拆迁安置补偿费	6 370	
	（二）前期工程费	1 040	
	1. 规划设计	650	
	2. 项目可行性研究	210	
	3. 地质勘探测绘	60	
	4. 施工现场“三通一平”	120	
	（三）建筑安装工程费	16 770	
	1. 结构工程	5 650	
	2. 装修工程	5 870	
	3. 机电设备及安装工程	5 250	
	（四）基础设施费	1 130	
	1. 附属工程费（含室外道路广场、煤气调压站、热力站、变电室和锅炉室等）	630	
	2. 室外工程费（含自来水、雨水、污水、煤气、热气、供电、电信、道路、照明绿化、环卫工程等）	500	
	（五）公共配套设施费		
	1. 代建市政道路 1 200 m²	1 590	
	2. 代市政绿化 800 m²	26	
	3. 人行天桥及地下通道	4	
	4. 电贴费、用电权费	210	
	（六）政府行政性收费（含质量监督和招标管理预算费、施工执照费、开发管理费、竣工图费、保险费等）	1 350 420	
	（七）开发间接费［（一）~（六）］×4%	1 093	
	小　计	28 413	956.7

① 注意：表中有些数字结果为约数，省去了小数。

续表

序　号	项目或费用名称	投资金额/万美元	单位成本/(美元/m^2)
III	开发费用 （一）开发商筹建管理费（II × 3%） （二）销售费用 1. 广告宣传及市场推广费（销售收入 × 5%） 2. 销售代理费（销售收入 × 2%） 3. 销售手续费（销售收入 × 1%） （三）财务费用（开发成本的财务费用） 1. 贷款利息（15%，1.5 年） 2. 融资手续费及佣金（1 × 10%）	 852 3 012 430 1 721 861 7 346 6 678 668	
	小　计	11 210	377.4
IV	与转让房地产有关的税金 （一）增值税（销项税额 – 进项税额）× 10% （二）城市维护建设税（增值税 × 7%） （三）教育费附加（增值税 × 3%） （四）印花税（销售收入 × 0.03%）	 2 496.86 174.78 74.91 25.82	
	小　计	2 772.37	113.9
V	其他扣除项目（I+II）× 20%	7 941	267.4

3. 项目销售收入汇总

（1）销售计划。项目的销售面积包括：地上写字楼、商场、餐饮娱乐用房，建筑面积合计为 247 000 m^2；地下商场建筑面积 11 000 m^2，仓库 5 000 m^2，合计 668 个停车位。开发商制订的销售计划中，销售面积的具体分配情况如表 7-10 所示。

表 7-10　项目出售、出租建筑面积分配表　　m^2

		写字楼主楼 A	写字楼副楼 B、D	商住楼 C	商　场	停车库	仓　库	其　他	合　计
一期	出售	60 100	22 400		45 500	12 500	2 500		143 000
	其他							5 500	5 500
二期	出售		22 400	60 100	45 500	12 500	2 500		143 000
	其他							5 500	5 500
总　计		60 100	44 800	60 100	91 000	25 000	5 000	11 000	297 000

（2）项目销售收入。本项目写字楼主楼、副楼、商住楼、商场、地下商场、地下停车库和仓库的销售的价格分别为 3 000 美元 /m^2、2 800 美元 /m^2、3 150 美元 /m^2、3 800 美元 /m^2、3 509 美元 /m^2、720 美元 /m^2 和 1 000 美元 /m^2。据此，得到该项目的销售收入如表 7-11 所示。

表 7-11　项目销售收入测算表　　万美元

年　份	2017	2018	2019	2020	2021	合　计
销售收入	0	3 014	26 642	45 280	11 130	86 066

4. 土地增值税计算

（1）增值额 =86 066−62 237=23 829（万美元）

（2）增值比例 =23 829 ÷ 62 237=38.3%

（3）适用税率 =30%

（4）应缴纳土地增值税 =23 829 × 30%=7 148.7（万美元）

四、资源、财产税

房地产开发经营中的资源、财产税包括城镇土地使用税和房产税。

（一）城镇土地使用税

城镇土地使用税是在城市、县城、建制镇①和工矿区②范围内，对拥有土地使用权的单位和个人，以实际占用的土地面积为计税依据，按规定税额、按年计算、分期缴纳的一种税。

城镇土地使用税的纳税人通常包括以下几类。

（1）拥有土地使用权的单位和个人。

（2）拥有土地使用权的单位和个人不在土地所在地，其土地的实际使用人和代管人为纳税人。

（3）土地使用权未确定或权属纠纷未解决的，其实际使用人为纳税人。

（4）土地使用权共有的，共有各方都是纳税人，由共有各方分别纳税。

城镇土地使用税以纳税人实际占用的土地面积为计税依据，土地面积计量标准为平方米，即税务机关根据纳税人实际占用的土地面积，按照规定的税额计算应纳税额，向纳税人征收土地使用税。城镇土地使用税采用定额税率，即采用有幅度的差别税额，按大、中、

① 建制镇是指经省、自治区、直辖市人民政府批准设立的建制镇。

② 工矿区是指工商业比较发达、人口比较集中、符合国务院规定的建制镇标准，但尚未设立建制镇的大中型工矿企业所在地。开征房地产税的工矿区必须经省、自治区、直辖市人民政府批准。

小城市和县城、建制镇、工矿区分别规定每平方米土地使用税年应纳税额。具体标准如下。

（1）大城市（人口数 50 万以上）1.5~30 元。

（2）中等城市（人口数在 20 万 ~50 万）1.2~24 元。

（3）小城市（人口数在 20 万以下）0.9~18 元。

（4）县城、建制镇、工矿区 0.6~12 元。

考虑到各地区及经济发展水平的差异，在经济落后地区适当降低税额，但降低额不得超过最低税额的 30%；在经济发达地区可适当提高适用税额标准，但必须报经财政部批准。城镇土地使用税的应纳税额可以通过纳税人实际占用的土地面积乘以该土地所在地段的适用税额求得。计算公式为

$$年应纳税额=\sum（各级土地面积 \times 相应税额）$$

（二）房产税

房产税是在城市、县城、建制镇、工矿区范围内，对拥有房屋产权的内资单位和个人按照房产税原值或租金收入征收的一种税。房产税是以房产为征收对象，依据房产价格或房产租金收入，向房产所有人或经营人征收的一种税，是地方财政收入的重要来源之一。

房地产开发企业建造的商品房，在出售前，不征收房产税；但是出售前房地产开发企业已使用或出租、出借的商品房应按规定征收房产税。

房产税的计税依据是房产的计税价值或房产的租金收入。按照房产计税价值征税的，称为从价计征，按其房产原值一次减除 10%~30% 后的余值计征，税率为 1.2%；按照房产租金收入计征的，称为从租计征，税率为 12%。从 2008 年 3 月 1 日起，对个人按市场价格出租的居民用房，不区分用途，按 4% 的税率征收房产税，免征城镇土地使用税。对企事业单位、社会团体以及其他组织按市场价格向个人出租用于居住的住房，减 4% 的税率征收房产税。计算公式如下。

（1）从价计征：应纳税额 = 应税房产原值 ×（1− 扣除比例）× 1.2%

（2）从租计征：应纳税额 = 租金收入 × 12%（或 4%）

房地产开发企业自用、出租、出借本企业建造的商品房，自房屋使用或交付之次月起计征城镇土地使用税和房产税。

第四节　房地产开发税务筹划

税务筹划是在国家制定的税法进行精细比较后的纳税优化选择，是一种符合国家政策

导向的经济行为。它是一种合情、合理、合法的巧妙纳税行为，而不是利用税法漏洞和措辞上的缺陷避税，更不是违法的偷税。

一、税务筹划概述

（一）税务筹划的含义

税务筹划又称节税，指的是纳税人在税收法律许可的范围内，当存在多种纳税方案可供选择时，通过对经营、投资、理财、组织、交易等事项进行科学、合理的事前选择和策划，以达到税收负担最低或税收利益最大为目的的一种财务管理活动。税收筹划节约的不仅仅是税款，而是包含税款在内的所有纳税成本。另外，通过正确纳税，避免滞纳金、罚款等附加支出也应算作是一种节税。

（二）税务筹划的原则

税务筹划必须得到税务机关的认可，否则对企业不但无利，反而有害。因此，纳税人开展筹划活动必须遵循一定的基本原则，这些基本原则是税务筹划取得成功的前提。

1. 合法性原则

合法性是税务筹划最本质的特点，也是税务筹划区别于逃避税款行为的基本标志。所谓合法性，一方面是指税务筹划不违反国家的税收法规，只能在法律许可的范围内进行。它是纳税人或其他代理人对国家税法进行最优化选择，是税收政策予以引导和鼓励的。从国家宏观调控角度看，税务是调节生产经营者、消费者行为的一种有效的经济杠杆，国家可以根据纳税人谋取最大利益的动机，有意识地通过税收优惠政策，通过设置高低不同的税负，引导投资者和消费者采取符合国家政策导向的行为，以实现国家的某些调控目标。另一方面是指其符合国家的立法意图。税收筹划是生产经营者追求最大利益的重要手段，也是对国家政策意图做出的积极反应，是国家政策意图转换为纳税人行为的具体形式，因而与国家的政策意图是同向的。

2. 预见性原则

纳税人必须在实际业务发生前，对自己的各项活动进行合理的安排，使自己的活动适用最优纳税的法律规定。如果纳税人只是在经济活动已经发生、纳税义务已经确定后，才考虑如何减轻税负，很容易导致偷、逃税等不正当行为的发生，是税法所不允许的，也不是税收筹划应有的内容。“凡事预则立，不预则废”，纳税人必须在进行投资、经营活动前，把税收作为影响最终成果的一个重要因素来考虑。纳税行为相对于经济行为而言，具有滞后性的特点。企业交易行为发生之后，才有缴纳增值税或销售税额的义务；收益实现或分配之后，才计算缴纳所得税；财产取得之后，才缴纳财产税。这在客观上为纳税人提

供了纳税前做出事先筹划或安排的机会。此外，纳税人和征税对象的性质不同，税收待遇也往往不同。这样纳税人可以针对税法及税收制度的有关规定，结合自身的实际情况做出投资、经营和财务决策，以期获得最大的税后利润。

3. 系统性原则

纳税人税收筹划行为的动机是为了减少纳税支出，取得筹划利益。但有效的税务筹划应着眼于纳税人资本总收益的长期稳定的增长，而不是着眼于个别纳税税种的高低或纳税人整体税负的轻重。因为税收可能存在此消彼长的关系，如总的税负降低了，但生产成本、管理费用、财务费用等却相应增加了。面对这种情况，在进行方案选择时，就税收负担而言，应选择总体税负最低的方案；就纳税人总体利益而言，应选择有利于纳税人总体利益最优化的方案，真正做到“筹划增收”，税后利润最大。纳税筹划要兼顾短期效益和长期效益、局部利益和整体利益，其绩效的大小综合反映了企业筹资、投资和生产经营的素质及水平。实践表明，最优纳税方案并不一定是税负最轻的方案，税负减少并不一定等于资本总体收益的增加，有时反而导致企业总体收益的下降。税收筹划就是要选设计、选择总体受益最大的最优方案。归纳起来系统性原则应体现在以下几个方面：① 综合税负相对最小化；② 净利润最大化；③ 企业价值最大化；④ 取得资金的时间价值；⑤ 纳税筹划的成本效益原则；⑥ 实施成本的控制；⑦ 风险成本的控制。

4. 专业性原则

税务筹划是专业性很强的跨税收学、法学、财务管理的综合性学科，而且从事筹划业务的专业人员应具有专业技能，需要较丰富的从业经验。

5. 时效性原则

我国税收制度很不完善，税收政策变化快。企业必须有敏锐的洞察力，预测并随时掌握相关政策法规的变化，制订或修改相应的纳税策略。否则政策变化后，预定的纳税策略可能会失去原有的效用，“变质”为避税甚至偷税，给企业带来纳税风险。

二、房地产行业的税务优惠

作为增加投资、拉动经济增长的重要行业，房地产业在国民经济中的重要性日渐显现。房地产业涉及的税种多，计算复杂，负担也较重。据测算，房地产税费占到房地产价格的30%~40%。因此房地产企业为获取更大的利润，必须关注与其有关的税务优惠。与房地产有关的税务优惠主要有以下几方面。

（一）增值税优惠

1. 起征点

个人发生应税行为的销售额未达到增值税起征点的，免征增值税；达到起征点的，全额计算缴纳增值税。如广东省增值税起征点如下。

（1）按期纳税的，为月销售额 20 000 元（含本数）；

（2）按次纳税的，为每次（日）销售额 500 元（含本数）。

2. 小微企业

对增值税小规模纳税人中，月销售额未达到 2 万元的企业或非企业性单位，免征增值税。2017 年 12 月 31 日前，对月销售额 2 万元（含本数）至 3 万元的增值税小规模纳税人，免征增值税。

增值税小规模纳税人应分别核算销售货物，提供加工、修理修配劳务的销售额和销售服务、无形资产的销售额。增值税小规模纳税人销售货物，提供加工、修理修配劳务月销售额不超过 3 万元（按季纳税 9 万元），销售服务、无形资产月销售额不超过 3 万元（按季纳税 9 万元）的，自 2016 年 5 月 1 日起至 2017 年 12 月 31 日，可分别享受小微企业暂免征收增值税优惠政策。

（二）房产税优惠

房产税的征税范围是开征房产税的地区，即城市、县城、建制镇和工矿区，农村的行政村不属于房地产的征税范围。

其他类型企业的房产税的税收优惠，在房产税暂行条例和财政部有关文件中均有规定。

1. 房产税暂行条例规定的减免税

按《中华人民共和国房产税暂行条例》规定，房产税的减免范围如下。

（1）国家机关、人民团队、军队自用的房产免征房产税。但这些单位的出租房产以及非本身业务使用的生产、营业用房，不属于免税范围，应按规定征收房产税。

（2）由国家财政部门拨付事业经费的单位自用房产，免征房产税。企业所办的各类学校、医院、托儿所、幼儿园自用的房产可以比照该政策享受免税待遇。由国家财政部门拨付事业经费的单位所属工厂、商店、招待所等不属于单位公务、业务的用房应照章纳税，但这种情况不包括高校后勤实体。

（3）宗教寺庙、公园、名胜古迹自用的房产免征房产税。但其中附设的营业单位，如影剧院、饮食部、茶社、照相馆等所使用的房产及出租的房产，不属于免税房产，应按规定缴纳房产税。

（4）个人所有非营业用房产（主要指居民住房，不分面积多少）免征房产税。对个人

拥有的营业用房或者出租的房产，应照章纳税。

2. 财政部有关文件规定的减免税

财政部对房产税减免税情况的规定是根据经济发展情况制定的。这类免税房产情况特殊，范围较小，体现了税收政策的灵活性。其主要内容如下。

（1）经过有关部门鉴定停止使用的毁损房屋和危险房屋免征房产税。

（2）微利企业和亏损企业，可由地方税务部门确认，根据实际情况在一定的期限内暂免征收房产税。

（3）在基建工地建造的为工地服务的各种临时性房屋，在施工期间可以免税。

（4）房屋大修停用半年以上的，在大修期间可以免税。

（5）企业停产、撤销以后，其房产闲置不用的，可以暂免征税。

（6）对地下人防设施，暂不征收房产税。这项政策的意图是为了鼓励地下人防设施。

（7）为鼓励住房制度改革，自2001年1月1日执行以下房产税的优惠：① 对按规定价格出租的公有住房和廉租住房，包括企业和自收自支事业单位向职工出租的单位自有住房；房管部门向居民出租的公有住房；落实私房政策中带户发还产权并以政府规定租金标准向居民出租的私有住房等，暂免征收房产税。② 对个人按市场价格出租的居民用房，其应缴纳的房产税暂减按4%的税率征收。③ 对政府部门和企事业单位、社会团体以及个人等社会力量投资兴办的福利性、非营利性的老年服务机构，暂时免征其自用房产的房产税。

（8）除了上述规定之外，纳税人确实有纳税困难的，可以由省、自治区、直辖市人民政府确定，定期减征或免征房产税。

纳税单位与免税单位共同使用的房屋，按照各自使用的部分划分，分别缴纳或者免征房产税。

（三）土地增值税优惠

土地增值税的纳税人是转让国有土地使用权、地上建筑物及其附着物（即转让房地产）并取得收入的单位和个人，其中主要是房地产企业。其主要优惠如下。

（1）纳税人建造普通标准住宅出售，增值额未超过扣除项目金额20%的，免征土地增值税；增值额超过扣除项目金额20%的，应就其全部增值额按规定计税，不得免税。普通标准住宅是指一般居民用住宅，不包括高级别墅、高级公寓、小洋楼、度假村等以及超面积、超标准、豪华装修的住宅。是否属于普通标准住宅，必须经过税务机关确认。

（2）因国家建设需要依法征用、收回的房地产免征土地增值税。由于国家建设需要搬迁，由纳税人自行转让房地产的，免征土地增值税。

符合上述免税条件的单位和个人，必须向房地产所在地税务机关提出申请，经税务机

关审核后，免予征收土地增值税。

（3）个人因工作调动或改善居住条件等原因转让原自用住房，经向税务机关申报批准，凡居住满3年未满5年的，减半征收土地增值税；居住未满3年的，按规定征收土地增值税。

（4）1994年1月1日前签订的房地产转让合同，不论其房地产在何时转让，均免征土地增值税；1994年1月1日以前已签订房地产开发合同或已立项，并已按规定投入资金进行开发，其在1994年1月1日以后5年内，首次转让房地产的，免征土地增值税；在上述免税期内再次转让房地产以及不符合上述规定的房地产转让，均应按规定征收土地增值税。

另外，下列项目暂免征土地增值税。

（1）以房地产进行投资、联营，联营一方以房地产作价入股或者作为联营条件，将房地产转让到所投资、联营的企业中的。

（2）一方出土地，一方出资金，合作建房，建成后按照比例分房自用的。

（3）房地产开发公司代客户进行房地产开发，开发完成后向客户收取代建费的行为。

（4）在兼并企业中，被兼并企业将房地产转让到兼并企业中的。

另外，土地增值税使用超率累进税率，增值率越高，税率越高。这样的税收制度对炒买炒卖土地获得高收益的房地产企业不利，对正当开发房地产的企业有利。

三、房地产企业税务筹划

（一）税务筹划的方法

房地产企业税务筹划的方法比较多，主要方法有以下几种。

1. 转让定价法

转让定价是指两个或两个以上有经济联系的经济实体，为共同获得更多利润而在销售活动中进行的价格转让。普遍用于母子公司、总分公司、有经济联系的其他公司之间，其目的是转移利润、减轻税负。转让定价法是国际商务中非常流行的纳税筹划方法，也是税务部门重点稽查的对象。我国税法中有反避税条款的规定，目的在于禁止关联企业利用转让定价偷逃税。在经济活动中，关联企业为了转移利润，在商品交换过程中，不依照市场规则和公允价格进行交易，而是根据关联企业的共同利益进行商品或非商品交易。在这种交易中，交易的价格根据双方的意愿，可高于或低于市场价格，达到少纳税的目的。从征税方面讲，对企业之间转让定价的，税务机关有权进行调整。

2. 因素分解法

美国杜邦公司在对企业财务情况和经济效益进行分析时，是以净资产收益率为核心，采用因素分解法，揭示各因素对净资产收益率的影响，这种方法称为杜邦分析法，又称杜邦财务分析体系，简称杜邦体系。

借鉴杜邦分析法，对企业所得税的计算公式进行因素分解，把企业所得税应纳税额分解为销售单价、销售数量、成本、费用、税金、损失、适用税率七个因素，针对每一个因素的税收法规和会计制度的规定，提出相应的纳税筹划方法和会计处理技巧。企业所得税纳税筹划因素分解图如图7-7所示。

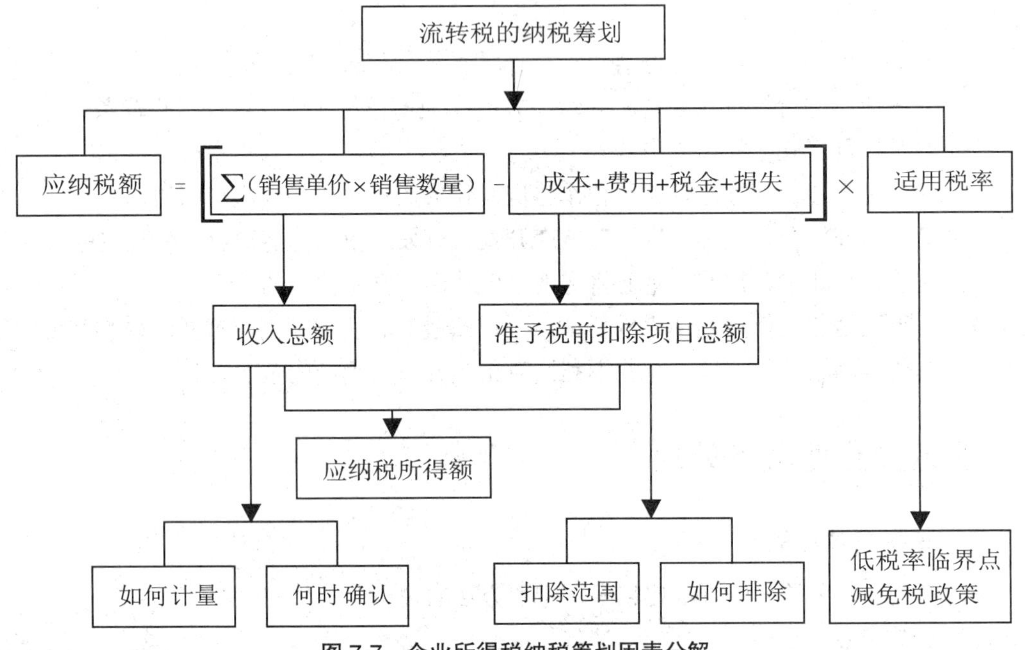

图7-7　企业所得税纳税筹划因素分解

在七个因素中，对适用税率的筹划，可采用低税率临界点法或利用优惠政策，达到减免税的目的。但是低税率临界点法的筹划空间很小，只有当应税所得额略高于临界点时，对其筹划才奏效。纳税人可以利用税收优惠政策，遵照《税收减免管理办法》的要求实现减免税。

销售单价、销售数量、成本、费用、税金、损失六个因素共同构成了应纳税所得额，用因素分解法对企业所得税进行纳税筹划，以应纳税所得额为核心，这体现了税收法定原则。另外，这六个因素的筹划空间比较大。销售总额可以分解为销售单价和销售数量。

3. 递延纳税筹划法

在市场经济条件下，追求利润最大化是一切经济组织从事经济活动的重要目的，提前收款、推迟支付可以使企业获得资金的时间价值。企业预测到需要控制应纳税所得额时，就应该采用一些推迟实现销售收入的方法，或者加大前期成本费用扣除的方法，降低本年的应纳税所得额，达到推迟纳税的目的。

4. 比较法

比较法是指从不违反税法的原则出发，对多个纳税方案计算纳税效果，比较其综合税负，从中选取税负最低、纳税风险最小的方案。

纳税人在进行纳税筹划时，应该制订多个筹划方案，经过比较，选取纳税风险较小、税负相对较轻的方案。在制订纳税筹划方案时，应考虑下列因素：纳税人身份的选择、税率差异、税收优惠、扣除项目、税收抵免、延期纳税、出口退税等。

5. 免税临界点法

为了执行税收优惠政策，税法规定了一些免税临界点，符合规定的可以享受到税法规定的税收优惠。例如，纳税人建造普通标准住宅出售，增值额未超过扣除项目金额20%的，免征土地增值税；增值额超过扣除项目金额20%的，应就其全部增值额按规定计税。“20%的增值额”就是“临界点”。

【例7-3】“临界点”筹划法案例分析

某房产开发公司从事普通住宅商品房开发，2019年4月2日，出售普通住宅用房一幢，总面积9 100m^2，平均售价5 500元/m^2，售款总额为5 460万元。该幢房屋支付土地出让金1 500万元，房地产开发成本1 500万元，财务费用为100万元，其中40万元为罚息（不能按收入项目准确分摊）。假设城市维护建设税税率为7%、教育费附加征收率为3%、印花税税率为0.5‰。当地省级人民政府规定允许扣除的房地产开发费用为10%。

（1）筹划前

① 转让房地产的收入为5 005万元。

② 本项目扣除项目金额包括出让金、房地产开发成本、财务费用、房地产转让有关的税费（增值税、城市维护建设税和教育费附加、印花税）及财政部规定的其他可扣除项目。

计算如下：

$$1\,500+1\,500+100+5\,005\times0.05\%+（1\,500+1\,500）\times20\%+[（5\,005-1\,500）\div（1+9\%）\times9\%-1\,500\times9\%]\times（1+7\%+3\%）=3\,872.35（万元）$$

增值额为：5 005−3 872.35=1 132.65（万元）

增值率为：1 132.65/3 872.35=29.25%。因此，适用的土地增值税税率为30%。

③ 应纳土地增值税税额为：1 132.65×30%=339.80（万元）

实际盈利金额 = 收入 − 成本 − 费用 − 税金

=5 005−1 500−1 500−100−339.80−169.84−5 005×0.05%=1 392.86（万元）

筹划办法：假设该公司将房价适当调低，由 5 500 元 /m²，降到 5 300 元 /m²，则售价总额为 4823 万元，其他保持不变。

（2）筹划后

① 允许扣除的税金为：

［（4 823−1 500）÷（1+9%）×9%−1 500×9%］×（1+7%+3%）+4 823×0.05%=155.73（万元）

② 允许扣除的项目金额为：根据我国《土地增值税暂行条例实施细则》的规定，房地产开发费用中财务费用中的利息支出，凡能够按转让房地产项目计算分摊并提供金融机构证明的，允许据实扣除，但最高不能超过按商业银行同类同期贷款利率计算的金额。凡不能按转让房地产项目计算分摊利息支出或不能提供金融机构证明的，房地产开发费用按土地出让金和房地产开发成本金额之和的 10% 以内计算扣除。

此条例中，是否"能够按照转让房地产项目计算分摊并提供金融机构证明"是由纳税人的主观意愿来决定的，因此，可以纳税人可选择有利于自己的方式进行计算。

当地省级人民政府规定允许扣除的房地产开发费用为 10%，计算可得：

（1 500+1 500）×10%=300>100

因此，扣除项目金额合计为：

1 500+1 500+（1 500+1 500）×10%+（1 500+1 500）×20%+155.73=4 055.73（万元）

③ 增值额为：4 823−4 055.73=767.27（万元）

增值率为 767.27/4 055.73=18.92%<20%，根据《土地增值税暂行实施条例》的规定，增值额小于扣除项目 20% 的，免征土地增值税。

④ 实际盈利金额为：4 823−1 500−1 500−100−155.73=1 567.27（万元）

虽然售价比原来降低了 182 万元，但实际税后收益反而比原来增加了 174.42（万元）。虽然售价比原来降低了 182 万元，但实际税后收益反而比原来增加了 68.49（万元）。

6. 分劈法

分劈法是指在合理合法的情况下，把应纳税所得额、财产、交易合同进行适当分劈，达到节税的目的。出于税法调节社会财富分配的考虑，各国对所得税和一般财产税普遍采用累进税率制，应纳税所得额或财产税额越大，适用边际税率越高。因此，如果能把应纳税所得额或财产税额，在两个或者更多纳税人之间进行分劈，无疑会降低税基和适用税率，达到节税的目的。例如，对个人所得税的纳税筹划，我国现行的个人所得税属于分类所得税模式，将纳税人的各种所得分为十一类，对各种来源不同、性质各异的所得加以分类，每类规定不同的税率和税前减除费用。如果纳税人能将每月所得合理分成若干类，就可以享受多次费用减除，降低应纳税所得额，适用降低的税率，少缴个人所得税。

把分劈法适用范围进一步扩大，可以运用到增值税纳税人身份的选择。例如，某商业企业是一般纳税人，由于经营过程中增值额较大，使得增值税税负很重，达到 13% 以上。如果能利用分劈法把它分成两个以上较小企业，使得年销售额低于 180 万元，转变为小规模纳税人，适用税率就降为 4%，就会少缴增值税。当然，筹划过程中还要考虑其他因素。例如，对一个金额较大的混合销售合同，如果能利用国家税收优惠政策进行分劈，也能够降低税负。

7. 筹资成本抵扣法

企业的资金筹集包括权益资本和负债两个部分，在筹资过程中并不是权益资本越多负债越少越好。因为资本（股本）总是要参加企业税后净利润分配的，而负债费用则可以在税前扣除，抵减应纳税所得额。可以根据财务杠杆效应来合理确定企业资本结构，当企业息税前资产收益率大于借款费用率时，在避免财务风险的前提下，可以适当扩大负债，在税前扣除负债成本，运用财务杠杆效应加大税前扣除，降低所得税费用，增加投资人的回报。

8. 利用税收优惠政策进行纳税筹划

国家为了鼓励某些产业和地区的发展，特别制定了一些优惠政策以达到利用税收杠杆调控资源配置的目的。纳税筹划以遵守税法法规为前提，企业也应该研究税收优惠政策并加以利用，如果运用得当，会给企业带来可观的经济效益。我国新时期税制改革的税收优惠，是以贯彻国家科教兴国战略、可持续发展战略和国家基本产业政策为导向，考虑到我国区域经济不平衡发展的国情，调整税收优惠新格局。从加强宏观调控来讲，国家鼓励企业利用税收优惠减轻税负，这在客观上就会使宏观调控政策得到贯彻。对于企业而言，用好、用足税收优惠政策，证明企业按照国家宏观调控政策合理配置资源，企业的发展符合国家规划，又使企业节省了税费支出。

（二）房地产企业税务筹划

综合分析房地产企业应缴纳的各种税收及其政策规定可以看出，房地产企业所缴纳的各种税收的计税依据具有一定的重复性，如房地产出租的增值税、房产税等都以租金收入为计算依据；销售不动产的增值税、土地增值税，以房地产销售价格计税或与此相关。因此房地产企业的各项税收可以进行筹划，以形成连锁效应。

1. 分签房屋租赁合同

房地产企业将开发的商品房对外出租收取的租金，直接关系到应缴纳的增值税、房产税，租金收入高则承担的税负重。企业在进行税收筹划时，应考虑尽量降低租金收入，或者将房屋租金收入以其他形式加以表现，这样就能有效减轻企业税收负担。

2. 分解不动产销售价格

房地产企业销售不动产须缴纳增值税、土地增值税、城市维护建设税、企业所得税等，其中主要的税负是增值税和土地增值税，这两种税又与房地产销售价格直接相关。房地产销售价格增加，增值税额就会增加，而土地增值税因为适用超率累进税率会成倍地增加。若能使得转让收入减少，从而减少纳税人转让房地产应缴纳的增值税和土地增值税，节省税款。但转让收入变少会直接导致企业收益减少，对企业不利。如何能够既使企业收益不降低，还节省税收负担，值得研究。

其他业务相对于房地产销售收入而言，涉及的税负主要是增值税，不缴纳土地增值税，税负会减轻一些，若能合理降低房地产销售价格，将房地产销售收入转移到其他业务收入形式上，在土地增值税超率累进税制下，企业税收负担会成倍降低，如何使分解不动产销售价格合理合法至关重要。

一般的方法是将可以单独处理的收入项目尽量从房地产价格中分离出来，以减少房地产价格，控制土地增值率。例如，房屋里的各种设施，在出售房地产市场时，既可整体出售，也可分开计价。前一种方法操作简单，但不利于减轻税收负担；后一种方法实施起来比较麻烦，程序复杂一些，但对于减轻税负极其有利。

房地产企业在房屋建造出售时，可选择将合同分两次签订。一份合同是毛坯房房地产转移合同，此合同上注明的金额缴纳增值税、城市维护建设税、教育费附加、土地增值税，另一份合同是设备安装及装潢、装饰合同，此合同上签订的金额只征收增值税、城市维护建设税、教育费附加，不用计征土地增值税。

3. 自营或承包经营，减少流转环节

房产税的计征分为从价计征和从租计征两种方法。从租计征税负重，从价计征税负轻。

若企业以自己的名义领取营业执照和税务登记证，将房屋承租人招聘为经营人，将房屋出租行为变为自办工厂或商场，再承包出去，收入为承包收入，那么原有的房产就可以按从价计征方法征收房产税，这样可以避免较高的房屋租金和较高的房产税，也合理避免了流转环节增值税及附加，从而减轻企业税负。

4. 企业间合作建房筹划

目前房地产企业已形成多种开发形式，有一部分房地产开发企业以转让部分房屋的所有权为代价，换取部分土地的使用权，即一方出土地，一方出资金，房屋建成后按比例分配房屋，形成所谓的合作建房。“以物易物”（土地使用权和房屋所有权相互交换）是合作建房常见的方式，在这一过程中，一方通过转让部分土地使用权换取部分房屋的所有权，发生了转让土地使用权的行为，应以出让价格的9%按“转让无形资产”税目缴纳增值税；另一方通过转让部分房屋的所有权换取部分土地的使用权，发生了销售不动产的行为，

应以分给对方的房屋转让价格的9%按销售不动产税目缴纳增值税。如果合作建房的任何一方将分得的房屋销售出去，则又发生了销售不动产行为，对其销售收入再按“销售不动产”税目征收增值税。

在合作建房协议中，土地出让价格与分给对方的房屋转让价是一致的，合作双方均按转让价格的9%缴纳增值税，造成双重缴税，同时，合作双方纳税额直接与转让价格有关，故双方应本着双方的共同利益，在协议转让价格时，尽量压低价格，减轻双方税负。

5. 利用土地增值税的税率特点和税收优惠

税法规定，纳税人既建造普通标准住宅，又进行其他房地产开发的，应分别核算增值额；不分别核算或不能准确核算增值额的，其建造的普通标准住宅不享受免税优惠。在分开核算的情况下，如果能把普通标准住宅的增值额控制在扣除项目金额的20%以内，从而免缴土地增值税，则可以减轻税负。

在累进税率制度下，纳税的原则是尽量避免高税率的出现，避免收入成波峰与波谷的大幅变化，不均衡状态会加重企业税负。所以为降低土地增值税税负，企业可以将各个开发项目的开发成本进行必要的调整，使得各处开发业务的增值率大致相同，从而节省税款。

6. 推迟收入实现时间

房地产开发企业销售房地产取得的收入应该缴纳增值税，之后还要缴纳土地增值税、城市维护建设税和教育费附加，以及企业所得税。房地产项目开发周期长，资金占有大，收入结算方式复杂，往往采用预售房款这种筹资方式来解决房地产项目的资金不足问题。按规定，销售不动产用预收款方式的，增值税纳税义务发生时间为取得预收款的次月纳税申报期向主管国税机关预缴税款。房地产企业收到的房款可以作为预收款处理，预收款收款日期是以合同约定的，则企业可以通过向后推延合同付款期或将房屋销售发票跨年度延期开票，推迟工程决算，从而就可以调节年度收益和应纳税所得额，合理延迟纳税义务的发生时间。

7. 利用境外子公司筹划

税法规定，外商除设计开始前派专员来我国进行现场勘察、搜集资料、了解情况外，设计方案、绘图业务全部在中国境外进行，设计完成后，将图纸交给中国境内企业，这种情况下，对外商从我国取得的全部营业收入不征收增值税。例如，A公司拟进行一项工程建设，先委托国内建筑企业M为其设计图纸，双方签订合同，合同金额为1 000万元，建筑企业M的行为是在境内销售服务，取得收入后，M企业应缴纳的增值税为：1 000×6%=60万元。如果M企业进行税务筹划，在新加坡成立一规模较小的子公司N，并让N与A公司签订设计合同，A支付给N设计费1 000万元。根据有关规定，境外单位或个人向境内单位或者个人销售全部在境外发生的服务不属于在境内销售服务，所以N不负有增值税的纳税义务，可节税60万元。

【例7-4】某房地产开发项目“购房送装修”促销方式税务筹划案例

房地产新政实施后，许多房地产开发公司为了回笼资金，纷纷采用各种促销手段。“购房送装修”就是一种普遍采用的促销方式。

以某房地产开发公司销售商品住宅为例，其销售方案有四种之多。假如其销售的房屋总面积为8 200m²，该房屋的土地增值税的其他扣除项目金额为1 700万元（包括土地费用1 000万元，开发成本600万元，开发费用100万元），其他成本费用支出1 900万元，该地政府规定的普通住宅标准为价格不超过2 800元/m²。

销售方案一：

该企业为了促销，承诺按3 200元/m²销售毛坯房，同时送精装修，装修费约合400元/m²。则装修费共计投入8 200×0.04=328万元。那么，该公司应缴纳的各项税务额如下：

1. 增值税

公司的营业收入为：8 200×0.32 =2 624（万元）

根据规定，销售不动产的增值税税率为9%，则该公司缴纳的房产税为：

$$(2\,624-1\,000)\div(1+9\%)\times9\%-600\times9\%=80.09\text{（万元）}$$

2. 城建税和教育费附加

按增值税的10%计算，则该公司缴纳的城建税和教育费附加为：

$$80.09\times10\%=8.01\text{（万元）}$$

3. 土地增值税

根据规定，土地增值税实行四级超率累进税率：

（1）增值额未超过扣除项目金额50%的部分，税率为30%。

（2）增值额超过扣除项目金额50%、未超过扣除项目100%的部分，税率为40%。

（3）增值额超过扣除项目金额100%、未超过扣除项目金额200%的部分，税率为50%。

（4）增值额超过扣除项目金额200%的部分，税率为60%。

根据《土地增值税暂行条例》第八条第一项的规定：纳税人建造普通标准住宅出售，增值额未超过扣除项目金额20%的，免缴土地增值税。

该项目实现增值额为：2 624−1 700−80.09−8.01−328=507.90（万元）

$$1\,700\times20\%<507.90<1\,700\times50\%$$

则根据税法规定，该项目应缴土地增值税507.90×30%=152.37（万元）

4. 所得税

企业所得税的税率是体现国家与企业分配关系的核心要素，我国现行的企业所得税基本税率为25%。

该项目实现利润为：2 624−1 900−80.09−8.01−152.37−328=155.53（万元）

则该缴纳所得税为：155.53×25%=38.883（万元）

税后利润为：155.53−38.883=116.647（万元）

5. 税金合计

根据以上计算可得，该项目合计缴纳税金为：

80.09+8.01+152.37+38.883=279.353（万元）

销售方案二：

如果公司按 2 800 元 /m^2 出售，装修费用由其关联的物业公司单独收取，然后以同等价格对外承包。

1. 增值税

项目的营业收入为：8 200×0.28 =2 296（万元）

该公司应缴纳增值税为：

（2 296−1 000）÷（1+9%）×9%−600×9%=53.01（万元）

2. 城建税和教育费附加

该公司缴纳的城建税和教育费附加为：53.01×10%=5.301（万元）

3. 土地增值税

该项目实现增值额为：2 296−1 700−53.01−5.301=537.689（万元）

1 700×20% <537.689< 1 700×50%

所以应缴土地增值税：537.689×30%=161.307（万元）

4. 所得税

实现利润为：2 296−1 900−53.01−5.301−161.307=176.382（万元）

缴纳所得税为：176.382×25%=44.096（万元）

税后利润为：176.382−44.096=132.287（万元）

5. 税金合计

合计缴纳税金为：53.01+5.301+161.307+44.096=263.714（万元）

销售方案三：

如果公司直接建成精装修房，然后按 3 200 元 /m^2 对外销售，这样就可以把 328 万元装修费计入房地产开发成本。

1. 增值税

公司的营业收入为：8 200×0.32 =2 624（万元）

则该公司缴纳的增值税为：

（2 624−1 000）÷（1+9%）×9%−（600+328）×9%=50.57（万元）

2. 城建税和教育费附加

该公司缴纳的城建税和教育费附加为：

$$50.57\times10\%=5.057\text{（万元）}$$

3. 土地增值税

根据《土地增值税暂行条例实施细则》第七条第六项规定：对从事房地产开发的纳税人可按房地产开发成本计算的金额加计 20% 的扣除。这时土地增值税的增值额为：

$$2\,624-1\,700-50.57-5.057-328-328\times20\%=474.773\text{（万元）}$$

与第一种方案（507.90 万元）相比减少 33.127 万元，有：

$$1\,700\times20\%<474.773<1\,700\times50\%$$

应缴土地增值税为：$474.773\times30\%=142.432$（万元）

4. 所得税

实现利润为：$2\,624-1\,900-50.57-5.057-142.432-328=197.941$（万元）

缴纳所得税为：$197.941\times25\%=49.89$（万元）

税后利润为：$197.941-49.49=148.451$（万元）

5. 税金合计

合计缴纳税金为：$50.57+5.057+148.451+49.89=253.968$（万元）

销售方案四：

公司按第二种方案销售，同时在开发成本中增加 130 万元投资多建一点基础设施或配套设施，则这样的投资同样在计算土地增值税时享受加计 20% 的扣除优惠。

1. 增值税

公司的营业收入为：$8\,200\times0.28=2\,296$（万元）

该项目的增值税为：

$$(2\,296-1\,000)\div(1+9\%)\times9\%-600\times9\%=53.01\text{（万元）}$$

2. 城建税和教育费附加

该公司缴纳的城建税和教育费附加为：$53.01\times10\%=5.301$（万元）

3. 土地增值税

扣除项目金额为：$1\,700+53.01+5.301+130+130\times20\%=1\,914.311$（万元）

增值额为：$2\,296-1\,914.311=381.689<1\,914.311\times20\%$

根据《土地增值税暂行条例》第八条第一项的规定：纳税人建造普通标准住宅出售，增值额未超过扣除项目金额 20% 的，免缴土地增值税。

4. 所得税

该项目实现利润为 $2\,296-130-1\,900-53.01-5.301=207.689$ 万元，比第二种方案增加利润 31.307 万元，

缴纳所得税为：207.689×25%=51.922（万元）

税后利润为：207.689−51.922=155.767（万元）

合计缴纳税金为：53.01+5.301+51.922=110.233（万元）

综合以上四种方案，第四种方案应该是最佳方案，增加投资，提高住宅质量，让利与消费者，能刺激消费，吸引客户，达到增加销售、回笼资金的目的，同时又能最大限度地利用税收优惠，使企业利润最大化。

本章小结

房地产开发的过程是资金密集运营的过程，开发商实力的差别很大程度上体现在资金运营上。面对复杂多变的政策、法规，面对风云突变的市场，开发商应该制订合理的资金运行计划，适度筹资，合理投资，理性缴纳税款，实现企业战略目标。

本章从资金筹集的概念出发，对筹资渠道、筹资模式、资金成本进行了分析。对房地产投资类型、投资风险、投资组合进行了研究，并对投资融资进行了案例分析。在此基础上，结合我国最新的税务制度，介绍了房地产开发涉及的主要税种，并对开发过程的税务缴纳进行了系统筹划，最后用综合案例予以说明。

思考题

1. 阐述筹资的概念，分析房地产筹资的渠道和方式。
2. 阐述资金成本的概念，对股权融资和债券融资的优缺点进行比较。
3. 房地产投资有哪些类型？投资中应注意什么问题？
4. 房地产投资风险有哪些？区分系统风险和非系统风险。
5. 阐述房地产开发中税费的类别，并列举近 5 年来对房地产的税负调整的措施。
6. 查阅相关文献，举例说明房地产增值税缴纳过程中应该注意哪些问题。

第八章　房地产营销推广与执行

学习目标

通过对本章的学习，应掌握如下内容。

- 房地产营销的含义及内容；
- 房地产营销渠道类型及创新；
- 房地产广告和促销策略；
- 房地产定价方法及销售控制。

导言

每个楼盘的建设运营都要经过可研、规划、设计、施工及营销推广等过程。前期作用固然巨大，但是如果不注意房地产项目的营销推广，就无法实现投资目标。在营销推广过程中，策略的推陈出新是极其重要的，不管是销售渠道的选择还是广告策略的执行，都将对项目的成败产生巨大影响。

第一节　房地产营销概述

《孙子兵法》“兵势”中有言：“激水之疾，至于漂石者，势也；鸷鸟之疾，至于毁折者，节也。”市场营销是一场没有硝烟的战争，要在这场战争中获得胜利，就要借势造势、审时度势，做到“激水之疾”“鸷鸟之疾”。

市场营销被誉为房地产企业经营和运作的生命线，对于房地产企业这个微观个体而言，市场营销是其最终获取利润并在激烈的市场竞争中立足的制胜法宝。

一、房地产营销的概念

房地产营销是综合检验房地产开发前期所做工作的重要环节，具有较强的综合性和系统性，是开发商能否实现预期效益的关键。

1. 房地产营销的含义

营销学大师菲利普·科特勒曾说过："营销是个人和集体通过创造并同别人交换产品和价值，获得所需之物的一种社会过程。"市场营销则是为了实现各种各样的企业目标，如保持并扩大市场占有率、树立良好企业形象、提高品牌知名度、保有并不断争取忠诚顾客等，而采取各项措施的社会行为。

房地产营销是房地产开发企业通过对企业内、外部经营环境，资源的分析，找出机会点，选择营销渠道和促销手段，经过创意，将物业与服务推向目标市场，以达到占有市场、回笼资金、促进和引导房地产开发企业不断发展目的的经济行为。它蕴含在企业生产开发经营的全过程，涉及与政府、企业、社会团体及个人等的沟通及本企业内部的财务支持、产品策划、成本控制、人力资源管理等各个部门的业务活动。

2. 房地产营销的本质

房地产营销本质上是指在一定的市场约束条件下，如何通过相应的营销策略与控制，达到"以最低的成本、最快的速度实现最大的利润"的过程。

营销既有"营"也有"销"。"营"是指组织、策划的计划与经营过程，主要内容如图 8-1 所示，"销"是指通过各方面的宣传方式达到卖出的结果，"销"所具有的四种境界如图 8-2 所示。"营"在前，"销"在后，但并非"销"不如"营"。"营"不离"销"，"销"不离"营"。

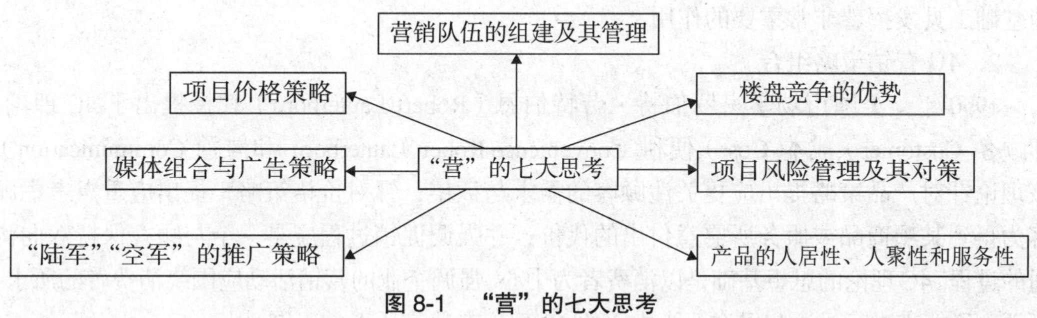

图 8-1　"营"的七大思考

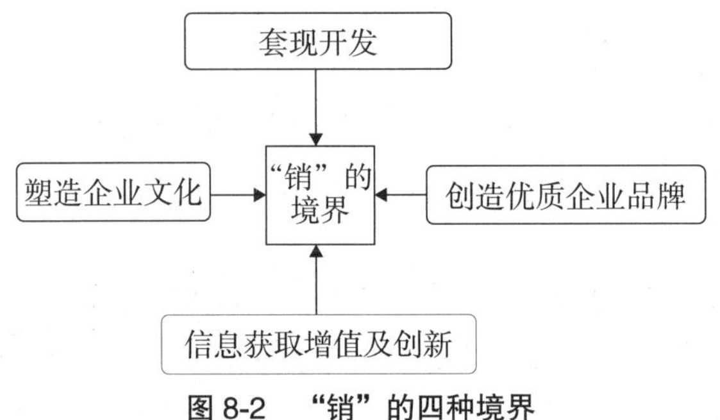

图 8-2 “销”的四种境界

二、房地产营销理论演变

自 1998 年特别是 2002 年以来，中国房地产业快速发展，房地产总体规模不断扩大。房地产企业为了在日趋激烈的市场竞争中获胜，不断将新的营销理念引入房地产营销中。

1．4P 营销策略组合

1960 年，美国市场营销专家麦卡锡（E.J.Macarthy）教授在营销实践的基础上提出了著名的 4P 营销策略组合理论，即产品（Product）、定价（Price）、地点（P1ace）、促销（Promotion）。这不仅奠定了营销策略组合在市场营销理论中的重要地位，也为企业实现营销目标提供了最优手段，即最佳综合性营销活动，也称整体市场营销。

1986 年，“营销管理之父”菲利普·科特勒（Philip Kotler）提出了“大市场营销”概念。他在原来的 4P 组合的基础上，增加了两个 P，即政治力量（Political Power）、公共关系（Public Relations）。这一概念的提出，是市场营销战略思想的新发展。但是 4P 依然作为营销基础工具发挥着非常重要的作用。

2．4C 营销策略组合

1990 年，美国市场学家罗伯特 · 劳特伯恩（Robert Lauterborn）教授提出了 4C 理论，即顾客（Customer）、成本（Cost）、便利（Convenience Robert Lauterborn）和沟通（Communication）。该理论针对产品策略提出应更关注顾客的需求与欲望；针对价格策略，提出应重点考虑顾客为得到某项商品或服务所愿意付出的代价；并强调促销过程应是一个与顾客保持双向沟通的过程。4C 理论的思想基础是以消费者为中心，强调企业的营销活动应围绕消费者的所求、所欲、所能来进行，这与以企业为中心的 4P 理论有着实质上的不同。

3．4R 营销策略组合

20 世纪 90 年代末，整合传播营销理论的创始人美国学者唐 · 舒尔茨在 4C 营销理论的基础上提出了 4R 营销新理论，即关联（Relevancy）、反应（Reaction）、关系（Relation）

和报酬（Reward）。4R 理论以关系营销为核心，重在建立顾客忠诚。它阐述了四个全新的营销策略组合要素。4R 理论强调企业与顾客在市场变化的动态中应建立长久互动的关系，以防止顾客流失，赢得长期而稳定的市场；面对迅速变化的顾客需求，企业应学会倾听顾客的意见，及时寻找、发现和挖掘顾客的渴望与不满及其可能发生的演变，同时建立快速反应机制以对市场变化快速做出反应；企业与顾客之间应建立长期而稳定的朋友关系，从实现销售转变为实现对顾客的责任与承诺，以维持顾客再次购买和顾客忠诚；企业应追求市场回报，并将市场回报当作企业进一步发展和保持与市场建立关系的动力与源泉。

4R 营销理论的最大特点是以竞争为导向，在新的层次上概括了营销的新框架。该理论根据市场不断成熟和竞争日趋激烈的形势，着眼于企业与顾客互动与双赢，不仅积极地适应顾客的需求，而且主动地创造需求，通过关联、关系、反应等形式与客户形成独特的关系，把企业与客户联系在一起，形成竞争优势。不但要研究消费者的感受和需要，而且要考虑相关竞争企业的情况，以竞争为导向重视顾客需求，是对 4C 理论的补充和修正。

4.4S 营销策略组合

营销人在通晓 4P、4C、4R 营销理论之后，随着经验技能的提高，进一步以 4S 营销理论来深化自己的营销知识，即满意（Satisfaction）、服务（Service）、速度（Speed）、诚意（Sincerity）。4S 的营销战略，强调从消费者需求出发，打破企业传统的市场占有率推销模式，建立起一种全新的“消费者占有”的行销导向。并要求企业对产品、服务、品牌不断进行定期定量以及综合性消费者满意指数和消费者满意级度的测评与改进，以服务品质最优化，使消费者满意度最大化，进而达到消费者忠诚的“指名度”，同时强化企业的抵御市场风险，经营管理创新和持续稳定增效的“三大能力”。

总之，4S 要求企业行销人员实行“温馨人情”的用户管理策略，用体贴入微的服务来感动用户，向用户提供“售前服务”，敬献诚心，向用户提供“现场服务”，表示爱心，向用户提供“事后服务”，以送谢心。

5.4V 营销策略组合

在新经济时代，培育、保持和提高核心竞争力，是企业经营管理活动的中心，也是企业市场营销活动的着眼点，4V 理论正是在这种需求下应运而生。4V 营销组合观是指差异化（Variation）、功能化（Versatility）、附加价值（Value）、共鸣（Vibration）。差异化营销是企业凭借自身的技术优势和管理优势，生产出性能上和质量上优于市场上现有水平的产品，或是在销售方面通过有特色的宣传活动、灵活的推销手段、周到的售后服务，在消费者心目中树立起不同一般的良好形象。值得一提的是，差异化营销所追求的“差异”是在产品功能、质量、服务和营销等多方面的不可替代性，因此也可以分为产品差异化、市场差异化和形象差异化三个方面。

功能化指以产品的核心功能为基础，提供不同功能组合的系列化产品供给，增加一些功能变成高档产品，减掉一些功能变成中、低档产品，以满足不同客户的消费习惯和经济承受能力。其关键是要形成产品核心功能的超强生产能力，同时兼顾延伸功能与附加功能的发展需要，以功能组合的独特性来博取细分客户群的青睐。

附加价值指除去产品本身，包括品牌、文化、技术、营销和服务等因素所形成的价值。

共鸣指企业为客户持续地提供具有最大价值创新的产品和服务，使客户能够更多地体验到产品和服务的实际价值效用，最终在企业和客户之间产生利益与情感关联。共鸣强调的是将企业的创新能力与客户所重视的价值联系起来，将营销理念直接定位于包括使用价值、服务价值、人文价值和形象价值等在内的客户整体价值最大化。

4V 理论以提高企业核心竞争力为目的，确实值得引起开发商足够的重视，但仅仅依靠这些理论是达不到预期目的的，可以说 4V 是对 4C 的补充和深化。在新经济时代，充分完善 4C 策略的同时，“4V+4C”策略定会有更广阔的发挥空间。

上述营销理论之间的关系如图 8-3 所示。

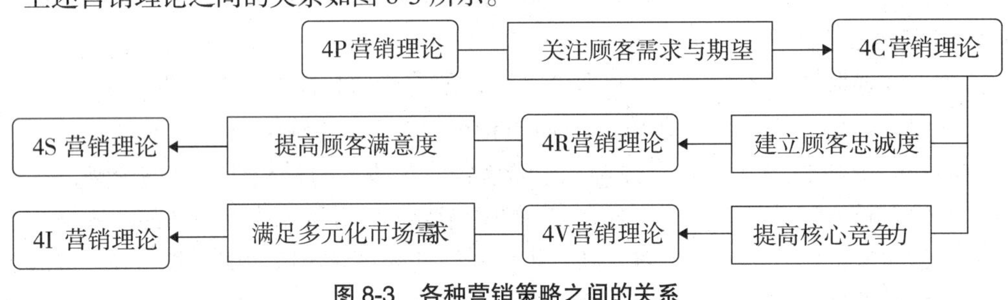

图 8-3　各种营销策略之间的关系

随着科技的发展，互联网已成为人们生活中不可或缺的一部分，其网络技术也已经渗透到营销当中，逐渐形成新的营销策略，更好地体现传统与科技的结合。

6.4I 营销策略组合

目前，传统的营销模式已经不能满足多元化的市场需求。为了适应发展，出现了网络整合营销 4I 原则，即趣味原则（Interesting）、利益原则（Interests）、互动原则（Interaction）、个性原则（Individuality）。4I 原则从用户角度出发，以吸引用户注意力，鼓励用户参与为基本目标，充分利用网络达到自己的营销目的。

网络营销是指企业与潜在的消费者通过高效畅通的互联网建立沟通交流机制，以满足市场和消费者的需求。网络营销整合了传统营销，进行线上线下的营销模式，也就是客户通过网络初步了解楼盘、地段、户型等信息，再进行线下的销售。通过互联网加强了对客户服务的支持，对线下产品销售的促进以及对公司品牌的拓展的帮助。正是由于互联网社交广泛性，大数据整合性等，促进企业与消费者的联系，使企业建立潜在消费者信息平台，满足不同层次消费者的需求，实现营销多元化发展。

网络营销较传统营销来说，其投入少，风险小，并具有多元化和互动性。开发商可以通过房产电商获取营销资源或真实的购买流量。房产电商也为开发商提供平台，增加购买流量。网络营销可能会发展成为未来房地产主要的营销模式，并与传统模式相结合。在买方市场中，企业通过网络平台更好地与消费者结合，满足消费者的需求同时，实现企业的发展。

三、房地产营销定位

房地产营销定位应建立在充分分析影响房地产营销因素的基础上，明确客户价值取向，进行准确定位。

（一）影响房地产营销的因素

波特用其创造的五力模型，全面分析了影响企业竞争战略的五种力量，即供应商、购买者、潜在进入者、替代品和现实竞争，主张企业在权衡五种作用力量的影响之后，再决定实施成本领先战略、差异化战略或聚焦战略中的一种或其组合，五力模型如图 8-4 所示。

影响供方能力的因素主要有产品数量对供方的重要性、投入的差异化和替代品投入等。

影响潜在进入者的因素主要有价格优势、独有的学习曲线、资金投入、政府政策保护、品牌影响力、专有分销渠道、报复性对抗及独家占有产品等。

影响竞争程度的因素主要有产品差异度、转换成本、品牌认知度、企业差异度及公司利益关联度等。

影响替代品的因素主要有转换成本、买方对替代品的偏好、替代品的性价比及替代关系等。

影响买方能力的因素主要有购买规模、掌握信息、品牌认同度、价格敏感度、行业内买家的集中度、替代品选择以及激励制度（如政府补贴）。

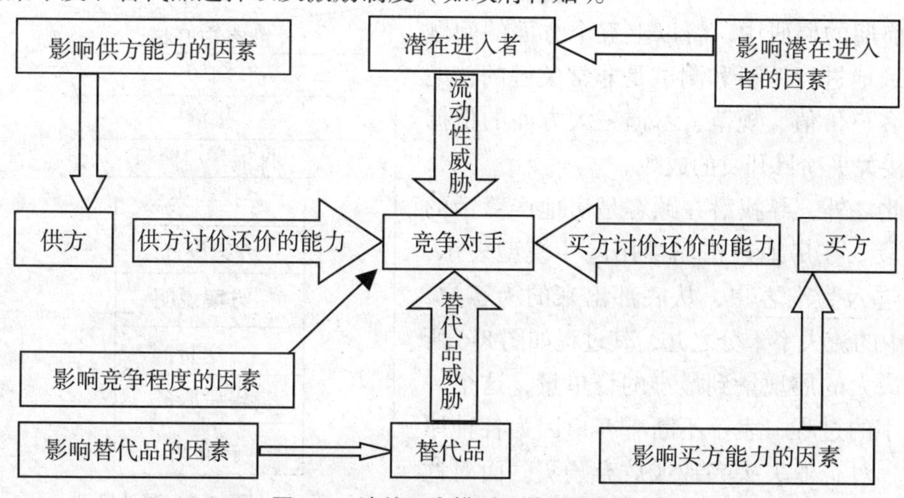

图 8-4　波特五力模型及其影响因素

一个房地产项目在确定战略之前，应当详细分析“五力”的影响因素，在详细分析五力模型之后，基本就可以判断项目采取何种战略更为有利。一般来说，大盘可考虑“全面成本领先”和“差异化”战略，小盘可以考虑“专一化”战略，为特定的地区和特定的购买者提供特殊的产品和服务。

（二）客户价值取向

房地产营销策略应建立在客户价值取向的基础上。客户价值取向模型认为，决定客户购买的因素主要有五个方面，如图8-5所示。

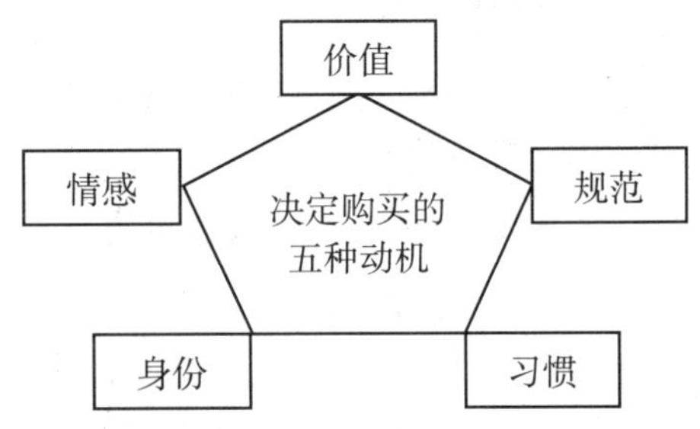

图8-5　客户价值取向模型

在前期客户调研中，对这五个方面的动机调查非常重要，不可有一项遗漏。

在价值方面，要罗列出项目所有优于竞争对手的价值亮点，测试对目标消费者的吸引力和满意度，同时试探消费者的负面反应。在规范方面，主要是探询目标客户有哪些已经成型的，不能与之冲突的价值观，以及项目是否与目标客户已经成型的价值观存在冲突。如风水观念、户型选择、周围的环境，又如庙、塔等是应该作为卖点宣传还是应该回避。在习惯方面，主要是调查客户无意识中形成的消费习惯，如对生活圈的依赖等。而对于情感方面，主要是了解客户有哪些方面的情感需求和身份意识等。在身份方面，客户是否有与普通人保持距离的身份意识，客户心中什么样的房子才能体现自己的身份等。

在前期的调研中，将以上五个方面的问题深入细致地进行调研和测试是非常关键的，尤其是对客户价值、规范、习惯三大方面的把握甚至直接关乎项目开发的成败。

除此之外，寻找潜在顾客是房地产营销的重要手段。在房地产市场中用漏斗模型表示，由顶部进入为准客户，从底部出来的为客户，但过程中的流失率十分之九，其过程如图8-6所示，从最大的展现量到最小的订单量，这个一层层缩小的过程，表示不断有客户因为各种原因离开，对企业失去兴趣或放弃购买。面对这

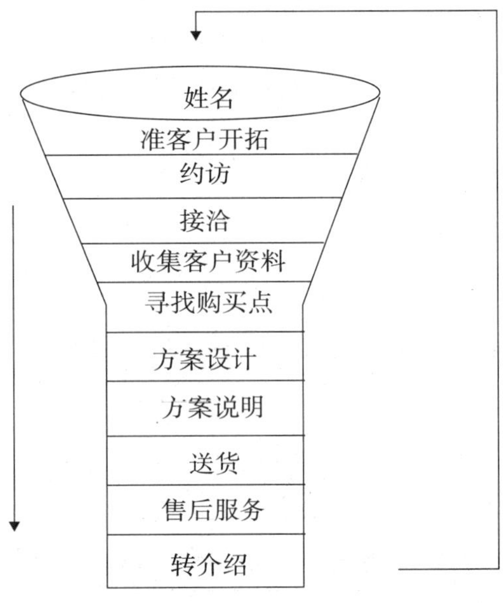

图8-6　漏斗模型

样的情况，企业就需要制订合理的营销方案与流程。

四、房地产营销流程

房地产营销是在分析市场机会、研究与选择目标市场的基础上，设计营销战略、制订营销计划以及组织、实施和控制营销活动的过程。

1. 房地产营销的环节

和传统产品营销一样，房地产营销也可以分为产品（Product，即规划设计、配套配置、服务）、推广（Popularization，即形象、传播、宣传资料、公关、分展场、展销会、活动营销）、展示（Physical Evidence，即售楼处、样板房展示、现场包装）、价格（Price，即定价、价目表、价格策略、优惠、折扣）、促销（Promotion，即客户积累、开盘选房、抽奖、赠品）五大环节，这五大环节共同构成 CCDTP 营销模式，即创新（Create）、沟通（Communicate）、价值传递（Deliver）、目标市场（Target）和获利（Profit）。其中，产品环节强调创新，推广环节着重沟通，展示与价格传递价值，促销环节则主要是找准目标市场，利用销售技巧实现盈利。

为保证思想的完整性，体现项目的系统性，同时清楚地看到工作的短板，通常采用营销逻辑树展示房地产营销的各项工作。将房地产营销分成若干个树枝，然后在大树枝上分出若干个小树枝，小树枝又可以分出若干个更小的树枝，直至把房地产营销工作细分到可以直接操作为止，其中五大环节共同构成营销逻辑树（如图 8-7 所示）的五大枝干。

（1）产品。产品是房地产营销中第一个也是最重要的一个环节，很多项目陷入营销困境，主要原因是产品供应出现失误。以满足顾客需求为中心是营销观念的本质特征。“营销绝不等于推销，因为营销开始于公司制作产品之前。营销是经理人评估需求、衡量需求程度与强度并判断是否存在获利机会的家庭作业”。真正成功的销售并不取决于推销的力度，而取决于公司满足顾客需求的程度。“产品”包括前期定位和后期扩展两个环节，“前期定位”主要包括市场定位、产品定位和客户定位等三个方面。

（2）推广。推广是当前房地产营销着墨最多的环节。推广的核心是与客户沟通，包括沟通的内容和沟通的渠道。“形象定位和概念包装”是沟通内容的核心，往往也是广告公司的疆场。沟通的渠道包括“高空轰炸”与“地面渗透”两种方式，实践中，很多项目的推广往往只局限于高空轰炸，而高空轰炸也只是局限在大众媒体，也就是在各种媒介上打广告，写点软文。而项目处于逆境时，地面渗透就要有效得多。例如，深入社区、大客户单位、外展场，以及与品牌商家联合促销等。

很多时候一种方法并不奏效，需要综合性的、多种方式的融合，形成全方位、立体化的包含高空与地面的“整合推广”模式。整合推广的具体形式如图8-8所示。

（3）展示。眼见为实，耳听为虚，作为大宗消费品的房地产，展示是传递价值的关键。国内的很多品牌开发商都把展示当成其核心竞争力，在这方面做到极致，项目现场对客户就能产生非常大的冲击力。

（4）价格。在房地产销售中，经常有“来不来看环境，买不买看户型，定不定看价格”的说法，价格始终是消费者在购买过程中，关注度排名第一的要素。价格策略是房地产营销人员的最重要的基本功，从一张价格表上完全可以看出一个营销人员的功底。其中，价格策略包含三个方面，即定价、价格调整以及风险保障机制。

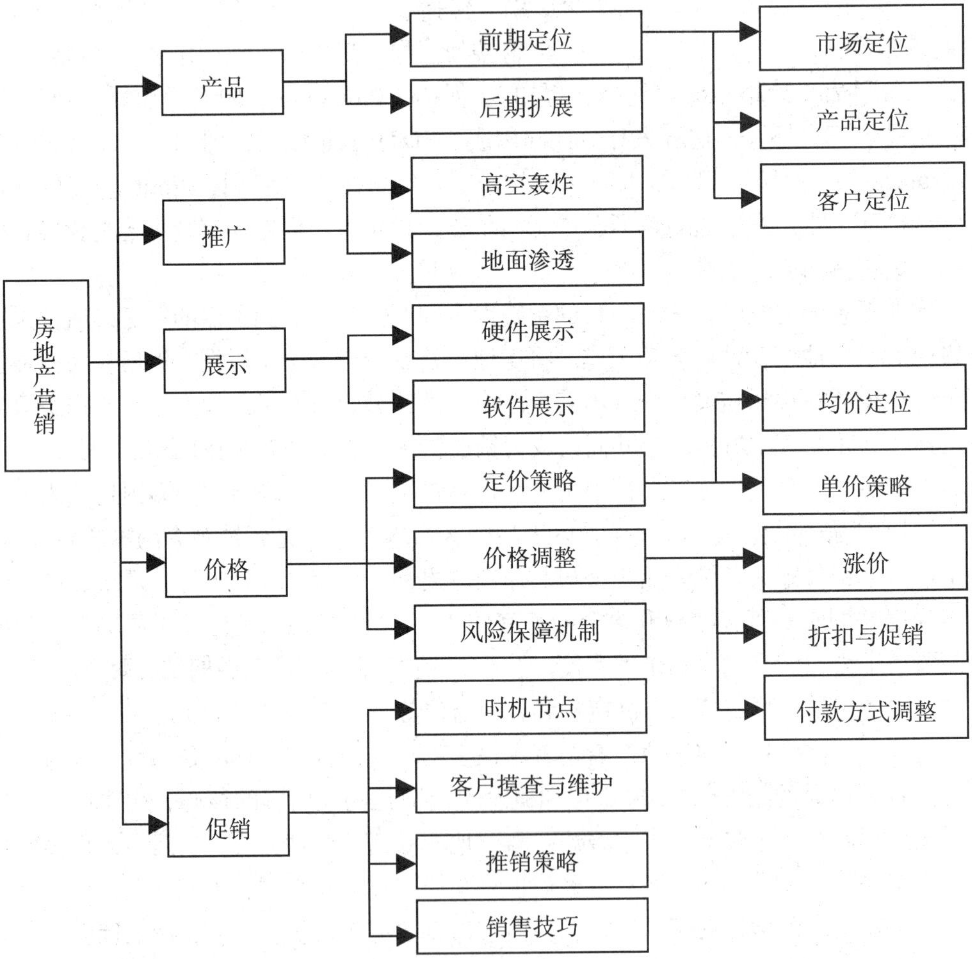

图8-7　房地产营销逻辑树

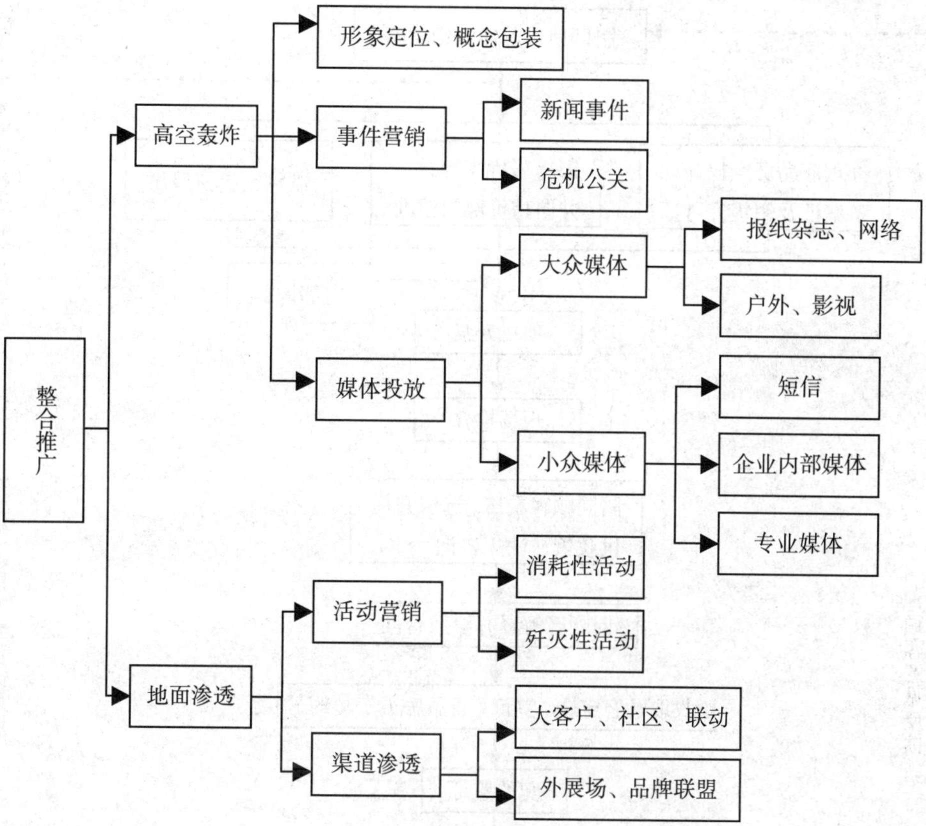

- 整合推广
  - 高空轰炸
    - 形象定位、概念包装
    - 事件营销
      - 新闻事件
      - 危机公关
    - 媒体投放
      - 大众媒体
        - 报纸杂志、网络
        - 户外、影视
      - 小众媒体
        - 短信
        - 企业内部媒体
        - 专业媒体
  - 地面渗透
    - 活动营销
      - 消耗性活动
      - 歼灭性活动
    - 渠道渗透
      - 大客户、社区、联动
      - 外展场、品牌联盟

图 8-8　整合推广逻辑树

（5）促销。在成功打造产品、沟通客户、传递价值之后，销售环节则是精准把握目标市场、实现盈利的收获环节。目标市场的把握主要包括掌控入市时机、营销节点以及分级维系客户两大动作；实现盈利则主要是制定销售策略、训练销售技巧与打造团队三大动作。一句话，“卖什么、卖给谁、何时卖、怎么卖”是销售环节要解决的四大问题。

在竞争激烈的成熟市场，房地产营销已经进入“无招”时代。成功的营销需要将各个环节完美执行，无缝衔接，最终形成强大的合力，实现完美销售。

2. 房地产营销流程

房地产营销是一个复杂而又烦琐的过程，做好房地产营销，过程是关键。为了简洁明了，现将房地产营销过程用流程图表示，从而有一个整体上的把握，具体流程如图 8-9 所示。

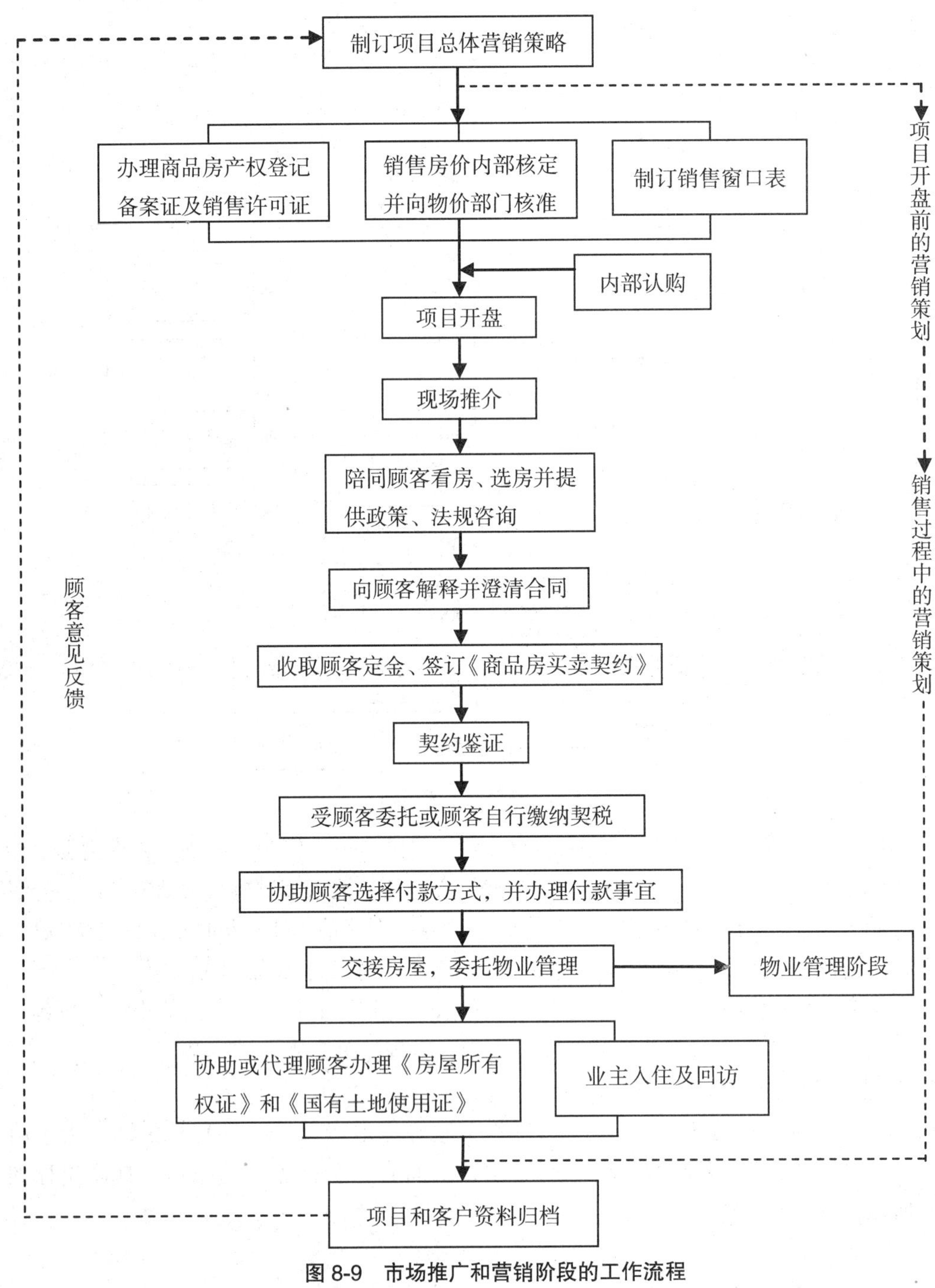

图 8-9 市场推广和营销阶段的工作流程

第二节　房地产销售策略

营销的关键就是渠道的建设和销售方式的选择。谁掌握了渠道，谁就抢占了市场先机。随着房地产市场从“卖方市场”向“买方市场”的转变以及企业从“以产品为中心”到“以消费者为中心”的转变，社会营销、创新营销等观念的兴起，销售渠道作为开发商了解消费者、沟通消费者和掌握消费者的核心手段，已成为企业的重要资源。构建高效、稳定的销售网络，对增强企业竞争能力也愈发重要。

一、营销渠道选择

房地产营销渠道是指房地产产品由开发商流通至消费者的渠道方式及其过程。房地产营销可以说是房地产开发中的最后一环，同时也是最关键、最重要的一环，投资者能否回收资金或者能否实现预期利润，关键在于销售。开发项目常用的销售渠道有以下几种。

1. 开发商自行销售

开发商自行销售也称为直接营销，是现今市场广泛存在的一种方式。自行销售的优点在于场所固定，顾客可以有目的地去询问和购买，不需中介参与，开发商直接面向顾客，企业可以更及时、准确地掌握顾客的购买动机和需求，较好地把握市场脉搏，较快调整楼盘的各种功能和适用性，增强企业美誉度。开发商自行销售较代理销售，自身管理、控制销售费用也较方便。缺点在于不利于新型产品的推广、自身专业人才的限制以及风险的加大。

适合自行销售的房地产项目及企业，应具备以下条件。

（1）企业内部资源应具备的条件如下。

① 公司拥有高度专业和经验丰富的组织策划专员、足够熟悉市场和消费者且业务熟练的销售人员、进行媒体整合的专业人员以及公关促销活动或销售控制的组织人员。

② 公司具备在短期内建立起客户网络的能力，且公司决议长期从事房地产经营，有意成立销售部，参与整个项目的策划与销售。

（2）适合自行销售的项目条件如下。

① 所开发的项目属于定向开发，有较明确的销售对象。

② 开发商所开发的项目迎合市场需求，受到置业者追捧，并且房市上扬。

③ 楼盘所在地市场竞争不是很激烈。

如果开发商具备上述条件，则可以采取自产自销的策略。如果缺少这方面的人才和渠道而勉强自销，很难达到预期的销售目标，因此必须采取专业代理的方式。

2. 中间商销售

中间商销售主要包括房地产经销商和房地产代理商两种形式，具体分析如下。

（1）房地产经销商。房地产经销商是指拥有房地产商品所有权和处置权的中间商。因为其拥有所有权和处置权，经销商的利润和风险是等值的。大多数经销商并不是只经销房地产一项业务，很多是由原来不从事房地产业务的大型企业转型而来，他们有自己其他的工商活动。由于需要庞大的资金支持和超高的风险系数，这种类型在现在市场上运营的不是很多。

例如，包销是由代理公司支付全部广告费用、企划费用及业务执行费用，并且全权接受委托执行销售事宜。由于负担的风险较高，因此所收的服务费用也很高，一般而言，为总销售金额的4%~6%，视市场景气情况而定。

（2）房地产代理商。房地产代理商包括房地产经纪人和代理公司。房地产经纪人是指在房屋、土地的买卖、租赁、转让等交易活动中充当媒介作用，接受委托，撮合、促成房地产交易，收取佣金的自然人和法人。房地产代理公司是指为开发商提供专业的楼盘策划和销售代理的服务机构，业务集中在产品定位、案场包装、物料设计、媒体策划、广告推广、销售代理等方面。

两者一般都不拥有房屋所有权，无经营风险，只收取中介费，无固定薪金。两者的不同之处在于如下方面。

① 法律后果承担的主体不同。经纪人以自己或其他经纪机构名义进行活动，后果由自身承担；代理公司基于委托人委托进行代理活动，所以后果由委托人承担。

② 对交易双方的义务不同。经纪人对交易双方付同等义务；代理公司只对其委托人承担义务。

③ 业务范围不同。经纪人只是促成双方交易，代理公司可受委托人委托，进行一些委托范围内的其他活动。

常见的房地产代理销售的形式有以下几种。

① 企划包销型。由代理公司支付全部的企划费用与业务执行费用，而由开发商支付广告费用。这种合作方式，开发商的控制力较强，代理公司负担的风险也较小，因此，服务费用也较低，一般而言，在总销售金额的1.5%~2.5%。

② 企划不包销型。由业主（建设公司）支付全部的广告费用与业务执行费用，代理公司只出企划费用。这种合作方式，代理公司的风险更小，因此，服务费也就更低，一般在总销售金额的1%~2%。

③ 企划顾问型。由业主支付全部的广告费用、业务执行费用与企划费用。代理公司除了“名声”之外，不必负担任何风险，因此，服务费用与总销售金额无关，通常只是一笔固定的佣金。

中间商销售与开发商自行销售相比，有以下优点。

① 委托代理公司可以整合更多的社会资源。

② 代理公司有广泛的客户网络。代理公司在长期的楼盘销售过程中，建立了广泛的客户网络和客户档案，拥有训练有素的营销人员。

③ 代理公司专业性强。代理公司不仅操盘量大，而且对不同区域、不同项目有独到见解，尤其对市场供求关系、竞争对手和置业者消费心理变化的了解具有专业性，与自销相比，能很快找到市场需求切入点，摸索时间短。

房地产开发商在选择代理商时，应尽量遵守以下原则。

① 看其是否具有代理楼盘的从业资质、以往的代销业绩及其擅长的项目类型。

② 看其是否具有强烈的敬业精神、市场调研能力、公关能力及其从业经验。

③ 代理商的社会信誉及制度建设如何。

④ 代理商对项目的理解及提出的项目销售策略与计划建议。

⑤ 代理商提出的合作条件。

3. 联合一体营销渠道

由于房地产直接营销渠道和间接营销渠道的优点和缺点共存，实际操作中开发商和中间商的配合也存在种种问题，所以相关专家探索出第三种渠道，即联合一体销售。开发商对销售也有较大的关注和投入，代理商则发挥自己的特长，做全程深度策划，优化营销渠道。

联合一体营销渠道的建立旨在集中开发商和代理商的优势，避免单纯直接营销和间接营销的不足，其成功的操作关键在于开发商和中间商真诚相待、利益共享，并且依赖于中间商良好的专业素养和优良的职业道德。

二、产品入市策略

之所以不少新盘入市难以获得成功，大都是由营销渠道策略上的失误所致。优良的营销渠道是新产品入市的保证，未来企业竞争不仅是产品的竞争，更是分销渠道的竞争。越来越多的企业发现，在产品、价格乃至广告同质化趋势日益加剧的今天，若仅凭产品的独特优势在市场竞争中胜出已非常困难。唯有“渠道”和“品牌”的差异化，才能形成竞争优势。

（一）产品入市的流程

房地产销售的阶段性非常强，如何把握整体冲击力、弹性与节奏、步骤与策略调整，

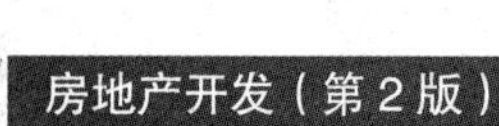

体现了操盘者控制局面的能力，同时也决定了项目的整体胜负。产品入市应符合人们的购买心理，采用步步逼近的方式，使潜在购房者逐步对产品产生好感，直至做出购买决策。

（1）亮相咨询。这是房地产进入市场的初次亮相，第一次让顾客对该项目有一个宏观的感性认识。

（2）内部登记。这是房地产企业消化内部潜在顾客，进行市场初步积累的重要手段。

（3）放号登记。这种方法有助于开发商进行试探市场，获取顾客反馈，及时了解营销策略等所出现的问题，从而进行合理调整，这是一种试探入市的方法。

（4）开盘销售。这是房地产商的最后一记重拳，是房地产正式入市的标志。

（二）影响入市时机选择的因素

根据多年的操盘经验和教训，一个项目理想的入市姿态，一般应具备以下条件。

（1）开发手续与工程进展程度达到可售的基本要求。

（2）已经知道目标客户是哪些人。

（3）已经知道项目价格所适合的目标客户。

（4）已找出项目定位和目标客户背景之间的“谐振点”。

（5）已确定最具震撼力的优势，并能使项目保持一个完整统一形象的中心主题。

（6）已确定目标客户更能接受的合理销售方式。

（7）已制定出具有竞争力的入市价格策略。

（8）已制订合理的销控计划。

（9）精打细算推广成本后，已制订出有效的推广执行方案。

（10）组建一支专业销售队伍并拟定一个完善的培训计划。

（11）做好现场包装，完善现场氛围。

（12）密切关注竞争对手，或联合展销或避开竞争，获取自己计划中的市场份额。

（13）其他外部条件也很合适。

（三）常见入市时机的选择

入市时机并不是指时间概念上的时机，而是指根据自身情况和市场状况，决定什么时候开始进入市场，是卖“楼花”还是卖现楼；是建到“正负零”就开始卖，还是等到“封顶”再开始卖；是按部就班等宏观调控稳定后再卖，还是急急忙忙、仓促上马；是抢在竞争者前卖，还是等人家卖完了再卖等的机会选择。

1. 根据销售季节选择

当销售为淡季时，可适当选择亮相咨询和内部登记等形式，当销售季节为旺季时，就必须抓住时机进行放号预定并及时开盘销售。当遇到节假日或者有关单位组织的房交会时，

适宜用放号预定和开盘销售。

2. 根据工程进度选择

当工程环境建成时，就可以开始进行亮相咨询了，当售楼处完工时，应当抓紧时间进行内部预定；当样板房完工时，就可以进行放号预定；当裙楼完工时，就可以放号预定和开盘销售。

3. 根据客户储备选择

意向性客户积累达到当期房源的50%以上时，可以进行放号预定；意向性客户积累达到当期房源的100%以上时，可以进行开盘销售；招商引进国内知名性品牌企业一个以上时，就可以进行放号预定；招商引进客户达到当期房源80%以上时，可以进行开盘销售。

三、销售执行

房地产销售是一场硬仗，整体部署不能因为战术调整而成为"漂亮的墙纸"。虽然说销售的成功"一切在于操作"，但更要坚持"操作的前提是对策略的执行"。房地产项目销售前，应就下述方面做好准备。

（一）销售准备

销售准备是决定楼盘销售是否成功的基本要素，专业的售楼人员首先是将自己销售出去，销售准备工作是否彻底到位，是影响房地产营销执行的重要因素。

（1）选择一个适合的销售中心。销售点应设在目标客户群经常出入的区域，同时又较易到达工地，便于客户看房。

（2）销售中心的设计、门面装修也很重要。内部的布局最好有展示区、接待区及销控区，不要混杂，内部的色彩基调宜用暖色，使人产生暖洋洋的感觉。

（3）销售道具准备充分，包括：① 模型，包括规划沙盘、立面模型、剖面模型。② 效果图，包括立面透视效果、鸟瞰效果、中庭景观效果、单体透视效果。③ 墨线图，包括小区规划墨线、楼层平面墨线、家具配置墨线等。④ 灯箱片，可以把效果图、家具配置等翻拍成灯箱片，会形成良好的视觉刺激效果。⑤ 印刷品，包括楼书、平面图、小册子、海报等。⑥ 裱板，可把楼盘最重要的优点用文字、图表的方式制成裱板，挂在销售中心的墙上，便于销售员解说。

对于预售房屋而言，道具是否齐备、精美将直接影响楼盘的销售。

销售硬件准备后，销售前软件方面准备也很重要，主要工作有以下几项。

（1）对楼盘周边环境的熟悉。附近有什么交通线路，交通规划，有何重大的市政工程，何时动工、何时完工。附近有何小学、中学和幼儿园，生活配套是否齐全等。

（2）与本案产品竞争的有哪些楼盘，与本楼盘相比有何优点和缺点，价格如何，房型如何，销售如何，为什么卖得好，为什么卖得差。只有做到知彼知己，方能百战百胜。

（3）对本楼盘彻底透彻的了解。要深入每一个环节。例如，不仅要知道一套房子的房间、厅、厨、卫的面积，还要知道公共走道的宽度，电梯厅的面积，管道井的位置，房间内部管线的排布方式等。不仅要知道厨房、卫生间、室内装修标准，还要知道公共部分、外墙的建材及特性，电梯、中央空调、水泵的品牌及功能，有何特点，甚至每户的电量多少，有线电视的插孔有几个，在什么位置等都要去了解。尽量把自己设想成一个客户，从客户的立场和角度去研究楼盘，才能做到疏而不漏、心中有底、对答如流。

（4）统一的销售说词。设想客户可能会问的所有问题，全部列出来，进行统一解答，以免同一个问题有不同的答案。

（5）销售人员的统一模拟训练，一个充当客户，一个充当业务员进行针对性的强化训练，提高业务熟练程度。

从以上可以看出，一个个案例的成功是由多种综合因素综合作用的结果，每一个环节均不可疏忽。一般而言，销售前的准备时间应在40~60天。

（二）销售方式选择

针对不同的产品和顾客，在不同的销售阶段，应用不同的销售方式才会取得预期的效果。常见的销售方式一般包括以下几种。

1. 低成本营销

所谓低成本营销，并非想象中的绝对低成本，而是相对的。换言之，即使营销技巧、营销策略等的实施需要的资金较多，如果有利于整体营销战略和品牌核心及相关识别体系演绎，亦可以称为低成本营销。因为这样的营销投入，能够得到充足的补偿，而且能为企业带来销售的增加和持续的利润。例如，一个品牌为一个系列产品投入一千万元的营销费用，如果能够为企业创造一亿元以上的销售收入，同时又有效地塑造了一个流行的、畅销的品牌形象，那么这个投入就属于低成本营销投入。因此，判断企业营销行为低成本与否，关键是看它的投资回报率。

2. 先租后售

先租后售是指房地产开发企业投资建造的商品房，在竣工交付并按规定办理初始登记、取得《房地产权证》后，采取期初租给承租人使用，而后根据合同约定再出售给该承租人方的一种促销行为。

3. 以租代售

以租代售是指将空置的商品房进行出租，并与承租人签订合同，在合同期内购买所租的房，开发商即以租房时的价格卖给承租人，而承租人在租房期内所交的房租，可以抵冲

部分购房款，待承租人付清所有房款后，获得该房的房产权；如果承租人在合同期限内不购房，则退租处理，先期交纳的租金作为开发商收取的房租。

4. 试住销售

试住销售是指开发商为了促进销售而实行的一种“体验式买房”活动。顾客通过体验而决定是否买房。这种策略也会引起销售量的猛增，但是需要产品的性价比较高。

5. 换房销售

换房销售是运用二手房交易手段，当顾客提供双方或多方需求的共同点，实现房屋交易目的，并通过各种方式解决其需要的活动。换房销售已成为很重要的房地产销售形式，市场份额在逐步扩大。

6. 升值销售

升值销售是指开发商通过不断寻找价值增长点，优化企业内部结构，在销售过程中做到低成本和增值销售。

7. 售后回购

售后回购是指销售商品的同时，销售方同意日后重新买回所售商品的交易行为。在售后回购交易中可分为以下两种情况。

（1）确定性售后回购。通常卖价和回购价均在合同中订明，这表明商品价格变动产生的风险和报酬均归卖方所有，与买方无关；而且卖方仍对售出商品实施控制。例如，某房地产公司于 2013 年 1 月 1 日将一栋写字楼售给工商银行，售价 6 000 万元，款已存入开发商账户，该开发成本 5 500 万元。合同规定，2017 年 1 月，该公司以 6 600 万元价格回购该办公楼。

（2）不确定性售后回购。如果合同规定卖方有回购选择权，且回购价格以回购日的公允价为基础确定，这样，回购与否存在较大不确定因素。因此，也可在售出商品时确认收入，待回购时再按购入处理。

8. 售后返租

售后返租是指投资者在与开发商签订了商铺销售合同后，开发商许诺在未来的 3~5 年内每年给予投资者一定的租金回报，通常约为 5%~12% 的回报率，而在这期间商铺的经营、管理和使用权都归开发商所有，这种形式的实质是开发商用一定的租金回报买断未来几年的经营权，然后统一招商和经营管理，以承担未来经营管理等不可预知风险的代价来带动整个商场，给予投资者和承租户足够的信心。

9. 租金抵月供

租金抵月供是指购房者为减轻在购房初期的资金压力，而将新房以一定的租金出租，这样利用每月所获取的租金来缴纳每月应还的贷款。这种方式在一定程度上减轻了购房者的资金压力，具有一定的吸引力。

（三）房地产销售控制

房地产与其他消费品不同，它的生产周期很长，市场需求变化后供给调节具有滞后性，短期只能以销售控制来实现微调，实现企业利润的最大化目标。

1. 销售控制的概念

房地产销售控制是实现项目利润最大化的关键和捷径。在整个楼盘营销过程中，应该始终保持有好房源，分时间段，根据市场变化情况，按一定比例面市，这样可以有效地控制房源，而且后期的好房源面市时正处于价格的上升期，还可以取得比较好的经济效益。

一个项目开盘立即被一抢而空不是一件好事，只能说明定价偏低，开发商没有得到最大的销售收入，所以要控制好销售节拍，在先导期、开盘期、强销期和收盘期各安排合理的供给比例，每个期间内供应的销售量在面积、朝向、楼层中保持一定大小、好坏、高低的比例，实现均衡销售。如果一个项目的市场需求把握不准或是规划设计不科学，那么能够挽救项目的就只能是营销策划和销售控制了，房地产关乎人的终极需求，影响因素很多，市场需求把握不准的概率很大，并且建筑结果是不可调整的，因此，营销策划和销售控制就成了影响开发商生存的核心能力因素之一。

销售控制的直接目的是防止和解决战略实施过程中可能出现的一些不切实际的想法或偏离战略方向的行为倾向，包括确保销售本身的适应性、可行性和可接受性；防止短期行为和单纯利益导向；防止销售目标被歪曲或置换等。实施销售控制，要求销售部门必须建立起战略性销售控制机制，诸如制订具体的阶段性计划、增强销售数据的处理能力、发挥中层主管的作用以及建立解决争议的控制机制等。

此外，实施销售控制，还要求提高销售部门的销售应变能力，能够及时根据市场环境和销售条件的变化实施销售修正，使企业始终保持较为明显的战略优势。

2. 销售控制的原则

房地产项目销售全局性的安排往往是环环相扣的，任何一个环节的超前和脱节都有可能带来不必要的损失，因此销售控制必须遵循一定的原则，才能真正合理有效地执行。

（1）销售进度要符合建设及市场的规律。项目的报建手续及建设进度由于制度及技术上的原因，在时间进度上有一定的局限性，因而在进行建设进度安排时，必须充分考虑这些局限性，不能操之过急，以免将整个进度的控制打乱。同样，在安排市场推广的进度方面，也要考虑市场的运作规律。例如，一个阶段的推广从启动到产生预期的推广效果，需要一定的时间，如果在第一个阶段的推广效果没有实现的情况下，过早地进入下一个阶段的推广，则很可能会浪费一些市场资源。此外，由于各种原因，一个地区的房地产交易呈现出淡季和旺季之分，那么项目形象的推广应放在淡季，旺季则进行销售推广；如果反过

来，到了旺季才进行项目形象推广，就会贻误销售时机。

（2）销售进度要体现销售策略。由于各项目的具体情况不同，具体的营销策略也就各有差异。不同的销售策略，必然会有不同的项目营销节奏与其相适应。例如：① 为尽早启动现楼市场，有的开发商会考虑优先建完个别楼幢，其他各幢则放慢建设进程。② 为启动整幢商业大楼的预售，有的开发商会考虑将裙楼建完后即暂停塔楼的建设，先将裙楼装修和经营起来，待裙楼盘旺再建塔楼，以加快楼盘的销售进程。③ 部分小区开发商考虑以住宅带动商铺，则往往先将塔楼的住宅先行装修完成甚至售完后再考虑裙楼的装修和推广。

（3）销售进度要考虑综合成本。许多因素都在影响着与项目销售相关联的综合成本，如建设积压资金、推广的阶段成本、建筑材料价格的季节性变化、气候对建筑成本的影响等，在安排项目销售节奏时，必须对项目的综合成本进行反复核算，以防止成本无谓的上升。在考虑与项目销售进度有关的项目成本时，应进行比较详细的调查，调查内容包括当地雨水集中的季节和月份、地下水位的季节性变化、银行利率的变化预测、各类建筑材料价格的季节性变化、国家税费增减政策的生效时间、同类楼盘比较集中上市的时间等。

（4）销售进度安排要规避索赔。在购房者对开发商的投诉和要求法律赔偿案件中，有相当一部分是由销售进度的安排不当引起的。例如，销售进度不当，引起工期拖延时间过长，购房者迟迟无法入住引起投诉；购房者入住后，配套设施未到位引起投诉；在气候恶劣的季节让购房者集中入住，容易引起质量投诉；购房者分散时间入住，长期装修干扰他人生活易引起投诉。

要避免因销售进度安排不当而引起的法律赔偿，要求项目策划对施工、监理、合同、交楼的每个细节都要比较清楚，对影响工期和用楼心理的各个因素都要比较了解，这样才能在安排项目销售进度时，有意识地规避法律赔偿。

3. 销售控制策略

房地产销售控制的策略主要有年度计划控制、房地产营销审计和对代理公司的监控等。

（1）年度计划控制。年度计划控制是房地产企业所采用的主要控制方法，其目的是确保企业达到年度计划规定的销售额、利润指标及其他指标，它是一种短期的即时控制，中心是目标管理。年度计划控制的实质是随时检查年度计划的执行情况。年度计划控制的主要工具有以下四种。

① 销售额分析。由统计分析和与年度销售目标有关的销售额组成。

② 市场占有率分析。销售额的绝对值并不能说明企业与竞争对手相比市场地位怎样，有时一家企业销售额上升并不能说明它的经营就成功，因为这有可能是一个正在迅速成长的市场，企业的销售上升但市场占有率却反而下降。只有当企业的市场占有率上升时，才

说明它的竞争地位上升。

③ 销售额 / 费用比分析。年度计划控制要确保企业的利润水平，关键就是要对市场营销费用 / 销售额的比率进行分析。

④ 顾客满意度跟踪。前面的方法主要以财务和数量化分析为特征，它们十分重要，但还不够。为了尽早察觉市场销售可能发生的变化，房地产还应建立顾客满意度跟踪系统。这个系统包括用户投诉和建议制度、典型客户调查和用户定期随机调查三部分。

（2）房地产营销审计。房地产营销审计包括对市场营销环境、目标、战略、组织、方法、程序和业务等做出综合的、系统的、独立的和定期的核查，以便确定企业的困难所在，发现机会，并提出行动计划的建议，改进企业营销管理的效果。

（3）对代理公司的监控。如果企业实行自销模式，在销售即将全面展开的时候，企业内部各部门都应积极配合销售部门展开工作，如果项目是委托代理公司进行销售，则房地产开发企业对代理公司时刻不能马虎。若代理公司责任感强，它将会主动与开发商协调，并会根据市场反应建议开发商做相应调整，但代理公司如果不负责任，一方面推广销售不得力而另一方面又不想失去代理权，于是便会隐瞒推广销售进展情况甚至欺骗开发商。因此，开发商为保护自己的利益，应主动参与代理商的推广销售执行工作，不能因已支付了策划费或者考虑到代理商从项目上可能的获利，就完全坐享其成。

4. 销售控制的方法

房地产销售控制的方法主要有销量控制法、价格控制法和时间控制法。

（1）销量控制法。销售楼盘可以采取先易后难，也可以采取先难后易的方法，先试销，根据试销的情况做适当调整，最后全面铺开。在成熟的竞争市场中，一个成功的楼盘销售应达到 85% 以上，才能保证毛利润在 20% 以上。一个值得注意的问题是，市场旺销时不能盲目提价，否则会导致市场崩溃。应该引而不发，或蓄势待发。在销售业绩未达 40% 时，最好不要展示销售状况表，以免客户觉得房子剩余量大，选择机会多，而造成犹豫的心理。但是到了销售率达 80% 时，也不要展示销售状况表，以免使客户觉得剩下的 20% 是别人挑剩的房子，影响销售状况。

（2）价格控制法。对于规模较大的项目，全面发售也往往分几期来完成，这种销售方式利弊共存，如果前面进展顺利，则后面几期可以根据市场反应情况适度提高售价，但如果第一期进展不利，则后面几期就会骑虎难下，因此开发商可考虑将首期的售价压低，以便给后面几期留有足够的回旋余地。需注意的是，即使首期被抢购一空，随后几期的价格升幅也不可过急，正是因为价格低，才使得项目的其他优点得以更加突出，随着价格的不断提高，其他优势将会逐渐被削弱，价格高到了一定程度，项目的优点也就将消失，若价格提得太快，可能会导致后期销售停滞。在价格控制中常用的策略有以下几种。

①“低开高走”价格制订策略的销售控制。采用“低开高走”销售的楼盘，应分时间段制订出不断上升的价格走势，价格控制的原则为“逐步走高，并留有升值空间”，这样既能吸引投资，又能吸引消费。同时楼层差价的变化也并非是直线型的成比例变化，而是按心理需求曲线变化，它随着心理需求的变化呈不规则变化。以时间为基础根据不同的时间段，如依据工程进度等进行时间控制，确定与之对应的销量和价格，并且围绕该时间段的诉求重点进行营销，从而掌握什么时间该控制什么，如何去控制，以产生协同效益。

②“高开低走”价格制订策略的销售控制。“高开低走”策略针对需求弹性较小的高收入人群，它的特点是获取阶段性高额利润，快速回笼资金，其适用范围为实力信誉颇佳的大公司开发的具有“新、奇、特”概念的高附加值的物业。但实际操作中，采用这种策略的比较少。

（3）时间控制法。销售期一般分为四个阶段：开盘前准备期、开盘初期、销售中期、收盘期。以时间为基础根据不同的时间段进行控制，如依据工程进度等进行时间控制，确定与之对应的销量和价格，并且围绕该时间段的诉求重点进行营销，以便掌握什么时间该控制什么、如何控制，从而产生协同效益。

销量控制、价格控制、时间控制三者紧密结合、相互协调，价格的“低开”并不意味着公司经济利益受损，这只是一种策略，目的是为了以后的“高走”，这就需要与销量控制紧密结合，按一定的比例面市，通常采用倒“葫芦”型。量在谁手中，谁就能控制价格，犹如股市的“庄家”一样。随着时间的推移，不断地将价格按不同的时间段进行调整，并根据不同的时间段放出不同的销量，那么整个销售过程就是一个比较完美的销售控制过程。

5. 销售控制的技巧

（1）销售控制表。以直观的方式显示单个楼盘的销售进展情况，可以提供需要了解套房的详细资料及销售情况，并可以根据选择的模拟付款方式，生成付款时间表和按揭供款表，方便客户进行详细了解和分析。

（2）销售控制总表。以直观的方式显示所有楼盘的销售进展情况，在掌握全局的同时，也可以查看套房及业主的信息。

（3）销售登记。管理和登记套房销售的情况，包括认购资料、合同资料、产权资料、付款资料等，在合同资料录入完成后，就可以通过网上申报的“上送合同资料”将合同资料传送到国土局进行合同登记，并取得预售合同，在取得预售合同号后，就可以利用合同打印来打印预售合同，而不需要再到国土局的网上进行预售合同打印。

（4）换退房管理。管理销售过程中换退房处理及查询。

（5）催交欠款。处理销售过程中的楼款催交及欠款催交处理，并可以打印清单。

（6）成交客户管理。登记和管理成交客户的详细资料，方便公司对成交客户进行分析

和了解，从而最大限度地提高对成交客户的服务。

（7）销售统计。将公司的销售情况进行统计，并可以以图形方式直观显示。

（8）销售统计报表。查看和打印销售过程中需要的各种报表，开发商可以根据自己的需要来制订各种报表。

（9）销售折扣。销售折扣不容忽视，企业定价须着眼核心客户群，并保持一个诚信的价格政策，制订定价机制系统化。

① 低定价，低折扣。这种定价较接近实际价格，给人的第一感觉是较为实际，即“价格能够体现出价值”，所含水分较少，容易给客户留下好印象。这一策略为后期销售留下较大的变化余地，当需要价格上调时，可直接标高定价，当原定价过高销售不利时，可不用直接调低定价,而只需要加大折扣幅度就可以了。这种方式符合“明升暗降”的调价原则。

② 高定价，低折扣。定价过高容易吓跑一部分客户，购买“物美价廉”的物业，是人们的普遍心理，但这种价格和折扣组合不易处理，当价格上扬时拉高原有的价格，显然会增加销售阻力，而销售不畅时，加大原有已经很大的折扣幅度，效果并不明显，而且还会带来众多的负面影响，且违背“明升暗降”原则。

③ 中定价，中折扣。这是一种折中的销售控制组合，优缺点它兼而有之，通常情况下采用“低定价、低折扣”的方式比较适宜。

第三节　房地产媒介组合

媒介是指介于传播者与受传者之间的用以负载、传递、延伸特定符号和信息的物质实体，包括书籍、报纸、杂志、广播、电视、电影、网络等及其生产、传播机构。

一、媒介的类型

媒介选择应当遵循一定的流程，符合一定的程序，首先确定媒介类型，其次在媒介类型下选择媒体种类，最后确定合适的具体媒介物。对于房地产行业来说，媒介类型分为以下几类。

1. 大众媒体

大众媒体是指针对全面人群，具有广泛社会影响力和阅读率的媒体，这类媒体发行渠道广泛，发行量大，阅读人群涵盖普遍阶层，由于房地产行业具有区域性特点，因此，地区党报是这个媒介类型的典范，综合性、民生性的电视、杂志、广播也属此类。

大众媒体一直以来都占据着媒体的主流，有着无可比拟和无法替代的地位，主要具有以下几个特点。

（1）发行量大，宣传面广，具有广泛的传播性。

（2）发行渠道完善，传播迅速，时效性强。

（3）阅读人群深入社会各个阶层，阅读（观看）率高，具有良好的到达率。

由于大众媒体具有以上优势，因此它能够有效地建立公众形象，对于具有项目型企业特点的房产行业来说，社会大众对项目的认知无疑能提升项目品牌，所以对于任何营销定位的房产开发项目来说，大众媒体都是不可或缺的。

2. 分众媒体

随着中国社会的快速发展，不同的社会环境因素影响并促成了当代受众的不同特征。因此，部分媒介也从满足大众需求转向满足部分人、满足某方面需求，也就是从“广播”向“窄播”，从“大众”向“分众”的转变。

当前的房地产项目在市场化要求下，广泛应用定位理论，对消费群体进行了细分，因此，大众媒体的广泛性覆盖无法直接面对细分化的消费者，这势必会让广告效果大打折扣，在这种情况下，为了更好地针对特定的目标客群，精准深入地进行广告信息传达，从而提高广告效益和效果，开发商开始考虑分众媒体投放。

这一类别中，户外广告和互联网广告作为其重要代表，经过了迅速发展，已经成为房地产企业主媒介投放方案中必不可少的内容。在这种趋势下，四大传统媒体也开始走上了分众的道路，另外DM直投和新兴的广告媒体及新型融合性应用媒体（电梯广告、公交广告等）也随之出现并同样获得了发展，而且在新科技日益发展的今天，手机的互动传播性也被广泛挖掘利用。

3. 创新媒体

创新媒体是指经过思考和发现，创造或寻找出的全新的媒介载体，包含两个方面的创新，一种是以前没有被利用过，即没有投放过广告的载体，如最早使用的电子楼书；另一种是曾经被使用过，但是由于行业特点，没有被房地产行业使用过的媒介载体，如机票夹广告等。

创新媒体由于载体的新颖性，往往在第一眼接触就能够被受众记住，因此具有很高的认知度，作为广告投放的空白点，甚至能开启一股投放潮流。

4. 自有媒体

自有媒体指的是广告主自己创造的广告载体。房地产行业鉴于自身的优势，可以说是自有媒体应用得最广泛的行业。自有媒体大致上可分为以下几类。

（1）印刷类。房地产项目楼书、海报、户型单张、手提袋等。

（2）定点类。售楼处看板、概念样板房、工地围墙及户外等。

（3）会员类。房地产企业为了更好地服务客户和打造企业品牌，建立业主数据库，并成立俱乐部或其他团体，内部发行会员卡或业主刊物等载体，如万客会、绿地会等。

（4）社区类。在项目建成，业主入住，形成一定人气后，社区就有了广告价值，如电梯广告、导示系统广告等。

（5）其他类。还有一种也属自有媒体，就是房产企业发行的书刊杂志，如 SOHO 中国的《杂碎》等，当然，这种媒体对项目销售没有直接帮助，但对企业品牌建设有很大的推进作用。

5. 行业媒体

行业媒体是指行业共同营造的媒介载体以及各媒体对该行业关注形成的有效载体。这种载体由于具有明确的行业性。从常规意义来看，这种媒体面向的是业内人士，其实并非如此，对于有购房意向的消费者，他们往往会高度关注行业信息，因此这种媒体也具有较高的到达率，但是由于该类媒体限制，消费者不能深入了解项目特点，只能起到引导作用。

这类媒体最典型的代表就是行业展会，由于近几年房地产行业的快速发展，房展会在各地如火如荼地开展，在一定程度上削弱了其广告效果，另外媒体的行业信息也是一个重要代表。

从以上分析可以看出，每种媒介类型都有诸多媒体种类，一般来说包括印刷媒体、电子媒体、交通（流动）媒体、户外媒体、展示媒体、邮寄媒体等类别。

二、媒介组合

媒介组合策略是一项专业技术性非常强的工作，只有在了解项目定位的基础上，选对了媒体，并进行科学合理的投放组合，才能够将合适的信息有效地传递给目标受众，同时能让他们接受并记忆，只有在优秀的媒介策略下，才能扩大传播的深度和广度，从而形成立体传播的推广合力。

1. 媒介组合的概念

广告信息需要通过一定的媒介物才能传递给消费者，不同的媒体对同一信息的传播作用各不相同，因此，开发商要在充分发挥不同媒体功能的基础上，选择合适的广告媒体，这就是广告媒介策略中的首要步骤——媒介选择。

广告投放不可能只涉及一种媒体，因此针对目标客户群所制订的多种媒介及其分别投放量的方案，就是媒介组合，优秀的媒介组合方案不仅能更全面、深入地覆盖目标客户群，也能达到预期的广告效果。

2. 媒介组合的类型

视觉、听觉和视听两用三大类型的媒介在其传播功能上各有特色，也各有缺点，正所谓“尺有所短，寸有所长”。尽管在广告市场中不同媒介的竞争力是不同的，但它们在广告活动中都发挥着一定的作用。在了解了各种媒介的特性差异以后，对于合理组合媒介，进行广告活动，是很有帮助的。房地产营销推广中可以采用如下组合方式。

（1）报纸与广播组合，可使各种不同文化程度的消费者都能接受广告信息。

（2）电视与广播组合，可使城市和乡村的消费者都能接受广告信息传播。

（3）报纸或电视与广告组合，有利于提醒消费者购买已有印象或已有购买欲望的商品。

（4）报纸与电视的组合运用，应该以报纸广告为先锋，对产品进行详细解释后再运用电视进攻市场，这样可以使产品销售逐步发展，或做强力推销。

（5）报纸与杂志的组合，可用报纸广告做强力推销，而用杂志广告来稳定市场。或者用报纸广告进行地区性宣传，而用杂志广告做全国性大范围宣传。

（6）报纸或电视与邮寄广告配合时，应以邮寄广告为先锋，做试探性宣传，然后用报纸广告或电视广告做强力推销，这样可取得大面积的成效。

（7）邮寄广告和售点广告或海报的配合，对某一特定地区进行广告宣传，可以巩固和发展市场。

媒介的组合运用必须根据广告费预算的多少、市场的大小、广告时期的长短、广告时间性要求来妥善安排。

3. 媒介组合的选择

项目营销方案确定后，需要对具体媒介载体进行选择，选择时要从以下几个角度考虑。

（1）媒介目的。房地产项目广告投放最大的目的是实现销售目标，但是一个项目在不同阶段有着不同的意图。例如，在开盘前期主要是开盘信息传达，开盘期主要是项目具体特点及价格等消费者关注点的宣传，强销期主要是促销信息传送，收尾期主要是为了延续下一项目开发及树立企业品牌等。因此，针对各个阶段也要选择不同的媒体，并考虑投放量。在传达项目具体信息时要选择适合目标客群的媒体，在传达开盘信息和树立品牌时则需要选择覆盖面广的媒体，只有有的放矢，才能达到预期目的和效果。

（2）项目市场定位。房地产开发项目的市场定位是在详细的房地产市场调研和分析的基础上，选定目标市场，确定消费群体，明确项目档次，设计建设标准。也就是说，你要做的是在可能成为你的顾客的人心中确定一个适当的位置。

当然，项目定位包括很多内容，如开发理念、客群定位、初步设计、租售价格、销售节奏等，而这些都将影响到项目的销售，因此只有在对这些内容完全理解的情况下，才能制定出合理的媒介策略。例如，一个定位于金字塔尖的豪宅，大众媒体的作用就不是那么明显，而一个定位于工薪阶层的低端项目，一般不会将销售信息投放在高端财经杂志上。

（3）目标客群。由于目标受众的媒体接触习惯和消费特性的不同，媒介策略需要根据目标受众特点进行选择。例如，针对商务人士，应投放在日报、商业经济类报纸、商业及财经类杂志等上面;而对于大众消费者来说,晚报、综合性电视及公交车亭广告就更为适合。

（4）销售区域。房地产项目具有明显的地域性特点，因此销售区域也是媒介选择的一个重要影响因素，一方面在于考虑媒介传播范围不同，接触到该媒介的人群也就不同；另一方面，由于我国地域广阔，不同区域人的生活习惯有很大差异，媒介接触方式和传媒发展水平也很不平衡。

（5）媒介特点。不同的媒体种类有不同的特点，而具体的媒介载体也有着自己的特性，因此媒介选择要精心选择和组合，才能发挥最大作用。一般来说，主要应从媒体的发行量、面向人群、阅读（观看）率、表现力、覆盖范围等方面综合考虑。当然还有一点就是媒介成本问题，企业应考虑不同媒体广告费用的差异，结合企业的实力进行选择，尽量使广告的效果和费用成正比。另外，多媒体联合使用即组合也能达到降低广告费的作用。

（6）竞争对手媒介策略。房地产业近几年快速发展，竞争日趋激烈，在媒介投放方面也同样如此。媒体投放可以从总体媒介花费、媒体选择组合、投放方式、是否用特殊广告创意及尺寸等方面考虑选择。

媒介投放策略是一项专业技术性非常强的工作，只有在了解项目定位的基础上，选对媒体，并进行科学合理的投放组合，才能够将合适的信息有效地传递给目标受众，同时能让他们接受并记忆，只有在优秀的媒介策略下，才能扩大传播的深度和广度，从而形成立体传播的推广合力。

三、广告执行

广告是房地产在推广阶段最主要的媒介方式，通过合理有效的广告造势，可以让更多的潜在客户了解自己的项目，并促使其转化成有效客户，最终实现投资者的投资目的。

1. 广告周期的安排

广告时间的安排在一个规范化的营销系统中就是广告周期的拟定。一个楼盘的广告周期是隶属于它的营销周期的，作为一个相对独立的促销过程的营销周期，广告周期的安排便是其不可缺少的一个部分。通常一个完整的营销周期由筹备期、公开期、强销期和持续期这四个部分组成。在筹备期，大量工作是一些销售前的准备工作，广告运用仅为一些新闻报道和户外媒体。人员销售只是配合企业内部进行的少量认购工作。进入公开期，楼盘

被正式推向市场，适量的报纸稿件配合人员推广，开始将卖场渐渐变热起来。当强销期来临的时候，大量的报纸广告结合强有力的业务推广，如人员拜访、电话追踪、派报邮寄等，立体促销攻击战全面展开。为配合销售达到顶峰，或者在相对低落的时候创造又一个销售高潮，各种促销活动层出不穷。强销期过后的持续期，则是对前期积累客户的消化吸收和一些事务性的收尾工作，工作平稳，广告量也相对平静。若这个营销周期只是整个销售过程的一部分，则该阶段的工作还应包括对此次销售策略的修正和检讨，努力为下一个营销周期的到来做准备。

区别于其他产品的营销周期，预售商品房的营销周期的确定除了企业内部自身的因素外，往往依赖于楼盘的施工进度，并时常以施工进度的某个时间点，如建筑出地面、结构封顶、楼盘的竣工等为营销的切入点。此外，各类节假日、各种舒适的季节等也是制订营销周期的重要时间考查点。这些时候，人们出行方便，产品宣传有话题，容易形成人声鼎沸的旺销局面。

营销周期的长短并没有严格的限定，短则两三个月，长则一两年。习惯上讲，一个房地产项目从刚开始预售，到最后一套房屋的卖出，可以规划为一个完整的营销周期。但一个楼盘在整个销售过程中，或是因为相持时间长，或是销售状况的跌宕起伏，实践中往往不止一个营销周期的存在。对销售总量在几十万平方米以上的社区型楼盘，每个不同的时间段更会有若干个相对独立的营销周期存在，它们彼此配合，前后呼应，以阶段性的销售业绩达到最终的销售目的。相应地，表现在广告时间的安排上，便是一个由若干个相对独立、彼此又相互配合小的广告周期串联而成的大的广告周期。

2. 广告主题的确定

一般来讲，一个楼盘总有几个主要诉求点，几个次要诉求点，除了说明书外，几乎任何一种媒体形式的每次内容表现，都是以一个主要诉求点，结合几个次要诉求点加以展示的。实际操作中，归纳总结出来的几个主要诉求点往往轮流作为广告的主题，当其中的一个主要诉求点被选为广告的主题时，其他的几个主要诉求点则与次要诉求点一样，有选择地作为广告主题的专一表现，可以最大限度地吸引目标客源。精心安排的广告主题的轮流展示，则可以保持楼盘的常新常亮。

有时会发现，广告主题的选择似乎并没有涉及产品的主要诉求点，而是和都市的四季变化、热门话题或生活习俗等密切相关。其实这样的广告不是没有主题，而是主题相对隐蔽，创作者试图以亲和的姿态和近距离的角度来吸引客户，间接地引导大众对产品的兴趣。广告主题的轮流安排也不是无序的，它是和广告周期的安排与广告诉求点的内容紧密相连的。在产品筹备期和公开期，广告紧密相连。在产品筹备期和公开期，广告主题多以产品的规划优势、楼盘的地段特征为主，通过形象的着力介绍，让一个新兴的事物尽快为客户

所注目和了解。到了楼盘的强销期和持续期，除非产品有特别的优势，价格攻势往往成为广告的主要内容。在客户对产品了解的基础上，通过价格上的优惠折让和某些服务方面的承诺促使成交迅速放大。

3. 广告媒体的安排

户外媒体、印刷媒体和报刊、广播电视等在信息传播的功效方面各有优劣，在广告活动中有着不同的作用。为了更好地发挥媒体的效率，使有限的广告经费产生最大的经济效益，应该对不同类型的媒体在综合比较的基础上，合理地筛选组合，以期取长补短，以优补拙。因为房地产的“不动产”特质，它的常用广告媒体一般为户外媒体、印刷媒体和报刊媒体三大块。其中户外媒体因为位置固定，比较偏重于楼盘周围的区域性客源；印刷媒体可以定向派发，针对性和灵活性都较强；报刊媒体和广播电视则覆盖面广，客源层多。三者取长补短，是房产广告的“三驾马车”。

就“纵”的方面而言，一个完整的广告周期由筹备期、公开期、强销期和持续期这四个部分组成。在广告的筹备期，广告媒体的安排以户外媒体和印刷媒体为主，售楼处的搭建、样板房的建设、看板的制作以及大量的海报、说明书的定稿印刷等，占据了工作的主要内容。报刊媒体的安排则除了记者招待会外，几乎没有什么。进入广告的公开期和强销期，广告媒体的安排渐渐转向以报刊媒体为主。户外媒体和印刷媒体此时已经制作完工，因为相对的固定性，除非有特殊情况或者配合一些促销活动，一般改变不大，工作量也小。而报刊媒体则开始在变化多端的竞争环境下，节奏加快，出招频频，以灵活多变的特色，发挥其独特的功效。到了广告的持续期，各类广告媒体的投放开始偃旗息鼓，销售上的广告宣传只是依靠前期的一些剩余的户外媒体和印刷媒体来维持，广告计划也接近尾声。

广告媒体在“横”的方面的安排，也贯穿于广告周期的四个阶段，但在产品强销期要求特别高。某单位3 000元/m^2的楼盘，它的媒体组合的理想三维广告空间设计是：客户坐飞机回上海，在飞机上看到《东航杂志》中的楼盘广告，下飞机后坐汽车回市区，在虹桥路上则看到同样内容的户外看板。晚上翻开《新民晚报》，该楼盘的广告已赫然在目，第二天听早上广播新闻，同样的信息又飘然而至，视觉听觉的多重刺激，将最大限度地挖掘和引导目标客源，以配合业务人员的推广行为，创造最佳销售业绩。

4. 广告预算的编排

就房地产销售而言，广告预算大致应该控制在楼盘销售总金额的1%~3%。大的公司因为有充足的资金保证，往往根据计划来确定预算。而大部分中小型公司，因为财力有限，广告预算基本上是量力而行，有时甚至是阶段性的滚动执行，销售结果一旦不尽如人意，广告预算便停止执行。

在销售的筹备期，因为包括接待中心和样板房等在内的大量的户外媒体、印刷媒体设计制作的工作量是相当大的，再加上其他的准备工作，所以广告费的支出是比较大的，一般约占总预算的30%~50%。到了公开期，报刊媒体的费用开始上升，其他的销售道具因为已全部制作完成，则很少再产生费用。进入广告强销期，一方面，报刊、广播电视的广告密度显著增加，广告费用又猛然上升；另一方面，为了推动销售上台阶，穿插其中的各项促销活动，大量的广告预算是必不可少的，这个时候的广告预算约占总量的40%。接近持续期，广告预算则慢慢趋近于零，销售也进入收尾阶段。

四、整合推广

每天一打开报纸，各种房地产广告都充斥其间，“酒香不怕巷子深”的观念早已过时，“整合推广”已经成为房地产营销的规定动作，整合推广是“整合营销传播”的一个重要组成部分，或者说是“整合营销传播”的第一个阶段，即策略传播的协调。西方整合营销之父唐·舒尔茨博士关于策略传播的协调论点可以作为整合推广的定义：策略传播的协调，即各种外部营销、传播要素、连贯性的实现以及不同职能间的配合。重点一般会放在发展全面传播的方针政策及实践上，同时通过营销传播传递一种形象、一种声音。实际上，整合推广就是将零散的传播要素组合到一起，形成最具价值和效率的整体，传递一种形象、一种声音。

适合房地产整合推广的渠道有很多，主要有以下几个方面。

线上主要有：电视广告、电台广告、报纸、杂志等。

线下主要有：短信广告、户外T牌、网络广告，还有渗透各种类型的活动，展览等。长期性渠道如户外大牌、公交车、公交亭、楼宇广告（跟户外大牌差别不大）、电视台、广播电台等广告；阶段性渠道如海报、短信、报纸广告等。如果你所在的区域缺乏主流媒体，那就用组合的形式来做宣传推广，点要多，面要广。当今楼市，广告起着举足轻重的作用，广告如何推广关键需要解决三大问题：“对谁说，说什么，怎么说”，这其中都有可以遵循的规律。

一般来说，广告推广必须遵循五大步骤。

（1）罗列价值点。罗列价值点并不困难，我们只要按步骤进行分析就可以找出项目的全部价值点，用这些价值点来吸引消费者。

（2）基于产品的人本解读——FAB法则①。所谓FAB法则，是指在描述项目价值点时，在讲述了产品的具体事实和特征（F）之后，要紧接着描述该事实与众不同的优点（A）以及结合消费者自身情况带来的利益（B），也就是对产品的卖点从“人本体验”角度进行

① FAB，即英文Feature、Advantage、Benefit的缩写。

解读，以追求与客户心理上的对位。

（3）价值点加工、锻造，提炼“一种形象，一种声音”。初步罗列出价值点之后，接下来的工作是对众多价值点的甄选、加工、锻造，使其整体协调统一成“一种形象，一种声音”，也就是通常所说的“主题语”。价值点的加工、锻造素来有两个方向：一是“产品”角度，二是“客户”角度。从这两个不同的角度出发，营销史上有三种学说，即USP、品牌形象论和定位论。其中，USP和定位论是从产品的角度阐述价值，形象论则从客户的角度阐述价值。

USP即英文独特销售主张（Unique Selling Proposition）的缩写，它具有以下特点：① 每个广告必须向消费者陈述一个主张：“购买此产品你会得到某种具体的好处”。② 这一主张必须是该产品所独具的，是竞争者不会或者不能提出的。③ 这一主张必须具有足够力量吸引、感动广大消费者，招徕新客户购买产品。

从USP的定义可以看出，所谓的USP就是通常所说的“卖点”，只是这些卖点必须是竞争对手不会或者不能提出的。

USP和定位论都是基于产品主义的角度加工、锻造价值点，不同的是USP是表现差异，定位论是创造第一，前者是打品牌，后者是创品类。

价值点加工、锻造最终目标和标准有两个：统一的形象和声音、与客户心理对位。实际操盘中，常见的情况是楼盘有好多条USP，这时往往需要再对其进行归纳、提炼，形成一个统一的形象和声音。除了要求统一的形象和声音外，与客户的心理对位也是非常关键的。正如姜汝祥所说：“房地产行业的本质是关系人们身份的变化。”在推广中注意心理尤其是身份的对位是重中之重。

（4）确定推广节奏。假设消费者遵循“知道—了解—偏爱—购买—说好”的逻辑路径去识别能满足他们的产品和服务，开发商也遵照这个逻辑顺序层层推进，但预热期一般是公关事件、新闻和话题炒作。正如特劳特所说：“原则上应该是公关第一，广告第二。广告不能生火，只能在点火后扇火。”在项目的预热期，如果能有效地展开公关，以新闻开路，将会起到事半功倍的效果。

（5）媒体排布与创新。在推广媒体上，向来有“大众媒体”和“小众媒体”之分。小众媒体是相对于大众媒体来说的，指的是受众群体相对狭窄的媒体，如专业杂志、企业内刊、直邮单张等。一般来说，大众媒体树品牌，小众媒体争销量；大众媒体打头炮，小众媒体来补充。例如，常见的DM单，在很多城市直接派人上街散发成了销售的利器，作为小众媒体，最主要的作用是促销量，所以释放的信息也应该以价格、户型等为主，有些DM单却弄一些花哨的形象宣传，这就有点张冠李戴了。

在媒体组合方面，不同阶段的媒体应该不同。“知道”阶段，最好的媒体是户外广告，“了解”阶段，最好的媒体是报章。由于房地产传播的特殊性，平面媒体特别是主流报纸的影响是最大的。

在房地产营销中，开发商要充分搜寻项目的优势点，选择合适的推广途径，宣传要有侧重，各得其所，只有这样才能给客户群造成一定的冲击，从而达到预期效果。

第四节　房地产价格策略

在房地产销售过程中，价格制订是一个非常关键的问题。项目的畅销和滞销与价格的关系最大，滞销项目中，90% 以上在价格制订方面都存在或大或小的问题。

一、定价方法

定价方法是企业为了在目标市场上实现定价目标，而给产品制订的一个基本价格或一定浮动范围的方法。房地产企业的定价方法通常有成本导向定价、需求导向定价、竞争导向定价和可比楼盘量化定价法四类。

（一）成本导向定价

成本导向定价是以成本为中心，按卖方意图定价的方法。其基本思路是：在定价时，首先考虑收回企业在生产经营中投入的全部成本，然后加上一定的利润。成本导向定价主要由成本加成定价法、目标利率定价法和销售加成定价法三种方法构成。

1. 成本加成定价

这是一种最简单的定价方法，即在单位产品成本的基础上，加上一定比例的预期利润作为产品的售价，售价与成本之间的差额即为利润。这里所指的成本包含了税金。由于利润的多少是按成本的一定比例计算的，习惯上将这种比例称为“几成”，因此这种方法被称为成本加成定价法。其计算公式为

单位产品价格 = 单位产品成本 ×（1+ 加成率）

【例 8–1】某房地产企业开发一楼盘，每平方米的开发成本为 3 000 元，加成率为 15%，则该楼盘售价为 3 000×（1+15%）=3 450 元 /m^2。

这种方法的优点是计算方便，因为确定成本要比确定需求容易得多，定价时着眼于成本，企业可以简化定价工作，也不必经常依据需求情况而做调整。在市场环境诸因素基本稳定的情况下，采用该法可保证房地产企业获得正常的利润，从而可以保障企业经营的正

常进行。

2. 目标利率定价

目标利率定价法是在成本的基础上，按照目标收益率的高低计算售价的方法。其计算的步骤如下。

（1）确定目标收益率。目标收益率可表现为投资收益率、成本利润率、销售利润率、资金利润率等多种不同的形式。

（2）确定目标利润。由于目标收益率的表现形式的多种性，目标利润的计算也不同，其计算公式为

目标利润 = 总投资额 × 目标投资收益率

目标利润 = 总成本 × 目标成本利润率

目标利润 = 销售收入 × 目标销售利润率

目标利润 = 资金平均占用额 × 目标资金利润率

（3）计算售价。计算公式为

售价 =（总成本 + 目标利润）/ 预计销售量

【例 8-2】某房地产企业开发一总建筑面积为 20 万平方米的小区，估计未来在市场上可实现销售 16 万平方米，其总开发成本为 4 亿元，企业的目标收益率为成本利润率的 15%，则该小区的售价为多少？

解：目标利润 = 总成本 × 成本利润率

= 4×15%

= 0.6（亿元）

每平方米售价 =（总成本 + 目标利润）/ 预计销售量

=（400 000 000 + 60 000 000）/160 000

=2 875（元）

因此，该企业的均价应为 2 875 元 /m^2。

目标利率定价法的优点是可以保证企业既定目标利润的实现。这种方法一般适合用于在市场上具有一定影响力的企业、市场占有率较高或具有垄断性质的企业。

3. 销售加成定价

这是一种以产品的最后销售为基数，按销售价的一定百分率计算加成率，最后得出产品售价的方法。计算公式为

单位产品售价 = 单位产品总成本 /（1– 加成率）

【例 8-3】某楼盘的开发成本为 2 500 元 /m^2，加成率为 20%，则该楼盘的售价为

每平方米售价 =2 500/（1–20%）=3 125（元）

这种定价方法的优点对于销售者来说，容易计算出商品销售的毛利率；而对于消费者来说，在售价相同的情况下，用这种方法计算出来的加成率较低，更容易接受。

以上几种成本定价方法均以产品成本为制订价格的基础，在成本的基础上加一定的利润来定价。所不同的是它们对利润的确定方法略有差异。虽然较容易计算，但它们存在共同的缺点，即没有考虑市场需求和市场竞争情况。

（二）需求导向定价

所谓需求导向定价是指以需求为中心，依据买方对产品价值的理解和需求强度来定价，而非依据卖方的成本定价，其主要方法是理解值定价法和区分需求定价法。

1. 理解值定价法

理解值也称“感受价值”或“认知价值”，是消费者对于商品的一种价值观念，这种价值观念实际上是消费者对商品的质量、用途、款式以及服务质量的评估。理解值定价法的基本指导思想是：认为决定商品价格的关键因素是消费者对商品价值的认识水平，而非卖方的成本。房地产企业在运用理解值定价法定价时，企业首先要估计和测量在营销组合中的非价格因素变量，在消费者心目中建立起来的认知价值，然后按消费者的可接受程度来确定楼盘的售价，由于理解值定价法可以与现代产品定位思路很好地结合起来，成为市场经济条件下的一种全新的定价方法，因此为越来越多的企业所接受。

其步骤是：确定顾客的认知价值—根据确定的认知价值，决定商品的初始价格—预测商品的销售量—预测目标成本—决策。

理解值定价法的关键是准确掌握消费者对商品价值的认知程度。对自身产品价值估计过高的卖主，会使其产品定价过高；而对自身产品的消费者认知价值估计过低的卖主，定价可能低于其能达到的价值。因此，为了建立起市场的认知价值，市场调查是必不可少的。曾在上海房产界闻名一时的“某花苑客户开价销售”就是理解值定价法运用的典范之一。

2. 区分需求定价法

区分需求定价法又称差别定价法，是指某一产品可根据不同需求强度、不同购买力、不同购买地点和不同购买时间等因素，采取不同的售价。例如，消费者在商店的小卖部喝一杯咖啡和吃一块点心要付 10 元，在一个小餐厅则要付 12 元，而在大旅店的咖啡厅就要付 14 元，若要送到旅店的房间内食用则要付 20 元。价格一级比一级高，并非产品的成本所决定的，而是附加服务和环境气氛为产品增添了价值。同样，对于房地产来说，同一种标准、同一种规格、同一种外部环境的商品房，可以根据楼层数的相应变化而使销售价发生相应变化。区分需求定价法的主要形式有：以消费群体的差异为基础的差别定价；以数量差异为基础的差别定价；以产品外观、式样、花色等差异为基础的差别定价；以地域差异或时间差异为基础的差别定价等。

（三）竞争导向定价

竞争导向定价是企业为了应付市场竞争的需要而采取的特殊定价方法。它是以竞争楼盘价格为基础，根据竞争双方的力量对比，制订较竞争者价格低、高或相同的价格，以达到增加利润、扩大销售量或提高市场占有率等目标的定价方法。对开发商而言，当本企业所开发的项目在市场上有较多的竞争者时，适宜采用竞争导向定价确定楼盘售价，以促进销售，尽快收回投资，减少风险。竞争导向定价有随行就市定价法和追随领导者企业定价法两种。

1. 随行就市定价

随行就市定价是企业使自己的商品价格跟上同行的平均水平。一般来说，在基于产品成本预测比较困难，竞争对手不确定，以及企业希望得到一种公平的报酬和不愿打乱市场现有正常次序的情况下，这种定价方法行之有效。在竞争激烈而产品弹性较小或供需基本平衡的市场上，这是一种比较稳妥的定价方法，在房地产业应用比较普遍。

在竞争激烈的现代市场条件下，大部分房地产企业在定价时，实际上没有很大的选择余地，只能按现行市场价格来定价。若价格定得太高，其商品房将难以售出，而价格定得过低，一方面企业的目标利润难以实现，另一方面会促使其他房地产企业降价，从而引发价格战。因此，这种定价方法比较受一些中、小房地产企业的欢迎。

2. 追随领导者企业定价

使用这种定价方法的房地产企业，一般拥有较为丰富的后备资料，为了应付或避免竞争，或为了稳定市场以利其长期经营，往往以同行中对市场影响最大的房地产企业的价格为标准来制订本企业的商品房价格。

（四）可比楼盘量化定价

可比楼盘量化定价法简称比较定价法，是将本楼盘与周边楼盘及可比性较强的楼盘，根据比较因素、比较因素的权重进行的量化定价法，比较过程是定价人员站在消费者的角度进行评比打分，是结合竞争导向定价法与需求导向定价法的具体定价方法，此方法被广泛运用。分析步骤如下。

1. 列举18个比较指标

可比楼盘的量化指标为位置、配套、交通、城市规划、环保、价格、物业管理、建筑质量、楼盘规模、朝向、外观、室内装修、开发商实力及信誉、付款方式、户型设计、销售情况、广告、停车位数量等18个指标。

2. 比较因素权重确定

不同地区、不同楼盘在确定各比较因素的重要性上均不同。因而在制订比较因素表时，

要贯彻主导因素与综合分析相结合的原则，赋予每个具体的比较因素不同的权重，但权重之和为 100%。权重越大，重要性及影响力就越大，反之亦然。

3. 楼盘比较后综合分值

$$P=\sum W_i \times F_i = W_1 \times F_1 + W_2 \times F_2 + W_3 \times F_3 + \cdots + W_n \times F_n$$

式中：P——总分（诸因素在区域内众楼盘优势的综合反映）；

n——楼盘比较因素的总数；

W_i——权重（某比较因素对楼盘优劣的影响程度）；

F_i——分值（某楼盘与本楼盘多人同时比较后的加和平均分）。

4. 确定价格

对每个可比楼盘的价格依上式修正后，都可以求出一个待定价房地产的价格，最后再用求简单平均数或求加权平均数或中位数等方法，计算确定待定价房地产的价格。

二、定价的原则和程序

房地产定价是一个关键但又棘手的问题，若定价过高，容易让购房者产生畏惧心理，导致营销的失败，若定价过低，虽然在销售上有一定的优势，但可能无法达到投资者的预期。合理的价格应既在消费者承受范围之内，又符合开发商投资预期的合理市场价。

1. 定价的原则

要实现合理的房地产定价，定价过程应该遵循以下原则。

（1）市场导向原则。项目价格应能反映产品的定位和消费群的定位，成为目标消费群体能够接受并愿意支付的价格，该原则还包括另一层意思，即在同类竞争中，借助价格优势，取得更好的业绩，树立企业和产品的品牌形象，为其他同类产品开发做好铺垫。

（2）快速资金回笼原则。合理的价格有利于市场销售，快速实现资金回笼，减少不可预见的风险，实现目标利润。定价过高将产生较大的营销障碍和销售滞后性，利润也只能是虚拟的账面利润。

（3）弹性灵活原则。定价应有灵活性，以适应市场的变化情况。项目入市时，采用较低价格聚人气，随着工程进度的发展和产品的成熟，可逐渐提高价格。

（4）价值相符原则。项目的价格应与项目的地段、品质相符合，才能赢得消费者的信赖。

（5）购买力适应原则。房地产所定价格还应与目标客户群的购买力相适应。

（6）有利竞争原则。项目销售初，期建议采用对消费者有较大吸引力的价格入市，有利于在市场竞争中取得优势。

2. 定价的程序

（1）选择定价目标。根据楼盘定位、楼盘状况和开发商自身经济实力，确定定价的目标。例如，以销售速度为核心的定价目标，以实现利润最大化为定价目标，以资金运营为核心的定价目标。

（2）分析价格支撑。价格的主要支撑因素有目标客户基础（如目标客户的数量和质量）、产品质量保障、垄断性核心竞争优势、需求价格弹性等。

（3）综合运用定价方法，测算价格体系。

（4）确定项目均价。首先用市场比较法和成本价计算商品房价值，然后根据定价目标做必要调整得出楼盘均价，如小区均价、分区均价、分栋均价和分层均价。

（5）确定调整系数，编制价目表。调整系数之和为零，正负相差不超过10%，景观差价最高可达50%。形成价格唯一性，做到一户一价。

房地产定价应全面考虑影响价格形成的因素，以目标客户对产品的认识及其需求为基础，既不宜太高也不宜太低。

三、定价策略

定价策略是指企业根据市场中不同变化因素对商品价格的影响程度，采用不同的定价方法，制订出适合市场变化的商品价格，进而实现定价目标的企业营销战术。

（一）新产品定价策略

新产品的定价关系到新产品能否顺利地进入市场，能否站稳脚跟，能否获得较大的经济效益。目前，针对房地产产品的定价策略主要有三种，即取脂定价策略、渗透定价策略和满意定价策略。

1. 取脂定价策略

取脂定价策略是指企业在产品寿命周期的投入期或成长期，利用消费者的求新、好奇心理，抓住激烈竞争尚未出现的有利时机，有目的地将价格定得很高，以便在短期内获取尽可能多的利润，尽快地收回投资的一种定价策略。

2. 渗透定价策略

渗透定价策略又称薄利多销策略，是指企业在产品上市初期，利用消费者求廉的消费心理，有意将价格定得很低，使新产品以物美价廉的形象，吸引顾客，占领市场，以谋取远期稳定利润的一种定价策略。

3. 满意定价策略

满意定价策略又称平价销售策略，是介于取脂定价和渗透定价之间的一种定价策略。

由于取脂定价法定价过高，对消费者不利，既容易引起竞争，又可能遭到消费者拒绝，具有一定风险；渗透定价法定价过低，对消费者有利，对企业最初收入不利，资金的回收期也较长，若企业实力不强，将很难承受。而满意价格策略采取适中价格，基本上能够做到供求双方都比较满意。

（二）差别定价策略

所谓差别定价即企业按照两种或两种以上，不反映成本费用的比例差异的价格，销售某种产品或劳务。差别定价有以下四种形式。

1. 顾客差别定价

顾客差别定价即企业按照不同的价格把同一种产品卖给不同的顾客。例如，某房地产经销商按照价目表价格把某房子卖给顾客A，同时按照较低单价将某房产卖给顾客B。这种价格差异可能源于顾客的需求强度和对楼盘或房地产市场的了解有所不同。

2. 产品形式差别定价

产品形式差别定价即企业对不同型号或形式的产品分别制订不同的价格，但是不同型号或形式产品的价格之间的差额和成本费用之间的差额并不成比例。对于房地产来讲，户型、面积的不同都会影响房子的价格，使得房子总价的差额和房子的面积差额不成比例。

3. 产品部位差别定价

产品部位差别定价即企业对于处在不同位置的产品或服务分别制订不同的价格，即使这些产品或服务的成本费用没有任何差异。

例如，在剧院，虽然不同座位的成本费用都一样，但是不同座位的票价有所不同，这是因为人们对剧院的不同座位的偏好有所不同，对于楼盘来讲，不同楼层的房子也有所不同。

4. 销售时间差别定价

销售时间差别定价即企业对于不同季节、不同时期甚至不同钟点的产品或服务也分别制订不同的价格。

（三）心理定价策略

心理定价策略是针对消费者的不同消费心理制订相应的商品价格，以满足不同类型消费者的需求的策略。心理定价策略一般包括尾数定价、整数定价、吉祥数字定价、声望定价、招徕定价和最小单位定价等形式。

1. 尾数定价策略

尾数定价又称零头定价，普通消费者一般认为整数定价是概括性定价，定价不准确，而尾数定价可使消费者产生“这是经过精确计算的最低价格”心理。同时消费者会觉得企业定价严谨，一丝不苟。房地产营销中多采用尾数定价法保留完整位数。

2. 整数定价策略

整数定价适用于较为高端的项目，尤其是豪宅。整数价格可能会提高商品的身价，使消费者有“一分钱，一分货”的感觉，从而有利于销售。万科曾实践过这种定价方法，对原有价格位数进行调整，利用客户对尾数不敏感的方式，提升产品售价。同时，贷款只能取万位，提价可降低客户首付。整数定价有利于冲破客户的价格防线，还可以给消费者一种数字寓意吉祥的感觉。

3. 吉祥数字定价策略

现代心理定价有了一些新的表现，如吉祥数字、吉祥门牌号的定价策略，像7 777元/m^2这类定价在一定程度上能够迎合消费者的心理。

4. 声望定价策略

这是整数定价策略的进一步发展。消费者一般都有求名望的心理，根据这种心理行为，企业将有声望的商品制订比市场同类商品价高的价格，即为声望性定价策略。它能有效地消除购买者的心理障碍，使顾客对商品或零售商形成信任感和安全感，顾客也从中得到荣誉感。

5. 招徕定价策略

招徕定价又称特价商品定价，使少数产品以非常廉价的姿态出现，来吸引消费者购买。商品的定价低于市价，一般都能引起消费者的注意，适合消费者的“求廉”心理。“特价”在房屋营销中往往只有一户或少数几户，即所谓“广告户”，如广告中常见的“起价”××元。

6. 最小单位定价

最小单位定价是指企业把同种商品按不同的数量包装，以最小包装单位量制订基数价格，销售时，参考最小包装单位的基数价格与所购数量收取款项。一般情况下，包装越小，实际的单位数量商品的价格越高，包装越大，实际的单位数量商品的价格越低。

（四）折扣定价策略

折扣定价策略是通过减少一部分价格以争取顾客的策略，在现实生活中应用十分广泛，折扣定价是用降低定价、打折扣等方式来争取顾客购货的一种销售方式。

1. 现金折扣策略

现金折扣策略又称付款期限折扣策略，是在“信用购货”的特定条件下发展起来的一种优惠策略，即对按约定日期付款的顾客给予不同的折扣优待。购买者如能及时付现或提早付现，公司则给予现金折扣。房地产销售中，一次性付款可以给予优惠就是这种策略的具体表现。这种策略可增加买方在付款方式上选择的灵活性，同时卖方可降低发生呆账的风险。

2. 数量折扣策略

顾客大量购买时，则予以价格上的优惠。这是公司薄利多销原则的体现，可以缩短销售周期，降低投资利息和经营成本，及早收回投资。但房屋价格高，金额巨大，而且每人所需有限，公司不可能以鼓励大量购买而给予折扣的形式来销售，因此，这里的“数量”则需要慎重确定。更多数量乃至整幢大楼的购买虽然不多见（有时会出现机构购买的情况），但一旦如此，通常可以通过谈判获得更高的折扣。

（五）过程定价策略

房地产开发商在定价过程中，常用的过程定价策略有低开高走定价策略、高开低走定价策略、稳定价格策略，视市场情况而定。

价格竞争是市场竞争的基本策略，但在房地产营销中，也有在竞争中突破价格竞争而自主定价的策略，如在相邻同档次的项目中，一方不通过价格调整，而通过提供比竞争者更优惠的其他条件来竞争的情况，如提供良好的后期物业管理、较低的物业管理费等来吸引顾客。

四、房地产价格调整

房地产作为独特的商品，具有单一、不可复制等特性，这就决定了即使相同质量的房地产的价格也无法完全一致，所以导致房地产价格具有一定的伸缩性，在房地产销售过程中，开发商要紧紧把握住市场的脉搏，及时对因各种原因造成的不合理价格进行调整，从而争取达到利润的最大化。

（一）价格调整类型

在房地产营销过程中，基于市场情况的变化以及企业自身目标的调整，需要对房地产价格进行调整，其类型无非是降低价格或提高价格。

1. 降低价格

当卖方面临销售停滞不前、同业竞争极为激烈时，经常需要做降价的考虑。降价终将引起同业间的摩擦与价格战，但却是不得已而为之。

降低价格的另一个原因是生产能力过剩，产量过多，资金占用严重，而且靠销售力量、改进产品或其他营销手段都无法达到销售目标，造成资金周转不灵，企业无法进一步扩大业务。于是一些房地产企业放弃“追随领导者定价”的做法，而采用“攻击性定价”的方法，以便提高销售量。有时企业为了获取市场占有率，会主动降价，随着市场占有率的提高，生产成本又会因销售量的增长而下降。

2. 提高价格

提价会引起消费者及中间商的不满，但有时在外部环境剧烈变化时，房地产企业为了生存也不得不提价。例如，由于通货膨胀，成本高涨，但生产率无法提高，许多企业不得不以提高价格的方式来确保利润。提价虽然会招来顾客的抱怨，引起公司销售人员的困扰，但如果运用得当，成功的提价会给公司增加利润。

（二）价格调整的方法

房地产价格的调整有很多方法，如直接法、间接法等，下面就几种主要方法进行介绍。

1. 直接的价格调整

直接的价格调整就是房屋价格的直接上升或下降。它给客户的信息是最直观明了的，一般来说，价格上调是说明物有所值，人气旺盛。对于这样的正面消息，开发商是最希望客户尽快了解的，所以往往会大张旗鼓地进行宣传，并由此暗示今后价格上升的趋势，以吸引更多的买家尽快入场。与此相反，价格下调则说明产品有这样或那样的缺陷，不为买家所看好，或者是经济低迷，整个市场不景气。应该说，除非万不得已，房地产开发商通常是不会直接宣布其楼盘价格下调的，而是通过其他方式，间接让客户感受价格下挫的优惠，以维护其正面形象。直接的价格调整有以下两种方式。

（1）调整基价。基价的调整就是对一栋楼宇的计算价格进行上调或下降，因为基价是制订所有单元价格的计算基础，所以基价的调整便意味着所有单元的价格都一起参与调整。这样的调整，每套单元的调整方向和调整幅度都是一致的，是产品对市场总体趋势的统一应对。

（2）差价系数的调整。房地产实务中，通常是在基价的基础上通过制订不同的差价系数来确定不同套、单元的价格，各套、单元价格则是由房屋基价加权所制订的差价系数而计算的。但每套、单元因为产品的差异性而为市场所接纳的程度可能与开发商估计的不一致。在实际销售中，有的原先预估不错的实际上并不好卖，有的单元原先预估不好卖实际上却好卖。

差价系数的调整就是根据实际销售的具体情况，对原先所设定的差价体系进行修正，将好卖单元的差价系数再调高一点，不好卖单元的差价系数再调低一点，以均匀各种类型单元的销售比例，适应市场对不同产品需求的强弱反应。

2. 调整付款方式

付款方式本来就是房价在时间上的一种折让，它对价格的调整是较为隐蔽的。分析付款方式的构成要件可以发现，付款方式方、付款时段的确定和划分、每个付款时段的款项比例的分配、各种期限的贷款利息高低的影响是付款方式的三大要件，而付款方式对价格的调整也就是通过这三大要件的调整来实现的。

（1）付款时间的调整是指总的付款期限的减少或拉长，各个阶段付款时间设定向前移或向后靠。

（2）付款比例的调整是指各个阶段的付款比例是前期高、后期低，还是付款比例的各个阶段均衡分布，或者是各个阶段付款比例的前期低、后期高。

（3）付款利息的调整，如“免息供楼”“首期零付款”等策略实际上就是利息调整的例子。

本章小结

营销推广与执行是综合检验房地产开发前期所做工作的重要环节，具有较强的综合性和系统性，是连接产品与顾客的桥梁，是开发商能否实现预期收益的关键环节。

本章从市场营销的概念入手，系统阐述了营销理论的发展，提炼出营销定位的“五力”模型，并对房地产营销流程进行了分析。在此基础上，阐述了房地产销售渠道的类型、入市的策略和技巧、销售方式的选择，进一步揭开了销售控制的神秘面纱。本章还对媒介组合、广告执行、整合推广进行了系统分析，提出了 FAB 分析方法，并结合相关案例进行了分析。最后对销售价格策略进行了细致描述，并提出了价格制订和调整的相关技巧。

思考题

1. 阐述市场营销理论的历史沿革，并对各种理论的适用性进行说明。

2. 阐述常见的房地产销售渠道有哪些，并分析各渠道的优缺点。

3. 阐述媒介组合的含义，对房地产推广中涉及的相关媒介进行剖析。

4. 阐述整合推广的含义，并结合具体项目深入分析 FAB 法的应用。

5. 运用可比楼盘量化定价法，对某具体楼盘进行量化分析。

6. 深入调查研究，总结房地产营销中有哪些价格调整的方法，各自的适用条件如何。

7. 两个开发商，一个在城东十里开发“圆梦花园”，一个在城西十里开发“凤凰山庄”。城东的聘请了最好的设计师，使用了一流的施工队，城西的也是如此。一年后，总投资 10 亿元的圆梦花园建成了。60 栋楼房环湖排列，波光倒影，清新雅静，曲径回廊，处处花草，置身其中如在花园中一般。不久，凤凰山庄也竣工了，真像一座山庄，60 栋楼房依山而筑，青砖碧瓦，绿树掩映，清风徐徐，松涛鸟鸣，确实是理想的居住地。圆梦花园首先在电视台打出广告，接着是报纸和电台，开发商打算投资 1 000 万元做宣传，让圆梦花园成为购房者真正圆梦的地方。凤凰山庄建好后，也拿出 1 000 万元做宣传，不过开发商没有交给广告公司，而是给了公交公司，让它们把跑西线的车由每半小时一班增加到每 5 分钟一班。

一个月后，凤凰山庄售出的房是圆梦花园的 10 倍。一年后，凤凰山庄开始清盘，圆梦花园开始降价。现在去凤凰山庄的车每天达到 500 班，几乎每 3 分钟就有一班，这条线路是全市唯一没实行无人售票制的线路，这是应山庄居民要求保留下来的，因为坐这条线路上的车，人们可以得到一张如公园门票大小的彩色车票，它的正面是凤凰山庄的广告，反面是一首唐诗，这种车票每周一换。据说，凤凰山庄有个孩子已在车上背了四百多首唐诗，最少的也背了五十几首。前不久，圆梦花园向银行申请破产，凤凰山庄借势收购。从此，市区又多了一条车票上印有宋词的线路。

试问，你如何评价两个开发商的营销方式？为何会有不同的结果？

第九章　房地产物业管理

学习目标

通过对本章的学习，应掌握如下内容。

- 物业管理的含义及特点；
- 物业管理的职能和地位；
- 物业管理与智慧社区建设；
- 物业前期介入分析；
- 物权法与物业管理。

导言

随着物业管理法规、制度的颁布实施，我国物业管理市场日趋成熟，逐步分化出不同的物业管理服务类型。主要分为商业物业、住宅物业、行政物业[①]和工业物业，其中商业物业和住宅物业是最主要的类型。本章从物业的基本概念入手，重点介绍物业管理前期介入的重要性，以及由房地产开发到物业管理过渡的过程和物权法对物业管理的影响。

第一节　房地产物业管理概述

物业管理于19世纪60年代起源于英国，中国的物业管理始于20世纪80年代初，此后的十几年，物业管理迅速发展，从小到大，从涉外商品房到全市物业管理的发展，初步从借鉴、探索、推广到规范化，由传统的“房管式”逐步发展为专业化、企业化、一体化、招投标三化一体的物业管理模式。随着中国物业管理行业的发展、完善和成熟，物业管理行业将会出现一个竞争激烈、管理完善、服务理念提升的时期。

① 行政物业是指企事业单位、各种社会团体等内部的物业管理。

一、物业管理的概念

物业管理作为房地产市场的消费环节，实际上是房地产开发的延续和完善，是在房地产开发经营中为完善市场机制而逐步建立起来的一种综合性经营服务方式。物业管理既是房地产经营管理的重要组成部分，又是现代化城市管理不可缺少的一环，在国际上十分流行并获得了蓬勃的发展，被人们视作现代化城市的朝阳产业。

物业管理有狭义和广义之分。狭义的物业管理是指受物业所有人的委托，依据物业管理委托合同，对物业的房屋建筑及其设备，市政公用设施、绿化、卫生、交通、治安和环境容貌等管理项目进行维护、修缮和整治，对各类物业实施企业化、社会化、专业化、规范化的管理，并向物业所有人和使用人提供综合性的有偿服务。广义的物业管理应当包括业主共同管理的过程、委托物业服务企业或者其他管理人进行的管理过程。

物业管理类似于房地产管理，但比房地产管理范围更广泛。这个范围是向横发展、向后延伸、向周边拓展，如管理范围包括机电设备维修、清扫、治安保卫等服务性的内容，而不包括房地产投资、开发、生产经营。

综上所述，物业管理是指业主对区分所有建筑物共有部分以及建筑区划内共有建筑物、场所、设施的共同管理或者委托物业服务企业、其他管理人对业主共有的建筑物、设施、设备、场所、场地进行管理的活动。物权法规定，业主可以自行管理物业，也可以委托物业服务企业或者其他管理者进行管理。

物业管理的定义有着丰富的内涵。

（1）物业管理的管理对象是物业，这个物业是指在建或已投入使用的建筑物或构筑物。

（2）物业管理的服务对象是人，即物业所有人（业主）或使用人。

（3）物业管理的属性是经营。物业管理被视为一种特殊的商品，物业管理所提供的是有偿的无形的商品——劳务与服务。

（4）物业管理所提供的服务能起到完善物业的使用效能，并使其保值、增值的作用。

（5）物业管理是采用现代科学管理手段，对物业实施全方位、多功能的管理，融管理、服务、经营于一体。

（6）物业管理的基本要求是统一管理和协调，既包括相对独立的物业（楼宇等）或小区物业的统一管理和协调，也包括辖区范围内各个方面的统一管理和协调。

（7）优质的物业管理与社区服务相结合，为业主和使用人提供物质、精神方面的服务。

（8）就法律属性而言，物业管理是具有中介性质的信托管理，通过一定的契约，规定相关各方的权利和义务。

二、物业管理的特点

物业管理是有别于以往房地产管理的一种新型的管理模式，其管理具有社会化、专业化、企业化、经营化的特点。

1. 物业管理的社会化

物业管理的社会化是指物业管理将分散的社会分工汇集起来统一管理，如房屋、水电、清洁、保安、绿化等。每位业主只需面对物业管理企业一家就能将所有关于房屋和居住（工作）环境的日常事宜办妥，而不必分别面对各个不同部门，犹如为各业主找到了一个“总管家”，而对政府各职能部门来说，则犹如找到了一个“总代理”。业主只需根据物业管理部门批准的收费标准，按时缴纳管理费和服务费，就可以获得周到的服务，既方便业主，也便于统一管理，有利于提高整个城市管理的社会化程度，以充分发挥各类物业的综合效益和整体功能，实现社会效益、经济效益、环境效益、心理效益的统一和综合改善。

2. 物业管理的专业化

物业管理是由专业的管理企业——物业服务公司实施对物业的统一管理。这种管理是将有关物业的各专业管理都纳入物业服务企业的范畴之内，物业服务企业可以通过设置分专业的管理职能部门来从事相应的管理业务。随着社会的发展，社会分工渐趋于专业化，物业服务企业也可以将一些专业管理以经济合同的方式交予相应的专业经营服务公司。例如，机电设备维修承包给专业设备维修企业，物业保安可以向保安公司雇聘保安人员，园林绿化可以承包给专业绿化公司，环境卫生也可以承包给专业清洁公司。这些专门组织的成立，表明这一行业已从分散型转向了专业型。这种转向有利于提高城市管理的专业化和社会化程度，并能进一步促进城市管理向现代化的管理方式转换。

3. 物业管理的企业化

物业服务单位是企业单位，不是事业单位，也不具备政府行为职能。物业服务企业作为一个独立的法人，应按照《中华人民共和国公司法》的规定运行，政、事、企完全分离，不受任何干扰。因此，物业服务企业必须依照物业管理市场的运行规则参与市场竞争，依靠自己的经营能力和优质的服务，在物业管理市场上争取自己的位置和拓展业务，用管理的业绩去赢得商业信誉。当然，物业服务企业在运作过程中，还要处理好与有关部门，如街道、居委会、公安、市政、邮电、交通等行政或事业性单位的关系，以物业为中心相互协调。这样就能使物业服务企业从管理上、经营上和服务上下功夫，为业主创造一个方便、安全、清静、整洁的居住和工作环境。

4. 物业管理的经营化

物业服务企业的服务性质是有偿的，即推行有偿服务，合理收费。物业管理的经营目标是保本微利，量入为出，不以高额利润为目的。物业服务企业可以通过多种经营，使物业的管理定于“以业养业、自我发展”的道路，从而使物业管理有了“造血”功能，既减少了政府和各主管部门的压力和负担，又使得房屋维修、养护、环卫、治安、管道维修、设备更新有了资金来源，还能使业主得到全方位、多层次、多项目的服务。

物业管理是一种和房地产综合开发的现代化生产方式相配套的综合管理；是与随着住房制度改革的推进而形成的产权多元化格局相衔接的统一管理；是与建设社会主义市场经济体制相适应的社会化、专业化、企业化、经营化的管理。这种集高度统一的管理、全方位多层次的服务、市场化经营为一体的充满生机和活力的物业管理一出现，越来越显示出其强大的生命力。

三、物业管理的类型

物业管理的类型也就是物业管理的模式、方式。依据开发商、业主和物业管理部门的关系，一般划分为委托管理型和自主经营型两大类。

（一）委托管理型

委托管理型是典型的，也是基本的物业管理方式。开发商、业主采用招投标或协议的方式，通过物业管理服务合同，委托专业化的物业服务企业，按照“统一管理，综合服务”的原则，提供劳务商品的管理行为。如果物业的产权属于两个或两个以上的业主，就由业主管房小组或业主委员会代表业主承担业主自治管理的职能。

委托管理型按照自用或出租可分为自用委托型和代理经租型两种方式。

1. 自用委托型

业主将自有自用的物业委托物业服务企业管理，这是典型的委托管理方式。

2. 代理经租型

业主将自有的物业出租，委托物业服务企业经营管理，有两种委托方式：一种是出租权属于业主，由业主与租户签订租赁合同，物业服务企业只承担收租和管理；另一种是把经租权也委托给物业服务企业，由物业服务企业全权代表业主招揽租户，签订租赁合同。

代理经租型的物业管理费用的收缴也有两种方式：一种是物业管理费包含在租金里，由业主支付，一般只包括基本费用；另一种是不包含在租金里，由承租人或使用人向物业服务企业支付。不管是哪一种方式，都应该在合同和租约中明确规定。

（二）自主经营型

开发商、业主将自有的物业不是委托给专业的物业服务企业管理，而是由自己单位内

部设立物业管理部门来管理。其与委托管理型的基本区别有以下两点。

（1）在物业所有权和经营管理权的关系上。自主经营型是二权合一，委托管理型是二权分离。

（2）在法人地位上。自主经营型物业所有权人和经营人是同一个法人，委托管理型是两个各自独立的法人。

自主经营型按其使用和经营方式分为以下两种。

（1）自有自用型。这一类大多数是收益性物业，如商场、宾馆、度假村、厂房、仓库等。这些单位往往在自己企业内部设立不具有法人资格的物业服务部门来管理自己的物业。

（2）自有出租型。开发商、业主和物业服务企业合二为一来经营管理自己的出租物业，实质上是一个拥有自己产业的物业服务企业。

自主经营型的物业管理区域一般规模都不大。如果本单位所属的物业管理部门成为独立的法人单位，这个物业服务企业与原单位（开发商、业主）就应该订立委托管理服务合同，自主经营型也就向委托管理型转换了。

物业管理的基本内容，按服务的性质和提供的方式可分为常规性的公共服务、针对性的专项服务和委托性的特约服务三大类。

（1）常规性的公共服务。主要包括以下几项：① 房屋建筑主体的管理及住宅装修的日常监督；② 房屋设备、设施的管理；③ 环境卫生的管理；④ 绿化管理；⑤ 配合公安和消防部门做好住宅区内公共秩序维护和安全防范工作；⑥ 车辆道路管理；⑦ 公众代办性质的服务。

（2）针对性的专项服务。主要分为：① 日常生活类；② 商业服务类；③ 文化、教育、卫生、体育类；④ 金融服务类；⑤ 经纪代理中介服务；⑥ 社会福利类。

（3）委托性的特约服务。物业服务企业在实施物业服务时，上述第一大类是最基本的工作，是必须做好的。同时，根据自身的能力和住用人的要求，确定第二、第三大类中的具体服务项目与内容，采取灵活多样的经营机制和服务方式，以人为核心做好物业管理的各项管理与服务工作，并不断拓展其广度和深度。

四、物业管理的职能划分

在我国，按照物业管理的发展、经营状况，可以划分为决策与计划、组织、指挥、控制、协调五种职能。

1. 决策与计划职能

决策是指对物业管理目前和长远的目标以及实现此目标有关的一些重大问题所做出的

选择和决定，如物业辖区总体管理的方向、业主管理委员会的组建、物业服务企业的选择、物业服务企业的发展方向等。这些问题解决不好，就会给物业管理工作带来很大的盲目性。因而物业管理首先必须做出正确的决策。有了正确的决策，还必须有科学的计划，即把决策的目标具体化，变成一定时期内物业管理的行动纲领。物业管理的计划职能应由业主管理委员会和物业服务企业共同执行，物业服务企业尤其要发挥主动性。决策正确与否、计划是否科学，对物业管理的效果具有决定性的作用。从这个意义上讲，决策与计划是物业管理的首要职能，忽视这一职能，物业管理必将陷于混乱。

2. 组织职能

组织就是根据已确定的计划和提高管理效率的原则，把物业管理的各个要素、各个环节和各个方面，从管理的分工协作上、从上下左右的关系上、从时间和空间的联系上都合理地组织起来，形成一个有机结合的整体，使整个物业服务活动变成一部“大机器”。在这部“大机器”中，包括人、财、物、环境等要素，应做到尽可能好的结合，从而最大限度地发挥它们的作用。物业管理的组织职能主要由物业服务企业执行。物业服务企业必须正确实施管理的组织职能，合理地确定企业内部的管理体制，包括管理机构的设置、职权的划分和岗位责任制的建立，以发挥各个管理环节、各级职能部门的主动性。从一定意义上讲，组织水平的高低直接决定物业管理活动效益的大小。

3. 指挥职能

指挥是根据计划对整个物业管理活动进行领导和督促。由于物业管理活动十分复杂，涉及面广，如果没有科学的指挥，即使物业管理这部“大机器”组织起来了，也不可能正常运转，物业管理活动也不可能达到预期的效果，既定的计划目标也难以保证实现，所以，指挥职能是保证物业管理活动顺利进行必不可少的条件。要实现科学的指挥，物业管理的指挥系统必须经常进行调查研究，分析物业管理活动的全过程，掌握物业的状况和业主的需求，以取得指挥的主动权。

4. 控制职能

控制也称监督，就是物业管理在执行计划过程中，必须经常控制监督计划的执行情况，把实际情况与原定的目标、计划、规章制度进行对比，找出差异，分析原因，采取必要的对策，以推动物业管理活动不断发展、完善。控制职能要求建立健全各项规章制度，包括业主公约、物业辖区管理章程、业主管理委员会章程、住户手册、物业服务公司岗位责任制、物业辖区综合管理规章等；也要求建立周密高效的管理信息系统；还要求及时核实管理活动的成效，做好各方面的考核，从而使控制与监督有充分的依据。

5. 协调职能

协调也称调节，就是协调物业辖区内外各方面的活动，使它们能建立起良好的协作配

合关系，不至于发生矛盾，以有效地实现物业管理的决策计划目标。协调包括纵向协调与横向协调、内部协调与外部协调。纵向协调就是协调物业管理指挥系统与各职能部门之间的活动关系；横向协调就是协调同级各部门之间的活动和关系；内部协调即协调物业管理辖区内部上下左右各方面的活动、关系；外部协调则是协调物业管理与社会各有关方面的活动和关系，包括街道、公安、交通、环保、卫生、市政、园林、教育、公用事业、商业及文化娱乐等部门。对物业管理来说，纵向协调、横向协调、内部协调的关键，在于全体业主和物业服务企业全体员工，能清楚地了解物业管理的目标、方针、决策计划和规章制度；而外部协调则需要社会各方面的通力配合及法律法规的健全。

上述物业管理职能是一个有机的统一整体。通过决策和计划职能，可以明确物业管理的目标与方向；通过组织职能，可以建立实现目标的手段，使整个物业管理成为一部协调的“大机器”；通过指挥职能，可以建立正常的物业管理秩序；通过控制职能，可以检查计划的实施情况；通过协调职能，可以修正偏差，使计划更符合物业管理的实际，并及时解决物业管理内外部的矛盾，保证物业管理计划决策的实现。

五、物业管理与智慧社区建设

智慧社区是指综合运用物联网，云计算移动互联网等新一代信息技术，建立社区公共数据资源中心，综合开发利用社区各类信息资源和设施，构建社区生活与发展的智慧环境，形成居民生活、社区服务、社区管理智慧化结合的社区形态。城市是人类文明发展的智慧产物，社区是其最基本的组成部分，社区作为城市居民生存和发展的载体，其智慧化是城市智慧水平的集中体现。随着科技的发展与社区的进步，现代社区必然走向智能化，形成智慧社区。

以住宅小区为平台的智慧社区为例，它将网络通信、智能家电、家庭安防、物业服务、社区服务、增值服务等整合在一个高效的系统中，能为小区住户提供安全、舒适、便捷、环保、智慧化和人性化的居住环境。

智慧社区建设将给物业服务企业带来无限商机，物业服务企业可以配合智慧社区建设或主导智慧社区建设的某一方面发挥重要作用，享受智慧社区系统给物业管理工作带来的便利，降低运营成本，取得收益分成。物业服务企业参与智慧社区建设有以下几点必要性。

1. 传统物业服务方式已经落后

随着科技的进步，生活节奏的加快，人们对各类服务的便捷性、即时性、丰富性及科技化要求越来越高，传统物业服务便捷性不够，内容有限、手段落后、需要被服务方花费较多时间亲身参与等局限性，已越来越不能满足业主、使用人与时俱进的服务需求，市场竞争力日益衰落。

2. 传统物业服务生存空间狭小

近年来，一方面，物价与人工成本的快速上涨、物业管理法制的完善、物业服务的企业经营效益日益下滑；另一方面，物业管理公共服务的属性和业主表决双过半的高门槛，使得按服务成本上涨提高物业收费标准的市场协商定价机制难以形成或效率极为低下。以保洁，绿化，秩序维护和设施设备维养为主要业务内容的传统物业服务（劳动密集，成本高，利润率低）已经难有生存空间。

3. 外部竞争压力日益增大

随着技术的进步，非物业服务企业凭借网络技术和科技手段建立的商业模式和成本优势，跨界经营，更是一种日益迫切的现实。物业服务企业必须主动求变，迎接挑战。

开放式小区对物业管理的影响

自《中共中央国务院关于进一步加强城市规划建设管理工作的若干意见》出台以来，开放小区的问题在社会上引发了持续性的热议。规定中写道：新建住宅要推广街区制，原则上不再建设封闭住宅小区。已建成的住宅小区和单位大院要逐步打开，实现内部道路公共化，解决交通路网布局问题，促进土地节约利用。树立“窄马路、密路网”的城市道路布局理念，建设快速路、主次干路和支路级配合理的道路网系统。

开放小区是一个综合问题，有利于交通压力、房地产去库存、出台房产税等问题的解决，但也会使小区周边环境更复杂，对于物业管理是一个极大的挑战，具体来说表现在三个方面：第一，乱停乱放现象及小区周边环境的控制；第二，小区的安全性问题；第三，物业公司成本的增加将加重物业公司的负担。

由此，开放小区政策对于物业管理提出了更高的要求：首先，物业公司应该提高自身管理水平和服务水平，更新管理手段，切实保障业主利益。同时，建立责任机制，将责任落实到楼甚至户；增设保安亭与监控设施，保障小区安全。最后，还必须出台具体措施，解决乱停乱放等实际问题。

开放式小区是对所有物业公司管理水平的一次大考验，是一次行业内大洗牌。只有真正具备实力、高管理水平的公司才能生存。

第二节　物业管理的前期介入

物业管理是深化房地产经济体制改革、实行房屋商品化的客观需要，具有繁荣和完善

房地产市场的作用。物业管理是房地产经济体制改革和住房制度改革不可缺少的配套工具，就整个房地产市场来说，物业管理拓宽了房地产市场的范围，完善了房地产投资，促进了房地产市场向健康有序的方向发展。同时，物业管理是建管结合的纽带，它通过早期介入与后期跟进，理顺了建设与管理的关系，有利于发挥投资效益，使社会财富和业主的财产得到保值、增值。

一、物业管理前期介入的认识

对于一项物业来说，存在着开发、经营、管理三个阶段。从形式上看，物业管理是对物业的使用管理。因此，物业管理只要在物业交付使用时介入即可，并且很多物业服务企业也是这么做的，然而从物业管理的实践来看，并非如此简单。我国的物业管理是从传统的房地产管理演变而来的，体制虽变，但管理手段还有很多没有更新，物业管理一直滞后于规划设计和施工建设。开发设计是各物业辖区能否形成完整、舒适、便利的功能区域的先天制约因素。以往房地产开发商在规划设计中，考虑了房屋和配套设施建造时的方便和节约，而没有从管理角度把房屋建成后的管理联系起来统一规划，造成建成后物业管理上的矛盾和漏洞，如现在常见的车位拥挤、住房使用功能不全、空调位置未考虑、脱排水的管道未顾及，以及水、电、煤、通风、交通等配套方面存在的问题。这种整体布局上的缺陷给业主造成很大不便，也给物业管理工作的开展造成困难。如果开发商在规划设计阶段就选择好物业服务企业，即利用物业服务企业的丰富经验和专业知识，对规划设计提出建议和意见，使规划设计更符合使用管理的要求，可为以后的管理工作打好基础。

物业管理是以经济为手段，从事对物业的使用、保养、维修、经营工作和提供服务，是使物业发挥最佳效应的一种管理形式，它同物业的形成过程（即投资决策、规划设计、工程建设及房屋营销等阶段）有着密不可分的联系。因此，物业管理应建立追求全过程最佳效益的现代化管理模式，在物业的开发阶段就充分考虑建成以后的使用和管理的需求，考虑到社会经济发展后居住水平提高的需要，要有一定的超前性，即从项目规划设计阶段就开始关注物业的全过程效益。物业管理是一种对物业全过程的管理，其首要环节即是物业管理的前期介入。

物业管理前期介入是指物业服务企业在物业的开发设计阶段即介入，从事物业形成前的阶段性管理。物业前期管理工作虽然尚未形成对物业运行主体的管理，但是就其管理的内涵分析，它应属于企业管理的一个管理阶段。这里要把早期介入与前期物业管理、业主委员会成立后的物业管理加以区分，如图 9-1 所示。

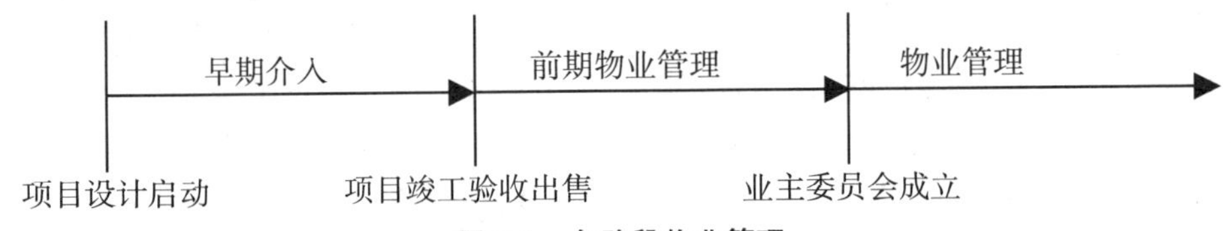

图 9-1　各阶段物业管理

物业管理前期介入，是一种物业服务企业同房地产开发商共同对物业实施平行或交叉管理的方法，因此，无论是对房地产开发商还是物业服务企业都是非常必要的。房地产开发商对物业进行的是硬件建设，物业服务企业对物业进行的是软件管理。前者是形成物业，后者是发挥物业的功能作用，虽有区别但又相互联系。对于开发商而言，进行投资决策，规划设计，选择适当的地段、房型及附属设施，并通过施工建造形成物业，其目的是增强对业主的吸引力度。尤其在市场经济大潮中，房地产开发商要保持其产品的竞争力，还必须有超前意识，即从高起点起步，充分考虑人们对房屋和工作、居住环境需求的不断变化，不仅要重视物业本身的工程质量，更应该考虑物业的使用功能、小区的合理布局、建筑的造型、建材的选用、室外的环境、工作或居住的安全舒适与方便等。然而对于业主而言，却不限于此，业主还要对物业管理进行权衡。从某种意义上讲，物业的硬件建设相对较为直观，而软件管理却要长期相伴。一个物业开发项目需要几年时间，但其使用时间却是几十年，甚至上百年。随着人们观念的转变，业主既会从使用者的角度，也会从所有人的角度对物业管理进行选择、评价。在物业开发阶段适时地选择恰当的物业服务企业，能在很大程度上避免缺陷和漏洞，使物业更符合使用和管理的要求，因此，这是开发商不容忽视的重要环节。对于物业服务企业而言，首先应参与市场竞争以获取物业的管理权。在同开发商签订了物业管理协议书后，即应着手配备与物业相匹配的管理人员，开展各项物业前期阶段的管理工作。由于将来的业主管理委员会拥有“决定继聘或选聘物业服务企业”的权利，因此，物业服务企业在前期管理中能否形成有序的管理秩序，能否满足业主的服务需求，能否在业主心中树立良好的、有效的“管家”形象，对于物业服务企业来说是一个把握机会、占领市场的重大问题。毋庸置疑，物业管理前期介入将使硬件建设与软件建设相得益彰，对物业实行前期管理不仅是物业管理者的需要，同样也成了房地产开发商的需要，当然更是业主维护自身权利的需要。

二、物业管理前期介入的内容

在物业管理前期介入阶段，物业服务企业的管理内容大致可以归纳为以下几个方面。

1. 业务接洽

无论物业服务企业是开发商组建的，或是独立组建的，或是房管所转换的，还是各大

系统组建的，要获得物业管理业务，首先必须不断开拓，通过投标竞争来接洽业务。

（1）进行可行性、可靠性、可盈利性分析。可行性是指物业服务企业既要从自身的实际出发，考虑拟接管的物业与本企业的资质等级是否相符，该物业的接管能否发挥本企业的优势，做到扬长避短，又要考虑能否在该物业的管理权竞争中取胜。如果明知竞争对手实力比自己强大，就不必勉强竞争。可靠性是指该物业的建设是否有保证，开发商的资信条件是否较好并能协作配合等。这样做可避免管理权竞争得手后，由于开发商或建设方面的原因，使工作留有漏洞，造成今后的物业管理难以完善，给企业带来不应有的损失。可盈利性是指物业服务企业根据自己的经营目标，测算物业的管理能否给企业带来正常利润，或近期虽无利润但企业能在该地区打开新局面，争取更多的业务。

（2）具体测算物业管理费用，并草拟总体管理方案。

（3）投标竞争、洽谈、签订物业服务合同（协议）。

（4）选派管理人员运作物业前期管理。

2. 人员沟通

物业管理的对象是物业，而服务对象则是人，即业主和使用人。因此，物业服务企业既要与第一业主（开发商）共同协商，又要与未来业主或使用人取得联系，听取意见。

（1）听取业主或使用人对物业管理的要求、希望。

（2）了解业主或使用人对物业使用的有关安排、打算。

（3）参与售房部门同业主或使用人签约，并提供草拟的业主公约、装修施工管理办法、大门禁出入办法、停车场管理办法、管理费收取办法等物业辖区综合管理办法。

3. 现场踏勘

物业管理前期介入的目的是为以后的管理创造良好的条件，因此，物业服务企业应根据物业管理要求，对物业的规划设计及建筑施工提出合理化建议。

（1）审视工程土建构造、管线走向、出入线路、保安系统、内外装饰、设施建设、设备安装的合理性。重点查看消防安全设备、自动化设备、安全监控设备、通信设备、给排水设备、空调设备、车库及公用泊位设备、电力设备、交通运输及电梯设备、服务设备等。

（2）对施工现场提出符合物业管理需要的建议方案，协商解决办法。

（3）在施工现场做好日后养护、维修的要点记录，图纸更改要点记录。

（4）参与工程验收，进行器材检查、外观检查、性能检查、功能测试、铭牌检查，并按整改计划督促整改。

4. 建规立制

物业服务企业在前期介入中，要根据业主和使用人的希望与要求，设计日后的管理模式，制订相应的规章制度，其中还须与开发商一起草拟有关文件制度。主要过程如下。

（1）筹建业主管理委员会。

（2）与开发商一起草拟物业辖区的规章制度、业主管理委员会章程、业主公约、装修施工管理办法等。

（3）设置物业辖区的组织机构，规定各部门人员岗位责任制度，编制住户手册、物业辖区综合管理办法等。

（4）制订上岗人员的培训计划，并实施计划。

5. 系统服务

物业管理的专业化、社会化、企业化特征决定了其特定的环境条件，物业管理的成败，在很大程度上取决于物业服务公司与这些环境条件即与社会有关部门相互关系的协调，这里既有行政管理关系，又有经济关系。

（1）保安、清洁、养护、维修、绿化队伍的设立或选聘，洽谈和订立合同。

（2）同街道、公安、交通、环保、卫生、市政、园林、教育、公用事业、商业及文化娱乐等部门进行联络、沟通与协调。

（3）建立代办服务项目网络。

6. 物业接管

物业服务企业在物业交付使用之前，还要为物业的交接做好准备。主要的准备工作如下。

（1）拟定移交接管办法。

（2）筹备成立业主管理委员会。

（3）协助办理移交接管事项。

三、物业管理前期介入的时机和方式

（1）在规划设计阶段介入，积极参与物业建设项目的设计，完善物业的作用和管理功能，避免物业建成后存在使用和管理上的问题。规划设计是决定今后物业管理能否提供高效、优质服务的关键。物业的设计人员受其所从事专业的限制，多从技术角度考虑问题，对于管理的要求往往考虑不足，这就可能造成物业建成后，导致管理上的不便和功能布局上的不合理。而物业服务企业的前期介入，可以从业主和管理者的角度，参与规划设计方案，提出一些合理化建议、完善设计细节、降低管理成本，从而使物业的功能设计更有利于以后的使用和管理。

（2）在项目建设期介入，强化物业的施工监理，从物业管理的角度对施工和设备安装的质量进行监控，及早发现和解决问题，避免物业建成后给使用、管理及服务带来缺憾。在物业建设期，物业服务企业作为物业建成后的管理者，对建设质量强烈关注。物业服务企业派出专业技术人员入驻楼盘，从业主的角度监督施工单位的各项工作，从物业管理的角度提出整改建议，跟进物业各项相关设计在施工过程中的落实情况，及时提出调整并改进不合理的设计，及时解决存在的问题，纠正不符合用户需要的建造形式，协助监理单位对物业的建设进行监督，确保建设质量，为业主争得良好的硬件条件。

（3）物业服务企业介入竣工验收，严把物业验收关，可以明确责任，避免物业服务企业在今后的管理中背上沉重的包袱；可以促进建设单位严格按照国家有关规范和设计要求，对工程进行认真验收；有利于分清工程缺陷的整改责任，及时为业主追讨应得的补偿，避免业主不必要的负担。物业服务企业提前介入，做好接管验收工作，能确保为业主提供良好的物业管理服务。同时，由于有了前期介入，物业服务单位对物业的总体规划布局、结构和管线布置、设备设施基本做到心中有数，为今后物业维修维护打下基础。

物业管理前期介入，对于培育整个物业市场、促进物业服务企业积极走向市场、推进物业管理水平的提高、为业主物权的保值、增值，有着举足轻重的作用。

四、物业管理前期介入的重要性

现代建筑的设计越来越复杂，技术含量越来越高，建设周期越来越长，安装和施工难度越来越大，为了保证物业的正常使用，及时发现并纠正物业规划设计中的各种缺陷、建筑施工阶段出现的种种问题，有利于对物业实施更有效的管理，减少物业管理中的矛盾和纠纷，保障物业服务企业的合法权益并规避风险。物业服务企业提前介入物业的开发和建设，对完善物业的使用功能、确保物业的建设质量，具有不可替代的作用。

（1）物业服务企业前期介入管理是整个物业管理活动的关键环节，是做好物业管理工作的主要基础，因为前期物业管理活动涉及管理区域内全体业主的共同利益。

（2）物业服务企业前期介入管理，不仅能减少建设单位在建设过程中随意改变物业规划，保证物业施工的质量，达到完善物业使用功能的目的，而且能保证业主的长远利益；同时，物业前期介入有利于避免建设单位、业主及物业服务企业三方的对立情绪，减少三方之间的矛盾，减少前期遗留的诸多问题；建设单位在前期物业管理中，通过招投标选聘物业服务企业，有利于实现建设单位、物业服务企业和业主的“三赢”，互惠互利、共同发展。因此，物业管理的前期介入，是实施物业管理的基础，是做好后期物业管理的前提，是化解矛盾的一种手段。

（3）物业管理提前介入，在物业规划、设计与建造阶段，可以从物业管理的角度出发，对开发项目的规划、设计、建筑、安装、维护和保养等工作，按物业管理的要求进行主动控制、协助工程监理、监督施工全过程，及时发现物业使用功能与质量上的问题，及时进行调整，使产品设计、生产与使用全过程都有更多的保障，促进物业建设质量的提高。

（4）物业管理前期介入，可以充分发挥其专业优势，为建设单位当好参谋、做好助手，避免和减少一些影响物业管理质量的因素，保证物业管理的服务质量基础，树立自己的服务品牌，从而让业主有一个满意、舒适、温馨的居住环境。同时，正是由于物业管理对物业开发的前期介入，在物业建成验收前，物业服务公司对物业的各种情况有了相当程度的了解和熟悉，可以提前帮助开发商发现和解决一些存在的问题，从而提高验收的质量和工作效率。

（5）随着经济的持续增长，我国每年建设的物业规模、数量相当庞大，从物业管理的角度来看，真正符合物业管理要求或者说没有物业管理服务缺憾的物业并不多见。这一方面有物业管理发展不平衡的原因，另一方面，也有建筑设计、建设单位缺乏物业管理意识的原因。物业管理前期介入，对提高我国物业建设质量、提高物业管理水平的意义重大。

综上所述，物业管理前期介入，能较好地履行建设单位与物业服务企业的责任，化解整个物业管理活动中的诸多矛盾，防范后期物业管理中可能存在的潜在风险，实现物业前期建设与后期管理有效对接，为物业的后期管理的顺利发展铺平道路。

五、物业管理前期介入的阶段划分

按照时间顺序，房地产项目物业管理的前期介入可划分为项目设计阶段、项目施工阶段、物业管理准备阶段。

1. 项目设计阶段

由于项目设计缺陷导致的工程维修问题，站在业主的角度，哪怕服务再及时，维修再到位，甚至疲于奔命，也不会让业主满意。一个社区，破案率再高都不是一件值得炫耀的事，只有发案率等于零，社区的安全才会得到居民的认可。项目设计阶段的前期介入改“灭火”为“防火”，在规划设计方案出台前，就介入方案的修改、优化和决策，把平时管理实践过程中掌握的信息反馈给设计师，在设计时，充分考虑到业主生活和物业管理的实际需要，提高设计品质。

优化规划设计是物业区域能否形成完整、合理、舒适、便利等区域功能的先天决定因素，以往房地产开发在规划中大多考虑了美观和结构合理等因素，而没有从有利使用和管理的角度，从使用人的角度整体规划。容易出现建成后的物业使用与管理上的各种矛盾与欠缺，并造成整体布局上的缺陷。物业管理的提前介入及时带来使用人和管理人长期相伴所积累的信息，对在规划设计中可能存在的不足和遗漏，在物业规划设计时或物业建设前提请开发商加以修正，使规划设计更合理。

2. 项目施工阶段

在项目的施工阶段，物业管理的前期介入能起到确保项目的功能定位和物业的使用功能，从使用人的角度出发，监督施工，减少返工，防止留下后遗症。

在物业建设中，质量问题总是给开发商和物业服务企业留下一个又一个的难题，如房屋建筑内在的质量问题、施工建造中留下的安全隐患、设备安装调试的欠缺等。这些问题往往在物业竣工时不易察觉，加上验收疏忽遗留下的，必然造成后期物业管理的力不从心。要改变这种状况，开发商完全可以利用物业服务企业长期管理各种类型物业的专业能力，利用物业服务企业对物业长效管理、为业主终身服务的责任心，协助施工监理、安装调试和竣工验收，将施工、安装、调试、验收中可能存在的质量问题降低到最少，以发挥前期介入减少返工、防止后遗症的作用。

3. 物业管理准备阶段

物业管理前期介入为物业的正常管理打下坚实的基础，通过前期介入，可以大量收集和掌握物业的第一手资料，如收集图纸资料，分门别类编制物业设备设施台账、记录物业建设过程中的重大相关事项、建立物业技术档案和物业业主档案、调查分析未来业主服务需求等。还可以根据第一手材料，提前策划项目前期物业管理的方案，进行机构设置、人员配备、费用测算、员工培训、入伙准备等工作，使物业建设与物业管理有条不紊地衔接与过渡，让物业的硬件建设与软件管理相得益彰。

在物业管理准备期间，开发商可以与物业服务企业共同协商、共同策划，并对前期物业管理方案进行审核与把关，确保产品生产销售与售后服务均达到良好的预期效果。

总之，物业管理前期介入既能帮助开发商在规划设计和建设阶段，从未来使用和维护的角度，改善配套，便于物业一直处于最佳使用状态，同时减少物业和配套在完工后的调整和维修，防范风险，降低成本；更能方便未来使用人的使用，营造高品质的物业环境。最终达成开发商、使用人和物业服务公司的“三赢”。

第三节　物权法与物业管理

伴随着市场经济的推进和房地产综合开发的推广，我国物业管理行业逐渐产生和完善，但目前国内的物业管理整体水平不高，物业管理纠纷案件数量呈增长趋势，各项法律法规还不尽健全。因此，加强物业管理行业的立法和执法工作成为提升物业管理行业整体素质的关键。

一、《物权法》概述

物业管理纠纷案的诉讼主体、法律关系复杂，对纠纷的审理有一定的难度。该类案件的主体，既有我国公民、法人、我国港澳台同胞和其他组织，又有外国公民、外国企业；参与诉讼的既有业主、使用人或业主委员会，也有物业服务公司。既可能涉及业主与使用人的关系及业主或使用人与物业服务公司的物业管理服务合同关系、侵权关系，又可能涉及房地产开发商与物业服务公司的关系、业主委员会与物业服务企业的关系。由于物业管理纠纷案属新类型的案件，在审判实践中又无现成的依据，《中华人民共和国民法通则》（简称《民法通则》）《中华人民共和国合同法》（简称《合同法》）等法律中并无专门调整物业管理的规定，只能依据《民法通则》《合同法》的基本原则，依据有关部门和地方性规章进行处理，而有关规章的规定又不详尽、不明确，使正确处理该类纠纷有一定的难度。

为了维护国家基本经济制度，维护社会主义市场经济秩序，明确物的归属，发挥物的效用，保护权利人的物权，根据宪法，国家相关部门于2007年3月16日制定并出台了《中华人民共和国物权法》（简称《物权法》）。《物权法》的出台，为物业管理的实施以及物业管理过程中出现的案件纠纷，提供了现实可靠的法律依据。

1. 物业管理中的基本法律关系

目前的物业管理行业比较混乱，纠纷频发。除了普遍存在的欠缴物业费纠纷以外，一些新的纠纷，如停车场使用及收益、外墙使用、绿地使用等时有发生。专业人士普遍认为，物业管理法律、法规不完善是产生此类混乱局面的主要原因。

物业管理行业纠纷频发，其本质原因在于物业管理领域中，各方主体之间法律关系始终没有被理顺。这些关系之所以没有被理顺，是因为我国国内没有与住宅、物业管理相关的法律。虽然《物业管理条例》对物业管理做了一些具体规定，但是由于《中华人民共和国立法法》的限制，国务院制定的《物业管理条例》不能就物权这一基本的民事权利做出规定，所以很多基本的法律关系无法在《物业管理条例》中规定和体现。2007年《物权法》的出台很好地处理了这些关系。

2. 区分业主的建筑物所有权

业主的建筑物区分所有权，指业主对建筑物内的住宅、经营性用房等专有部分享有所有权，对专有部分以外的共有部分享有共有和共同管理的权利。正是有了“区分所有”这一客观事实的出现，才有了物业管理产生和发展的法律基础，但是我国法律中除了《中华人民共和国民用航空法》对“建筑物区分所有”这一概念有所涉及外，其他法律均无规定，这与我国快速发展的房地产和物业管理行业极不相符。《物权法》在第七十条、七十一条、七十二条中都比较全面地引入了区分所有权理论。第七十条规定：“业主对建筑物内的住

宅、经营性用房等专有部分享有所有权，对专有部分以外的共有部分享有共有和共同管理的权利。”这一条实际上明确了小区的共有部分属于全体业主所有，在物业管理上有极为现实的意义，一是个别业主依“就近原则”任意侵占公共部位，如在楼道随意堆放物品、建违章建筑等，将于法无据；再就是物业服务公司不必再由于业主侵占公共部位而陷入诉讼纠纷。同时，第七十一条规定：“业主对其建筑物专有部分享有占有、使用、收益和处分的权利。业主行使权利不得危及建筑物的安全，不得损害其他业主的合法权益。”在物业管理工作中，常常遇到业主在装修时更改管线、破坏防水层、敲掉承重墙、有的业主任意排放噪声、任意搭建，这实际上是损害了其他业主的合法权益。《物权法》的相关规定，对于规范业主行为、保障物业管理的正常运行，都有着相当重要的意义。

3. 业主有义务按比例分担物业管理费

拖欠物业费的纠纷是物业管理领域最常见的纠纷。很多业主认为，不交物业费，主要是物业公司服务不到位。这个问题在网络上也有很多讨论，部分人认为不交物业费有损业主利益，也有人持相反态度。

业主是否应当交物业费的问题，是一个基本的法律问题。由于过去长时间的公有住房制度，造成人们对房屋产权无关注，没有维护房屋的意识。《民法通则》规定了共有人对共有财产应尽的义务。但是没有用“费用”这样的概念,因此很多业主并不知道物业费的用途，而错误地把物业管理费等同于其他服务的服务费，这也是物业费纠纷多发的原因所在。

《物权法》第九十八条中规定：“对共有物的管理费用以及其他负担，有约定的，按照约定；没有约定或者约定不明确的，按份共有人按照其份额负担，共同共有人共同负担。”由此可以看出，《物权法》不仅明确了业主对物业应负担的费用和其他义务，同时也明确业主负担的义务，即交纳管理费按照专有部分（套内面积）计算交费。这样，物业在工作中出现的无故拖欠物业费的纠纷有了法律依据。

4. 业主大会有权选择物业服务公司

业主可以自行管理建筑物及其附属设施，也可以委托物业服务企业或者其他管理人管理。对建设单位聘请的物业服务企业或者其他管理人，业主有权依法更换。这样，在物业管理工作中如果出现违反上述法律的行为将有法可依。

5. 约定不明或没有约定的公共部分归属

随着经济的快速发展，私家车也越来越普遍，小区的车位归属问题也成了无法回避的问题，小区车位之争可以说从未间断过，物业服务公司为此也受了不少冤枉气。开发商在物业开发建设完以后，认为自己拥有车库车位的所有权，很多开发商在出售商品房的时候，往往以赠送车库或车位的形式吸引业主，而业主认为，车库车位是小区的附属设施或配套设施，应当属于全体业主所有，业主们为此与开发商对簿公堂的事情屡见不鲜。业主与开

发商的战争，让物业服务企业显得两头为难，一方面是开发商不能得罪；另一方面业主更是得罪不起，而此时往往会造成业主拒交物业费的结果，把本是对开发商的气发泄在物业服务公司头上。

《物权法》第七十四条规定："建筑区划内，规划用于停放汽车的车位、车库应当首先满足业主的需要。建筑区划内，规划用于停放汽车的车位、车库的归属，由当事人通过出售、附赠或者出租等方式约定。占用业主共有的道路或者其他场地，用于停放汽车的车位，属于业主共有。"对于车库车位的归属问题有了法律依据，可以大大减少业主撒在物业服务公司身上的冤枉气，对于物业管理市场的稳定大有好处。但是，随着经济发展，封闭式小区已经不太适应社会的需求，打破围墙、建设开放式小区已势在必行。

6. 小区建筑物公共部位的归属

有些开发商在出售房屋的时候往往打出"买房送阳台"的招牌来吸引消费者的眼球，更有物业服务公司在公共的天台上设置营利性广告牌的做法，由此引发的物业纠纷也接踵而至，有些业主认为阳台应该归全体业主所有，而有些业主则认为应该归个人所有，众说纷纭。

《物权法》第七十三条规定："建筑区划内的道路，属于业主共有，但属于城镇公共道路的除外。建筑区划内的绿地，属于业主共有，但属于城镇公共绿地或者明示属于个人的除外。建筑区划内的其他公共场所、公用设施和物业服务用房，属于业主共有。"这就规定了小区建筑物公共部位归业主共有，开发商再想通过出售阳台等大赚一笔，可能就要受到法律的制裁，而物业服务公司也不能通过设置营利性的广告牌来增加自己的收益。

7. 住宅改做经营性用房的规定

现在的物业管理中，经常出现住宅小区的个别业主擅自改变住房用途的现象，造成业主之间的矛盾。而且一些小区的开发商、部分业主擅自改变住宅房屋的使用用途，把房子改成家庭旅馆、餐厅，由此造成重大冲突和纠纷。

《物权法》第七十七条规定："业主不得违反法律、法规以及管理规约，将住宅改变为经营性用房。业主将住宅改变为经营性用房的，除遵守法律、法规以及管理规约外，应当经有利害关系的业主同意。"这就从法律的根本上限定了业主及开发商等的擅改房屋用途的行为，也一定程度上减少了因为擅自修改房屋用途造成的邻里纠纷，将增加现代小区的和谐氛围。

8. 业主大会和业主委员会的权力

业主大会和业主委员会的职责问题是业界普遍关注的问题，关于业主委员会的具体职权，物业法做出了明确规定。《物业管理条例》规定，业主委员会是业主大会的执行机构，执行业主大会的决议。这样，在操作上就产生一些问题，是否所有的事情必须都经过业主大会表决后再由业主委员会来执行的问题。

根据《物权法》第七十五条规定："业主可以设立业主大会，选举业主委员会。地方人民政府有关部门应当对设立业主大会和选举业主委员会给予指导和协助。"第七十八条规定："业主大会或者业主委员会的决定，对业主具有约束力。业主大会或者业主委员会做出的决定侵害业主合法权益的，受侵害的业主可以请求人民法院予以撤销。"第八十三条规定："业主应当遵守法律、法规以及管理规约。业主大会和业主委员会，对任意弃置垃圾、排放污染物或者噪声、违反规定饲养动物、违章搭建、侵占通道、拒付物业费等损害他人合法权益的行为，有权依照法律、法规以及管理规约，要求行为人停止侵害、消除危险、排除妨害、赔偿损失。业主对侵害自己合法权益的行为，可以依法向人民法院提起诉讼。"业主委员会的权利来源于业主大会，只有业主大会才能否决或者撤销业主委员会的行为。第三人以及物业服务企业无权对业主大会和业主委员会的决定提出质疑。业主大会可以通过业主公约和业主大会议事规则，授权业主委员会就一些物业管理问题直接行使权利，有利于提高工作效率。

由此可以看出，业主大会和业主委员会有了权利，而且业主也不能拒付物业费，这些规定都能够对物业管理工作的正常开展起到积极的作用，也将大大增加物业服务企业服务的积极性。这些规定的出台，对于那些无故拒付物业费的业主起到规范和制约的作用，同时，业主大会和业主委员会也将对这些违反相关规定的业主进行劝解，这将大大减轻物业服务企业在这上面的投入，对构建和谐的小区生活环境大有帮助。

《物权法》给物业管理工作带来了前所未有的机遇，物业管理行业将进入一个有法可依的时代，对与物业管理息息相关的很多问题都做出了相应规定，这些规定确定了物业管理的民事法律基础，澄清了物业管理行业中存在的一系列法律问题，必将为物业管理行业的发展带来新的契机，同时也为从事物业管理工作的单位和工作人员带来福音。

二、《物权法》对物业管理的影响

《物权法》的实施对物业管理产生的重要影响主要表现在以下三个方面。

1. 明晰了物业管理责任主体划分

尽管国务院《物业管理条例》已经对物业管理服务职能定位与责任边界进行了明晰，但长期以来，物业服务企业在物业管理和服务的过程中，一直疲于应付业主、业主委员会和房地产开发商三者间剪不断、理还乱的纠纷。从业主和社会的角度来看，由于历史和个别物业服务企业的实际操作中，不切实际的宣传、误导等原因，对物业服务企业责任划分的认识一直存在误解。因此，造成无论是业主之间的纠纷、因开发商遗留问题所造成的矛盾，还是水电气暖等部门的问题，业主都会找到物业服务企业来解决，致使物业服务企业深陷本不应该承担和解决的各种纠纷和矛盾问题中无法解脱，影响了企业的发展和行业的形象。

《物权法》从民事基本法律的角度解决了这一困扰物业服务企业多年的难题，明确了责任主体，明晰了物业服务企业的定位，并明确了业主、业主委员会的责任和义务，从根本上减少了业主、开发企业、物业服务企业之间因产权不清、责任不明而造成的矛盾，最大程度避免因矛盾纠纷而产生的业主与物业服务企业的对抗现象，有利于两者之间的沟通、协作，便于物业服务企业更好地开展工作，使企业有更多的精力开展日常服务、管理工作。同时，也解决了业主委员会在管理上的缺位和不作为。长期以来，有相当一部分业主及业主委员会只要求自己的权利，不履行自己的责任和义务，更有甚者，为了得到一己私利，召集部分业主，向物业服务企业提出无理要求，给物业服务企业的正常经营工作造成了极大的不便，损害了其他业主的利益。从实践来看，《物权法》的出台使业主的权利和责任对等起来，强化了业主、业主委员会的监管责任和协调意识，如对任意弃置垃圾、排放污染物或者噪声、违反规定饲养动物、违章搭建、侵占通道及拒付物业服务费等一直被物业服务企业视为“老大难”问题的违规行为，一些业主、业主大会和业主委员会依照法律、法规以及管理规约要求行为人停止侵害，消除了危险，排除了妨害。这样的案例在各地都有发生。有了业主和业主委员会的这些配合，在很大程度上为物业服务企业提供了工作便利，促进了和谐物业管理的构建。

2. 加快了物业管理行业的市场化进程

《物权法》颁布伊始，就有人惊呼物业管理行业将面临重新洗牌。所以，一些大型房地产企业为了提高自身所开发房地产项目的价值，旗下的一流品牌物业服务企业对社会楼盘采取“完全不接和完全退出”的策略，通过物业管理品牌保护来提升房地产开发项目的品牌价值。中海、万科、招商局等一流品牌物业服务企业从“扩张型”转向“内敛型”，纷纷从社会楼盘选择性主动退出。到长城、中航、陆家嘴等品牌物业服务企业的战略转型——由传统型物业服务企业向物业服务集成商转变，再到中西部一些新兴的物业服务企业崛起，如浙江绿城、四川悦华置地等物业服务企业的快速成长和发展，作为物业管理市场重要的主体之一，物业服务企业在《物权法》实施的大背景下迅速成长、优化和提升。

另外，近些年来大力倡导和推行的建管分开、项目招投标、职业经理人制度等，都在《物权法》实施以来凸显出良好的效果。特别值得一提的是，业主的权利意识、消费观念等有较大转变，少了盲目对抗、冲突，多了一份理性的探索，在北京、深圳、上海、厦门和青岛等地都有业主对物业管理模式进行了有益的探索，影响较大的如北京朗琴园信托物业管

理模式，尽管目前仍存在诸多问题，但随着时间的推移，在一些合适的物业小区，必将走出一条业主自管物业的路子来。

从市场化的角度来讲，尽管《物权法》第八十一条赋予了“业主可以自行管理建筑物及其附属设施，也可以委托物业服务企业或者其他管理人管理。对建设单位聘请的物业服务企业或者其他管理人，业主有权依法更换”的权利，但《物权法》实施以来并未发生当初一些物业服务企业担心的市场重构问题，相反，物业服务企业因其良好的专业性和市场化的运作，已为广大群众所接受，尽管有矛盾、有纠纷，但人们的生活已离不开它，业主自管没有降低对物业管理的市场需求；此外，由于《物权法》明确物权受到法律保护，对建筑物专有部分的所有权、共有部分的共有权和共同管理权得到明确，业主越来越重视管理共有财产，从而为物业服务市场提供了巨大的发展空间，推动了物业管理行业的规范化、专业化、市场化的发展。

3. 促进了物业管理矛盾纠纷的化解

物业管理矛盾纠纷一直被社会各界所诟病，特别是一些物业管理纠纷案件经媒体曝光后，备受关注。在许多地方法院，物业管理纠纷已成为各类民事案件中上升最快的一类。案件类型也从单一变得多样，从物业管理服务合同纠纷，逐渐出现请求确认业主委员会选举无效纠纷、停车及广告收益分配纠纷、移交物业管理用房纠纷、确认物业用房权属纠纷、损害赔偿纠纷等。

权属不清一直是物业管理矛盾和纠纷较多的重要原因之一。《物权法》的建筑物区分所有权理论，为物业管理活动中各方主体的权利、义务和责任界定奠定了法律基础。《物权法》对物业管理活动中的各方主体的权利、义务和责任界定进行了明确，对建筑区划内的道路、绿地、车位、车库及其他公共场所和设施的产权明晰，也从根本上减少了业主、开发企业、物业服务企业之间因产权不清等造成的矛盾纠纷，对不动产相邻权利人相邻关系的规定，也有助于避免业主之间的矛盾纠纷转嫁于物业管理活动。

三、房地产产权产籍管理

房地产产权产籍管理是指房地产行政主管部门依据有关的法律法规，对其行政区域内的房地产产权产籍进行的指导、监督、服务等一系列的组织管理活动。房地产产权产籍管理涉及的工作繁多、具体，从理论上讲，可以把它区分为房地产产权管理和房地产产籍管理。

1. 产权产籍管理的含义

（1）房地产产权管理。房地产产权是房地产经济运行过程中各种权利的总和，即所谓权利集束（Bundle of Rights）。在房地产产权中，有房屋所有权，有从国有土地所有权分离出来的土地使用权，有以房地产为担保与债权并存的房地产抵押权等。我国房地产产权结构、产权权属关系情况分别如图 9-2 和图 9-3 所示。

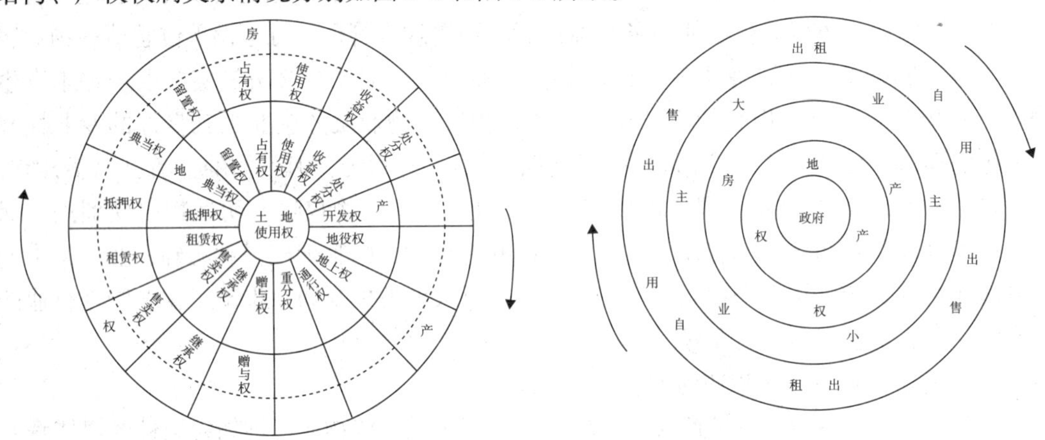

图 9-2 房地产产权结构图　　　　图 9-3 房地产产权权属关系图

房地产产权管理是指国家通过县级以上人民政府设置的房地产行政管理机关及房地产产权、产籍管理职能机构，依据国家法律和政策，通过审核所辖区域范围内房地产产权归属关系，实施保障房地产权利人合法权益的行为。我国房地产产权关系的流转特征如下。

第一，城市地产所有权主体单一和其他权能主体多元的两重性。

第二，城市房地产的地产使用产权主体与房产使用产权主体统一和地产所有权主体与房产所有权主体不统一两重性。

第三，“房随地走”和“地随房走”的两重性。

（2）房地产产籍管理。房地产产籍管理是记载房地产权属关系和历史情况的各种簿册资料。产籍是记载财产权属关系的各种簿册资料的总称。房地产产籍资料包括在房地产权属申请登记、调查、测绘、确权及发证等过程中获得的各种图、档、卡、册及相关资料。这些档案资料集中反映了房地产的权属、坐落、位置、用地面积、房地权界、房屋建筑面积、结构、层数、建造时间、权源、用途、有无设定他项权利、是否受到限定等基本状况。

2. 产权与产籍管理

产权管理与产籍管理不能绝对分开，两者相互依存、相互促进，既相互联系，又有区别。两者的相互联系主要表现在：产权管理是产籍管理的基础，产籍管理又是产权管理的依据和手段。产籍管理来源于产权管理，如果没有产权登记等产权管理工作，或者产权登记工作不完善，那么就不可能形成完整、准确的产籍资料，更不可能建立起完善的产籍管理体

系，产籍管理就成了无源之水、无本之木。而产籍资料记录了各种产权的来源和演变情况，在进行产权管理即审查、确认产权以及处理各种权属纠纷时，都离不开产籍资料。如果没有完整、准确的产籍管理，那么产权管理就不能够顺利进行。因此，只有把产权管理与产籍管理有机结合起来，才能形成完整的管理整体。

当然，两者也有一定的区别。主要表现在：产权管理属政府行政行为，是房地产管理机关代表国家行使行政权力的一种管理活动，具有很强的政策性和社会性，它直接与房地产产权人发生关系。而产籍管理则是政府内部的行政工作，是对关于房地产产权的档案及资料的管理，具有较强的专业性和技术性，它一般不与产权人直接发生关系。

3. 产权产籍管理的原则

房地产产权产籍管理应遵循以下原则。

（1）依法管理，维护产权人合法权益的原则。依法管理，维护房地产产权人的合法权益，是法律赋予房地产产权产籍管理的基本职责。对房地产产权产籍的管理必须以事实为依据，以法律为准绳，只有事实清楚，而且符合国家法律、法规规定的，方能对其确权和允许转移、变更。

（2）权利主体一致的原则。权利主体一致，是指房屋所有权与该房屋所占用的国有土地使用权的权利主体是一致的，城市房地产是房、地的有机统一体，因此，房屋所有权人和该房屋占用的土地使用权人，必须是统一的一人（包括法人和自然人），法律、法规另有规定的除外。

（3）产权产籍管理协调一致的原则。产籍管理的对象是在产权管理过程中形成的，它来源于产权管理，而产籍管理又是确认产权的依据，又服务于产权管理。虽然两者的管理性质、对象、内容与方法有所不同，但是两者之间的内在联系却决定了产权产籍管理必须遵循协调一致的原则。

（4）凭证管理的原则。房地产产权产籍管理中的凭证就是房地产产权在审查、确认、转移、变更过程中，必须提交并验证原始证件和有充分法律效力的书面证明材料，包括身份证、房籍册、协议合同、文契证件以及各种批文和公证等，口说无凭，必须实行凭证管理。

（5）属地管理的原则。房地产是不动产，具有不可移动性。因此，为方便产权人和产权产籍管理工作，应遵循属地管理的原则，即房地产管理部门只负责本辖区范围内房地产产权产籍管理工作；房地产权利人也只能到房屋所在地的房地产管理部门办理产权登记。

本章小结

物业管理是房地产开发的延续，也是广大购房业主感受最深刻的项目相关方。物业管理的好坏不仅影响物业公司本身，更影响开发商的声誉，影响业主资产的保值增值性。

本章从物业管理的概念入手，阐述了物业管理的特点、物业管理的类型，并就物业管理早期介入进行了深入探讨，最后对物权法下的相关产权、产籍、区分共有等概念进行了剖析。

思考题

1. 阐述物业管理的概念。

2. 分析物业服务公司在房地产开发中的作用。

3. 阐述物业管理早期介入对房地产开发的必要性。

4. 结合所学知识，分析我国实行城市土地国家所有和房屋使用权业主所有制度产生的背景及其弊端。

5. 结合《物权法》，就我国的产权产籍制度进行剖析。

6. 谈谈物业管理对业主生活的影响。

7. 请结合下列材料、所学知识和实际生活回答下列问题（以下两个案例选一个）。

（1）由于所住的房屋将要拆迁，李先生打算用政府补偿的拆迁补偿费和自己多年的积蓄购买一套新房。在与家人讨论买房之事时，在南方工作的孩子告诉他一些买房的经验。特别强调了一点就是要选那些物业管理前期介入的房产。李先生感到比较疑惑，对于物业管理前期介入不太理解，他认为前期介入没有什么意义，这种想法也存在于很多业主之中。请问：

① 物业管理前期介入的定义是什么？

② 物业管理前期介入有些什么好处？

③ 物业管理前期介入的费用应由谁来支付？

（2）某小区数位业主反映，原来他们可以在楼前楼后停车。但是今年年初，物业管理公司未经小区业主委员会同意就把楼前楼后划上线，改成临时停车场并进行经营。该小区的业主委员会对停车场的经营提出异议，多次与物业管理公司协商，但都未达成一致。无奈之下，业主委员会将物业管理公司告上法庭，要求停止侵权并赔偿损失。那么，业主委员会的要求能否得到法院的支持呢？

第十章　房地产长效机制的构建

学习目标

通过对本章的学习，应掌握如下内容。

- 房地产长效机制的含义；
- 房地产长效机制的提出；
- 房地产长效机制的中外实践；
- 房地产长效机制构建的路径探析。

导言

随着近几年房地产行业的迅速发展和房价的节节攀升，越来越多的民众对我国房地产发展模式提出质疑，在此背景下，构建适合中国特色并能够推动房地产业健康持续发展的长效机制显得极为必要且十分迫切。本章从房地产长效机制的基本概念入手，阐述了房地产长效机制建立的意义、国内外实践，并对其发展路径进行了探析。

第一节　房地产长效机制概述

"明者因时而变，知者随事而制。"房地产长效机制应运而生。房地产长效机制，即实现房地产市场健康发展的制度体系，包括多主体供应的住房制度、多渠道供应的土地制度、多层次设计的财税制度、资金来源结构合理的融资制度、合理有效的保障制度等。

一、房地产长效机制的内涵

所谓长效机制，即能长期保证制度正常运行并发挥预期功能的制度体系，长效机制并不是一劳永逸、一成不变的，它必须随着时间、条件的变化而不断丰富、发展和完善。

1. 房地产长效机制的含义

中央经济工作会议提出，要坚持“房子是用来住的，不是用来炒的”的定位，综合运用金融、土地、财税、投资、立法等手段，加快研究建立符合国情、适应市场规律的基础性制度和长效机制。既要抑制房地产泡沫，又要防止出现大起大落。从政府及学界对房地产长效机制的实践与解读来看，房地产长效机制既包括以存量市场为主的房地产交易等方面的秩序建设，又涵盖了房地产发展功能的优先序问题。毋庸置疑，房地产长效机制包含以上基本内容，但并不仅限于此。依据长效机制的基本概念，将房地产长效机制界定为：遵循房地产市场发展的基本规律，建立起一系列基础性制度及调节性措施，使得市场的供求机制、竞争机制以及价格机制能充分发挥其在房地产领域的资源配置功能，促进房地产市场价量平稳波动，用以满足绝大多数居民基本住房需求并促进经济可持续增长，实现房地产市场健康平稳发展。

2. 房地产长效机制包含的内容

（1）房地产长效机制建立的目的。一是从市场健康发展角度而言，长效机制的建立有助于实现房地产市场价量的平稳波动，促进房地产资源的优化配置，而非热点城市房价的跳涨，也非三四线城市库存严重的局面。二是从房地产服务主体或对象看，随着房地产长效机制的建立，房地产市场将成为满足居民自住住房需求的主要途径。三是从房地产与国民经济的关系来看，房地产长效机制的建立将有效地促进经济的可持续性发展。经济的可持续性增长要求在房地产领域把握好住房消费与投资的关系，也内在规定了住房消费应得到优先满足，即在住房消费得到优先满足的前提下，适度把控住房投资功能，才能真正实现经济的可持续增长。

（2）房地产长效机制构建的主要内容。长效机制由基础性制度与宏观调控政策构成，主要包含如下三个层面：一是房地产领域内的基础性制度。包括房地产投资与消费、市场与保障、销售与租赁等基本的制度安排，房地产税制设计，房地产基础信息与市场秩序规范等。二是与房地产领域相关的经济制度安排，如城市化发展战略、城乡土地制度改革与完善、中央与地方政府财权与事权相匹配的制度调整等。三是房地产宏观调控政策。房地产的自身特征决定了政府适度干预的必要性，当市场出现异常波动时，政府通过财政税收政策、金融货币政策，以及必要行政干预政策等，对房地产市场进行干预和调节，以稳定房地产市场。三个层面之间，房地产领域内相关基础制度安排是长效机制构建的基石，一旦建立不宜轻易调整；调控政策则是在市场出现异常波动的情况下，所采取的必要的短期调节性政策。

（3）长效机制作用的媒介与方式。一般而言，成熟的市场经济，供求机制、竞争机制和价格机制等经济规律，能自发调节市场的供给与需求，使其自动趋向均衡。因此，长效

机制构建的基础性制度为基本经济规律发挥功效奠定了制度基础，使得市场机制成为房地产领域资源配置的基础性机制，市场机制的自动调节功能使得房地产市场能健康平稳发展。而当市场出现异常波动，通过政府合理的、适当的政策干预，市场机制将能自动发挥其自愈调节功能，恢复到健康平稳发展的状态。

3. **房地产市场长效机制的特性**

房地产具有关联产业多、建设周期长、实物价值高、使用寿命久、不可移动性等特性，房地产长效机制也必然具有自身的特性，只有牢牢把握这些特性，才能建立科学有效的机制。

（1）运行方式的稳定性。房地产长效机制是融行政与计划、指导与服务、监督与服务于一体的综合运行方式，其稳定性源于房地产的诸多特性。对于房地产管理，不仅要体现即时的成果，更要检验未来的有效性，是一个连续的、长期的管理过程。它要求运行体系内的管理体制、制度规范、关键要素、技术参数等具有相对的稳定性。

（2）制度规范的系统性。房地产市场的制度规范，涉及土地、金融、财税、投资、城市规划、人口规模、社会保障、经济发展、消费能力等众多方面，是一项复杂的系统工程，单一、零散的制度难以驾驭房地产大局。因此，在建立房地产长效机制时，首先要进行各个层面的顶层设计，构建完整的、系统的制度框架。

（4）关键要素的协调性。房地产长效机制是由多项关键要素有机结合所形成的科学体系，各要素之间相互关联、相互作用、相互影响，关键要素在体系内的集合运行，产生了房地产长效机制的实际效果。因此，关键要素的协调性是十分重要的，它直接影响着房地产长效机制的有效程度。

（4）技术参数的区域性。房地产的不可移动性，城市经济社会发展水平与城市规模的不同，决定了房地产市场管理的技术参数各有差异。近几年来，因城施策的房地产市场管理方式也收到了良好的效果。理论和实践证明，房地产市场管理技术参数的区域性特征是显而易见的。以城市为单位，研究和测算房地产市场管理的技术参数，深化完善因城施策，建立切合当地实际的房地产长效机制。

二、房地产长效机制的作用

自 1998 年中国住房制度全面改革以来，中国房地产市场取得了长足的进展及持续的繁荣。不仅显著改善了居民的住房条件，加快了中国城市化的进程，也促进了中国经济的繁荣。但是由于房地产市场制度及政策上的缺陷，特别是房地产市场发展的定位不清，也引发了房地产市场的诸多问题，如房价上涨过快、房价过高、房地产泡沫凸显等。在这一

社会背景下，建立房地产长效机制的意义重大，作用突出。

1. 有利于房地产市场的准确定位

房地产具有多种功能或者多重属性，它既是投资品，也是消费品；既是必需品，也是消费品，既具有经济属性，也具有居住属性、政治属性和社会属性。但是它最基本、最重要的属性就是居住属性。这也是房地产市场持续发展的关键。习近平总书记在十九大报告中提出，要坚持“房子是用来住的、不是用来炒的”定位，加快建立多主体供给、多渠道保障、租购并举的住房制度，让全体人民住有所居。

通过建立房地产长效机制，有利于房地产市场做好坚持“房住不炒”的定位，让房地产市场回归到它的居住功能，同时稳定房价，防止房地产市场剧烈震荡。

2. 有利于房地产现存矛盾和问题的解决

由于房地产业源头土地市场具有很强的垄断特性，其投入大，回收期长。而我国市场经济的发展和市场运行还不够规范，这两种独特的体制结合，造成了我国房地产市场和国外相比，表现出了更强的市场失灵。因此，必须建立一个长效机制，才能更好地实现房地产资源的最优配置。

3. 有利于抑制房地产泡沫，促进房地产市场健康稳定发展

房地产泡沫是指由房地产投机等因素引起的房地产价格脱离市场基础价值的持续上涨，也就是土地和房屋价格过高，与其使用价值不符，虽然账面上价值增长很高，但实际上很难得到实现，形成一种虚假繁荣。

通常，房地产泡沫不断积累的表现包括出售价格过高，出售价格快速、全面上涨，房屋销售急剧增长，以及抵押贷款大幅增加等。在我国房地产市场发展过程中，也曾多次出现房价快速上涨的情况。在房价快速上涨的过程中，房地产市场面临泡沫不断积聚的风险。

通过建立房地产长效机制，严格限制信贷流向投机性购房，避免出现房价不正常地过高、价格涨幅过快等现象，抑制房地产泡沫。

4. 有利于房地产长效机制和经济运行的耦合

（1）新型城镇化的有序推进需要长效机制。随着我国新型城镇化进程的加快，新型城镇化逐渐成为国家的重点任务，积极推动新型城镇化进程有利于扩大内需，拉动我国经济的增长。房地产业与新型城镇化相辅相成，新型城镇化的推动依赖于房地产业的支持，房地产业的发展离不开新型城镇化的推进。我国是一个农业大国，大部分人口属于农村人口，要实现全面城镇化，还需要经历一个漫长的时期，因而在我国新型城镇化是一个循序渐进的过程。以上都要求有一套完善的房地产宏观调控长效机制来实现房地产业的健康稳定发展，从而更好地推动我国新型城镇化的进程。

（2）宏观调控需要建立长效机制。房地产业是我国国民经济的支柱产业，在国民经济的发展中占重要位置。房地产业是关联度非常高的产业，所谓“成也地产，败也地产”。一方面，当前我国正处于经济和体制的转型阶段，房地产业的腾飞在一定程度上可以促进我国国民经济的高速增长，因此，保持房地产业较快增长，进而发挥对国民经济的带动作用是非常必要的。另一方面，房地产价格的高涨不止，远远超出了人们的消费能力，这样，一部分没有购买能力的人必然会对社会稳定造成影响。泡沫化不仅不利于社会资源的合理配置，泡沫破裂必将对国民经济造成重大冲击。从这个程度上来说，国家实施宏观调控政策非常必要，而且对房地产业的宏观调控政策不能是临时性的安抚政策，需要一个长效机制来作为保障。

（3）国民经济结构发展优化需要长效机制。房地产业在国民经济产业结构体系中属于第三产业，国民经济的发展对房地产业的发展意义重大，一方面制约着房地产业的发展，另一方面又对房地产业有促进作用。相反，房地产业对国民经济结构发展优化的作用也是不可忽视的。产业结构是随着经济的发展而不断变化的。在工业化初期，第一产业即农业占主导地位；在工业化中期，第二产业（主要是重化工业等制造业）占主导地位；在工业化后期，第三产业上升到主导地位。作为第三产业重要组成部分的房地产业，也随之得到较大的发展，上升为支柱产业。可见，要实现我国国民经济结构发展优化，需要构建一套完整的房地产宏观调控长效机制。

（4）法制社会建设推进需要长效机制。法治社会的最终目标是实现社会依法自治、筑牢社会主义法治国家根基，确保公民合法权利。法制社会是有规则的，房地产是社会财富的再分配。到今天“房住不炒”作为重要内容出现在党的十九大报告中，更加彰显了党和国家让人民过上更幸福、更安定的日子的信心和决心。房地产发展长效机制的表现形式就是一系列法律法规的结合体，从这个意义上讲，房地产发展长效机制的全面建立是房地产业健康发展的“助推器”。建立行之有效的房地产宏观调控长效机制，有利于实现社会资源分配的公平、公正，有利于构建社会主义和谐社会。

三、房地产长效机制的提出

房地产业作为支柱行业，在地方政府土地财政、城镇化等因素推动下，虽然促进了中国城镇化的高速发展，但也增加了房价不合理高涨的泡沫风险。

为保障房地产市场健康发展，我国房地产市场在 2003—2007 年进行了第一阶段的宏观调控，此阶段处于我国经济高速发展时期，国内外经济环境良好，因此本阶段宏观调控的重点在于为房地产投资热降温、控制房价的过快增长。

第二阶段房地产宏观调控（2008—2009 年）期间是我国经济的转折期，国内外经济

环境由于金融危机变得恶化，因此，第二阶段房地产宏观调控的目标转向鼓励房地产投资和消费进而拉动国民经济发展，走出金融危机影响下的发展低谷。

第三阶段房地产宏观调控（2010年以来）也是所谓的后金融危机时代的房地产宏观调控则还在深入的进行中。目前我国经济正处于转型的关键阶段，全面深化改革、促进产业结构升级、保障社会民生是我国经济社会的主旋律，因此，第三阶段房地产宏观调控的主要目标在于稳定房价、保障民生，逐步建立房地产长效机制。

房地产长效机制的提出过程如图10-1所示。

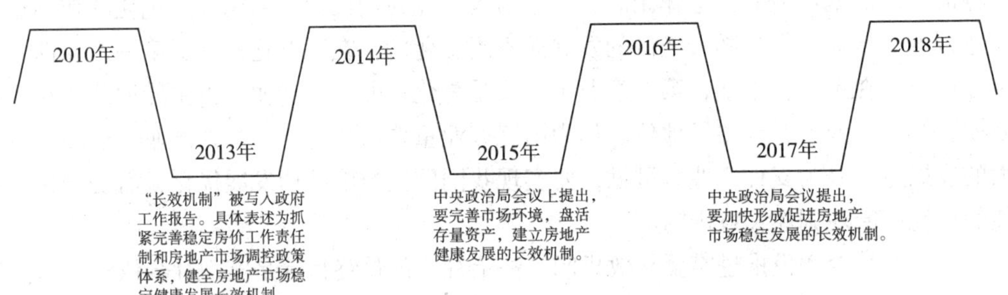

图10-1 房地产长效机制的提出

2010年，时任国务院总理温家宝提出“加快建立促进房地产市场健康发展的长效机制”，各相关部门开始研究房地产长效机制，房地产市场的长效机制开始萌芽；2006—2010年，国务院先后出台了“国十条”和“新国十条”，房地产市场出现降价潮，成交量锐减，这些政策尚未取得良好的效果；2013年国务院又发布“新国五条”，再次重申坚持执行以限购、限贷为核心的调控政策，坚决打击投资投机性购房，进一步挤压投资性需求，明确支持自住性住房需求，“长效机制”被写入政府工作报告；2014年，中共中央、国务院出台《国家新型城镇化规划》（2014—2020年）提到，调整完善住房、土地、财税、金融等方面政策，共同构建房地产市场调控长效机制，这为房地产长效机制的发展提供了思路。

2015年4月，中央政治局会议上提出“要完善市场环境盘活存量资产，建立房地产健康发展的长效机制”，意味着房地产长效机制的建立表征为市场秩序的规范与存量资产的激活；2016年5月出台的《国务院办公厅关于加快培育和发展住房租赁市场的若干意见》，意味着租赁市场培育成为长效机制建设的一个重要组成部分。2016年年底，中央政治局会议上明确要加快研究建立符合国情、适应市场规律的房地产平稳健康发展长效机

制，并强调“房子是用来住的，不是用来炒的”，为房地产市场长效机制赋予了清晰的定位，明确了房地产市场发展的方向。

2017年12月召开的中央经济工作会议提出“加快建立多主体供应、多渠道保障、租购并举的住房制度。要发展住房租赁市场特别是长期租赁保护租赁利益相关方的合法权益，支持专业化、机构化住房租赁企业发展。完善促进房地产市场平稳健康发展的长效机制，保持房地产市场调控政策连续性和稳定性”；从2018年政府工作报告来看，我国房地产从严调控的主基调没有改变，但与2017年相比调控重点有所不同，2018年是房地产长效机制取得突破的关键一年。

我国房地产市场发展经历了种种困难与挫折，长效机制是房地产持续健康发展的指路明灯，目前我国的房地产长效机制尚未真正建立，可借鉴成功的房地产长效机制实践经验，逐步建立适应我国国情的房地产长效机制。

第二节 房地产长效机制的中外实践

自1998年以来，尤其是近十几年的时间，中国进行了世界上规模最大的房地产升级换代，带来了房地产行业的跨越式甚至跳跃式发展。在这过程中，相关的制度及配套法律法规建设略显滞后。本节对中外房地产市场调控的长效机制的实践进行了分析，总结了其调控中的特点和经验，进一步提炼出一些有规律性的共性内容。而这些对我国房地产市场调控实践有着十分重要的现实指导意义。

一、新加坡房地产长效机制构建的实践

1. 新加坡房地产市场的基本现状

新加坡是一个地少人多的城市国家，国土面积狭小，资源匮乏，人口不断增长，人口密度已达到每平方千米7 915多人，然而就是在这样一个土地资源极为稀缺的国家里，当局经过几十年不懈的努力，基本上解决了普通居民的住房问题，这要归功于新加坡政府以人为本的理念，多年来坚定执行的“居者有其屋”政策。新加坡在调控房地产市场发展上的成功经验引起了全世界的关注，值得借鉴。

2. 新加坡的房地产市场调控体制

作为一个城市国家，新加坡全国只有一级政府，没有地方政府，中央政府在公共事务管理中起着主导作用。政府主导，是新加坡房地产业发展的基本模式，新加坡是世界上公

认的住房问题解决得最好的国家之一，其房地产市场调控主要依靠以下措施来施行。

（1）政府供给为主、市场出售为辅的住宅体系。新加坡住房制度的两个突出特点就是其层次分明、管制严格的住房供给体系。新加坡住宅主要以政府提供的组屋为主，市场提供的高级私人住宅为辅。一方面，建屋发展局通过出售和出租两种方式，向中低收入家庭提供组屋。截至2005年年底，已有85%~90%的新加坡居民居住在政府提供的组屋内。政府并通过一系列法律法规，对组屋的购买和转让进行严格的限制，抑制了居民对具有社会保障性质的组屋进行投机的活动。另一方面，市场上提供的私人住宅，如联排式别墅、独立洋房、公寓和其他商品住房，其价格由市场决定，而政府则运用税收、金融等手段对其进行调控，以保持私人住宅市场的稳定。

可见，新加坡住房政策最主要的特点是其以政府供给为主、市场出售为辅的双层住宅体系。对于前者，由于政府直接决定所供给组屋的价格、地段、数量、面积等，并严格限定居民对组屋的拥有情况，就杜绝了对组屋的炒作和投机活动；对于后者，政府则制定一系列政策措施来规范市场行为，并通过政策的调整来弥补市场自发调节和外部冲击下房地产市场的波动，以达到稳定房地产价格的目的。

（2）融资保障制度维持了新加坡住房供需的稳定。新加坡政府层面的住房融资政策，从住房需求和供给两方面保证了房地产市场的稳定，使其较少地受包括市场利率变动的外部冲击的影响，降低房地产市场的风险。

在住房供给上，新加坡的建屋发展局是组屋的唯一提供者，组屋建设资金由政府预算直接拨款和政府建房贷款两部分组成。新加坡宪法规定，中央公积金局必须将主要资金投资于政府发行的利率浮动的国债，政府将发行债券获得的资金转而以一定的利率贷款给建屋发展局。政府向建屋发展局提供的贷款，按其用途分为住房开发贷款和按揭金融贷款。政府提供的按揭金融贷款，仅用于支持建屋发展局向购房者提供的按揭贷款，但收取的利率比建房发展局向购房者收取的低0.1；建屋发展局则用出售和出租公共住房所得资金偿还政府贷款。采用这样的一套融资机制，使得由政府规定的建屋发展局的利率成本与市场利率相脱节。这样一来，当政府需要采用货币政策改变市场利率，以期实现宏观调控经济目标时不会对房地产市场造成负面影响，加之公共住房占新加坡房地产市场的绝大部分，所以整个住房市场就不易产生过大的波动。

在住房需求上，建屋发展局向组屋购买者提供按揭贷款，贷款利率比市场利率低，贷款的最高金额可达所购住房售价的90%，且偿还期可长达20年。同时，新加坡的中央公积金制度也对组屋的按揭贷款产生了积极的影响，根据《中央公积金法》，任何一个受雇用的新加坡公民和永久居民，其月薪需按一定比例扣除，而其雇主同时也需额外拿出雇员工资一定比例的金额，一并存入中央公积金局。在雇员购房时，所需首付的20%房款可

由中央公积金中提取，每月的按揭可从每月的缴费中直接扣除。中央公积金与住房贷款的结合，保证了购房者的资金来源，防止出现美国式的个人信贷危机。

（3）土地管制起到提高效率抑制投机的作用。土地是国家财富之源，也是建设组屋的基础，是房地产的根本。新加坡的土地资源非常有限，而人口却在不断增长。但是政府通过良好的规划和严格的土地流转管理，提高了土地的使用效率，减少了市场投机行为，有效地缓解了土地需求增长的压力，防止了房地产价格的过度上涨。

首先，政府通过规划限定城市的范围，并以此为标准来确定城市各区域、各发展阶段的土地供给和需求情况。新加坡的城市规划主要分为概念性规划和开发指导蓝图。概念性规划是对新加坡整体城市发展的综合性、长期性和战略性的结构规划，其每 10 年调整一次以更好地适应不断变化的土地需求。在此基本上，政府制定开发指导蓝图，即用来指导未来 10 至 15 年城市发展的更为具体、详细的分区规划，该规划每 5 年修改一次。政府根据中长期规划，定期出售土地给私人发展商，所以市场的透明度非常高，防止了信息的不对称，稳定了市场预期，在一定程度上减少了房地产投机行为。

其次，为抑制房地产市场上的投机行为，政府对土地转让方面做出了比较完善的规定。一方面，私人必须以购买的方式从政府处取得土地，地价根据不同用途、容积率来确定。财政部设有土地估价师，先确定标准价格，然后由土地局公开招标拍卖。另一方面，政府又具有土地征用权，政府可以因公共目的强制性征收私人土地，土地价格由政府确定，不受市场价格的影响，且土地的征用范围涵盖了住宅、商业、工业用地等几乎所有的土地。这些举措使得新加坡的土地转让处于政府的严格管制之下，有效地降低了土地投机的空间。

总之，在土地资源非常有限，而人口却不断增长的形势下，新加坡政府通过良好的规划和严格的土地流转管理，提高了土地的使用效率，减少了市场投机行为，有效地缓解了土地需求增长的压力，防止了房地产价格的过度上涨。

（4）实行良性循环的公积金制度和住房公积金保障制度。为了让老百姓有能力购买组屋，新加坡政府制定了公积金政策。完备的公积金政策和补贴政策，是新加坡解决居民住房问题的主要手段。政府规定，所有新加坡居民和永久居留的居民，个人月薪的 21.5% 都要存入公积金账户，然后另一部分由雇主交纳，交纳的金额大致相当于雇员月薪的 18.5%。然后这笔钱以个人名义的方式存入中央公积金局，用于民生和其他投资增值等方面。法律为了公积金只为个人拥有的权利，规定公积金不得挪作其他的用途。政府的这一公积金制度相当于强制居民进行储蓄，不仅解决了居民购房的问题，同时也积蓄了大量资金，为国家实现住宅商品化提供了坚强的后盾。

二、美国房地产长效机制构建的实践

1. 美国房地产市场的基本现状

美国是世界上住房商品化最典型的市场经济国家，拥有世界上最发达的房地产市场。其居民大部分均拥有自有住房，市场起主要的调节作用。全国自有住房率达到70%以上，租房家庭则占三分之一，4%家庭租住在政府提供的公共租房里。政府关注的重点主要放在中低收入者方面，其他居民的住房问题在法律的允许范围内完全靠市场解决，房屋的价格也主要由市场机制进行调节，法律严格要保护私有财产，保证房地产市场公平有序的发展。

2. 美国房地产长效机制的调控经验

（1）以土地储备制度为美国房地产调控的重要手段。美国的土地所有制是多元化的，所有制形式以私有为主，私人土地占有率为58%，联邦及州政府占地比率为40%，印第安人托管2%。虽然美国的土地以私人所有为主，土地市场能有效地调节房地产市场，但仍需要政府采取宏观调控来弥补市场的缺陷与不足，防止地价不正常波动。

美国的土地管理制度有四个特点。

① 土地总量管制。美国土地储备规模是通过预测未来二十年城市各方面的发展状况来推算对新增土地的需求量。

② 成长管制线。地方政府根据本地的经济发展状况和土地利用情况划定本地区的增长线。地方政府对在管制线内的项目给予支持，允许土地开发。在管制线外的项目则会制止。

③ 分期分区发展。即地方政府把城市内土地分为优先发展区、经济发展潜力区、限制发展区、延缓发展区。通过对不同区位的发展时序安排，能够有效地控制城市用地安排，促进土地的合理利用，避免浪费土地。

④ 将储备土地的性质区分开来，不同性质的储备土地采取不同的处置措施。在美国，储备土地主要分为正在产生收益的土地、可重新出售的土地、可重新开发的土地。

此外，美国还制定了一系列规范使用公共土地的法律法规。美国的土地储备制度从实际的土地需求着手，有规划、有选择地进行土地的开发和利用，既能够合理地保护土地资源，又能够控制土地市场，从而有利于稳定房地产价格。

（2）金融政策杠杆是美国房地产调控的重要工具。美国实行市场机制为主导的房地产金融政策，形成以私有金融机构为主体，以住房抵押贷款市场为基础，多种住房机构广泛参与，政府有效调控的房地产金融体系。运用丰富的金融杠杆政策调节房地产市场，一是通过设置金融机构介入美国的房地产金融市场，拓宽了房地产融资渠道，控制了房地产市

场上的资金流量，且降低了房地产市场的投资风险，同时也使中低收入者满足基本住房需求；二是通过利率政策、灵活的金融政策调控房地产市场，同时美国政府还通过运用灵活的货币政策以及介入房地产证券化市场的方式来调控房地产金融市场的资金流量，特别是通过优惠贷款政策，使中低收入家庭很容易获得购房贷款，然而，房地产证券化市场，尤其是次级贷款证券化市场风险性极高，若没有货币政策的配合，则危机四伏。

（2）税收是美国房地产调控的主要手段。房地产税收体系的调控作用主要在于抑制房地产投机。目前，美国对土地和房屋征收的税种包括不动产财产税、所得税、遗产税和赠予税等。美国政府充分发挥了税收的自动调节作用，促进房地产业健康发展。

不动产财产税由不动产税和特别附加税构成。不动产税的计算基数通常是税务部门根据法律规定，在公平的市场价值的基础上评估的价格，而税率在各州各不相同，由各州政府根据当地情况确定。在房地产的价格组成中，地租占有较大比重，而地租水平又与各地基础设施建设等密切相关，州政府可以根据本地的租金水平和供求状况，做出相应的税收设计。不动产所得主要有不动产的经营所得，如租金收入和财产的出售或处置所得。在美国，联邦政府和州政府都征收遗产税和赠予税，而土地、房屋类的不动产是遗产税和赠予税中的一项重要课税客体，其价值一般是根据市场公允价值来评估。

美国主要采取了个人所得税的减免或抵扣等税收优惠政策来对房地产进行调控。调控措施有以下几点。

① 如若房屋是用以抵押贷款的方式购买或建造的，在对该房屋业主征收个人所得税时，可以减免抵押贷款的利息支出。

② 对自有住房的业主，按规定，在征缴个税时可作计税收入扣除。

③ 若房屋用于出租，则可在租金中扣除地方财产税、住房抵押贷款利息等。

④ 若业主出售的是自用住房，出售所得可免交所得税。

除了通过降低个人所得税的应税收入促进房地产市场的良性发展外，美国政府还采取一定的税收政策减轻房地产商的负担，如对建造廉价房的开发商可享受退税政策。另外，为了防止房地产投机行为，各州政府也出台了一系列的税收政策。如美国对房屋卖价高于买价的情况要征收房地产增值税，但如果业主转售的是居住满两年以上的住房，则可减免增值税。投资房不能享受此项税收减免。

在房产税收缴方面，美国地方税务部门经过多年的实践和研究总结，已制定了一套规范高效的管理制度，杜绝漏税的可能。政府利用税收杠杆和正确的市场区分，有效地推动了美国房地产市场的发展，一定程度上抑制了房地产市场的炒作，也满足了居民对住房的需求。

（3）公共租房保障是美国房地产调控的辅助方法。住房作为较高价值的生活必需品，租房市场成为美国中低收入家庭的选择，于是，稳定租房租金价格成为美国调控房地产市场的一个重要目标。

1974年尼克松政府出台租金证明计划，该计划规定有租金证明的租户只需支付不超过收入30%的租金，剩下的部分由地方政府相关部门给予补贴。在尼克松时期还出台过租金优惠券计划，该计划的灵活性更高，不像租金证明计划那样限制租户的房屋租赁地点，也没有固定的租金标准。持券者若租到的房屋租金低于券额，余下的金额可以在以后继续使用，若高于券额，则多出的租金由租客自己负担。克林顿时期，政府把传统的住房计划彻底私有化，全部补贴都用于租金优惠计划。此项计划的实施不仅解决了低收入阶层的住房问题，也推动了中产阶级住房市场的发展。

除了货币直接补偿低收入阶层以满足其住房需求外，美国政府出台了一系列的激励机制以鼓励私人开发、建造廉租房。另外，美国颁布了如房租管制法、租赁用住房拒租禁止法等法律，以限制租金的飙升。

美国通过公共住房政策和一系列的租金管制法律防止租金的过度高涨，这一方面保证了人们的基本生活需要，另一方面间接地降低了对住房的购买需求，打击了炒房客的投机预期，从而实现稳定房价的目的。

三、中国房地产长效机制构建的实践

中国房地产长效机制构建的实践主要以香港和重庆为例。

（一）香港房地产长效机制构建的实践

1. 香港房地产市场的发展

香港从20世纪80年代至回归前，在多种因素作用下引发房地产泡沫的迅速催生，并于1997年10月随着亚洲金融危机爆发而崩溃，此后经历了长达6年的低迷过程，给经济及民生造成巨大伤害。回归后，特区政府伴随着房地产市场的起落而陆续推出了一系列政策，在稳定市场信心、发展多层次住房供给体系、平抑房地产泡沫、长期政策与短期举措配合等方面积累了不少宝贵经验，政策脉络逐渐清晰，政策体系不断完善。

2. 香港房地产调控的经验与启示

香港房地产市场的波动历程以及特区政府在房地产调控手段和调控长效机制建设方面的探索，对有着相似基础条件（土地供应由政府以出租的形式供给）及文化特质（民众对拥有住房有极大热情）的内地房地产调控长效机制建设，具有很好的启示借鉴意义。

（1）以居民“住有所居”为出发点，构建分层次的住房供给体系。香港中高收入者改善居住的需求主要通过市场解决，而保障低收入阶层基本居住需求则明确为政府的责任，

特区政府一直对最低收入阶层提供低租金的公屋，而没有轻率地将其推入市场，这使得最低收入阶层在房地产泡沫崩溃时，遭受的直接损失相对较小，也保障了在经济萧条的几年中社会能保持总体上的稳定。此外，香港政府还对中低收入阶层、“夹心层”以及老年群体等推出了细化的政策，并在建设规划、资格审查、轮候机制、监督及公开等方面形成了一系列完整有效的制度，有许多值得学习借鉴之处。

（2）在住房市场上政府应该“适度有为”。一定程度上，香港在 1997 年之前的泡沫高涨与当时港英政府漠视市场需求而压缩供给以及放任泡沫膨胀的做法有关，如果能及早推出加大供给的计划或压制泡沫膨胀的程度,那么造成的损失可能就会小很多。香港回归以来，特区政府在承担着保障性住房责任的同时,对市场化的住房市场秉持以市场手段为主的导向;但同时，政府针对房地产泡沫催生及破灭时的市场失灵状况，也在稳定市场信心、合理引导预期、调节供给、压制投机需求等方面推出了许多政策，有效地弥补了市场本身的不足。

（3）把握好房地产长期政策与短期调控的平衡。自回归以来，香港的房地产政策经历了几次较大的方向性调整。刚回归时特区政府提出的“八万五建屋计划”尽管略显激进，但作为长期性的政策，在大方向上是有利于解决香港住房问题的，然而，这一长期性的政策却因赶上短期性的市场剧烈下挫而被悄然放弃，甚至背上导致房地产业大萧条的黑锅。之后，带有短期性应急举措特点的“有关房屋政策的说明”却实质上主导房地产政策方向长达 10 年之久。特区政府在 2013 年发表《长远房屋策略》咨询文件，确立了将“供应主导”作为香港住房政策原则，可以说，走过一些弯路后，特区政府初步建立了房地产调控长效机制建设。回顾这一历程，香港对于如何把握好房地产长期政策及短期调控措施的协调，可以得到许多有益的启示。

（二）重庆房地产长效机制构建的实践

在中国经济与房地产激变的当下，重庆发展走出一条友好的上升曲线，重庆房地产市场一直被称为国内楼市的“一股清流”，当 2016 年国内部分一二线城市商品房价格大幅上扬时，经济增速连续领跑全国的重庆，房地产市场却波澜不惊，主城区商品住房建筑面积均价只有每平方米 7 300 元，而且一直没有限贷限购。

1. 重庆房地产市场稳定发展的重要举措

（1）重庆的土地管理模式。

2002 年，重庆市建立了土地整治储备中心，改革土地资源管理制度。将土地一级市场的经营权上收，并通过政府特许经营的方式，对全市土地市场进行宏观调控。卖土地的增值利益很大一部分流向政府，为重庆城市基础设施建设奠定了经济基础。市政府计划重庆在 2002 年一次性储备了主城 40 多万亩土地，之后 20 年内每年只开发 5%，即 2 万亩左右。2008 年 12 月 4 日，重庆推出了全国首创的“地票制度”。地票制度为重庆房地产发

展做出了重要的贡献。

地票是在农民、农村集体经济组织及其他土地权利人自愿的前提下，将闲置废弃的农村建设用地复垦为耕地并保障当地农村发展空间后，通过重庆农村土地交易所公开交易，形成的可用于重庆市域范围内的建设用地指标。这个过程是城市建设用地增加、农村建设用地减少的过程，是有助于农民致富的过程。地票的性质直接决定着地票制度的功能。

地票制度对重庆的土地资源进行了优化配置，不仅盘活了土地并显化农村土地资产价值，而且对重庆房地产健康发展起到助推作用，该制度符合重庆整体发展趋势，以该城市充足的土地供应量以及相对平稳的人口增长速度为基础，更好地协调了重庆市房地产市场的供需平衡。

近年来，严守 18 亿亩耕地红线已经成为中国政府反复强调的重点，但许多城市随着城市化的加速，土地供应严重不足，使得这一底线正在遭受不断的冲击和侵蚀。目前对重庆来说正是城市化和工业化的加速期，需要大量的城市建设用地，是地票制度的有效实施使得在城乡建设用地总量不增加、耕地总量不减少的前提下，仍可通过合理的指标置换达到优化城市建设的目的。从横向来看，地票制度打通了传统的城乡二元土地分割现状，在完成农村闲置土地置换的情况下完成农民的城镇化。从纵向来看，地票制度是“先造地后用地”，首先使农村闲置建设用地转化成耕地，之后才在城市新增建设用地，对耕地的保护力度更大、保护效果更好。同时，地票交易使得农村里闲置的住房得到大大的增值。一般的农村闲置住房，无论其住房质量多么好，由于地势偏远终究只能以相当低廉的价格出售，但地票的存在却能使该土地以可观的价格成交，这对于改善农村居民生活有很大的帮助。

（2）重庆房地产市场的科学调控。

2010 年，重庆市政府对当地房地产发展实行“25% 理论”，也就是，每年房地产的总投资不要超过全社会固定资产投资的 25%，跟规划人口有关的社会结构的总量要平衡，还要控制房地产的按揭。事实证明，与高速增长的经济相比，这几年重庆在控制房地产投资进度方面一直做得不错。数据显示，到 2015 年上半年，重庆房地产开发完成投资 1 715.82 亿元，同比增长 10.5%，占全社会固定资产投资的 27.2%，刚好在 25% 的标线附近。

（3）房屋供给结构合理。

借鉴新加坡的房屋供给结构模式，重庆修建了安置房、经济适用房、廉租房，让买不起房的市民住得起房，体现了“居者有其屋”的理念，这同时也是时任市长黄奇帆的理想。正是通过稳定的土地供给和房屋供给实现价格稳定，这个逻辑简单直接，却十分奏效。

2. 重庆房地产市场长期保持稳定的秘诀

重庆房地产市场长期保持稳定的秘诀在于重庆市委市政府以市场规律为导向、以民生保障为根本，牢牢抓住“土地供给、建设规模、税收调节、按揭杠杆、‘市场 + 保障’双

轨配置”五个关键环节，构建起房地产长效调控机制，保持了房地产市场平稳健康发展的基础。

（1）把好土地“总开关”，科学把握供求关系。

重庆集大城市、大农村、大山区、大库区于一体，城乡和区域差距大。近年来，随着工业化和城镇化高速发展，重庆城镇住房需求一直较为旺盛。为适应市场需求，重庆把握土地供给这一关键性因素，科学调控土地供应量和土地价格，为房地产市场发展提供一个相对稳定的“基本面”。

房屋具有不动产属性，地价涨房价必然涨。重庆是较早进行土地储备的城市，国有土地储备机构遵循“超前储备、一步到位、细水长流”的原则，在城市规划区范围内储备了充足的发展用地。储备地使用兼顾公共事业和房地产开发，大体对半开，较好满足了城市基础设施建设和房地产开发的需要，根除了土地供应短缺倒逼房价大幅上涨的“魔咒”。重庆市一直坚持将楼面地价控制在当期房价的1/3左右，如果地价过快上涨，政府随时调整供地时序和节奏，避免了地价抬高房价。

房屋还具有商品属性，价格受供求关系影响。重庆市从城市发展规划入手，按平均每10 000人$1km^2$控制城市开发规模，按人均30~40 m^2控制住房开发总量，并按房地产投资占年度固定资产投资25%的比例进行流量调控，从而确保房地产市场供需基本平衡。

（2）低中高“三端”调控精细化，房地产也需供给侧思维。

房屋具有民生品属性，需要构建以政府为主体进行基本保障、以市场为主满足多层次需求的住房供应体系。在重庆的住房供应体系中，低收入群体靠保障性住房，高收入人群购买高档商品住房但要征房产税，约70%的一般收入家庭购买中小户型、中低价位商品住房。

如此供给侧“三端管理”使得重庆的房地产市场价格和成交量基本保持平稳，连续多年供应量和成交量都排在全国前列，较好实现了“居者有其屋”的民生保障目标。重庆近年来大力实施公租房建设，通过“双轨制”实现了对低收入群体的住房保障。

此外，重庆通过房产税试点调控房屋持有成本，既有利于社会公平和房产户型结构合理化，也从一定程度上制约了住房价格上行空间。而其针对在重庆无户籍、无企业、无工作的“三无”人员购买第二套房征收房产税的政策，更是让外地“炒房客”有所顾忌。

在有效解决和引导高低“两端”的情况下，重庆对广大的中端消费群体加大了公积金保障力度、大力推行住房货币化安置，较好满足了老百姓的刚性住房需求。

（3）把握房地产金融属性，严控杠杆防范风险。

重庆市国土房管局作为房地产主管部门，一直对房地产金融风险保持高度警惕。2016年年初，在市场监测中发现“首付贷”苗头后，立即开展了专项清理排查，将风险化解在萌

芽阶段。

房地产还具有金融属性，金融调控的核心环节就是按揭比例，零首付容易造成泡沫诱发危机，零按揭则会窒息市场。因此，实施按揭调控，就是在零首付与零按揭之间选择一个合理比例。重庆针对不同住房需求，实行差别化住房按揭贷款政策。首次购房首付20%，二套房首付 30%，三套及以上（贷款未结清）全首付，引导银行资金合理配置，既满足了居民住房需要，又有效防范了风险。据重庆市银监局统计，截至 2016 年年底，重庆全市房地产不良贷款率约为 0.6%，低于同期各项贷款不良率约 0.5%。

作为重庆市房地产调控牵头部门，银监局经常联合金融监管部门和各大商业银行开展市场调查研判，对房地产信贷问题早发现、早解决。正是对房地产金融保持高度的警惕，使得房地产金融风险大大降低，进而维持了房地产市场的稳定发展。

四、国内外房地产长效机制构建的启示

房地产市场调控的本质应在于稳定房价、满足居民合理的住房需求，通过对上述房地产调控体制的剖析可以发现，各地政府对这一点的认识并无差异。虽然在住房供应模式上有所差异，但都围绕着一个宗旨，即保障本地区、国家居民住房，满足居民最基本的居住需求。同时，尽管它们在发展过程中背景不同、经济发展水平有高有低、市场化程度也有所差异，但在房地产市场调控实践中也有很多相似或相通的地方，反映出房地产市场调控实践中带有一些其有规律性的共通经验，值得我们学习和借鉴。

1. 构建房地产长效机制必须考虑三项基础要素：民众的基本需求、政府的控制能力、市场的失灵校正

① 民众的基本需求。上述各地的房地产市场处于不同的历史背景条件而得以修正发展，其出现的住房问题情况也并不完全相同，但无论是基于社会、战争还是细小的原因，民众皆处于水深火热中，他们非常希望政府能够解决最基本的生活问题之一——住房需求。可以说，这几个房地产市场调控，毫无例外地来源于政府对国民需求和希望的承担，也理应将解决国民的居住需求作为设计房地产市场调控的最基本要素来加以关注和重视。

② 政府的控制能力。调适房地产市场的发展，不仅涉及土地及人口增长等自然因素，还与政府的财力、国家的政治体制以及经济发展的大政方针相联系。上述各地都是根据自己的实际情况，客观分析政府的控制能力，从而采用较有针对性的方法及手段，逐步建立起了较完善的住房政策体系，经过长期的不断努力，基本满足了民众的住房需求。

③ 市场的失灵校正。寻求房地产市场供求平衡是政府调控房地产市场的关键。当住房供给不足，刚性购买旺盛的情况下，单靠市场的自我调节能力无法实现房地产市场的供

给平衡时，就需要政府进行干预，对市场失灵造成的不公平给予校正。各地在解决居民的住房问题时，都非常强调社会财富的二次分配的公平性，政府财力也向解决中低收入居民的居住需求而侧重倾斜，这既是一种政府责任，也是发展房地产市场的基本底线。因此，在解决住房问题时，应高度重视房地产市场的建设、规则与管制。

2. 理解房地产长效机制需要秉持三种基本视角

① 围绕房地产市场调控的本质，满足本地居民最基本的住房需求，这是各地宏观调控的基础和落脚点。在住房问题上升为居民生活阶段性的主要问题时，政府必须采用强有力的保障措施和行政干预，努力解决不同层次群体的住房需求。

② 建立完善的立法体系、组织体系、政策体系、监管体系等，这是保障和规范房地产市场调控的前提条件。运用金融、财税、土地、价格管制等具体政策手段，正是各地调控房地产市场的主要方法、重要工具。

③ 随着各地经济的发展、国力的变化、住房保障的完善，房地产市场调控政策也应循序渐进地进行调整。虽然各地在房地产市场调控实践过程中遇到的矛盾并不相同，调控的方法也存在个性和明显差异，但市场化与适度合理政府调控的结合应是房地产市场健康发展的必然要求和趋势。

3. 完善房地产长效机制应当运用四个重要工具

上述各地运用了多种工具，采取了多方面的政策和措施调控房地产市场。其中，调控效果比较显著、有效，对社会其他方面造成影响较小的措施主要有金融政策、土地政策、价格管制、税收政策等。

① 金融政策。通过合理使用货币政策，一定程度地抑制金融市场的投资行为；通过多种传导机制影响住房的供给与需求，控制房价的过度变动；采取优惠住房政策隔离房地产市场与金融市场过度紧密的联系，防止金融危机发生时对房地产市场带来灾难性的影响。

② 土地政策。土地的供给情况直接影响着房地产商品的价格。合理调控土地的供给与需求可以有效地抑制住房价格的过度波动。各地普遍建立了合理的土地制度，并使其持续有效地运行，为满足广大群众的住房需求提供了保证，且成功地减少了房地产的投机行为，起到了稳定房价的作用，

③ 价格管制。价格管制是指政府直接干预房价，政府主要通过提供廉价房和廉租房两种形式来干预房价，实现价格管制的目的。价格管制不仅可以解决部分中下收入者的住房问题，而且降低了对商品房的需求量，从一定程度上遏制了房价的过快上涨。价格管制的行政色彩浓厚，与政府通常采取的经济手段来调控房地产市场相比更直接，目的也更明确。

④ 税收政策。为了保证市场的稳定运行，通过设计税种及其税率，可以对微观市场及其参与者的行为予以影响。房地产方面税种的设置可以影响到开发商的投资需求，购房

者的购房需求等。另外，各地在设立房地产方面的税种时，普遍给予低收入者一定的税收优惠。

第三节　房地产长效机制的构建

通过上一节对各地房地产长效机制进行剖析，对我国房地产长效机制的建设具有很好的借鉴意义。本节先分析我国房地产市场存在的主要问题，针对这些问题，结合各地的房地产长效机制构建的经验分析，探讨出构建我国房地产长效机制的路径。

一、当前房地产市场存在的主要问题

以市场为主导的分配机制，使我国房地产市场的活力得到了全面释放。但在市场化改革的过程中，我国的房地产市场也出现了很多问题。这些问题的存在，不仅不利于房地产行业自身的健康运行，而且不利于整个社会经济发展的平衡与稳定。

1. 房地产价格过高

房价收入比是国内外学者用以判断房地产市场发展状况，特别是评价普通居民住房购买力和承受力的最重要的指标。所谓房价收入比，是指住房价格与城市居民家庭年收入之比。公式为：房价收入比 = 每户住房总价 ÷ 每户家庭年总收入。按照国际惯例来说，一般房价收入比3~6倍为合理区间。近年来，房价收入比一直处于上升趋势。据统计数据显示，2017年全国37个主要城市房价收入比中，有49%的城市房价不合理，一线城市房价收入比居高不下。相对于一线城市居高不下的房价收入比而言，三四线城市要轻松得多。

高房价使得居民可支配收入降低，生活负担加重；直接导致社会贫富差距的增大，中低收入阶层的住房要求不能得到保障，会威胁到社会的稳定；居民购房大都采取银行住房贷款，房价过高会加大居民对银行的依赖程度，从而加大金融系统的运行风险；房价的不断上涨会扭曲社会对房价的正常预期，引发“恐慌性购房”，畸高的房价催使房地产行业的投机行为，吸引大量的其他产业资金的进入，导致整个社会经济要素配置不当，不利于整个国民经济均衡发展。

2. 供给计划性和需求市场性失衡

供给计划性，是指房屋建设土地供给受政府计划控制，目前，我国除去基础设施用地和工业用地后，商品房市场化用地比例不到30%，存在高度的计划性。需求市场性，是指

商品住房买卖是自由的，包括自住、投资、投机等，由于要让手中的货币保值升值，热衷于投资价格一路上涨的房产市场使我国房地产投资需求持续升温，房价不断上升，造成房价严重脱离广大居民实际购买能力，泡沫越来越大。

但是多年来，针对我国楼市形势出台的调控政策，注重的只是需求方面，且主要采取限购、限贷、限价等行政手段，从未注重供给方面，也很少采用市场经济政策手段。所以导致我国房地产供给计划性和需求市场性严重不对称。

3. 土地供给渠道无序

房地产的开发离不开土地的供给，然而土地是不可再生的资源，尤其我国正处于城镇化进程中，城镇人口越来越多，人们对土地的需求与土地稀缺之间的矛盾日益突出。受利益的驱使，房地产商通过贿赂、暗箱操作、寻租等方式，以低价获取土地的使用权，然后采用囤地的方式，较晚地进行开发利用，或以高价转让土地，从而取得暴利。

从地方政府的角度来说，我国不少地方政府是靠出让土地获得财政收入的。又因我国以 GDP 为导向的考核模式，使得地方政府、地方官员十分追求短期政绩表现，导致土地供给的无序和盲目。

4. 住房保障体系不健全

所谓住房保障，是指为了满足居民对住房的基本需要，由政府通过国民收入再分配，面向所有社会成员而提供的一种多形式、多层次和多渠道的保障制度。现阶段，我国还没有建立一套较规范、完整的住房保障制度，现行的住房保障制度存在着一些问题。

（1）我国在经济适用房的投入严重不足。据住建部统计数据表明，我国居民住宅私有化程度远高于发达国家，私有化率达到了 82%。由此来看，公共住宅投资规模很小。

（2）住房保障制度的实施存在困难。这是由于地方政府的消极态度导致的。因建设公共住房，廉租房等保障性住宅缺乏税收或土地收益，地方政府缺乏积极性，我国确保住房保障体系实施的法律法规尚不健全，没有较明确的处罚措施，这使得地方政府在落实中央的住房保障制度时有漏洞可钻，住房保障制度的切实执行困难重重。

（3）各地方出台的住房保障制度有排斥部分外来人口的现象。由于历史原因，我国形成了特殊的城乡二元结构。我国的住房保障制度主要是针对拥有城镇户口的居民，这一制度无疑把生活在城镇中的符合住房保障条件、持有非城镇户口的中低收入群体排斥了出去。

（4）保障手段过于单一，重售轻租。我国住房供应结构存在缺陷，售房市场相对繁荣，租房市场却相对冷清，在租房市场并不活跃，每年开发的住房 90% 以上是商品房，只剩下不到 10% 的住房用来租赁，且租赁市场不稳定，居民租赁房屋从供给侧方面表现出十分短缺的情况，在现有租赁体系下，租赁者权益难以得到有效保障。

5. **政府调控的滞后性和政策的不稳定性**

房地产调控从属于国家经济宏观调控，当经济遇到下行压力的时候，政府希望通过房地产刺激经济增长；经济过热的时候，就相应限制房地产的投资和开发销售。政府调控总是在问题出现之后才实行，相关政策经常来回变动，无法形成市场稳定的预期。这一现状长期发展会对我国经济结构转型、对经济金融安全带来威胁。

6. **房地产市场管理权力过于分散**

我国有中央和地方两层多级政府，在中央，负责房地产管理的部门有住建部、国家发改委、国土资源部、中国人民银行等多个部门，甚至国务院也参与我国房地产市场的管理、协调。相比于新加坡以政府管理为主、市场调节为辅的房地产市场管理模式，我国房地产市场处在多头管理的非常松散的模式下。房地产市场的规划、开发、贷款融资以及政策的制度、执行都分属不同的部门分别进行。这种管理模式会导致职能交叉、政出多门，不仅会降低行政效率，而且出现问题很难协调。另外，中央的房地产管理机构出台的房地产调控措施非常宏观，各地方政府可按照本地区的发展需要自行制定本地区的房地产调控措施。中央和地方在利益并不完全一致的情况下，很容易使得中央出台的各项调控措施化为云烟。

除了以上几个问题外，我国房地产市场还存在房地产市场管理的政策及法律缺位、融资结构不合理、住房公积金制度不健全、税收政策的针对性不强等问题。

二、房地产长效机制的构建

以上所述的房地产市场存在的问题严重阻碍了我国房地产市场的健康发展，要解决这些问题，构建房地产长效机制，必须坚持“房子是用来住的，不是用来炒的”的定位，要从土地、金融、财税、投资、法制五个方面采取长效的机制，形成制度化的安排，系统地做好房地产的调控，加快建立符合国情、适应市场规律的基础性制度和长效机制，推动房地产市场健康持续的发展，对房地产长效机制的构建做出以下探讨。

（一）土地供应制度改革是建立房地产长效机制的基础

解决房价涨幅过高的手段除增大土地供应外，更加重要的方向在于存量改革，即构建多层次供给体制。土地资源是有限的，在增大土地供应的同时要注意实现资源的可持续发展，土地供应制度改革关键有以下几点。

1. **控制土地供应总量**

控制好土地供应量，需要统筹城乡及各类城市土地供应规模，加大力度推进集体建设用地上市流转。房价分化的另一重要原因是城市土地供应与人口流动规律相反，房价越高的城市土地供应规模越小，反之供应规模越大，这意味着我国的土地制度亟待改进和完善。

在城市土地供应中，“人地挂钩”政策应重点采用“地随人走”模式。当前，“人地挂钩”政策采用行政调节模式——“城市化率增长指标”，建议仅应用于民生急需和基础建设用地等方面，而其他建设用地的调整，应推行和坚持“地随人走”的市场模式。与此同时，以国家中心城市的卫星城市群为重点，加快推进集体经营性建设用地上市流转改革。这样可解决土地一级市场上的政府垄断问题，实现集体建设用地与国有土地“同权同价”；有利于切断地方政府征地、卖地的短期行为，促进地方政府回归公共服务供给的本职职能。

2. 控制用地结构比例

严格控制好用地结构比例，把握好基础设施、公共设施、商业住房、工农业用地分配。一般来说，城市用地 55% 用于交通、市政、绿地等基础设施和学校、医院、文化等公共设施，20% 用于住宅开发，20% 用于工业用地，5% 用于商业开发。政府要严格控制好用地结构比例，避免土地供应失调。

3. 控制土地拍卖价格

一般来说，土地价格不要超过当期房价的 1/3，土地的价格要根据房价的变动而调整，避免土地价格过高，开发商为了保证自己的利益而抬高房价，土地价格过低又无法满足政府的财政需求，只有土地价格与房价相协调了，才能实现房地产市场的健康平稳发展。

最后要重视实体经济的发展，减少经济增长对房地产的依赖。政府要切实把精力转移到地方经济上去，走出“卖地—举债—再卖地”的循环。在当前我国经济步入新常态，面临结构性转型的形势下，发挥长效机制在促进经济健康发展、国家金融安全等方面具有积极作用。

（二）租购并举的全面推行是建立房地产长效机制的关键

为了保障民生和规范住房市场发展，中央提出加快住房制度改革和推进房地产长效机制建设。十九大提出，加快建立租购并举、多渠道保障的住房制度。

住房租赁市场是我国住房供应体系的重要组成部分，是完善住房供应体系和住房保障体系、满足居民对住房的合理消费、实现的重要措施。“租售同权”是当前推动住房租赁市场发展的重要核心，“租售同权”即租房与买房居民享同等待遇。人人有房住不等于人人有房产，有房产者与无房产者享有同等的权利，是租售同权的关键。2018 年中央经济工作会议中指出，要发展住房租赁市场特别是长期租赁，保护租赁利益相关方合法权益，支持专业化、机构化住房租赁企业发展。对于如何实现租售同权主要需要注意以下几点。

1. 加强住房租赁方面的立法，保障租房家庭合法权益

在我国现有的法律法规体系中，适用于房屋租赁的法律条文主要有《中华人民共和国合同法》中关于房屋租赁的条文，住房和城乡建设部发布 2011 年 2 月 1 日实施的《商品

房屋租赁管理办法》《最高人民法院关于审理城镇房屋租赁合同纠纷案件司法解释的理解与适用》等。按照国务院2017年立法计划，住房和城乡建设部起草了《住房租赁和销售管理条例（征求意见稿）》，从“加大租赁用房供给，鼓励住房租赁企业长期经营”“政府对租赁市场的监管、引导和信息公开制度”“出租人权利和义务”“承租人权利和义务”“住房预售监管”和“房地产经纪专业人员职业资格制度”六大层面对行业住房租赁和销售管理的具体指导思想，做出了明确的规定。

2. 要破除制度障碍，多渠道吸引社会资本参与基础公共服务领域投资，不断扩大基础公共服务的供应能力

加大基础设施建设和基础服务的均等化。人们对住房的租赁和购买热情很大程度上是与住房、医疗和教育等公共资源密切关联。一方面要提高基础设施建设的力度，特别是关乎居民生活的医疗教育和交通等的建设力度，这需要地方政府对地区居民生活质量的足够重视；另一方面，加大对基础设施服务的均等化，使租房者和购买者都能享受同等的教育医疗条件。

（三）金融监管体系的构建是建立房地产长效机制的抓手

为促进我国房地产市场平稳健康发展，需要加强对房地产金融行业的监管并根据自身发展规律制定出一套科学、合理的房地产金融监管制度，严格遵守监管标准开展监管工作，为建设房地产长效机制提供坚实的制度基础。

1. 完善商业银行房地产贷款监督管理体系

为了适应全面建设房地产长效机制的新要求，一方面要严格控制房地产贷款的增长速度，降低房地产贷款在金融资产中的比例，在“去杠杆”的过程中深化供给侧结构性改革。对于首套刚需住房可以适量增加贷款数额，并对符合要求的购房者给予优惠利率政策，满足其住房需求。对于投机购房主体，则坚决不予贷款；另一方面，要建立房地产贷款风险控制机制，以谨慎原则降低商业银行不良贷款发生的可能性。全面提高银行业贷款的信息化程度，使用互联网建立一个从银监会到总行、从总行到支行的房地产贷款业务监控系统。

2. 建立宏观审慎监管机制，逆周期调节房地产市场金融结构

在宏观货币政策的制定和实施方面，要充分考虑房地产周期性波动和政策时滞性的影响，在房地产的繁荣期和调整期，应分别推出紧缩或宽松性的货币政策，以降低宏观审慎政策对房地产业的影响幅度，防范由商业银行贷款累积的系统性金融风险。在市场的周期波动中，央行应在房地产经济发展的繁荣时期，适当上调商业银行贷款利率和拨备，以应对房地产行业调整期房地产价格下降所带来的不良贷款增加和其他金融损失。

3. 推动金融监管体系法制建设

我国金融业正处于由分业经营向混业经营改革的过渡阶段，应通过立法规定混业经营的金融监管模式，改变我国目前分散监管、重复监管和监管程序混乱的现状。在具体实施方面，可以设立明确的法规条例提高“一行三会”之间的信息披露程度，如中央银行应定期向证监会、银监会、保监会通报已经实行的货币政策，三大监管机构应定期报告市场违规案例、风险评估报告等。立法限定房地产市场的资金来源渠道，谨防股市、债市等违规资本过多进入房地产市场。

（四）政府与市场边界的明晰是房地产长效机制的重要内涵

房地产泡沫的消化，有赖于政府对房地产基本经济环境与秩序的维护，正确引导社会过剩资本流向实体经济。

（1）房地产调控中，坚持“有限政府”理念，将政府职能切实回归到房地产市场秩序、市场公平及住房权利的维护上，完善房地产信息披露制度，推进住房信息联网；重点规范金融市场与住房租赁市场，培育社会租赁企业；尽快出台住房保障法，使得居民住有所居，有法可依。

（2）强化政府对产业的引导功能，促进社会过剩资本进入实体经济领域。在“三去一降一补”供给侧改革的深化中，引导并推进传统产业升级并梯度转移到中西部；同时，依据人口流动规律，优先发展国家中心城市圈及卫星城市群公共产品与服务系统，引导产业有序转移到卫星城市群。

（3）加大对高新技术产业的支持力度，引导资本流向创新创业领域，以创新引领实体经济的转型升级。

（五）因城施策是建立房地产长效机制的基本路径

房地产市场具有鲜明的区域特征。在市场持续分化下，调控政策也要因城施策。房价上涨较快的城市包括部分二线城市及辐射区，应出台约束性政策。房地产调控要考虑影响地价房价的一般因素、区域因素和个别因素等多层次。全国层面，政府要完善市场规制，以区域规划等引导区域性地价房价。而地域因素、个别因素带来的价格差异，应由地方政府承担调控责任。

坚持分类调控、因城因地施策，推进房地产长效机制建设。对一二线热点城市，侧重于“去杠杆”，建立多主体供应、多渠道保障、租购并举的住房制度，合理控制信贷投放，坚决制止投机炒房的行为；对三四线非热点城市，侧重于“去库存”，重点解决房地产库存过多问题，提高三四线城市和特大城市间基础设施的互联互通，提高三四线城市教育、医疗等公共服务水平，增强对农业转移人口的吸引力，促进城镇化的发展，增加政策的可操作性和此类房地产市场的活跃度。

（六）住房公积金制度的完善是实现房地产长效机制的基本要求

以住房公积金制度改革为契机，促进住房市场与住房保障协调互动。我国以租为主的住房保障体系，随着资产贫富分化的加剧，可能会导致贫者更贫。这意味着，在建立长效机制时必须尽早谋划保障人群资产建设的通道。显然，公积金制度将是不二之选，也是公积金未来立足与改革的主要方向。首先，通过补贴激励等方式，加大城市新市民的公积金覆盖力度，促进公积金与保障对象的深度融合。其次，支持保障人群利用公积金，以共有产权方式逐步购买政府持有房源。再次，支持中低收入人群解决住房问题，重点是促进公积金制度向政策性住房银行转型。目前，全国各地公积金中心已积累了可观资金，拥有优质的贷款资产，颇具政策性金融机构的雏形，改革应顺势而为。

（七）税收体制的构建是实现房地产长效机制运行的重要手段

我国热点城市房价的暴涨已脱离居民收入水平的支撑，主要是市场投资投机行为所致，但不宜主动刺破房地产泡沫，应调整保持货币政策回归稳健中性，构建并发挥税收与信贷的自动调节机制。

1. 降低交易环节税收，降低居民换房成本

对外销售的住房，可以给予免征增值税优惠，以降低居民的换房成本。应逐步降低并全面免征个人二手房转让的增值税。同时，可以考虑进一步降低印花税、契税的税率，并且不应将其作为调控市场的工具，降低交易环节税收政策因频繁调整带来的不确定性。

2. 规范交易所得税的征缴方式，采用差异化利率方式征税

在计税方式上，应当全面采用按差价计征的计税方式，并且可以探索推出超额累进税制。对首套普通住房需求实行低首付和优惠利率政策，对于二次及二次以上购房者，税率应当依次提高。采用差异化利率的方式实现鼓励居住、抑制投机、控制高端的目的，整顿房地产金融市场秩序，停止首付贷，有效去除“房地产杠杆”，引导住房合理需求；在政策过渡阶段，对于无法核实原值的二手住房首次上市交易，仍可沿用简易法计征，但当其再次上市交易应严格按差价征收，房产交易中心应保存交易记录，以便于后续再转让时核定原值。而对于土地增值税，目前个人转让住房暂免征收，但对于部分地价、房价上升较快的地区，也可以考虑加征土地增值税。

三、房地产长效机制的运行

“仰望星空”要以“脚踏实地”为保障，如图10-2所示，房地产长效机制的构建不仅需要各种政策的支持，还需要配套相关法律法规、有效的管理模式以及民众对房地产长效

机制的认知，完善房地产长效机制运行的法律环境、政治环境、社会环境和技术环境，以实现房地产市场健康发展的目的。

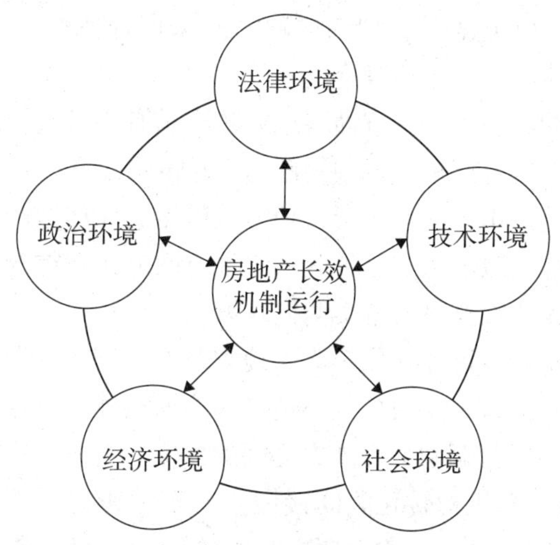

图 10-2　房地产长效机制运行体系

（一）完善房地产长效机制运行的法律环境

1. 建立健全利于房地产长效机制的法律法规

（1）建立健全与土地征用相关的法律法规，与房地产金融相关的法律法规，与住房保障相关的法律法规，与住房公积金制度相关的法律法规，房地产规划相关的法律法规等。对各种市场行为有严格规范的规定，保证各项事务的运行有法可依，有法必依，要通过完善行政法规和地方法规，使对房地产市场调控具备制度性保证，以避免有关政策随意性，保持政策的连续性、可操作性和较强的执行力。

（2）房地产长效机制是可持续的，与房地产长效机制相关的法律法规涉及遗产税法、慈善法等，如今很多家庭为了下一代不用买房子，有生之年就囤好房子留给下一代，或者将房产当作慈善品捐赠给有需要的人或者合法机构，有关房产的遗产税法和慈善法的规定尚未建立。为了房地产长效机制的可持续发展，避免囤积大量的房产，可建立有关房产的遗产税法和慈善法，若将房产作为遗产留给下一代的，根据其房产的数量合理地征收遗产税，如果只有一套可不征收，一套以上的遗产差别化征收遗产税；若将房产当作慈善品捐赠给有需要的人或者合法机构，可不征收遗产税。

2. 构建新机制和新制度

自 2003 年我国把房地产作为经济发展的重要支柱之一后，房地产价格就不再是简单的经济问题或社会问题了，还涉及政治学问题，关系到中央和地方政府的方方面面。中央

政府由其所承担的政治和经济责任决定了其目标为稳定房地产的价格，使房地产的价格与其经济发展目标相一致，防止房价的暴涨或暴跌。地方政府官员有政绩考核的要求，为实现本地区经济的快速增长以突显政绩，追求高 GDP，采取各种手段收取更多的土地出让金、房产税等，甚至通过媒体舆论来抬高房价。

在房地产市场调控的过程中，一方面，地方政府具有市场监管的职责，应以解决公众对住房的需求为目标，按规定严格执行中央政府下达的命令和目标。另一方面，地方政府又是土地出让方，是房地产市场的参与者，地方政府希望在房地产市场分得一杯羹，在房价上涨中获益，继而增加财政收入和土地收益。地方政府的双重身份相互矛盾，使得地方政府在房地产调控时，无法完全贯彻落实调控政策。

然而，在市场经济不断发展深化的今天，地方政府的利益已经不容忽视，中央政府对地方上实施的行政命令式的调控手段已经不适合，应该构建适合社会主义市场经济发展要求的新机制和新制度，用以协调中央和地方之间的冲突。首先，将中央和地方政府之间的直接利益关系通过社会中介机构转化为间接利益关系。其次，利用法律和经济手段对地方政府的实施监督和制约。最后，建立地方政府的自律机制，防止地方政府非法利益的产生。

（二）完善房地产长效机制运行的政治环境

房地产市场的发展建设不仅是经济问题，更是社会问题，关系到人民群众安居乐业的状况、福利水平。人民群众的住房问题如若得不到合理适当的解决，甚至会影响到国家的安宁稳定。所以在解决居民住房问题时，不能完全交给市场来处理，政府应该起主导作用，负主要责任。新加坡政府采取的是“行政干预为主、市场调节为辅”的政策，成立了建屋管理局，由政府掌握着房地产市场的主动权。与新加坡只有一级政府不同，我国有中央和地方两级政府。为有效实现政府对房地产市场的调控功能，需完善房地产长效机制运行的政治环境，应做到以下几点。

一是在中央政府成立一个类似新加坡建屋管理局的职能机构，使住房和城镇建设归属同一个部门管理，该部门的设立主要负责国家关于房地产方面的大政方针，如对房地产市场在我市场经济中的定位，房地产市场的发展方向，对城镇发展规划，对各地区保障性住房的建设比例给以规定和要求，设置房地产方面的税种，出台与房地产相关的税种、住房公积金制度、土地出让政策等，并加速完善房地产法律建设，使中央政府出台的各项制度具有至高无上的法律约束力，从而使中央政府在大的方向上把握住房地产良性健康发展。

二是理顺中央和政府的利益关系，中央政府在宏观上把握房地产市场的走势，大量权力下放给地方政府，逐渐改变以 GDP 增长为导向的绩效评估机制，使地方政府真正站在

人民群众的角度，以合理解决居民住房问题为目标，借助于地方政府对本地经济情况的了解深度，发展本地方的房地产市场。

三是成立房地产管理的监督机制，并调动社会力量，对地方政府的经济行为进行监督和约束，以实现抑制设租、寻租的行为，防止腐败事件的发生。

（三）完善房地产长效机制运行的经济环境

房地产行业与宏观经济有着密不可分的联系，两者相辅相成，互相作用，良好的经济环境可以促进房地产行业的发展，有利于房地产长效机制的健康运行。

完善房地产长效机制的经济环境，一是要积极推动新型城镇化进程，扩大房地产市场的内需，拉动我国经济的增长。房地产业的发展离不开新型城镇化的推进。我国新型城镇化是一个漫长的循序渐进的过程，新型城镇化有利于完善经济环境，进而有助于房地产长效机制的运行。

二是推动与房地产业相关的建筑建材、装修装饰、家具家电、日用消费品工业以及市场营销策划、房地产经纪、物业服务、园林绿化等几十个产业的发展，在房地产长效机制的运行期间，使房地产业连带的经济链条持续健康的发展，同时促进经济增长。

三是促进经济结构转型升级和新兴服务业培育，培育新的经济增长点。充分发挥各个地区的优势，深度融合房地产业与文化、旅游、教育、科技等产业的发展，大力搭建适合类科技型企业和个人创业的平台空间，积极引进集团企业研发中心、研发企业、创意企业、青年创意工作室、科技孵化器，积极发展各种创意产业，推动各类创新创业团体组团式集聚。对房地产企业而言，需要依托科技进步，综合运用节地、节能、节水、节材、环保、低碳和互联网等技术，提高住宅工程质量，建设绿色建筑、智能家居、智慧社区，促进房地产业转型升级，提升行业科技水平。抓住房地产与互联网融合的机遇，创新推进智慧城市建设，大力发展物联网、大数据、云平台、智能装备、建筑智能技术产品等智慧产业，努力推动智慧社区、智慧家居等应用系统的建设。贯彻落实新时代“新发展理念”，完善房地产长效机制运行的经济环境。

（四）完善房地产长效机制运行的社会环境

随着房地产长效机制的构建，各项住房政策、教育政策等随之出台，这与民众的生活密切相关。民众要认识到房地产长效机制的重要性，做到不投机炒房，不扰乱房地产市场秩序，积极配合国家及地方政府构建房地产长效机制，维护房地产市场健康发展。与此同时，政府及相关部门要加强宣传房地产长效机制，以及与民众息息相关的相关政策，通过新闻联播、广告、民意访谈等方式使民众深刻了解房地产长效机制。此外，从住房保障制度方面改变民众对教育与租房和买房之间关系的固化意识；开放思想，选择适合自己发展和生活的居住方式；刺激人才流向不同城市，满足各个城市对人才的需求。通过完善房地产长效机制的社会环境，增强民众对房地产长效机制的意识和信心，保持社会稳定，从而使房地产长效机制持续有效地运行。

（五）完善房地产长效机制运行的技术环境

要建立对房地产业宏观调控的长效机制，完善房地产长效机制运行的技术环境，首先要健全房地产信息披露制度，防止开发商利用信息的不对称控制房价。要在全社会普及宣传房地产信息，建立一套规范的统计体系，让广大消费者熟悉和了解房地产行情，避免因为信息不对称造成的囤地囤房，合谋串通，哄抬房价等现象的发生，为购房者提供有效的技术支持。其次，要建立行业预警制度，从而将宏观调控量化和客观化，更好地为房地产的健康发展提供科学依据。通过事前预警、及时调控、细化指标，可以有效防止房地产行业的大起大落。最后，要建立宏观调控效果的定量评价系统，提高房地产调控的准确性和科学性。只有确立一套科学的评价体系和模式，才能更好地为房地产业的发展和房地产经济的更优化决策提供定量依据。

本章小结

纵观古今中外，房地产是民众财富的重要载体，是居民投资的重要渠道，更是实现“居者有其屋”目标的物质基础。房地产长效机制的构建，是房地产业健康持续稳定发展的基石，是防止国民经济大起大落的重要机制，是让满足人民日益增长的美好生活需要落地生根的必要保障。其构建刻不容缓，其体系亟待完善，其运营迫在眉睫。

本章从房地产长效机制的概念入手，阐述了房地产长效机制的内涵，总结了房地产长效机制在中国的提出和发展，并对国内外发展良好的房地产市场的制度建设进行了剖析，最后提出了构建中国特色的房地产长效机制构想。

思考题

1. 阐述房地产长效机制的内涵。
2. 对你所居住城市的房地产政策调查梳理，提出具有针对性的政策建议。
3. 查阅相关文献，阐述人民币对美元汇率变化、人民币国内利率变化对我国房地产业长远发展的影响，并结合1997年亚洲金融危机、2008年美国次贷危机、2018年中美贸易摩擦下国内外房地产发展状况进行深入剖析。
4. 结合对本章的学习和文献资料查阅，提出对我国房地产长效机制的构建的设想。

课后作业

2017 年 3 月两会期间，习近平总书记和李克强总理强调，要坚持“房子是用来住的，不是用来炒的”的定位，要求综合运用金融、土地、财税、投资、立法等手段，加快研究建立符合国情、适应市场规律的基础性制度和长效机制，既抑制房地产泡沫，又要防止大起大落，要在宏观上管住货币，微观上信贷政策要支持合理自住购房，严格抑制信贷流向投资投机性购房。

2017 年 4 月，中共中央、国务院印发通知，决定建立雄安新区，这是以习近平同志为核心的党中央做出的一项重大的历史性战略选择，是继深圳经济特区和上海浦东新区之后又一具有全国意义的新区，是千年大计、国家大事。消息传出后，雄安新区炒房热潮一浪高过一浪，相关部门要求合理把握开发节奏，坚决严禁大规模开发房地产，严禁违规建设，严控周边规划，严控入区产业，严控周边人口，严控周边房价，严加防范炒地炒房投机行为，为新区规划建设创造良好环境。

2017 年 7 月，住建部称将立法明确“租售同权”，明确租赁当事人权利义务，保障当事人的合法权益，建立稳定租期和租金等方面的制度，逐步使租房居民在基本公共服务方面与买方居民享有同等待遇。

结合当前国内外政治经济形势和自己的调查研究，阐述如何运用金融、土地、财税、投资、立法等手段建立适用市场规律的基础性制度和长效机制，促进房地产业长远健康发展。

参 考 文 献

[1] 刘洪玉. 房地产开发 [M]. 北京：首都经济贸易大学出版社，2006.

[2] 江平. 中国律师办案全程实录——房地产开发、项目融资与转让 [M]. 第2版. 北京：法律出版社，2006.

[3] 决策资源集团房地产研究中心. 地产王牌项目报建手册 [M]. 北京：北京大学出版社，2008.

[4] 陈建敏，唐欣. 房地产开发经营与管理 [M]. 北京：北京大学出版社，2009.

[5] 郑华. 房地产市场分析方法 [M]. 北京：电子工业出版社，2004.

[6] 全国造价工程师执业资格考试培训教材编审组. 工程造价管理基础理论与相关法规2009年版 [M]. 北京：中国计划出版社，2009.

[7] 倪鹏飞. 中国住房发展报告2009—2010 [R]. 北京：社会科学文献出版社，2009.

[8] 鞠方. 房地产泡沫研究——基于实体经济和虚拟经济的二元结构分析框架 [M]. 北京：中国社会科学出版社，2008.

[9] 董金社，马建平. 中国房地产市场全息解读 [M]. 济南：山东人民出版社，2010.

[10] 周小平，熊志刚. 房地产开发与经营 [M]. 北京：清华大学出版社，2010.

[11] 张红. 房地产经济学讲义 [M]. 北京：清华大学出版社，2004.

[12] 张志勇. 工程招投标与合同管理 [M]. 北京：高等教育出版社，2009.

[13] 郎咸平. 标本案例点评 [M]. 北京：东方出版社，2010.

[14] 刘玉章. 房地产企业财税操作技巧 [M]. 北京：机械工业出版社，2009.

[15] 陈德强. 资金运营论——房地产企业发展资金研究 [M]. 上海:立信会计出版社，2000.